W0258975

Data X Strategien

Springer-Verlag Berlin Heidelberg GmbH

Dipl.-Math. Peter Mertens

Mehrjährige Tätigkeit in der DV-Entwicklung eines namhaften Rechenzentrums der Finanzwirtschaft, ab 1998 Leiter der Informationstechnik der Sparkassen Akademie für Finanzwirtschaft und Informationstechnologie in Hannover.

Dipl.-Ök. Hans Wilhelm Wieczorrek

Mehrjährige leitende Tätigkeit in der DV-Entwicklung eines namhaften Rechenzentrums der Finanzwirtschaft, ab 1998 freie Beratertätigkeit für Anwendungsentwicklung in der Finanzwirtschaft.

Peter Mertens
Hans Wilhelm Wieczorrek

Data X Strategien

Data Warehouse, Data Mining und operationale Systeme für die Praxis

Mit 73 Abbildungen und 12 Tabellen

Springer

Dipl.-Math. Peter Mertens
Hermannstraße 1 A
D-31547 Rehburg-Loccum
Peter. Mertens@nsgv.de

Dipl.-Ök. Hans Wilhelm Wieczorrek
Raupertstraße 1c
D-30539 Hannover
H.-W. Wieczorrek@t-online.de

ISBN 978-3-642-63036-1

Die Deutsche Bibliothek - CIP-Einheitsaufnahme
Mertens, Peter: Data X Strategien: data warehouse, data mining und operationale Systeme für die Praxis/Peter Mertens; Hans Wilhelm Wieczorrek. - Berlin; Heidelberg; New York; Barcelona; Hongkong; London; Mailand; Paris; Singapur; Tokio: Springer, 2000
ISBN 978-3-642-63036-1 ISBN 978-3-642-57091-9 (eBook)
DOI 10.1007/978-3-642-57091-9

Ursprünglich erschienen bei Springer-Verlag Berlin Heidelberg New York 2000
Softcover reprint of the hardcover 1st edition 2000

Umschlaggestaltung: Künkel+Lopka, Heidelberg
Satz: Reprofertige Autorenvorlage

Gedruckt auf säurefreiem Papier SPIN: 10729567 3142PS - 5 4 3 2 1 0

Vorwort

Beide Verfasser haben umfangreiche langjährige, praktische Erfahrung als Anwendungsentwickler komplexer Anwendungssysteme auf unterschiedlichen Gebieten im Finanzdienstleistungsbereich. Diesen Erfahrungsschatz in einem Buch zu verarbeiten und damit praxiserprobtes Wissen darzulegen, erscheint außerordentlich reizvoll. Befruchtet wurde die Buchidee auch von der unterschiedlichen Ausbildung der Autoren, deren Schwerpunkt auf betriebswirtschaftlich / ökonomischem bzw. auf mathematisch / technischem Bereich liegt. So war es möglich die doch komplexe Gesamtaufgabe sinnvoll aufzuteilen, ohne den Überblick über das Gesamtkonzept zu verlieren.

Wenn auch der Erfahrungsschwerpunkt der Autoren in der Branche Finanzdienstleistungen liegt, so sind die Ideen und Konzepte zweifelsohne auf andere Branchen übertragbar.

Viele Unternehmen befinden sich hinsichtlich der Informationsverarbeitung zur Zeit in einer Phase der Integration. Die Vielfalt der zur Lösung anstehenden Probleme bezüglich technischer Systeme, ihre Korrelation mit der Organisation, dem Rechnungswesen, der Produktentwicklung, dem Controlling und der Planung, gekoppelt mit der wachsenden Komplexität der zu lösenden Aufgaben, führen dazu, dass immer mehr Funktionen integriert werden müssen. Als problematisch erweist sich dabei der Widerspruch der konkurrierenden Faktoren Integration und Flexibilität. Flexibilität zeigt sich letztlich immer in einer Verkürzung der Innovationszyklen, Integration umfasst mehr statische Elemente, also ein gewisses Beharrungsvermögen.

In dieses Spannungsfeld haben sich Informations- und Kommunikationstechniken einzufügen. Mit fortschreitendem Zeitablauf wird die Rückkehr zu einem integrierten System immer schwieriger. Die Vorteile, die neue informationstechnische Systeme aufweisen, werden durch den Aufschub der Integration nivelliert.

Dabei zeigt sich, dass die Genehmigung immer höherer Budgets für den Informatikbereich nicht ausreicht. Die erforderliche Integration erfordert ein gewisses Akzeptanzniveau. Erst in diesem Fall können, unterstützt durch schnellere und leistungsfähigere Informationstechniken, effektivere und den Kundenbedürfnissen besser entsprechende Gestaltungsformen traditioneller Leistungsarten geschaffen werden. Auf der gleichen Basis werden neue Leistungsarten mit einer starken informationstechnischen Komponente angeboten werden können. Indem die Informationstechnik neue Möglichkeiten für Innovationen innerhalb und außerhalb der Unternehmen anbietet, wächst ihre Fähigkeit zur Unterstützung von Strategien.

Die Integration muss zielgerecht ausgerichtet an den Unternehmenszielen - unter angemessener Berücksichtigung des Status quo - erfolgen. Die Basis, der Weg und das Ziel der Integration werden in diesem Buch definiert.

Vielleicht gibt gerade dieses Buch dem einen oder anderen Leser Denkanstöße für geplante Vorgehensweisen oder Entwicklungen.

Hannover, im September 1999

Peter Mertens
Hans Wilhelm Wieczorrek

Inhaltsverzeichnis

1 Einleitung

Dieses Buch wendet sich an eine heterogene Leserschaft. In der Sprache fast allgemeinverständlich ist es sowohl für Praktiker der Anwendungsentwicklung als auch für Personen ohne direkten Bezug zu diesem Metier, wie Studierende oder Mitglieder von Fachabteilungen, interessant. Für ein über 300 Seiten umfassendes Fachbuch ist es nur natürlich, dass entsprechend der gefächerten Interessenlage der Leserschaft, die Aussagefähigkeit der Buchpassagen differiert. Besonders dem eiligen Leser sollte darum ermöglicht werden, ihn interessierende Passagen selektiv zu lesen.

Aus diesem Grunde wird an dieser Stelle ein Wegweiser durch das Buch gegeben. Das Buch gliedert sich in die drei aufeinander aufbauenden Teile „Grundbegriffe", „Anwendungsteilsysteme in der Wirtschaft" und „Nutzen der Informatik für die Wirtschaft".

In **Teil I** wird eine Basis für die Kapitel des Teils II geschaffen. Da in Teil I zentrale Aussagen gemacht werden, sollten ihn alle Interessenten lesen. Insofern sind die Kapitel sowohl für Anwendungsentwickler als auch Entscheidungsträger von Bedeutung.

Das Kapitel 2 umreißt zunächst die Datenverarbeitung in der Wirtschaft und deren Bedeutung. Der hier präferierte „Produktionsfunktionsansatz" zeigt einen Paradigmawechsel in der Bewertung der Möglichkeiten der Informatik und daraus resultierend des Einsatzes der Informatik. Die Informatik ist eben mehr als ein Element von mehreren, unterstützenden Elementen unternehmensinterner Abläufe und Prozesse. Sie kann solche erzeugen oder entscheidend beeinflussen und verändern. Diese Sichtweise wird in allen Kapiteln dieses Buches vertreten. Die Fähigkeit als alleiniges Element zur Strategienimplementierung wird der Informatik zur Zeit allerdings noch abgesprochen. Die für dieses Buch relevanten Systembegriffe werden typologisiert, beschrieben und gegenübergestellt.

In dem Kapitel 3 werden die Facetten einer Informatikstrategie vorgestellt. Basis ist die geschäftspolitisch unterlegte Anwendungsentwicklung. Neben einigem theoretischen Rüstzeug wird ein generischer Architekturrahmen für eine solche Strategie definiert. Eine Informatikstrategie ersetzt keine funktionierende Anwendung, aber sie zeigt wie die Informatik in einem Unternehmen eingesetzt wird und wohin der Weg gehen soll. Sie ist kein theoretisches Konstrukt, sondern gibt einen Rahmen vor, in dem sich die Anwendungsentwicklung in der Praxis bewegen soll. Entwicklung muss, ohne Ausnahme, im Rahmen der Informatikstrategie erfolgen. Ergeben sich Entwicklungstendenzen, die in der Strategie nicht definiert sind, ist die Strategie anzupassen.

Im Kapitel 4 ist u. a. der Einsatz von Tools in der Anwendungsentwicklung Thema. Die Richtlinien für deren Einsatz sind häufig nirgendwo festgelegt. Dies sollte in einem Unternehmen in einer Software-Engineering-Konzeption erfolgen. Ohne die Kreativität der Entwickler einzuengen, definiert sie den verbindlichen Rahmen für eine homogene und transparente Softwareentwicklung auf hohem qualitativen Niveau. Bei richtigem Einsatz von Software Engineering sind Produktivitätszuwächse in der Entwicklung zu erwarten. Hinsichtlich der Verbindlichkeit gilt das gleiche wie für eine Informatikstrategie.

Die Informatik muss die Realität abbilden, denn nur in einem realitätsnahen System finden sich die Menschen wieder. Die Anforderungen an neue Anwendungssysteme sind jedoch komplexer. Diese müssen zusätzlich so konstruiert werden, dass sie die Anforderungen einer überschaubaren Zukunft erfüllen, des weiteren müssen sie so konzipiert werden, dass sie problemlos evolutionär weiterentwickelt werden können.

Solche Anwendungssysteme und ein schlüssiges Integrationsszenario in Form einer Anwendungskonzeption werden in **Teil II** vorgestellt. Dabei sind Assoziationen zum Finanzdienstleistungsbereich, aus dem die Autoren stammen, gewollt. Aber die Ideen für die Konzepte sind zweifellos auch auf andere Branchen übertragbar, denn die zentralen Sichtweisen orientieren sich nicht an Branchenspezifika. Die Kapitel des Teil II sind besonders für den im Management tätigen Praktiker der Anwendungsentwicklung und den Entwickler von Interesse. Entsprechend der Interessenschwerpunkte der Leser lassen sich die Kapitel zum Teil auch separat lesen, wobei zu beachten ist, dass die Kapitel 5 und 6 zur Thematik der spartenübergreifenden Anwendungen und die Kapitel 7 bis 10 des Data-Warehouse-Komplexes jeweils aufeinander aufbauend sind.

In Kapitel 5 wird die Konzeption von spartenübergreifenden Anwendungen einschließlich einem zentralen Produktmanagementsystem dargestellt.
Dazu einige Schlagworte des Produktmanagementsystems:

- produktorientiert
- spartenübergreifend oder auch geschäftsprozessorientiert
- regelgesteuert
- parametergesteuert usw.

Auf diesem Konkretisierungsniveau, d. h. so praxisnah, ist ein solches System noch nicht vorgestellt worden. Den Verfassern kommt dabei ihre umfangreiche praktische Erfahrung als Anwendungsentwickler sowie auch die Forschungsergebnisse anderer Autoren zugute.

Das gleiche gilt für Kapitel 6 dieses Teiles. In diesem werden Realisierungsüberlegungen für das vorgestellte System gemacht, indem u. a. einige grundlegende systemtechnische Aspekte mit einbezogen werden und weitere betriebswirtschaftliche Implikationen definiert werden.

In Kapitel 7 werden verschiedene Konzeptionen für ein Data Warehouse gegenübergestellt. Ein Data Warehouse soll Datenbasis für alle Informationssysteme sein. Die Konzeption der Datenarchitektur stellt früh die Weichen für einen Erfolg oder Misserfolg eines Data Warehouse. Die Ein-/Zwei- und Drei-Schicht-Datenarchitektur und die Prozessarchitektur eines Data Warehouse werden diskutiert. Alle Betrachtungen beziehen sich auf eine unternehmensweite Sicht, in der keine Einzelanwendungen diskret, sondern die Gesamtanwendungsarchitektur zugrunde liegt.

Ein Data Warehouse enthält umfangreiche Informationen in Form von Daten. Informationen und Daten sind nicht identisch. Daten sind der Rohstoff, aus dem das immaterielle, wirtschaftliche Gut Informationen hergestellt oder produziert werden kann. Informationen sind ein handlungsbestimmendes Wissen über vergangene, gegenwärtige und zukünftige Zustände der Wirklichkeit und Ereignisse in der Wirklichkeit. In Kapitel 8 wird die grundsätzliche Frage geklärt, welche Daten für ein Data Warehouse entscheidend sind und in diesem folglich hinterlegt werden sollten. Es wird eine Antwort diskutiert, indem die Obermenge der Daten bezüglich ihrer Bedeutung und Ausrichtung unterteilt und separat betrachtet wird.

Bis heute wurden nur wenige Implementationen in Einsatz gebracht, bei denen die Betitelung eines Data Warehouse gerechtfertigt scheint. Häufig werden alte Datenbestände nur unter anderer Form neu präsentiert, ohne dem Anspruch genüge zu tragen, ein vollständig integriertes Gesamtsystem auf der Basis eines Unternehmensdatenmodells zur Verfügung zu stellen.

Projekte mit dem Ziel ein Data Warehouse zu erstellen, werden teilweise ohne Erreichen des gesteckten Zieles beendet. Es muss die Frage gestellt werden, wo die Gründe für das Scheitern solcher Projekte liegen. In Kapitel 9 wird versucht, Antworten zu geben, indem zunächst die Phasen eines Projektes und im Anschluss daran die Rolle des Projektmanagements im Hinblick auf ein Data Warehouse betrachtet werden.

In Kapitel 10 wird diskutiert, ob sich durch den Einsatz eines Data Warehouse Synergien für die operationalen Systeme eines Unternehmens ergeben. Hersteller von Data Warehouse unterstützender Software versprechen teilweise die Lösung aller Probleme mittels Einsatz eines Data Warehouse.

In Kapitel 11 wird die Konzeption von FIS/EIS (Führungsinformationssystemen/Executive Information Systems) aufgezeigt, und anhand von Beispielen werden deren wichtigste Funktionalitäten beschrieben. Im ersten Teil wird die historische Entwicklung von Management Information Systems über Decision Support Systems bis zu aktuellen Informationssystemen dargestellt.

Einen Schwerpunkt erhält die Thematik Datenbereitstellung für Informationssysteme. Es wird diskutiert, ob spezielle Datenbestände erstellt oder ob bestehende Datenbanken von operationalen Systemen und – falls vorhanden – eines Data Warehouse genutzt werden sollten. Weiterhin wird geklärt, ob detaillierte Einzeldaten oder ausschließlich zusammengefasste Daten durch FIS/EIS ausgewertet werden sollten.

Expertensysteme (ES) werden in Kapitel 12 definiert und von anderen Systemen abgegrenzt. Es wird die Architektur von Expertensystemen beleuchtet.

In Kapitel 13 wird die Beschreibung von Datenmustern mit Hilfe eines genetischen Algorithmus ohne Bezugnahme auf maschinelles Lernen dargestellt. Es werden die Hintergründe von Data-Mining-Systemen und ihrer Komponenten zunächst allgemein aufgezeigt und dann der Aufbau eines Systems mit genetischem Algorithmus im Detail beschrieben. Der Aufbau des Programmes „DAMIN“ mit seinen einzelnen Algorithmusbestandteilen wird im einzelnen erklärt. Zur Darstellung einzelner Routinen wird hier PASCAL benutzt, wobei eine Umsetzung auf andere Sprachen wie z.B. C leicht möglich ist. Die Arbeitsweise wird schließlich anhand von Beispielen aufgezeigt und verifiziert.

In den Kapiteln 5 bis 13 des Teiles II des Buches werden Ansätze für unterschiedliche Anwendungsteilsysteme betrachtet. Hierbei werden im einzelnen spartenübergreifende operative Systeme einschließlich einem Produktmanagementsystems, Data-Warehouse-Lösungen, Informationssysteme, Expertensysteme und Data-Mining-Systeme ausführlich diskutiert. Diese Systeme sind Elemente einer Gesamtkonzeption. In Kapitel 14 werden die einzelnen Elemente zu einem Gesamtkonzept zusammengefasst.

Der abschließende **Teil III** des Buches befasst sich mit dem strategischen Potential der Informatik, aber vor allem mit den wettbewerbspolitischen Möglichkeiten des vorgestellten Produktmanagementsystems des Kapitels 5. Der Vorteil dieses Systems liegt eindeutig in der Verkürzung der Produktentwicklungszeit. Dadurch ergeben sich höhere Innovationsraten und eine entscheidende Verkürzung des ohne Zweifel wichtigsten Wettbewerbsfaktors „Zeit“. Die Einflussnahme auf die sogenannten „sekundären“ Produktmerkmale tritt offen hervor und erfordert eine spezielle Interpretation des Produktbegriffes und daraus resultierend eine besondere Form des Marketings. Zerr[1] prägt dafür den passenden Ausdruck „Systemmarketing“.

Dieser Teil wendet sich nicht nur an Informatikspezialisten, sondern auch an Personen, die sich mit der Wettbewerbspolitik eines Unternehmens befassen.

---

[1] vgl. Zerr, Konrad: Systemmarketing, 1994

Teil I

Grundbegriffe

2 Datenverarbeitung in der Wirtschaft

2.1 Bedeutung der Information und Informatik in der Wirtschaft

Die These der Wandlung der Volkswirtschaften von der Industrie- zur Informationsgesellschaft wird seit Jahren vehement vertreten. Diese Behauptung unterstellt, dass der volkswirtschaftliche Informationssektor, je nach Sektoraufteilung als tertiärer oder quartärer Sektor bezeichnet, zu Lasten des primären oder sekundären Sektors zunehmend an Bedeutung gewinnt. Um diese Behauptung zu stützen oder zu verwerfen, wird die Entwicklung der einzelnen Sektoren der Volkswirtschaft eines bedeutenden Industriestaates, Deutschland, anhand der Beschäftigung untersucht.

Aus der Abbildung 1 scheinen eindeutige Tendenzen ableitbar zu sein. In den letzten 150 Jahren hat die Beschäftigung in der Landwirtschaft stark abgenommen. Diese sektorale Abnahme wurde bis Mitte der siebziger Jahre durch ein Wachstum der Beschäftigung in der industriellen Produktion kompensiert. Seit Mitte der siebziger Jahre nimmt auch in diesem Sektor die Beschäftigung ständig ab. Auch in den Branchen der „traditionellen" Dienstleistungen wird nach einem Wachstum in der ersten Hälfte diese Jahrhunderts kaum noch Wachstum verzeichnet. Überproportionales Wachstum zeigt lediglich der Informationssektor.

Die Rolle der Informatik bei diesem Strukturwandel scheint in ihrer Funktion als Basistechnologie, d. h. als neue, innovative Technologie zu liegen.

Für eine solche Technologie ist es charakteristisch, dass sie sich nicht nur auf die Mutation bestehender Abläufe (Prozessinnovation) oder Produkte (Produktdifferenzierung, siehe Kapitel 15.3.2) noch auf die Generierung völlig neuartiger Produkte (Produktinnovation, siehe Kapitel 15.4) und Märkte beschränkt, sondern sie wird in nahezu allen Bereichen einer Volkswirtschaft eingesetzt, quer durch alle Sektoren, Märkte, Betriebe und Arbeitsplätze.

Alle Wertschöpfungsprozesse werden von dieser Technologie durchdrungen, sie wird ein unverzichtbarer Bestandteil. In diesem Sinn wird sie zum Produktionsfaktor.

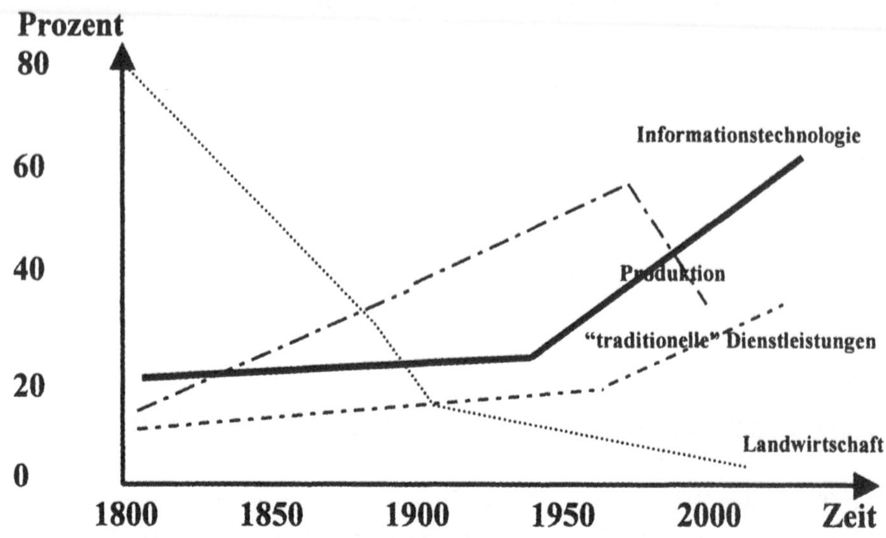

Abbildung 1: Entwicklung der Beschäftigung in Deutschland[2]

Die Abbildung 1 scheint folgende Aussage zu bekräftigen:

„Ein immer geringer werdender Teil der Erwerbsbevölkerung befasst sich mit der Produktion und der Manipulation physischer Güter, während immer mehr Menschen mit der Erzeugung, Verarbeitung und Verteilung von Informationen beschäftigt sind."[3]

Erklärungsansätze für die wachsende Bedeutung des Informationssektors sind nicht einfach zu finden, zumal die naheliegendste Begründung, eine Erhöhung der konsumbedingten Nachfrage, nicht haltbar zu sein scheint.

Die Informatik ersetzt keineswegs die traditionellen Sektoren, sondern erhöht lediglich deren Effizienz, was zum Abbau von Arbeitsplätzen führt. Abbau von Arbeitsplätzen in den industriellen Sektoren ist allerdings kein zwingendes Argument für eine Kompensation in anderen Sektoren der Volkswirtschaft.

Wir haben es hier mit dem Phänomen zu tun, dass ein Kausalzusammenhang zwischen individueller Effizienzsteigerung und einem Effizienzverlust auf Gesamtsystemebene besteht. Diese Kausalität ist unabhängig von der organisatorischen Ebene des Systems, sie gilt sowohl für die Ebene des komplexen Unternehmens, des Marktes oder der gesamten Volkswirtschaft.

Basierend auf den getroffenen Aussagen wird folgendes zur Diskussion gestellt:

---

[2]vgl. Bullinger, H.-J., Fähnrich, K.-P., van Hoof, T., Nostdal, R.: Produktivitätsfaktor Information, 1995, S. 15

[3]vgl. Hanker, Jens: Die strategische Bedeutung der Informatik für die Organisation, 1990, S. 178

Die Stärke des Informationssektors erklärt sich nicht aus einer rückläufigen Nachfrage nach Produkten der anderen Sektoren, vielmehr gestaltet sie deren Herstellung und Verteilung sowohl effizienter als auch komplexer und erzeugt somit einen wachsenden Bedarf an informationsintensiven Aktivitäten.

Information wird inzwischen als der erste Produktionsfaktor[4] bezeichnet, der dem Einsatz aller anderen Faktoren vorgelagert ist; in ihm liegt ein entscheidender Wachstumsimpuls[5] für die gesamte Volkswirtschaft.[6]

Seit den fünfziger Jahren besteht in der Betriebswirtschaftslehre eine „herrschende“ Meinung über den Begriff Information[7]. Für eine Definition ist der Begriff „Wissen“ heranzuziehen, wobei Wissen als die Gesamtheit der Kenntnisse auf einem bestimmten Gebiet bezeichnet wird. Information kann als Teil des Wissens interpretiert werden; Wissen setzt sich also aus Informationen zusammen. Information ist zweckorientiertes Wissen. Information ist handlungsbestimmendes Wissen über vergangene, gegenwärtige und zukünftige Zustände der Wirklichkeit und Vorgänge in der Wirklichkeit. Zu beachten ist, dass die Zweckorientiertheit bestimmtem Wissen nicht generell anhaftet; erst eine konkrete Verwendungsabsicht macht Wissen zur Information. Um zu einer Abgrenzung des Begriffs Daten[8] zu gelangen, scheint eine Definition des Begriffs Information über den Begriff Nachricht zweckmäßiger zu sein. Als Nachricht wird eine zur Weitergabe bestimmte Folge von Zeichen mit Bedeutung für den Empfänger bezeichnet.[9] Zeichen der Nachricht sind Elemente eines diskreten Zeichenvorrates, wie Buchstaben, Ziffern, Sonderzeichen oder eine kontinuierliche Funktion, wie Bilder, Grafiken. Eine Nachricht wird zur Information, wenn beim Empfänger neues Wissen generiert wird bzw. vorhandenes Wissen ergänzt wird. Daten sind Nachrichten, die so strukturiert sind, dass sie mittels Informations- oder Kommunikationstechnologien erkannt, verarbeitet und gespeichert sowie als Nachrichten übertragen werden können. Daten kann man als technische Repräsentation von Nachrichten interpretieren. Aus dem Grundstoff Daten werden Nachrichten, die bei dem Empfänger Informationen erzeugen.

Die Informatik generell und Informationen speziell sind mittlerweile in den meisten Branchen zumindest führender Volkswirtschaften eine unverzichtbare, oft sogar bestimmende Komponente des Produktionsprozesses im Sinne der

---

[4] vgl. Lehner, Franz, Hildebrand, Kurt, Maier, Ronald: Wirtschaftsinformatik, 1995, S. 177 ff.

[5] vgl. Nefiodow, L. A.: Der fünfte Kondratieff, 1990, S. 1 ff.

[6] vgl. Picot, Arnold: Der Produktionsfaktor Information in der Unternehmensführung, 1990, S. 7

[7] vgl. Bode, Jürgen: Der Informationsbegriff in der Betriebswirtschaftslehre, 1997, S. 449–468

[8] vgl. Stahlknecht, Peter, Hasenkamp, Ulrich: Einführung in die Wirtschaftsinformatik, 1997, S. 9

[9] vgl. Heinrich, Lutz J.: Wirtschaftsinformatik, 1993, S. 104

wertschöpfenden Kombination und Manipulation von Ressourcen[10]. In vielen Produktionsstätten ist eine Differenzierung zwischen Informations- und Produktionstechnologie kaum mehr möglich. In den letzten Jahren hat diese Abhängigkeit der Wirtschaft dazu geführt, dass die Information häufig als Produktionsfaktor bezeichnet wird[11]. Der betriebliche Leistungserstellungprozess erfordert den Einsatz menschlicher Arbeitskraft, von Maschinen, Werkzeugen und Werkstoffen. Diese für die Produktion benötigten Einsatzgüter werden als „Produktionsfaktoren" („Input-Güter"), die erzeugten Güter als „Produktionsleistung" („Output-Güter") und der Transformationsprozess selbst als „Transformations- oder Produktionsprozess" bezeichnet[12]. Die Vernetzung sämtlicher Aufgabenerfüllungsprozesse mittels Informationsbeziehungen ist derart hoch, dass der Integrationsgrad der Informationssysteme die reibungslose Aufgabenerfüllung gewährleistet[13]. Stahlknecht et al. führen dazu aus:

„Informationsmanagement ist ein Begriff, der - je nach Standpunkt (Unternehmensleitung, IV-Fachleute, Wissenschaft) - völlig uneinheitlich definiert und interpretiert wird. Mehrheitlich versteht man heute darunter: primär die Aufgabe, den für das Unternehmen (nach Kapital und Arbeit) dritten Produktionsfaktor Information zu beschaffen und bereitzustellen und ...".[14]

In vielen Veröffentlichungen und Lehrbüchern wird das Phänomen Produktionsfaktor Information auf die Betrachtung industrieller Informationssysteme bezogen und es wird nicht abgegrenzt zu Problemen anderer Sektoren, wie zum Beispiel des Dienstleistungsbereichs. Oft ist es aber von Interesse, entsprechend der Analyseebene denkbare Besonderheiten der Informationsverarbeitung in branchenspezifischen Wirtschaftssektoren zu untersuchen. Aus dieser Sicht ist deshalb folgende hypothetische Aussage von Bedeutung:

„Finanzdienstleistungsunternehmen nutzen Informationen als Elementarfaktoren[15], im Gegensatz zu vielen Sachgüterproduzenten, in welchen Informationen eher die Produktion begleitende Rolle wahrnehmen. Insofern ist zu erwarten, dass in Finanzdienstleistungsunternehmen das integrierte Management von Informationen und der Informationsinfrastruktur eine zentrale Geschäftstätigkeit und die Nutzung geeigneter Informations- und Kommunikationstechnik eine wesentliche Herausforderung darstellen"[16].

Diese Aussage wird durch folgende Argumentation gestützt:

[10]vgl. Hanker, Jens: Die strategische Bedeutung der Informatik für die Organisation, 1990, S. 16 ff.

[11]vgl. Weule, H.: Information als Produktionsfaktor, 1992, S. 3–14

[12]vgl. Heinen, Edmund: Industriebetriebslehre, 1997, S. 44 ff. und Gutenberg, Erich: Grundlagen der Betriebswirtschaftslehre, Erster Band Die Produktion, 1979, S. 1 ff.

[13]vgl. Weule, H.: Information als Produktionsfaktor, 1992, S. 3–14

[14]vgl. Stahlknecht, Peter, Hasenkamp, Ulrich: Einführung in die Wirtschaftsinformatik, 1997, S. 468

[15]vgl. Wöhe, Günter: Einführung in die Allgemeine Betriebswirtschaftslehre, 1996, S. 92 ff.

[16]vgl. König, Wolfgang: Informationsverarbeitung in Finanzdienstleistungsunternehmen, 1994, S. 3–4

Danach ist Information für Finanzdienstleister Einsatzfaktor, Transformationsobjekt und Leistungsergebnis[17]. Daraus ist abzuleiten, dass entsprechend der Bedeutung von Informationen für den Finanzdienstleistungssektor der Einsatz und die Integration von Systemen der Informationstechnologie eine entscheidende Rolle für die Wettbewerbsfähigkeit des einzelnen Unternehmens und der gesamten Branche bilden.

Damit wird der Einsatz der Informatik entscheidend für den Erfolg oder Misserfolg eines Unternehmens sein. Das Management wird sich verstärkt mit dieser Problematik befassen müssen. Oft stellt die Diskrepanz zwischen Quantität und Qualität einer Information für die Entscheidungsträger eines Unternehmens ein Hauptproblem dar.

Die Auswahl der relevanten Informationen erweist sich als entscheidende Aufgabe,[18] da die Vielfalt der Informationen aus den unterschiedlichsten Bereichen eines Unternehmens konsolidiert werden muss. Mit dieser Problematik befasst sich in einer zur Zeit hochaktuellen Diskussion die Konzeption von sogenannten Data-Warehouse-Systemen.

Durch das rasche Wachstum hat sich das Informationsproblem in vielen Fällen potenziert, so dass in der Praxis sehr oft Lücken zwischen dem Informationsbedarf und der Versorgung bestehen.[19]

Diese Informationslücke zu schließen und für ein Gleichgewicht auf dem Informationsmarkt zu sorgen, wird in den nächsten Jahren eine Hauptaufgabe der Informatik sein[20].

Die Führung eines Unternehmens muss stets in der Lage sein, die dringlichsten geschäftspolitischen Probleme zu erkennen und zu lösen.

Dabei spielt der Wettbewerbsfaktor „Zeit" eine dominierende Rolle (siehe Kapitel 15.5.2).

Die z. Z. aktuellen EDV-gestützten Führungs- und Informationssysteme leisten weit mehr als die herkömmlichen „Managementinformationssysteme".

Beispielhaft sollen hierbei Kreditinstitute betrachtet werden. Hierbei handelt es sich im wesentlichen um:[21]

- Wertpapier-Informationssysteme, die für die Eigengeschäftsdisposition verwendet werden,
- Kredit-Informationssysteme zur Unterstützung der Einzel-Kreditprüfung und Kreditportefeuille-Steuerung,

---

[17]vgl. Vögtle, Marcus, Schober, Franz: Ergebnisse einer empirischen Studie über die strategische Bedeutung intelligenter Informationssysteme für das Bankgeschäft, 1996, S. 497–502

[18]vgl. Leichsenring, Hansjörg: Führungsinformationssysteme in Banken – Notwendigkeit, Konzeption und strategische Bedeutung, 1990, S. 45 ff.

[19]vgl. Weidemann, Klaus: Informationsmanagement – Herausforderung für Banken, 1987, S. 452 ff.

[20]vgl. Heinrich, Lutz J.: Wirtschaftsinformatik, 1993, S. 173 ff.

[21]vgl. Meyer zu Selnhausen, Herman: Strategisches Informationsmanagement, 1990, S.163

- Kosten- und Leistungsrechnungssysteme zur Unterstützung der operativen Planung und Zielvereinbarung,

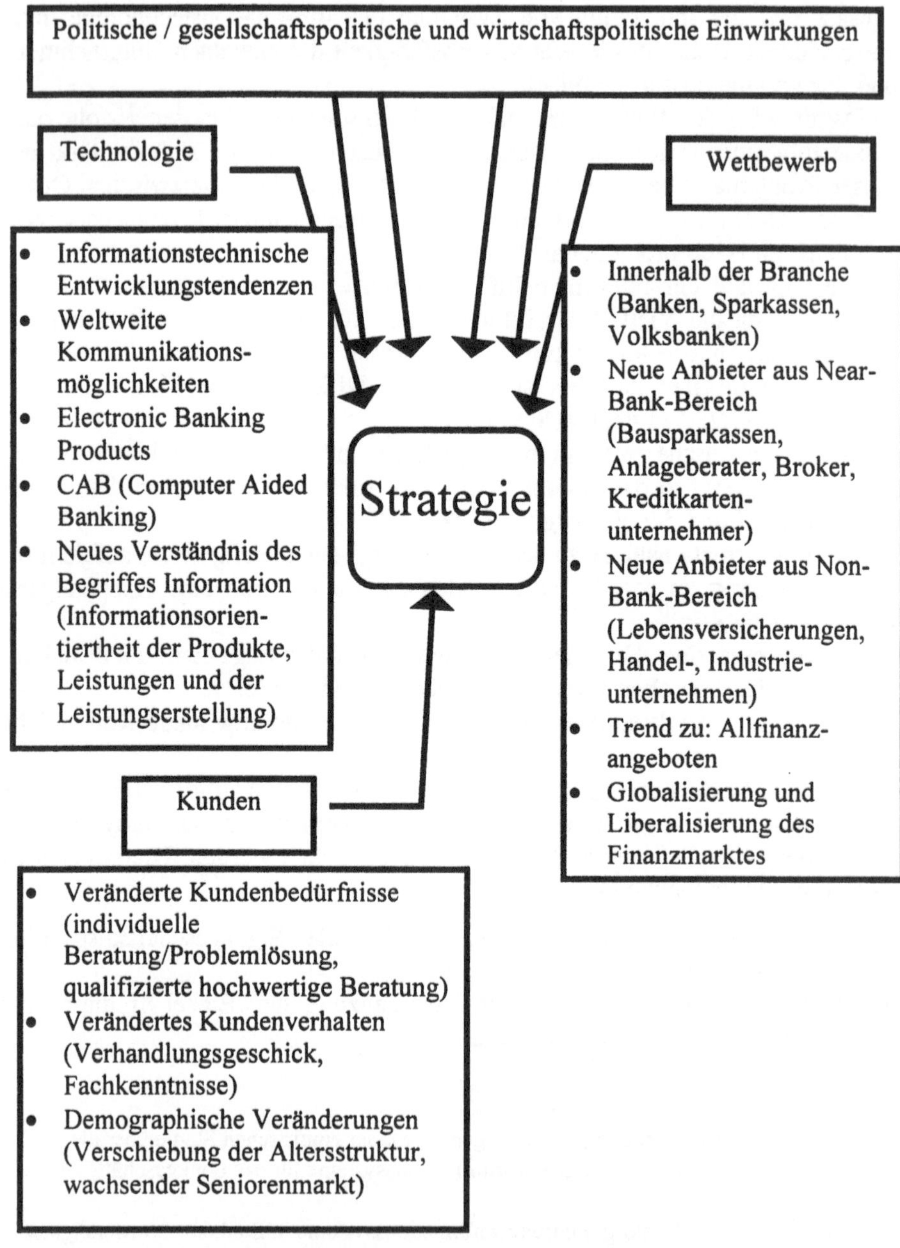

Abbildung 2: Einflüsse auf Unternehmen am Beispiel von Kreditinstituten[22]

---

[22]vgl. Sokolovsky, Zybnek, Kraemer, Wolfgang: Controlling der Informationsverarbeitung, 1990, S. 17

- Aktiv-Passiv-Management-Systeme für die Steuerung der Fristentransformation und des Zinsänderungsrisikos,
- Kunden- und Marktinformationssysteme sowie
- Systeme für die Planung von Marketingmaßnahmen.

Systeme dieser Art können zu einer Steigerung von Erfolgsbeiträgen und zu einer Erfassung, Limitierung oder Senkung von Erfolgsrisiken oder anderen Risiken beitragen.

2.2 Operationale Systeme – Anwendungsteilsysteme

In den vergangenen drei Jahrzehnten hat die Informatik, bedingt durch den technischen Fortschritt und den schnellen Wandel der globalen Unternehmensumwelt, diverse Entwicklungszyklen durchlaufen. Die Bandbreite der Entwicklung erstreckt sich von der Ausführung einfacher Rechenvorgänge über die Entwicklung der standardisierten Basisgeschäfte in den siebziger Jahren bis zur computerorientierten Informationsverarbeitung.
In den Kreditinstituten wurden beispielsweise zuerst die Bankenbasisgeschäfte Giro, Spar und Depot informationstechnisch abgebildet.

Viele der Systeme, besonders im Finanzdienstleistungssektor, zu dem beispielsweise Banken oder Bausparkassen zählen, sind heute noch im Einsatz.

Da eine komplette Neuentwicklung aller Anwendungssysteme vor allem aus Wirtschaftlichkeitsgründen kaum möglich ist, basiert der Hintergrund des Entwicklungsstandes der Anwendungssoftware in vielen Fällen somit auf einer Realität und einem Status der Informationstechnologie der siebziger Jahre. Die Grundkonzeption solcher ständig weiterentwickelten Systeme ist häufig also ca. 25 Jahre alt.

Die Situation der Wirtschaft war zu dieser Zeit quantitativ und qualitativ gänzlich anders gestaltet als heute. Die Informatik muss die Voraussetzung erfüllen, dass die Realität der Wirtschaft abgebildet wird. Arbeiten müssen, von einem realitätsnahen System unterstützt, ausgeführt werden können. Die Anforderungen führten zur Entwicklung von sparten- und transaktionsorientierten Abrechnungssystemen. Diese Systeme repräsentieren in ihrer Realisierung die informationstechnische Unterstützung der in einzelne Aufgabengebiete aufgeteilte Unternehmensgesamtaufgabe. Sie werden im folgenden als operationale Systeme bezeichnet. In ihrer informationstechnischen Ausprägung stellen sie Anwendungsteilsysteme (ATS) dar. Dazu einige Beispiele aus dem Dienstleistungsbereich:

- Kreditinstitute: Giro, Spar, Darlehen, Depot usw.
- Versicherungen: computerunterstützte Vertragsabwicklung, computerunterstützte Schadensregulierung usw.
- Reiseveranstalter: Abrechnung von Reisen, Platzbuchungssysteme usw.

Die operationalen Systeme unterstützen primär die operativen Abläufe des Tagesgeschäfts mit dem Ziel der Rationalisierung im Personalsektor, ohne jedoch generell zum Arbeitsplätzeabbau beizutragen.

Gemäß der sachgebietsbezogenen Organisation der Unternehmen werden die einzelnen Aufgaben mit Hilfe einer sachgebietsorientierten EDV-Struktur abgewickelt. Ein modularer organisatorischer Aufbau gewährleistet, dass sich die einzelnen implementierten Sachgebiete mehr oder weniger nahtlos ineinanderfügen. Dennoch stellen die sachgebietsbezogenen Anwendungssysteme sogenannte „Insellösungen" dar, weil eine zentrale Integration im Rahmen einer umfassenden Unternehmenskonzeption weder auf Daten-, Funktions- noch auf Prozessebene vollzogen ist. Neben der Problematik der Integration existieren weitere Probleme. So sind die Datenbasen der einzelnen Systeme oft unterschiedlich organisiert und strukturiert, die Kommunikationsschnittstellen sind weder homogen noch optimiert, inhaltlich identische Datenfelder werden unterschiedlich bezeichnet usw. Einige Unternehmen haben das Problem dadurch entschärft, indem sie die nicht sachgebietsbezogenen Informationen zentral in einem System speichern. Beispielsweise werden in der Kreditwirtschaft oft kundenbezogene Daten in einem separaten Kundensystem hinterlegt. Damit ist die zentrale Zusammenfügung aller Sachgebiete zu einer kundenorientierten Betrachtungsweise möglich.

Neben den oben erwähnten Anwendungsteilsystemen bildet das eingebundene Rechnungswesen einen weiteren organisatorischen Baustein.

Außer der vergangenheitsbezogenen buchhalterischen Abwicklung der Geschäftsvorfälle hat das Rechnungswesen die Aufgabe, einen tieferen und exakteren Einblick in innerbetriebliche und außerbetriebliche Verhältnisse zu geben. Als Berichtssystem gibt es geschäftspolitische Entscheidungshilfen. Die spezielle Auslegung des Rechnungswesens erleichtert das Steuern und Überwachen betrieblicher Vorgänge und macht Anhaltspunkte für extern wirksame Entscheidungen transparent. Der Einfluss von Kosten und Erträgen auf die Rentabilität eines Unternehmens wird bewertbar. Die informationstechnische Abbildung des Rechnungswesens erstreckt sich auf die Gebiete Hauptbuchhaltung/Bilanzierung, Statistik, Kosten-und-Erlös-Rechnung sowie Planungs- und Prognoserechnung. Das Rechnungswesen kann als Vorstufe eines Managementinformationssystems interpretiert werden.

Der Status der Informationstechnologie der siebziger Jahre forderte starke Restriktionen. Daraus resultierten eine Anzahl von konstitutiven und damit nahezu irreversiblen Entscheidungen, die entscheidend die Basisstrukturen der Anwendungen prägen. So war zum Beispiel Hauptspeicher knapp und teuer und die Auswahl an leistungsfähigen Hochsprachen war gering. Aus diesen Gründen stellte sich die Frage nach den Programmiersprachen gar nicht, ASSEMBLER und COBOL waren angesagt und sind es bei früh eingeführten Systemen auch heute noch. Auf Großrechnersystemen wie MVS/OS/390-Rechnern sind mehr als 80% aller Programme in ASSEMBLER oder COBOL geschrieben.

Grundsätzlich werden alle Geschäftsgebiete und alle Arbeitsgebiete, in der Regel durch den Benutzer betrieben, sofort verarbeitet. Die Grenzen der Sofortverarbeitung orientieren sich an systemtechnischen Grenzen; hierzu zählen zum Beispiel Performanceüberlegungen, weiterhin organisatorische Gegebenheiten und wirtschaftliche Aspekte.

Die für den Geschäftsbetrieb notwendigen juristischen Daten wurden und werden auch heute noch sehr häufig in Großrechnersystemen gespeichert, wenn mehrere Tausend Nutzer und Millionen von Kundendatensätzen EDV-technisch verwaltet werden müssen, da die aus dem Online-Betrieb resultierenden Anforderungen an Zugangswege und Verfügbarkeit nur mit dieser Rechnerklasse und der dazugehörigen Systemsoftware zu erfüllen sind. In der Kreditwirtschaft sind beispielsweise Systeme im Einsatz, bei denen mehr als 30.000 Nutzer mit einem Großrechner ihre Geschäfte tätigen. Verteilte Systeme haben bis heute in der Mengendatenverarbeitung nur sehr selten Einzug gehalten, da sie unter anderem nicht die Ausfallsicherheit wie zentrale Großrechnersysteme aufweisen können.

Ihre Flexibilität bewiesen und beweisen diese Systeme, indem sie permanent Anpassungsprozessen unterliegen. So hat sich im Laufe der Zeit ein modulartig aufgebautes Gesamtsystem entwickelt, das in seiner Realisierung ein hochintegriertes Lösungspaket darstellt, wobei Integration als definierte Kommunikation zwischen den Modulen interpretiert wird. Geschäftsbezogene Funktionalitäten sind integraler Bestandteil des Gesamtsystems. Ein herstellerunabhängiges Terminalkonzept gewährleistet die Unabhängigkeit des Benutzers vom Endgerätetyp. So führte die kontinuierliche Entwicklungsarbeit zu einem breiten Spektrum des Organisationsangebotes mit einem hohen Integrationsgrad auf einer homogenen und stabilen Basis. Die Stabilität wird unterstützt durch ein transaktions- und real-time-fähiges Datenbankmanagementsystem (zum Beispiel IBM IMS, DB/DC oder DB2 Datenbanksystem für MVS/OS/390-Großrechner) mit anwendungsunabhängigen Checkpoint-Restart-Möglichkeiten.

Die im Laufe der Zeit durchgeführten und zukünftig noch anstehenden Anpassungen waren und sind sowohl auf konzeptioneller Ebene als auch auf der Durchführungsebene mit vielen Problemen behaftet. Dabei hat sich als besonders schwer zu lösendes Problem die Koppelung von Systemen unterschiedlicher Betriebsarten herausgestellt, d. h. z.B. die Verknüpfung eines Online-Systems mit einem Batch-System. Die daraus resultierenden Abstimmungsprobleme sind in der Regel nur mit erheblichem Aufwand und Investitionen in Synchronisationsmechanismen zu lösen. So ist zum Beispiel im Bankensektor die Integration der geschäftspolitisch äußerst wichtigen Kundenselbstbedienung nur durch das Eingehen beträchtlicher Kompromisse möglich, da das Postulat der Tagfertigkeit einen zeitgleichen täglichen Abschluss aller Arbeiten als Synchronisationspunkt erfordert. Die in ASSEMBLER, mit einer aus heutiger Sicht abenteuerlichen Prozesstechnologie entwickelten Programme machen selbst bei kleinen Anpassungen häufig Probleme in der Durchführung wie auch im Ergebnis. Teilweise wurden die Programme in ihrer Grundform noch in Lochkarten erstellt. So führen selbst minimale Änderungen in den Programmen zu Adressierungsproblemen, die häufig nur über umfangreiche Umstrukturierungen gelöst werden können, die wiederum zu fehlerhaften Ergebnissen zum Beispiel durch nicht erkannte Fernwirkungen führen können. Diese Situation wird noch dadurch verschärft, dass die Autoren der Programme häufig schon im Ruhestand sind.

Des weiteren können auch noch so umfangreiche Anpassungen naturgemäß nicht die Basisstrukturen der implementierten Systeme verändern. Dies ist aber notwendig, um aktuelle Anforderungen wie zum Beispiel ein modernes Produktmanagement, Darstellung von Geschäftsprozessen und damit verbundene Verlagerung von Aktivitäten vom Back-Office- zum Front-Office-Bereich, fallabschließende Verfahren und kundenorientierte Kompetenzcenter, um nur einige zu nennen, zu erfüllen. Der Schwerpunkt der implementierten Anwendungen lag und liegt in der Unterstützung der operativen Abläufe des Tagesgeschäftes. Dadurch liegt das strategische Potential der Informatik, das sich unter anderem in der Fähigkeit zur Gestaltung und Unterstützung der Unternehmensstrategie und -struktur zeigt, zum großen Teil brach. Zur Unterstützung dieser Fähigkeit werden Systeme einer anderen Qualitätsdimension benötigt.

2.3 Computerunterstützte Informationssysteme

Informationen zur richtigen Zeit sind zur korrekten Entscheidungsfindung unverzichtbar. Zur Erfüllung dieser Anforderung werden seit über 25 Jahren DV-Lösungen für die Entscheidungsunterstützung entwickelt und in Betrieben eingeführt.

Um Führungskräfte mit Informationen zu versorgen, wurden Anfang der 60er Jahre MIS (Management Information Systems), in den 70er Jahren DSS (Decision Support Systems) und seit Ende der 80er Jahre FIS/EIS (Führungs-/ Entscheidungsträgerinformationssysteme, Executive Information Systems) eingesetzt. Alle Ansätze haben das Ziel, den Informationsbedarf von Entscheidungsträgern zu decken.

Bis in die 60er Jahre war die betriebliche Informationsversorgung auf das Rechnungswesen beschränkt. MIS sollten bei der Lösung von Entscheidungssituationen unterstützen[23]. Die in allen Unternehmensbereichen anfallenden Daten sollten aufbereitet und verdichtet werden und so die Unternehmensführung als Entscheidungsgenerator entlasten. Dem MIS-Konzept lagen folgende Ansatzpunkte zugrunde:

[23]vgl. Bullinger, H.-J., Fähnrich, K.-P., van Hoof, T., Nostdal, R.: Produktivitätsfaktor Information, 1995, S. 18–21

- Datenqualität und Entscheidungsqualität korrelieren positiv,
- Informationsvollständigkeit ist durch Informations- und Kommunikationstechnik umsetzbar,
- der Informationsbedarf von Führungskräften ist im voraus zu bestimmen.

Die meisten Umsetzungsversuche der MIS-Konzepte sind gescheitert, da die Ansätze technisch noch nicht realisierbar waren und oft konzeptionelle Fehler begangen wurden. Die Misserfolge wurden auf die schwerfälligen Mainframe-Rechner zurückgeführt. MIS-Projekte hatten oftmals die Einführung von operativen Rechnungswesen, Finanz- und Lohnbuchhaltungen zur Folge, bei denen starre Ansätze und immer wiederkehrende Vorgänge leichte DV-Umsetzungen erlaubten.

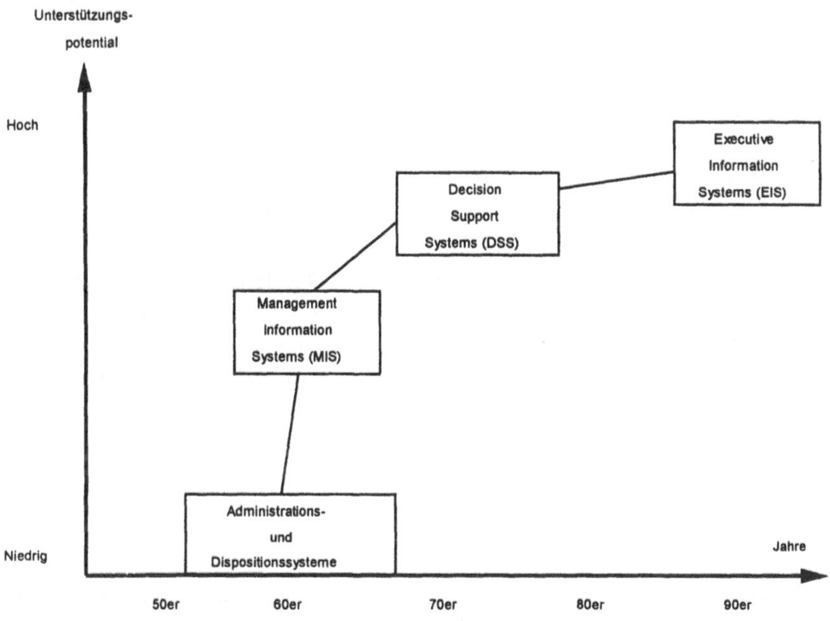

Abbildung 3: Historische Entwicklung computergestützter Informationssysteme[24]

Anfang der 70er Jahre setzte sich die Erkenntnis durch, dass ein Unternehmen nicht ausschließlich mit Informationen aus den operativen und vergangenheitsorientierten Rechnungswesen gesteuert werden kann. Effektivere Entscheidungen können durch die Beantwortung von What-If-Fragestellungen getroffen werden, DSS-Ansätze unterstützen solche Analysen EDV-technisch. DSS sind datenbankorientiert und konzentrieren sich auf das interne Berichtswesen. Manager werden durch komplexe Entscheidungsmodelle unterstützt.

[24] vgl. Bullinger, H.-J., Koll, P.: Chefinformationssysteme (CIS), 1992, S. 52

Die Akzeptanz von DSS-Produkten ist in der Vergangenheit eher gering gewesen, da die meisten Produkte nur durch komplizierte Kommandosprachen gesteuert werden können, starre Modellstrukturen vorliegen und einen hohen Lernaufwand erfordern. DSS-Investitionen hatten oft zur Folge, dass ausschließlich Papierberge an Listen produziert wurden.

DSS-Erfahrungen zeigten, dass Hard- und Softwareprodukte keine eigenen Führungskonzepte ersetzen können. Entscheidungsmodelle sind nicht so komplex wie die Realität, so dass durch sie erzeugte Entscheidungsvorschläge nur mit Vorsicht direkt umgesetzt werden können.

In den Vordergrund ist so wieder die reine Informationsbereitstellung für Führungskräfte gerückt: Entscheidungen sollen unterstützt und nicht automatisiert werden. FIS/EIS-Konzepte haben so einen Teil der alten MIS-Ansätze wiederbelebt, wobei Informationen grafischorientiert und benutzerfreundlich zur Verfügung gestellt werden sollen.
FIS/EIS weisen in der Praxis folgende Charakteristiken auf:[25]

- grafische, tabellarische und/oder textliche Darstellung von Daten
- durch Anwenderfreundlichkeit nur minimalen oder keinen Schulungsaufwand
- individuell anpassbar an die Bedürfnisse von Managern
- direkt bedienbar von Managern
- Auswertung von sowohl internen als auch externen Datenbeständen
- Durchführung von Online-Status-Reports, Exception-Reporting, Trend- und Drill-Down Analysen
- Filterung, Extrahierung, Verdichtung und Aufspürung von kritischen Daten

2.4 Data-Mining- und Expertensysteme

Heute stehen auf der ganzen Welt der Menschheit mehr Informationen zur Verfügung als jemals zuvor. In der Vergangenheit wurden sie mit Hilfe von Printmedien interessierenden Gruppen zur Verfügung gestellt. Im Zeitalter der elektronischen Datenverarbeitung werden viele Informationen maschinell erfasst und in elektronischen oder optischen Speichermedien abgelegt. Alle 20 Monate verdoppelt sich die Menge der Informationen auf der Welt. Für einen Menschen ist es nicht mehr möglich diese riesigen Datenbestände zu überblicken oder diese sogar auszuwerten. Die Mächtigkeit der in Datenbanken abgelegten Informationen ist zu groß, als dass ohne Unterstützung durch geeignete Computerprogramme eine Aufarbeitung der Datenbestände als Ganzes noch möglich ist. Data-Mining-Ansätze sollen hierbei Probleme bei der Erschließung von unübersichtlichen Datenbeständen beseitigen.

---

[25]vgl. Watson, H.J., Rainer, R.K., Koh, C.E.: Executive Information Systems, 1991, S. 14

In allen Bereichen sind mittlerweile große Informationsbestände vorhanden: Im Medizinbereich sind von Universitäten und Krankenhäusern Verläufe von unterschiedlichsten Krankheiten mit ihren jeweiligen Behandlungen hinterlegt. Diese Daten werden mit Hilfe des Internets weltweit zur Verfügung gestellt.

Viele Informationen über eigene Kunden werden in der Finanzwirtschaft gesammelt und in Datenbanken abgelegt. Es liegen genaue Daten über alle getätigten Geschäfte des Kundenbestandes vor.

Data-Mining-Systeme sind eindeutig von Expertensystemen bezüglich des Lernens abzugrenzen. Es ist zwischen zwei grundlegenden Zielen von Lernen zu unterscheiden:

- induktives Lernen: Entdecken neuer Zusammenhänge in großen Datenbeständen
- deduktives Lernen: Gewinnung neuer Erkenntnisse aus logischen Schlussfolgerungen, beispielsweise kann aus den Regeln „Wenn Weihnachten ist, ist es Winter“ und „heute ist Weihnachten“ gefolgert werden, dass es Winter ist.

Dem induktiven Lernen sind Data-Mining-Systeme zuzuordnen. Hingegen sind Expertensysteme als Teil des deduktiven Lernens außerhalb von Data Mining anzusiedeln. Expertensysteme sollen das Wissen von Experten und Anwendern in maschinenlesbarer Form abbilden und mit Hilfe eines Ableitungsmechanismus neues Wissen herleiten bzw. an das System gestellte Fragen beantworten. Das Wissen von Experten wird häufig in Wenn-dann-Regeln formuliert.

In den letzten Jahren hat eine Verschiebung der Problematik in der Datenverarbeitung stattgefunden. Alte, mittlerweile in der Regel erfüllte Anforderungen verlangen, dass Daten von Einzelgeschäften zur Verfügung gestellt werden. Ziel von zukünftigen EDV-Systemen ist es, dass Datenbestände ausgewertet werden und verborgene Informationen herausgearbeitet werden. Muster in den Beständen müssen erkannt werden, und anschließend ihre Charakteristika beschrieben werden. Grundvoraussetzung hierfür ist, dass nicht wie in der Vergangenheit ausschließlich Einzeldaten separat betrachtet werden, sondern die Gesamtheit der vorliegenden Datenbestände berücksichtigt wird.

Im Medizinbereich ist eine zentrale Aufgabe, Behandlungsstrategien für seltene Krankheiten möglichst vollautomatisch unter Berücksichtigung von in Datenbanken hinterlegten Krankheitsverläufen herauszuarbeiten.

Die Risikoanalyse im Kreditgeschäft könnte eine Aufgabe für Data-Mining-Systeme in der Kreditwirtschaft sein, wobei auch hier möglichst vollautomatisch Risikokriterien für Kreditgeschäfte herausgestellt werden sollen.

Eine ähnliche Aufgabe stellt sich in der Versicherungswirtschaft, wo untersucht werden muss, welche Merkmale Kundengruppierungen besitzen, bei denen ein unter- oder überdurchschnittliches Schadensaufkommen auffällig ist.

2.5 Datenversorgung mittels Data Warehouse

Besonders gut geeignet als Datenbasis für Informations-, Data-Mining- und Expertensysteme ist ein Data Warehouse, da darin Daten aus den operationalen Systemen und externen Quellen in einem einheitlichen System zusammengefasst werden.

Ein Data Warehouse ist im Unterschied zu transaktionsorientierten operationalen Systemen[26]

- subjektorientiert, Daten sind auf Sach- oder Themengebiete ausgerichtet und nicht wie bei operationalen Systemen prozess- oder funktionsorientiert.
- vollständig integriert, für gleiche Entitäten existieren eindeutige Namenskonventionen, Maßeinheiten usw.
- nicht flüchtig, Änderungen von Feldinhalten bleiben nachvollziehbar durch Historisierung von Informationen. Der Ablauf des Unternehmens wird durch historisierte Informationen widergespiegelt.
- time-variant, Daten sind nach Perioden geordnet, da Anfragen sich meist an Zeitperioden orientieren.
- non-volatile, die Werte eines Data Warehouse sollen nachträglich nur im Ausnahmefall geändert werden.

2.6 Einsatz von Datenbanksystemen

Von transaktionsorientierten operationalen Systemen wie GIRO, SPAR und DEPOT A/B werden in der Kreditwirtschaft bei großen Instituten Millionen Konten und Depots verwaltet. OLTP erfordern ständig genügend Ressourcen, da sie von vielen Anwendern simultan genutzt werden. Dieses kann jedoch bei ständig steigendem Transaktionsaufkommen nur ermöglicht werden, wenn die operativen Datenbestände für eine transaktionsorientierte Verarbeitung optimiert sind. Aus diesem Grund wird auch heute noch als Basis für operative Systeme sehr oft das IMS-Datenbanksystem oder seltener QSAM-, VSAM-Dateien genutzt. IMS ist ein hierarchisches Datenbanksystem für MVS-Großrechner. QSAM- und VSAM-Dateien sind satzorientierte Dateiformate für MVS-Großrechner. Alle drei Arten passen besonders gut zum Konzept von Transaktionen, da Transaktionen in der Regel nur wenige spezielle Kontendatensätze verändern. Selbstverständlich sind grundsätzlich auch relationale Datenbanken zur Speicherung von operationalen Datenbeständen geeignet, haben aber immer den gravierenden Nachteil, dass sie im Vergleich zu IMS-

---

[26] vgl. Hansen, Wolf Rüdiger: Das Data Warehouse – Lösung zur Selbstbedienung der Anwender, 1995, S. 42

Datenbanken wesentlich langsamer beim Zugriff auf einzelne Obligos sind, ohne ihre Vorteile wie z.B. Erzeugung von Indizes zur Beschleunigung von Tabellenverknüpfungen bei Abfragen nutzen zu können. Die im Ansatz einfache Lösung mehr Rechenkapazität für Transaktionen bereitzustellen, um den Geschwindigkeitsnachteil von relationalen Datenbanken auszugleichen, ist leider nicht ohne weiteres umsetzbar, da die Leistung von Großrechnern im Gegensatz zu PCs nur begrenzt und unter erheblichem finanziellen Aufwand skalierbar ist. Der Preis für Transaktionen würde zwangsläufig steigen.

Für Informationssysteme, Data-Mining-Systeme und Expertensysteme sind andererseits hierarchische Datenbanken oder sequentielle Dateien völlig ungeeignet. Ihre Eigenschaft, schnell auf einen gezielten Datensatz zugreifen zu können, ist bei Transaktionen ein Vorteil, jedoch bei Informationssystemen, Data-Mining-Systemen oder Expertensystemen nicht ausschlaggebend. Daten müssen für diese Systeme abfrageorientiert vorliegen, d.h. dass Datenbanken für Informationssysteme und für operationale Systeme unterschiedlich modelliert sein müssen. Geschwindigkeitsvorteile ergeben sich bei Abfragen weiterhin durch denormalisierte Daten. Bei einer Denormalisierung werden die logisch, aufgrund bestimmter Anomalien zerlegten Daten wieder zusammengeführt und entsprechende Redundanzen aufgebaut. Die betrachtete Menge eines Informationssystemes ist im Gegensatz zu Transaktionen die Gesamtheit aller Datensätze. Hauptzielsetzung ist es, Verknüpfungen auf der Menge von Tabellen durchzuführen, dieses wird durch Einsatz von Indizes auf unterschiedliche Spalten von Tabellen z.B. bei relationalen Datenbanksystemen stark beschleunigt.

2.7 Fazit

Die Behauptung, dass sich die Volkswirtschaften von der Industrie- zur Informationsgesellschaft entwickeln, wird im vorliegenden Abschnitt durch beschäftigungsstatistische Zahlen untermauert. Diese Entwicklung reflektiert auf alle Bereiche einer Volkswirtschaft, in den Unternehmen wird Information zur bestimmenden Größe der unternehmensinternen Prozesse. Insofern unterstützt die Informatik nicht nur die unternehmensinternen Abläufe, sondern sie erzeugt und verändert diese. Die Informatik offenbart ihr strategisches Potential.

Die in der Wirtschaft, insbesondere der Finanzwirtschaft, eingesetzten operationalen und Informationssysteme haben ihre Funktion eindeutig in der Unterstützung der operativen Abläufe. Dennoch haben diese Systeme eine erstaunliche Langlebigkeit, Funktionsfähigkeit und Flexibilität bewiesen. Den Anforderungen an eine dynamische Unternehmensumwelt und den daraus resultierenden Anforderungen an moderne Informationssysteme allerdings sind sie kaum gewachsen. Dazu bedarf es Systeme einer anderen Generation.
Um solche Systeme geht es in diesem Buch!

3 Informatikstrategien als Basis von Anwendungskonzeptionen

3.1 Definition und Zielsetzung

Der Begriff Strategie stammt ursprünglich aus dem Militärbereich. Als Strategie wurde der effiziente Einsatz und die Steuerung von Streitkräften verstanden.[27] Es ist erstaunlich, wieviele Begriffe aus dem militärischen Bereich in das Wissenschaftsgebäude der Betriebswirtschaftslehre integriert wurden. Zu nennen sind beispielhaft die Begriffe: Hierarchie, Vorgesetzter, Verkaufsfront etc. Der Strategiebegriff, also auch der Begriff „Informatikstrategie", ist zu vielschichtig und komplex, um durch eine einfache und allgemeinverständliche Definition fassbar gemacht zu werden.

Es stellt sich die Frage, ob eine solche Definition unerlässlich ist. Wenn aus den angeführten Gründen eine eindeutige Begrifflichkeit unmöglich ist, sollte man auf eine einfache Definition verzichten und den Definitionsaspekt inhaltlich und aufgabenorientiert interpretieren und umsetzen. Diese Vorgehensweise wird hier gewählt. Die Unternehmensstrategie umreißt den Handlungsspielraum des Unternehmens als Ganzes, während die Informatikstrategie die Ausrichtung der Informationsinfrastruktur bestimmt.

Es bestehen also Zusammenhänge und Abhängigkeiten zwischen der Unternehmensstrategie und der Informatikstrategie[28]. Diese Problematik ist Forschungsschwerpunkt eines speziellen Gebietes im Bereich der strategischen Planung, dem Informationsmanagement[29]. „Informatikstrategien helfen die Übereinstimmung zwischen Unternehmenszielen und Informationsinfrastruktur

---

[27] vgl. Lehner, Franz: Informatik Strategien, 1993, S. 13

[28] vgl. Roithmayr, Friedrich, Wendner, Jürgen: Ergebnisse einer empirischen Studie über den Zusammenhang zwischen Unternehmensstrategie und Informationssystemstrategie, 1992, S. 472–489

[29] vgl. Scheer, August-Wilhelm: Wirtschaftsinformatik – Referenzmodelle für industrielle Geschäftsprozesse, 1995, S. 690

herzustellen oder aufrechtzuerhalten"[30]. In diesem Sinne ergeben sich auch Zusammenhänge zwischen Informatikstrategien und Informationsinfrastrukturen.

Die Informatikstrategie umfasst die Handlungsrichtlinien und einen Gestaltungsrahmen für die langfristige, globale und unternehmensweite Planung der Informationsinfrastruktur. Sie ist richtungweisend für die Verfolgung der strategischen Ziele. Eine Informatikstrategie muss sicherstellen, sich mittel- bis langfristig evolutionär zu entwickeln, damit die mit der Informationstechnologie verbundenen Investitionen und Organisationsprozesse geschäftspolitisch, organisatorisch, technisch und kostenoptimal umgesetzt werden können. Mit der einhergehenden Erhöhung der Komplexität, verbunden mit der Dynamik von technologie- und marktbedingten Änderungen, besteht die Gefahr, dass die Gesamtsicht eines Informatikstrategiepaketes im Prozess der notwendigen „Kurskorrekturen" verlorengeht und sich eine „ungesteuerte" Evolution einstellt. Diese „Entwicklung" kann nur verhindert werden, indem das Gesamtkonzept konsequent dokumentiert wird und die Korrekturen kontinuierlich fortgeschrieben werden. Ansonsten besteht die Gefahr, dass Konzept, Architekturen und Leitideen erstarren und so ein Eigenleben entfalten, das nicht mehr der Realität entspricht.

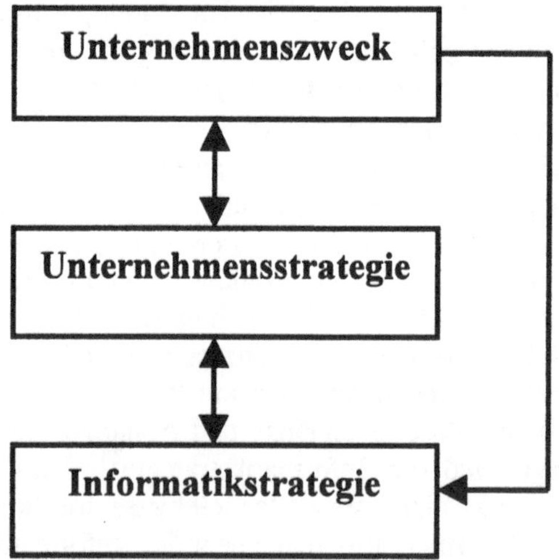

Abbildung 4: Integration einer Informatikstrategie

Planerische Elemente sollten einen Ausblick auf das künftige System enthalten. Die Informatikstrategie erfüllt den Unternehmenszweck und reflektiert diesen in die Zukunft hinein.

Die Anforderungen an eine Informatikstrategie für eine Wirtschaftsbranche sind hoch und herausfordernd. Dem Prinzip der Homogenität, d.h. die Abwicklung gleichartiger Vorgänge in einem determinierten System durch die

[30] vgl. Lehner, Franz: Informatik Strategien, 1993, S. 21

Informatik, steht die Forderung der Einzelunternehmen nach Wahrung ihrer Autonomie und Individualität gegenüber.

Diese Situation stellt das Phänomen eines klassischen Zielkonflikts dar. Ein Ziel einer Informatikstrategie ist die Individualität des Unternehmens unter den Aspekten Funktionalität, Sicherheit und Ökonomie angemessen zu berücksichtigen. Entscheidungen über eine Informatikstrategie sind i.d.R. konstitutive Grundsatzentscheidungen, da sie die generelle Richtung des Weges eines Unternehmens bestimmen. Technologischer und geschäftspolitischer Fortschritt und Anforderungen der Unternehmen sind die wichtigsten Eckpfeiler einer Informatikstrategie.

Die Funktionsfähigkeit eines Unternehmens ist an definierte Strukturen und Verhaltensweisen gebunden. Daraus ist das Verständnis des Begriffes Verbindlichkeit als eine logische Folge gemeinsamen Handelns abzuleiten. Eine Informatikstrategie ist kein Selbstzweck. Sie soll einen konsistenten und stabilen Status über die Zeit gewährleisten. Ein Hauptanliegen ist es daher, eine verbindliche Ausrichtung für alle internen und externen Elemente einer Organisation zu geben. Eine Strategie ist kein eindeutig abgrenzbares Objekt. Eine klare und vollständige Beschreibung hinsichtlich instrumentaler Verwendbarkeit oder Wirkung ist somit nicht möglich. Traditionelle Merkmale wie zukünftiger Plan, Absicht und Bewusstheit sowie Planmäßigkeit der Gestaltung und Realisation verlieren somit ihre klaren Konturen. Daraus resultiert eine permanente Anpassung und Ergänzung der Informatikstrategie auf einer partnerschaftlichen Kommunikation der Beteiligten. Das schafft die benötigten Freiräume sowohl für eine rationale Planung als auch für notwendige kommunikative, intuitive und kreative Prozesse.

3.2 Informationsinfrastruktur

Als Informationsinfrastruktur wird die Gesamtheit aller Einrichtungen, Mittel und Maßnahmen verstanden, die zur „Produktion" von Informationen und Kommunikation dienen[31]. Die Informationsinfrastruktur ist ein Rahmenkonzept, das ein Unternehmen wie ein Netz überspannt und damit seine informationswirtschaftliche Architektur kennzeichnet[32]. Diese Gesamtarchitektur kann, je nach Sichtweise, in verschiedene Teilarchitekturen gegliedert werden (siehe Abbildung 5).

[31]vgl. Lehner, Franz: Informatik Strategien, 1993, S. 10

[32]vgl. Heinrich, Lutz J.: Wirtschaftsinformatik, 1993, S. 180 ff.

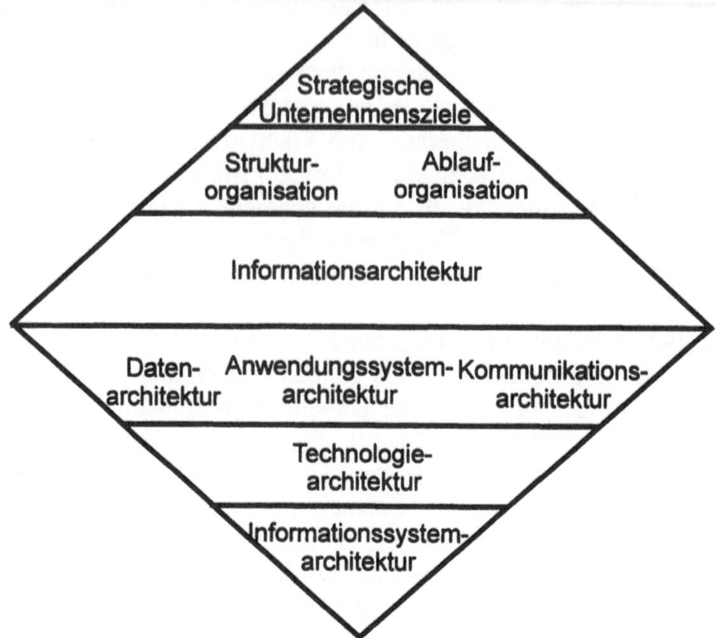

Abbildung 5: Modell der Architektur der Informationsinfrastruktur[33]

Die Informationsarchitektur stellt die Sichtweise der unternehmensweiten Informationsnachfrage dar. Die Datenarchitektur beschreibt die Sicht der unternehmensweit benötigten Daten zur Deckung der Informationsnachfrage, während die Anwendungs- oder Methodenarchitektur die Sicht der Funktionen, Prozesse und deren Unterstützung darstellt. Die Kommunikationsarchitektur ist die Sicht der Transportwege der Informationen (Informationskanäle) zwischen Stellen des Angebots und der Nachfrage. Diese Teilarchitekturen repräsentieren logische bzw. konzeptuelle Sichten auf die Gesamtstruktur des Modells.

Die reale Ausprägung der Daten-, Methoden- und Kommunikationsarchitektur stellt die Technologiearchitektur dar, aus der die Informationssystemarchitektur abgeleitet wird. Das von Krcmar[34] entwickelte Modell (siehe Abbildung 5) stellt übersichtlich die Gesamtarchitektur der Informationsinfrastruktur und das Zusammenwirken der einzelnen Teilarchitekturen dar. Aus dem Modell geht das Beziehungsgefüge zwischen den strategischen Unternehmenszielen und der Aufbau- und Ablauforganisation hervor.

Jedes Unternehmen hat eine Informationsinfrastruktur, die aber i. d. R. nicht das Ergebnis eines planerischen Gestaltungsprozesses ist, sondern durch Kon-

---

[33] vgl. Krcmar, Helmut: Bedeutung und Ziele von Informationssystem-Architekturen, 1990, S. 395–402

[34] vgl. Krcmar, Helmut: Bedeutung und Ziele von Informationssystem-Architekturen, 1990, S. 395–402

struktion und Implementierung einzelner oft nicht kompatibler Informationssysteme „historisch" gewachsen ist.

Ein wichtiges Architekturkonzept wurde von Scheer[35] entwickelt. Seine Relevanz für die Praxis wird u. a. durch das Vorliegen mehrerer konkreter Referenzmodelle z.B. für die wichtigsten industriellen Geschäftsprozesse von Industriebetrieben dokumentiert.

Die Konturen dieses Modells werden im folgenden kurz skizziert.

Das Konzept „Architektur integrierter Informationssysteme (ARIS)" strukturiert seine Informationssystemarchitektur primär in Sichten und sekundär in Modellebenen. Die Spezifikation unterschiedlicher Sichten z.B. auf der Basis eines generischen Architekturrahmens[36] wird von ARIS nicht genutzt. Diese Vorgehensweise macht es notwendig, auf allen Modellebenen gleiche Sichten zu positionieren.

Dies unterscheidet ARIS von anderen Konzepten. Wie aus Abbildung 6 ersichtlich ist, definiert ARIS drei Sichten: Datensicht, Funktionssicht und Organisationssicht, wobei das Zusammenwirken der drei Sichten durch eine vierte Sicht, die Steuerungssicht, hergestellt wird. ARIS folgt dem entwickelten Integrationspfad, indem es Geschäftsprozesse unterstützt[37].

Die Steuerungssicht ist eine weitere wesentliche und spezielle Komponente, die ARIS von anderen Konzepten unterscheidet. Sie ist aber notwendig, weil durch die Zerlegung des Ausgangsproblems in die einzelnen Sichten zwar die Komplexität reduziert wird, aber auch die Zusammenhänge zwischen den einzelnen Sichten aufgelöst werden.

Die drei Sichten werden in jeweils zwei Beschreibungsebenen, eine Aufgabenebene bestehend aus Informationsverarbeitungsaufgaben, die durch Informationsbeziehungen verbunden sind, sowie eine Auftraggeberebene, bestehend aus Menschen und maschinellen Systemen, wie z.B. Rechner- und Kommunikationssysteme, die untereinander kommunizieren und kooperativ Informationsverarbeitungsaktivitäten durchführen[38], unterteilt. Daten-, Funktions- und Steuerungssicht gehören zur Aufgabenebene eines betrieblichen Informationssystems; die Organisationssicht gehört zur Auftraggeberebene.

[35]vgl. Scheer, August-Wilhelm: Wirtschaftsinformatik – Referenzmodelle für industrielle Geschäftsprozesse, 1995, S. 4 ff.

[36]vgl. Rechenberg, Peter, Pomberger, Gustav: Informatikhandbuch, 1997, S. 876

[37]vgl. Scheer, August-Wilhelm: Wirtschaftsinformatik – Referenzmodelle für industrielle Geschäftsprozesse, 1995, S. 16

[38]vgl. Rechenberg, Peter, Pomberger, Gustav: Informatikhandbuch, 1997, S. 875

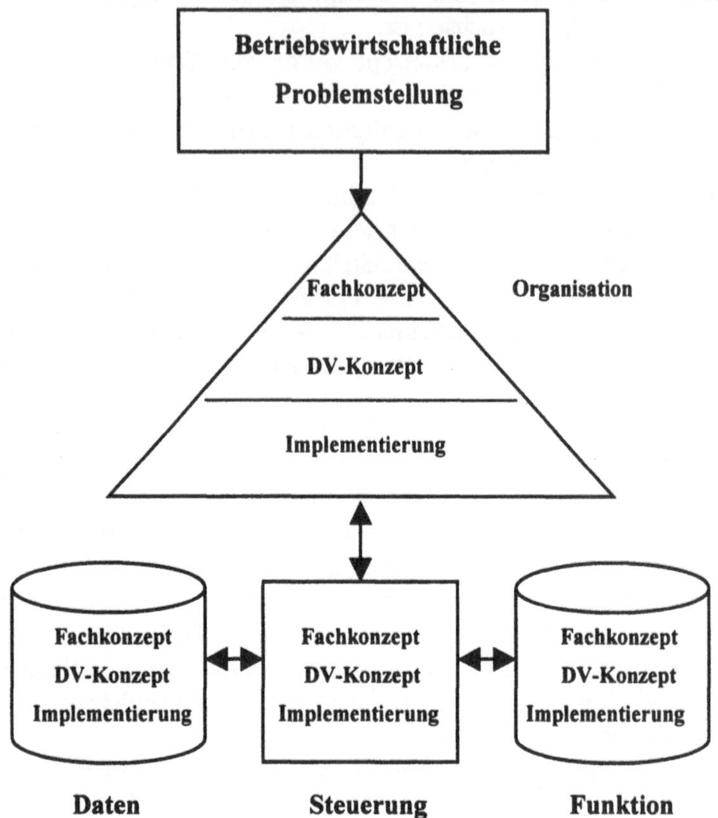

Abbildung 6: ARIS – Architektur integrierter Architekturmodelle[39]

ARIS ist so flexibel, dass für die einzelnen Sichten und Ebenen unterschiedliche, konkrete Modellierungskonzepte eingesetzt werden können. Aus diesem Grund werden die einzelnen Sichten und Ebenen allgemein (universell) modelliert. So benutzt Scheer für die Datensicht ein erweitertes Entity-Relationship-Model[40], für die Steuerungssicht ereignisorientierte Prozessketten.

Die Integration der sichten- und modellorientierten Metamodelle wird durch ein Metamodell über alle Sichten und Modellebenen konstruiert.

[39]vgl. Scheer, August-Wilhelm: Wirtschaftsinformatik – Referenzmodelle für industrielle Geschäftsprozesse, 1995, S. 17

[40]vgl. Scheer, August-Wilhelm: Wirtschaftsinformatik – Referenzmodelle für industrielle Geschäftsprozesse, 1995, S. 31 ff.

3.3 Bestandteile einer Informatikstrategie

Über generelle Inhalte und Gliederungen von Informatikstrategien gibt es selbst bei versierten Informatikexperten keine generellen konkreten Vorstellungen, geschweige denn eine logisch strukturierte Systematik.[41]
Immerhin ist eine akzeptable Klassifikation vorhanden.

Die Informatikstrategien werden überwiegend den „Funktionsbereichsstrategien" zugeordnet.[42] Die inhaltliche Gestaltung einer Informatikstrategie muss sich an der individuellen Organisationsstruktur, der Ausprägung von Funktionsbereichen und dem Unternehmenszweck orientieren. Diese spezielle Sichtweise, dass eine Organisationsstruktur zum Bestimmungsfaktor der Strategieformulierung wird, entspricht dem Prinzip „Strategy follows structure"[43]. Dieses Prinzip scheint plausibel, da komplexen Organisationen ein gewisses Maß an Beharrungsvermögen zugestanden werden muss. Auch die Umkehrung dieses Prinzips „Structure follows strategy" wird in der Literatur vehement vertreten.

Unbestritten ist dagegen die Bestimmung der Wettbewerbs- und Unternehmensstrategie, aus der die Informatikstrategie abgeleitet werden kann, durch das Umfeld.

Diese „traditionelle" Gestaltungsstrategie, die strategischen Anforderungen an die Informatikstrategie sequentiell aus der Unternehmensstrategie abzuleiten, ist inzwischen durch neuere Forschungsergebnisse und praktische Erfahrungen überholt, da dieser Ansatz u. a. die Potentialfaktoren der Informatik für ein Redesign von Geschäftsprozessen und Unternehmensstrategie nicht angemessen berücksichtigt[44]. Unter diesen Aspekten kann die Informatik daher durchaus als „Enabler" gesehen werden. Petrovic spricht auch von: „... and the enabling factors of information technology". In diesem Sinne zeigt sich die Informatik in ihrer strategischen Dimension nicht mehr allein als die eines Instruments zur Steigerung der Effektivität des Managements, sondern vermehrt als zentrale Determinante der Unternehmensstrategie und -struktur.

---

[41] vgl. Lehner, Franz: Informatik Strategien, 1993, S. 240 ff.

[42] vgl. Lehner, Franz: Informatik Strategien, 1993, S. 16 ff.

[43] vgl. Hanker, Jens: Die strategische Bedeutung der Informatik für die Organisation, 1990, S.60

[44] vgl. Petrovic, Otto: Lean Management und informationstechnologische Potentialfaktoren, 1994, S. 580–590

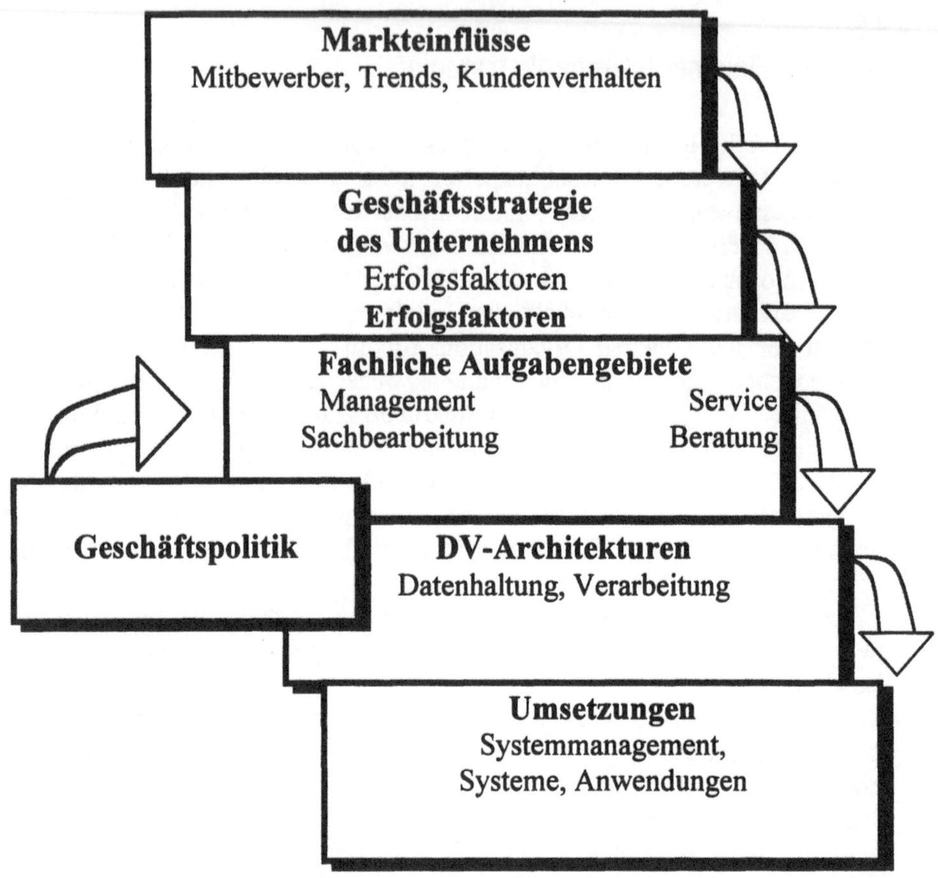

Abbildung 7: Die strategische Wirkungskaskade

Daraus resultiert eine Wechselwirkung zwischen Informatik- und Unternehmensstrategie. Eine wirkliche Ausschöpfung des informationstechnologischen Potentials bedingt ein Redesign der internen und externen Geschäftsprozesse und damit eine gänzliche oder teilweise Neuformulierung und Durchsetzung von Unternehmensstrategien.

Interdependenzen zwischen Umsystemvarianz und Reorganisation sind zweifellos vorhanden. Dabei ist zu beobachten, dass die Zeitzyklen bis zum Erreichen eines „kritischen Ausmaßes" der quantitativen und qualitativen Änderungen immer kürzer werden.

Die langfristige Überlebensfähigkeit eines Unternehmens kann nur dann gesichert werden, wenn die Reorganisationszyklen in gleichem Umfang angepasst werden.

Eine Informatikstrategie ist kein statisches Konstrukt, da sie dem stetigen Wandel Rechnung tragen muss. Außerdem muss sie den Unternehmenszweck in die Zukunft reflektieren. Eine generelle, d.h. universal gültige Informatikstrategie kann und wird es wegen der angezeigten Problematik nicht geben! Deshalb ist eine pragmatische Gliederung innerhalb der Informatikstrategien sinnvoll. Die Perspektive sollte der in aller Regel primär geschäftspolitisch unterlegten Anwendungsentwicklung entsprechen. Die folgende Abbildung zeigt ein mögliches Konzept einer Informatikstrategie.

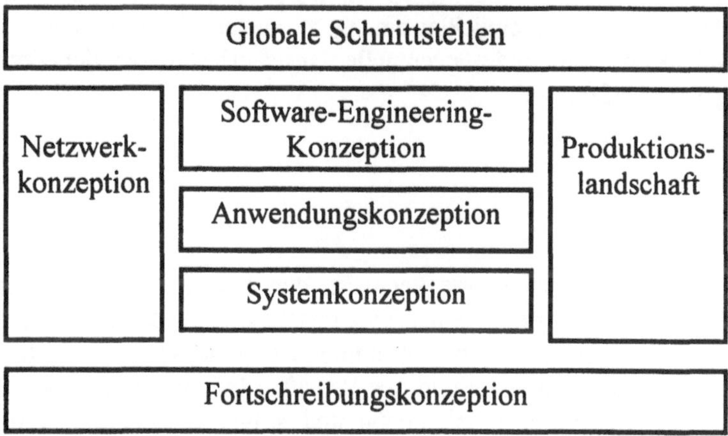

Abbildung 8: Hauptbestandteile einer Informatikstrategie

In dieser Darstellung gliedert sich die Informatikstrategie in sieben Bereiche:

1. Anwendungskonzeption als Zentralbereich.
2. Systemkonzeption, sie steckt den Rahmen ab, in dem sich die Anwendungskonzeption bei der Softwareentwicklung zu bewegen hat.
3. Software-Engineering-Konzeption, sie stellt den Bezug von Methoden, Verfahren, Standards, Konventionen und Werkzeuge zur Erstellung, Administration und Verwaltung von Software her.
4. Netzwerkkonzeption, Beschreibung der EDV-technischen Außenbeziehungen.
5. Produktionslandschaft, Überblick über zentrale und dezentrale Komponenten der Hardware, Systemsoftware, Netzwerk, Systemmanagement.
6. Globale Schnittstellen, Beschreibung der Inferfaces der Anwendungsentwicklung (z.B. SWIFT)[45].
7. Fortschreibungskonzeption, Dokumentation der Änderungen, Anpassungen etc.

In der Praxis hat es sich bewährt, die Fortschreibung nicht zentral, sondern dezentral in den einzelnen Bereichen durchzuführen.

[45]vgl. Stahlknecht, Peter, Hasenkamp, Ulrich: Einführung in die Wirtschaftsinformatik, 1997, S. 407

Diese Darstellung ist als generisches Konzept zu verstehen. Jedes Unternehmen kann auf der Basis dieses Konzeptes seine unternehmensindividuelle Architektur wählen, indem zum Beispiel nicht existierende Elemente entfallen.

Ziel einer Informatikstrategie für die Anwendungsentwicklung ist es, einen verbindlichen Rahmen zu definieren, in dem eine homogene und transparente Softwareentwicklung durchzuführen ist. Dieser Rahmen soll nicht die Kreativität der Anwendungsentwickler einengen, sondern dazu beitragen, im Sinne einer gelenkten Autonomie, eventuelle Unsicherheiten bei der Entwicklung beseitigen zu helfen.

3.4 Fazit

In dem vorigen Kapitel wurde versucht, den Begriff und die Komponenten einer Informatikstrategie in einer dynamischen Umwelt darzustellen. Dabei erweist es sich als schwierig und unmöglich, eine konkrete Definition des Begriffes Strategie allgemein und des Begriffes Informatikstrategie speziell zu finden. Eine pragmatische inhaltliche und aufgabenorientierte Definition ist sinnvoll.

Wechselwirkungen zwischen Unternehmens- und Informatikstrategie sind zweifellos vorhanden. Beide unterliegen dem stetigen Wandel einer dynamischen Unternehmensumwelt und müssen die Unternehmensidee in die Zukunft reflektieren.

Aus diesen Gründen ist die Darstellung einer universell gültigen Informatikstrategie nicht möglich. Allerdings hat insofern ein Paradigmawechsel stattgefunden, als die generelle Ableitung der Informatikstrategie aus der Unternehmensstrategie nicht mehr die alleinige Richtung darstellt. Die Informatik hat durchaus das strategische Potential, um eine gänzliche oder teilweise Neuformulierung von Unternehmensstrategien zu bewirken.

Die Komponenten einer Informatikstrategie sollten sich einer pragmatischen Aufteilung bedienen. Perspektive sollte die geschäftspolitisch unterlegte Anwendungsentwicklung sein.

4 Software-Engineering-Konzeption

4.1 Definition und Grundlagen

Der Begriff Software Engineering wurde Anfang der siebziger Jahre geprägt. Unter dieser Bezeichnung werden generell alle ingenieurmäßigen Vorgehensweisen zur Entwicklung von Informatik-Anwendungen zusammengefasst.[46] Im allgemeinen unterscheidet man darunter[47]:

- Prinzipien,
- Methoden,
- Verfahren,
- Werkzeuge.

Prinzipien im Kontext einer Software-Engineering-Konzeption sind generelle Vorgehensweisen im Sinne von Handlungsanweisungen oder Strategien wie z.B.:

- top-down-Entwicklung,
- bottom-up-Entwicklung,
- Modularisierung.

Methoden sind Vorschriften, wie planmäßig nach einem bestimmten Prinzip (oder deren Kombination) zur Erreichung definierter Ziele vorzugehen ist, z.B.:

- Prototyping,
- strukturierte Programmierung usw.

Verfahren sind vollständig determinierte Methoden, wie z.B.:

- Entscheidungstabellentechnik,
- Struktogramme usw.

---

[46]vgl. Rau, Karl-Heinz, Stickel, Eberhard: Software Engineering, 1991, S. 99 ff.

[47]vgl. Stahlknecht, Peter, Hasenkamp, Ulrich: Einführung in die Wirtschaftsinformatik, 1997, S. 249

Werkzeuge oder auch Tools sind Computerprogramme bzw. Programmpakete zur Unterstützung der Entwicklungsarbeit von Informatikanwendungen.

4.2 Komponenten einer Software-Engineering-Konzeption

In der Praxis sollte eine Software-Engineering-Konzeption aus folgenden Komponenten bestehen:

- Entwicklungsplattform,
- Vorgehensmodell,
- Methoden,
- Verfahren,
- Standards (Normen),
- Dokumentationsanforderungen,
- Planungs- und Prozessmanagement,
- Projekt- und Ressourcenmanagement,
- Qualitätssicherungs-Konzeption,
- Entwicklungsdatenbank (Repository, Data Dictionary) und
- deren Einsatzschwerpunkte.

Sie unterstützt die Vorgehensweise und Planungen. Die Software-Engineering-Konzeption berücksichtigt die Anforderungen aus der Anwendungskonzeption und unterstützt die definierten Technologien. Außer technisch-funktionalen Qualitätsmerkmalen eines Software-Engineering-Konzeptes müssen Kriterien wie Flexibilität und Individualität hinreichend beachtet werden. Im Rahmen der Projektarbeit erfolgt eine auf den Projektumfang zugeschnittener Auszug aus dem SE-Gesamtangebot (SE-Tailoring). Die SE-Konzeption erweist sich als Integrationsplattform über alle Auszüge hinweg und gewährleistet dadurch die Gesamttransparenz. Ergeben sich aus den Teilsystemen der Anwendungskonzeption heterogene Anforderungen, so werden diese unterstützt.

4.3 Entwicklungsplattform

Die Abbildung 9 stellt eine Softwareentwicklungsumgebung im Überblick dar.

Die wichtigsten Elemente einer funktionsfähigen Softwareentwicklungsumgebung werden im folgenden kurz erläutert.

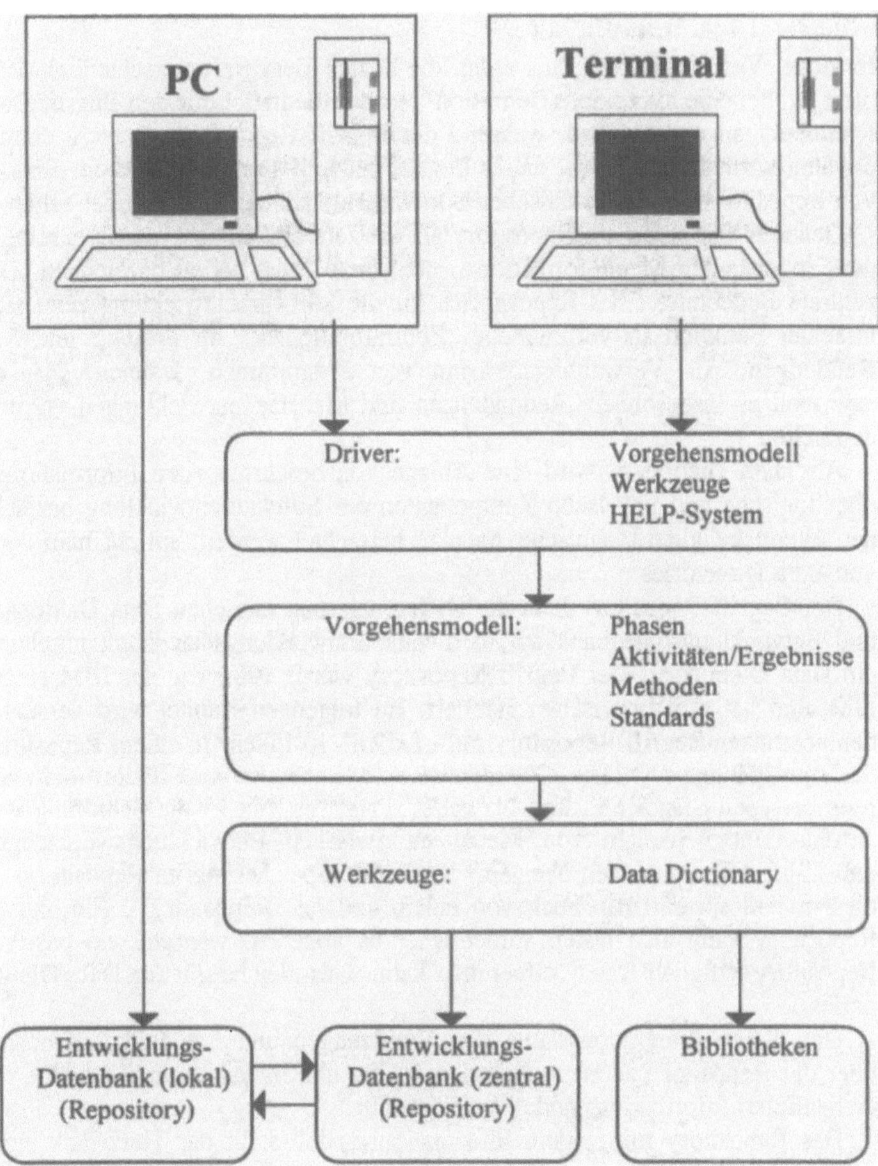

Abbildung 9: Überblick über eine Entwicklungsplattform

4.3.1 Repository und Data Dictionary

In vielen Veröffentlichungen werden die beiden Begriffe unterschiedlich definiert, wobei eine akzeptable Definition[48] sehr oft lediglich für den Begriff Data Dictionary angeboten wird, während der Begriff Repository oft nicht einmal erwähnt wird. In der Tat ist dieser Begriff neueren Ursprungs und der Einsatz von Repositories in der praktischen Softwareentwicklung ist z. Z. eher selten.

Generell kann man ein Repository als die zentrale Ablage von beschreibenden, sogenannten Metainformationen über eine Organisation bezeichnen. Die zentrale Bedeutung eines Repositories für die Softwareentwicklung zeigt sich in seiner Funktion als verbindliche „Zentralbibliothek" für Projekte und Anwendungen. Als Verwaltungszentrum von Programmen, Dateien, Masken usw. soll es insbesondere Redundanzen und Mehrfachentwicklungen vermeiden helfen.

Als Data Dictionary wird eine Ablage von beschreibenden Informationen über logische und physische Komponenten der Softwareentwicklung bezeichnet. Wenn lediglich technische Aspekte betrachtet werden, spricht man auch von Data Directories.

Der Begriff Repository hebt die Differenzierung zwischen Data Dictionary und Entwicklungsdatenbank auf, d. h. eine Entwicklungsdatenbank impliziert ein Data Dictionary. Der Begriff Repository wurde 1989 von der IBM eingeführt und hat sich inzwischen etabliert. Im folgenden Kapitel wird versucht, den abstrakten Begriff Repository mit „Leben" zu füllen. In einem Repository der Anwendungsentwicklung werden deren Metaobjekte klassifiziert und nach Membertypen gespeichert und verwaltet. Primäres Ziel ist die Schaffung von Austauschmöglichkeiten von Metadaten zwischen Entwicklungswerkzeugen und Laufzeitkomponenten über eine temporäre Speicherung im Repository. In diesem Fall spricht man auch von einem aktiven Repository[49]. Ein aktives Repository kann also Daten aufnehmen und abgeben, während ein passives Repository lediglich Daten aufnehmen kann. Das gleiche gilt für Data Dictionaries.

Um diesen Integrationsstatus von Werkzeugen und Laufzeitkomponenten über das Repository zu ermöglichen, wird für alle Metadaten und Objekte ein einheitliches Informationsmodell bereitgestellt[50].

Das Repository mit seinem Informationsmodell stellt das Herzstück einer modernen Software-Engineering-Konzeption dar.

Die wichtigsten Komponenten im Repositoryumfeld sind folgende:

---

[48] vgl. Stahlknecht, Peter, Hasenkamp, Ulrich: Einführung in die Wirtschaftsinformatik, 1997, S. 226, 236 und 319

[49] vgl. Stickel, Eberhard: Datenbank Design, 1991, S. 119

[50] vgl. Scheer, August-Wilhelm: Wirtschaftsinformatik – Referenzmodelle für industrielle Geschäftsprozesse, 1995, S. 692 ff.

- Informationsmodell: Metastruktur eines Repositories und Datenmodell der Anwendungsentwicklung.
- Entwicklungsdatenbank: Synonym für Repository.
- Membertyp: Objekte werden in einem Repository nach Membertypen aufgeteilt. Solche Membertypen sind z.B.: Datei, Programm, Feld usw.
- Member: Ausprägungen eines Membertyps werden Member genannt. Kontonummer ist die Ausprägung des Membertyps Feld.
- Attribut: Jedes Member besteht aus Beschreibungs- und Verknüpfungselementen; den Attributen.
- Verknüpfungen: Die Verknüpfungen zwischen Membern werden durch Verknüpfungsattribute realisiert.
  Beispiel: Eine Verknüpfung zwischen den Membern A und B geschieht durch Aufruf des entsprechenden Verknüpfungsstatements, z.B. CALLS in Verbindung mit dem entsprechenden Membernamen (hier B). Die umgekehrte Verknüpfung (B zu A) wird maschinell aufgebaut.

Der Analyse des Informationsmodells als Basis des Repositories sowie dem daraus abgeleiteten Vorgehensmodell zur Entwicklung von Anwendungssystemen kommt herausragende Bedeutung zu.

4.3.2 Vorgehensmodelle

Die Entwicklung von Anwendungssystemen erweist sich als komplexer Prozess, der oft nicht schon zu Projektbeginn gänzlich überschaubar und damit planbar ist. Aus diesem Grund wurden Konzepte entwickelt, die eine gut strukturierte, schrittweise Vorgehensweise bei der Entwicklung unterstützen und darstellen. Diese Konzepte werden allgemein als Vorgehensmodelle bezeichnet. Nach Stahlknecht et al. beschreibt jedes Vorgehensmodell die Folge aller Aktivitäten, die zur Durchführung eines Projektes erforderlich sind[51].

Über Vorgehensmodelle oder auch Phasenkonzepte gibt es unzählige Varianten. Da sich die Phasen wie die Stufen einer Treppe darstellen lassen, wird das Phasenkonzept auch manchmal als „Wasserfall-Modell“ bezeichnet. Die „klassischen“ Komponenten eines Vorgehensmodells sind nach Stahlknecht und Hasenkamp[52]:

Phase 1: Projektbegründung,
Phase 2: Ist-Analyse,
Phase 3: Grobkonzept,
Phase 4: Detailentwurf,

---

[51] vgl. Stahlknecht, Peter, Hasenkamp, Ulrich: Einführung in die Wirtschaftsinformatik, 1997, S. 253

[52] vgl. Stahlknecht, Peter, Hasenkamp, Ulrich: Einführung in die Wirtschaftsinformatik, 1997, S. 246 ff.

Phase 5: Programmierung/Test,
Phase 6: Einführung.

Ein Vorgehensmodell der Anwendungsentwicklung stellt den verfahrensmäßigen Rahmen zur Durchführung von Anwendungsentwicklungsprojekten dar.

Die Vorgehensweise basiert auf einer Makrostrategie (Lebenszyklus → Phasen) und Mikrostrategie (Problemlösungszyklus → Aktivitäten). Aktivitäten werden durch die Anwendung von Methoden und Techniken unterstützt. Sie sind nach Projektmanagement, Durchführung und Qualitätssicherung geordnet. Jeder Aktivität ist ein Ergebnistyp vorgeordnet sowie nachgeordnet. Ergebnistypen werden durch Werkzeuge, wie Editor, Compiler, erstellt oder generiert. In Abbildung 10 wird ein Vorgehensmodell im Gesamtzusammenhang dargestellt.

Ein Vorgehensmodell-Treiber (siehe Abbildung 11) ist eine aus Masken und Maskenfolgen bestehende Steuerungssoftware, die den Benutzer durch das Vorgehensmodell navigiert. Das Vorgehensmodell wird im Repository gespeichert und von der Steuerungssoftware interpretiert.

Der physische Zugriff auf das Repository erfolgt über Werkzeuge, wie zum Beispiel Generatoren oder Abfragesprachen. Ein Werkzeug ist eine Software, welche die Durchführung bestimmter Aktivitäten und Methoden informationstechnisch unterstützt.
Die Ansteuerung erfolgt über das Vorgehensmodell oder über einen speziellen Werkzeugzweig. Die wichtigsten Werkzeuge sind: Projektmanagementwerkzeuge, Datenmodellierungswerkzeuge, Generatoren und Retrievalfunktionen.

Das Konzept des „Wasserfall"-Modells hat sich in der Praxis der Anwendungsentwicklung bewährt. Die klare Strukturierung gewährleistet ein einheitliches, logisches Vorgehen. Die nächste Phase wird erst dann begonnen, wenn die davorliegende abgeschlossen ist[53]. Damit ist eine klare serielle Vorgehensweise definiert, die aber recht schwerfällig ist und zum Beispiel phasenparalleles Arbeiten verhindert. Einige Bundesländer haben in „ADV-Projektrichtlinien" für die öffentliche Verwaltung die Einteilung und Benennung der Phasen verbindlich vorgeschrieben[54].

[53]vgl. Pulter, Roland, Schmid, Urs: Der objektorientierte Weg (OOW), 1994, S. 108 ff.
[54]vgl. Stahlknecht, Peter, Hasenkamp, Ulrich: Einführung in die Wirtschaftsinformatik, 1997, S. 253

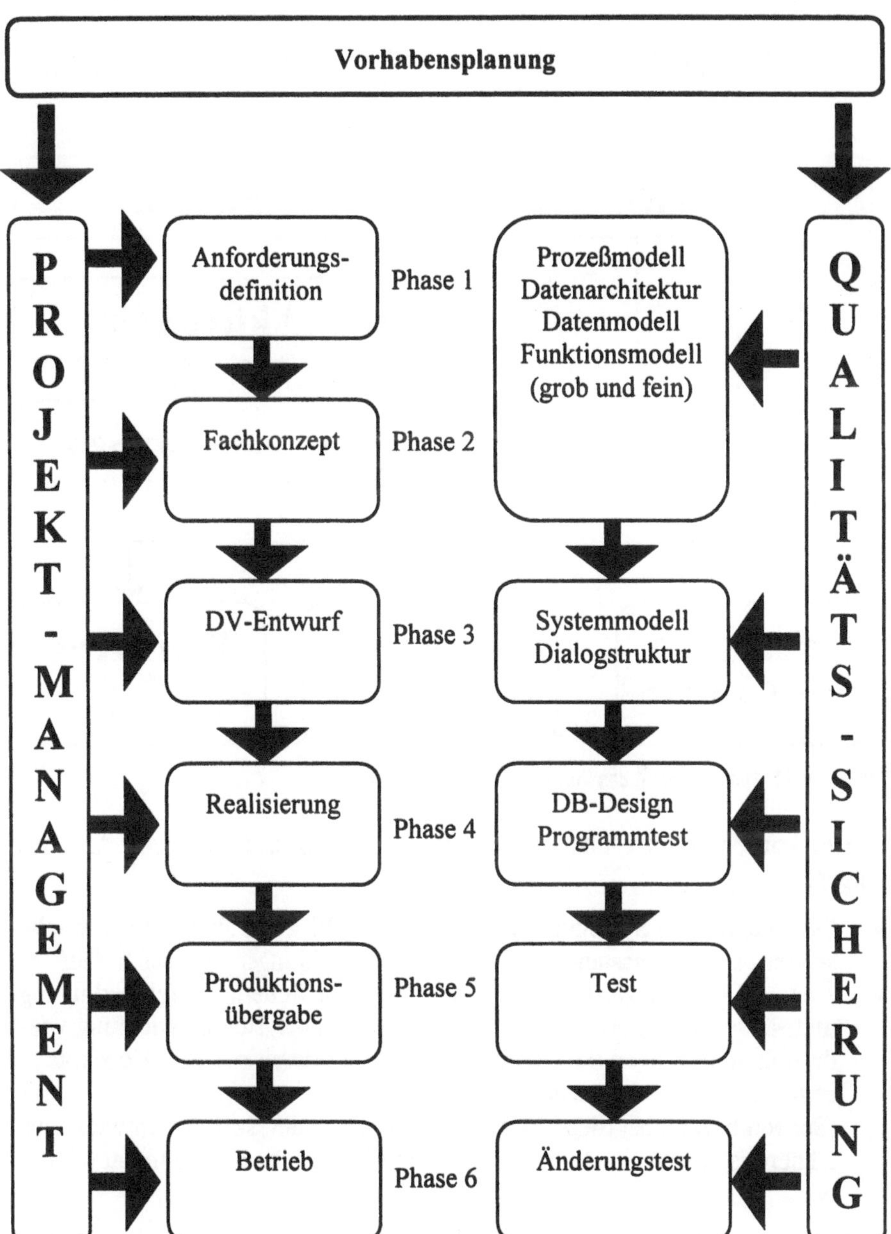

Abbildung 10: Vorgehensmodell im Gesamtzusammenhang

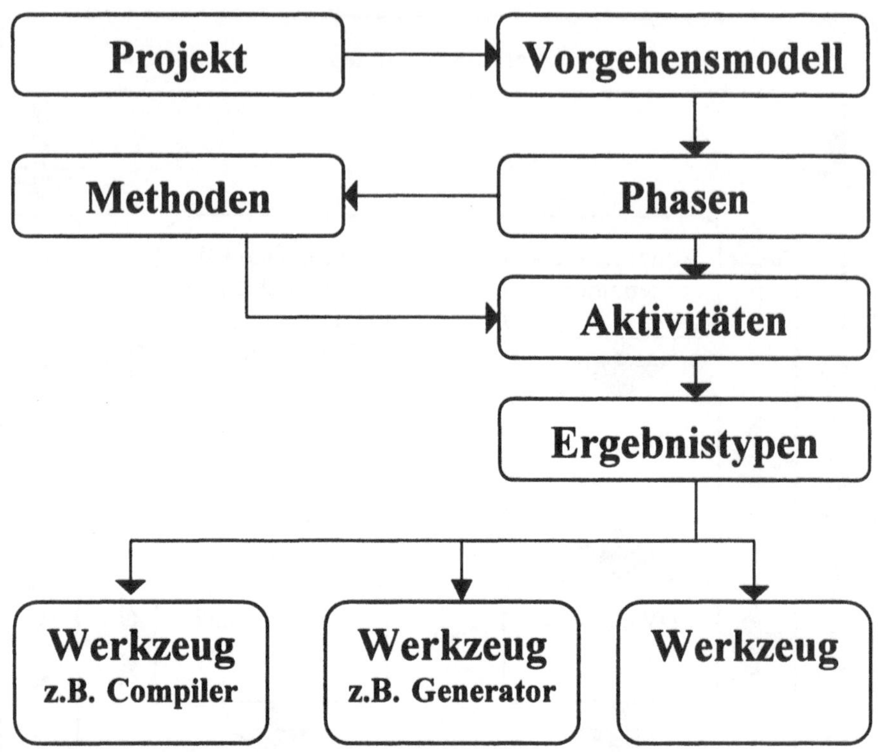

Abbildung 11: Logische Sicht des Vorgehensmodell-Treibers

Der konsequenten Einhaltung der Phasen stehen u. a. folgende Argumente entgegen:

- Die endgültigen Systemanforderungen kristallisieren sich erst mit wachsendem Erkenntnisstand im Laufe des Entwicklungsprozesses heraus.
- Äußere Einflüsse (z.B. organisatorische Maßnahmen, Umfeldbedingungen und -änderungen) erfordern schon während der Systementwicklung wiederholt Änderungen der Anforderungen und damit des Soll-Konzepts bzw. des Systementwurfs.
  (Schach bezeichnet diese Einflüsse als Risiken der Softwareentwicklung: „There is always an element of risk involved in the development of software“[55]).

Vor diesem Hintergrund wurden aus dem „strengen“ Phasenmodell Modellvarianten wie Zyklus- bzw. Spiralmodell (siehe Abbildung 12) ent-

[55]vgl. Schach, Stephen R.: Software Engineering, 1993, S. 60

wickelt[56]. Diese Modelle interpretieren den Entwicklungsprozess als iterativen Prozess[57], und zwar:

- Innerhalb der einzelnen Phasen, aber auch
- phasenübergreifend für mehrere aufeinanderfolgende Phasen.

Es liegt im Charakter des Phasenkonzepts, dass lauf- und damit prüffähige Versionen der entwickelten Anwendungskonzeption erst relativ spät, nämlich erst nach der Realisierungsphase, vorliegen. So können z.B. Änderungswünsche der Endbenutzer erst spät artikuliert werden und damit zu Problemen z.B. hinsichtlich des terminierten Einsatzes der Anwendung führen.

Diese Problematik führte zur Vorgehensweise des Prototypings. Dieses Verfahren ist aus der Industrie, wie z.B. der Automobilindustrie, bekannt. Vor der endgültigen Version des Anwendungssystems wird eine Vorabversion oder Muster, der Prototyp, erstellt. Mit dieser Version kann dann experimentiert werden. Es gibt verschiedene Arten von Prototypen wie „Wegwerf"-Prototypen, wiederverwendbare und unvollständige Prototypen, aber auch verschiedene Arten des Prototypings wie rapid Prototyping, evolutionäres, exploratives, experimentelles, vertikales und horizontales Prototyping. „Wegwerf"-Prototypen dienen i.d.R. lediglich der Sammlung von Erfahrungen für die Erstellung des neuen Systems. Wiederverwendbare Prototypen werden sukzessive verbessert und komplettiert, indem schon entwickelte Teilsysteme bzw. Systemkomponenten weitergenutzt werden. Bezogen auf die Phasen der Systementwicklung unterscheidet man[58]:

- das explorative Prototyping, welches sich auf das Fachkonzept des Anwendungssystems konzentriert, sowie
- das experimentelle Prototyping, das sich mit den Alternativen der informationstechnologischen Realisierung für beispielsweise Programme, Module, Schnittstellen usw. befasst.

Unvollständige Prototypen beziehen sich nicht auf das Gesamtsystem, sondern auf einzelne Komponenten des Anwendungssystems (vertikales Prototyping). Beim horizontalen Prototyping wird ein unvollständiger Prototyp generiert, d.h. eine Schicht des Anwendungssystems. Häufig werden die Schnittstellen zu anderen Systemen vorab generiert, um die Kompatibilität der verschiedenen Systeme zu prüfen.

Prototyping kann phasenorientiert aber auch phasenübergreifend eingesetzt werden. Zweckmäßig, weil in der Praxis bewährt, ist der Einsatz von Prototyping-Werkzeugen, wie z.B. Bildschirm-Masken-Generatoren, Generatoren zur Generierung von Dialogfolgen usw. Beim Prototyping ist es schwierig die

---

[56]vgl. Pomberger, Gustav, Blaschek, Günter: Software Engineering, 1997, S. 26 ff.

[57]vgl. Stahlknecht, Peter, Hasenkamp, Ulrich: Einführung in die Wirtschaftsinformatik, 1997, S. 256

[58]vgl. Stahlknecht, Peter, Hasenkamp, Ulrich: Einführung in die Wirtschaftsinformatik, 1997, S. 257

Balance des Aufwands hinsichtlich Investitionen in den „Wegwerf"-Prototyp und in die „echte" Version des Anwendungssystems zu finden. In bezug auf das Phasenschema ist Prototyping kein Substitut, sondern komplementär zu sehen.

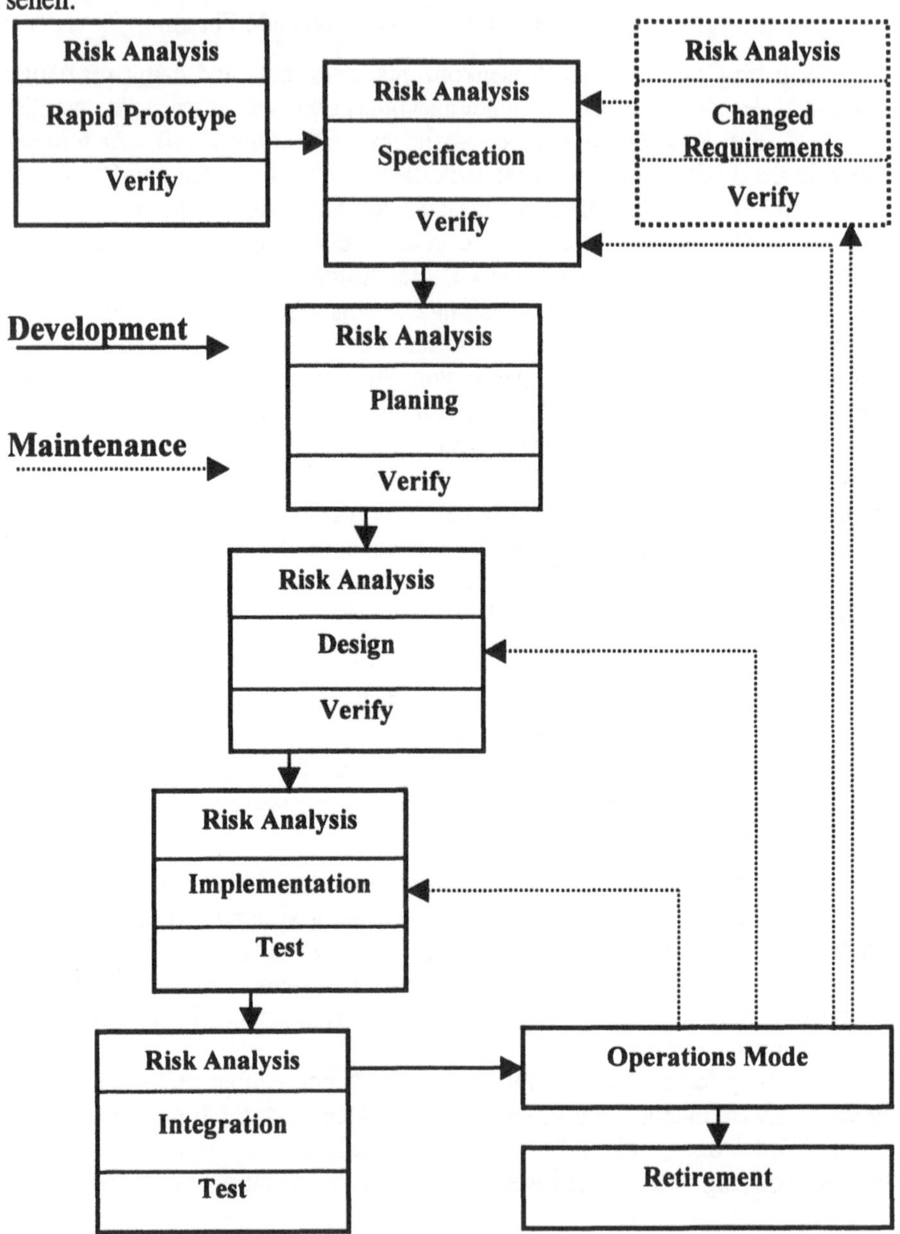

Abbildung 12: Simplistic version of spiral model[59]

[59]vgl. Schach, Stephen R.: Software Engineering, 1993, S. 62

Vor dem Hintergrund des Einsatzes phasenübergreifender Werkzeuge und Methoden und der zunehmenden Bedeutung objektorientierter Vorgehensweise ist eine Straffung des Phasenkonzepts festzustellen. Allerdings scheint ein gänzlicher Verzicht auf die Phasenstruktur hin zu einer phasenlosen, evolutionären Systementwicklung, wie es verschiedentlich gefordert wird, realitätsfremd[60].

Das Phasenschema der Systementwicklung wird seine Bedeutung zumindest als generisches Konzept behalten.

4.4 Methoden

4.4.1 Datenmodellierung

Die wohl bekanntesten Modelle der Wirtschaftsinformatik sind Datenmodelle. Sie repräsentieren das Ergebnis der Datenmodellierung und werden mit unterschiedlichen Zielsetzungen entwickelt wie z.B. Entwicklung von Datenstrukturen, Unterstützung der Systemplanung, Systemanalyse usw.[61]

Ein Datenmodell ist das abstrakte Resultat der Analyse eines Ausschnittes der realen Welt, bezogen auf die wesentlichen Daten und deren Beziehungen untereinander. Die Datenmodellierung umfasst alle Tätigkeiten, die zur Erstellung, Verwaltung und weiteren Nutzung von Datenmodellen notwendig sind. Die Modellierung eines Datenmodells, unabhängig von bestehenden oder geplanten Anwendungen und vorhandenen betriebswirtschaftlichen Funktionen, erfordert zwangsläufig einen hohen Abstraktionsgrad[62]. Die Methode der Datenmodellierung ermöglicht das Erreichen folgender Ziele:

- Auffinden von stabilen Datenstrukturen,
- Aufzeigen von Interdependenzen der Daten,
- Dokumentation des semantischen Gehalts,
- Standardisierung der Datenbezeichnungen (Synonyme / Homonyme).

Ein besonderer Wert des Datenmodells ist in der Stabilität und Erweiterbarkeit zu sehen:

---

[60]vgl. Stahlknecht, Peter, Hasenkamp, Ulrich: Einführung in die Wirtschaftsinformatik, 1997, S. 258

[61]vgl. Lehner, Franz, Hildebrand, Kurt, Maier, Ronald: Wirtschaftsinformatik, 1995, S. 120 ff.

[62]vgl. Stickel, Eberhard: Datenbank Design, 1991, S. 10

- Die in einem betriebswirtschaftlichen Datenmodell beschriebenen Strukturen sind normalerweise von langer Dauer. Form und Inhalt des Modells bleiben auch bei einem schrittweisen Erstellungsprozess erhalten; spätere Erweiterungsmöglichkeiten sind i. d. R. problemlos möglich.

Die unterschiedlichen Nutzungsbereiche für Datenmodellierung bzw. Datenmodelle sind folgende:

- Grundlage für ein erstes Datenbankdesign,
- strukturelle und semantische Basis für Schnittstellen,
- Basis für die Standardisierung von Fachbegriffen,
- Abstraktion von Vereinbartem.

Die Methodik der Datenmodellierung wird oft in drei Stufen dargestellt[63]:

- Methoden (Datenarchitektur / konzeptionelles Datenmodell),
- Dokumentationsstandards,
- EDV-technische Unterstützung (z.B. durch Tools).

Ziel der Datenarchitektur ist es, den Analysebereich bezüglich seiner informellen Zusammenhänge zu visualisieren. Objekte der Datenarchitektur sind Entitäts- und Beziehungsmengen, d. h., die Realität wird auf der Basis von Mengen bzw. Typen und **nicht** auf der Basis von Elementen und Einzelfällen beschrieben. Ein konzeptionelles, von hardware- sowie softwarespezifischen Überlegungen völlig losgelöstes Datenmodell (Entity-Relationship) wird auf der Grundlage der Datenarchitektur in logisch einwandfreier Darstellung entwickelt. D. h., aus dem Modell muss alles eindeutig abzulesen sein, was in der Realität als relevant für die Problemstellung angesehen wurde. Andererseits darf aus dem Modell nichts abgeleitet werden, das nicht der Wirklichkeit entspricht. Des weiteren muss ein Modell redundanzfrei sein.

Global normalisierte Relationen und deren Attribute bilden die Grundlage für ein konzeptionelles Datenmodell. Das Vervollständigen des Modells kann in drei Stufen erfolgen:

- Datenanalyse und Dokumentation,
- Komplettieren der Entitäten,
- Normalisierungsprozess.

4.4.2 Prozessmodellierung

Zunächst der Versuch einer Definition und Abgrenzung der Begriffe Funktion und Prozess. Nach Scheer kennzeichnet eine Funktion jeweils einen Vorgang

[63]vgl. Vetter, Max: Aufbau betrieblicher Informationssysteme, 1982, S. 86

und beschreibt das „Was“[64]. Sie erzeugt oder verändert Objekte. Ein Vorgang ist ein zeitbeanspruchendes Geschehen, das durch ein Startereignis ausgelöst und durch ein Endergebnis abgeschlossen wird.

Generell wird als Prozess die Umformung und/oder der Transport von Materie, Energie und/oder Information bezeichnet.

Hier wird der Begriff Prozess als eine kausal verkettete Abfolge von einer oder mehrerer Funktionen bzw. Vorgängen gesehen. Für den Begriff Prozess wird oft auch der Begriff Ablauf gebraucht. Sequentielle Prozesse können durch Flussdiagramme oder Struktogramme dargestellt werden[65].

Prozessmodellierung kann als Methode angesehen werden, die hilft, explizit oder implizit in einem Unternehmen ablaufende Prozesse zu verstehen, die im Prozess benötigten Ressourcen zu erkennen und das System aus Prozess und Ressourcen neu zu gestalten bzw. zu modellieren[66]. Verfahrensmodelle für das generelle Vorgehen bei der Prozessmodellierung sind z. Z. kaum im Einsatz. Der allgemeine Ablauf der Prozessmodellierung kann in folgenden vier Schritten dargestellt werden:

- Erhebung (Ist-Aufnahme): Ist-Prozesse verstehen, Ressourcennutzung ermitteln, Stärken/Schwächen, Chancen/Risiken;
- Definition der gewünschten Soll-Prozesse und Beschreibung der Funktionen existierender Prozesse;
- Beschreibung und Festlegung der gewünschten Ressourcennutzung (Soll);
- Implementierung (Ist-Orientierung: Dokumentation des Systems der Prozessressourcenzuordnung sowie der Maßnahmen für die einzelnen Unternehmensbereiche).

Ergebnisse der Prozessmodellierung sind Modelle.

Ziel des Prozessmodells ist die Herstellung des Zusammenhangs von Soll-Prozessen und Soll-Informationsträgern. Voraussetzung für das Erstellen eines Prozessmodells innerhalb eines Projekts ist das Ermitteln des Informationsbedarfs. Folgende Aktivitäten sind hierbei von Bedeutung:

- Durchführung von Befragungen der Fachabteilungen,
- Dokumentation der Ergebnisse, insbesondere der Fachdaten,
- Ermitteln der Fachdaten, für die ein Erzeugungsprozess vorgesehen werden muss.

---

[64] vgl. Scheer, August-Wilhelm: Wirtschaftsinformatik – Referenzmodelle für industrielle Geschäftsprozesse, 1995, S. 19

[65] vgl. Rechenberg, Peter, Pomberger, Gustav: Informatikhandbuch, 1997, S. 650

[66] vgl. Lehner, Franz, Hildebrand, Kurt, Maier, Ronald: Wirtschaftsinformatik, 1995, S. 108

4.4.3 Funktionsmodellierung

Betriebliche Funktionsmodelle bilden als „älteste" Modelle der Wirtschaftsinformatik in Verbindung mit einem funktionsbezogenen Vorgehen beim Entwurf von Informationssystemen die originäre Methodik der Wirtschaftsinformatik[67]. Ihre Ausprägungsformen sind u. a. Organigramme, Funktionshierarchien, funktionale Aufgabenzerlegung usw.

Auf der Basis des Prozessmodells werden Funktionen bestimmt und dokumentiert. Außerdem werden Funktionen hierarchisch in Elementarfunktionen zergliedert. Das Funktionsmodell dient als Vorgabe für das EDV-technische Design der Anwendung.

Eine Funktion dokumentiert die hierarchische Struktur der Verarbeitungsregeln aus konzeptioneller Sicht, die den Prozessinput in den gewünschten Output überführt. Komplexe Funktionen können in überschaubare Teilfunktionen untergliedert werden. Eine Elementarfunktion ist die atomare Ausprägung einer Funktion. Funktionen werden oft auch als Blätter bezeichnet.

Durch den Aufbau des Modells aus Funktionen und Elementarfunktionen entsteht eine Baumstruktur[68]. Jede Elementarfunktion gliedert sich in Eingabe, Verarbeitung und Ausgabe (EVA). Ein erprobtes Designprinzip zur Erstellung von Funktionsmodellen ist die Methode „functional decomposition"[69].

4.5 Projekt- und Ressourcenplanung

4.5.1 Ressourcenplanung

Ein Ressourcenplanungssystem liefert unterstützende Informationen über Projekt- und Planungszustände sowie zur Kapazitätsauslastung von Organisationseinheiten (OE) bzw. Mitarbeitern (MA).

Kapazitätsüberschreitungen, Ressourcenengpässe/-konflikte und Terminprobleme werden rechtzeitig signalisiert; Ressourceneinsatzplanungen und -auslastungen sowie verbindliche Terminaussagen können mit größerer Qualität getroffen werden.

---

[67]vgl. Lehner, Franz, Hildebrand, Kurt, Maier, Ronald: Wirtschaftsinformatik, 1995, S. 106

[68]vgl. Stahlknecht, Peter, Hasenkamp, Ulrich: Einführung in die Wirtschaftsinformatik, 1997, S. 151

[69]vgl. Stahlknecht, Peter, Hasenkamp, Ulrich: Einführung in die Wirtschaftsinformatik, 1997, S. 293

Ein computergestütztes Planungssystem (z.B. Maestro) sollte Genehmigungsverfahren für die interne Kostenrechnung und Budgetierung sowie Simulationsverfahren unterstützen.

Des weiteren sollten Schnittstellen zum Vorhaben- und Auftragsmanagement vorhanden sein.

4.5.2 Projektplanung und -steuerung

Unter den Begriff Projektmanagement werden folgende Aufgaben subsumiert[70]:

- Projektplanung,
- Projektüberwachung,
- Projektsteuerung.

Die Projektplanung umfasst folgende phasenorientierten Aktivitäten:

- in der Analysephase: Entwicklung eines Soll-Konzepts der Ressourcenaufwandsschätzung an Zeit, Mitarbeitern, Sachmitteln und Kosten sowie die Erarbeitung von realistischen Terminvorschlägen,
- in den folgenden Projektphasen: die Planung des Mitarbeitereinsatzes und der Termine,
- nach Projektabschluss: ein Soll-Ist-Vergleich des geplanten und des tatsächlichen Aufwands.

Informationstechnische Unterstützung der Projektplanung im Sinne der Ressourcenplanung wird durch Planungstools (z.B. Project Workbench PMW von ABT) sichergestellt.

Die Aufgabe der Projektüberwachung besteht im wesentlichen in der Einhaltung der inhaltlichen Vorgaben der Analysephase, der Überwachung der geplanten Termine und der Vorgaben über den Ressourceneinsatz wie Personal, Sachmittel und Kosten.

Die Aufgabe der Projektsteuerung besteht darin, bei Plan-Ist-Abweichungen gegensteuernde Maßnahmen zu ergreifen, wie z.B. Terminverschiebung, personelle Verstärkung des Projektteams sowie Abspaltung von nicht zeitkritischen Teilprojekten zum Zwecke der späteren Realisierung.

4.6 Qualitätssicherung

Wallmüller definiert Qualitätssicherung folgendermaßen:

---

[70]vgl. Stahlknecht, Peter, Hasenkamp, Ulrich: Einführung in die Wirtschaftsinformatik, 1997, S. 490

„Qualitätssicherung ist die Gesamtheit aller geplanten Maßnahmen und Hilfsmittel, die bewusst dazu eingesetzt werden, um die Anforderungen an den Entwicklungs- und Pflegeprozess und an das Softwareprodukt zu erreichen“[71]. Diese Definition hebt hervor, dass Qualitätssicherung sowohl auf Produktebene als auch auf Prozessebene betrachtet werden muss. Vor allem prozessorientierte Qualitätssicherung kann über Vorgehensmodelle gesteuert werden[72].

Die Qualitätssicherung hat in der Softwareentwicklung zunehmend an Bedeutung gewonnen. Sie ist Bestandteil des Qualitätsmanagements und gliedert sich in die Prozessschritte Planung, Durchführung und Kontrolle. Die Abbildung 13 stellt die Prozessschritte der Qualitätssicherung und deren Inhalte überblickartig dar.
Sämtliche Prozessschritte sind Bestandteil der Projektarbeit.

Insbesondere zur Durchführung und Kontrolle stehen Verfahren und Werkzeuge zur Verfügung.
Dies sind im folgenden :

- Reviews (Bewertung),
- Teststrategien (Modul-, Integrations- und Systemtests)
- sowie Testwerkzeuge für zentrale und dezentrale Applikationsentwicklungen.

4.7 Fazit

Kaum ein Gütersektor weist so krasse Diskrepanzen zwischen Prozess- und Produkttechnologie auf wie die Softwareproduktion. Während die Produkte hochmodern und innovativ sind, geschieht deren Produktion oft in Produktionsumgebungen und mit einer Produktionstechnologie, die, übertrieben gezeichnet, einer frühkapitalistischen Manufaktur ähneln. Software Engineering als ingenieurmäßiges Vorgehen unterstützt eine planvolle, homogene Softwareentwicklung in einer definierten, einheitlichen Entwicklungsumgebung.

Das Setzen, Erreichen und Kontrollieren von Qualitätsstandards soll die Qualität der Softwareprodukte wesentlich erhöhen. Hier wirkt Software Engineering unmittelbar auf die Produkttechnologie. Eine „normierte“, ingenieurmäßige Vorgehensweise dagegen wirkt unmittelbar auf die Prozesstechnologie und soll erhebliche Produktivitätszuwächse generieren. Damit soll die Lücke zwischen Prozess- und Produkttechnologie geschlossen werden.

---

[71] vgl. Wallmüller, Ernest: Software-Qualitätssicherung in der Praxis, 1990, S. 18

[72] vgl. Franz, Joachim: Planung von Softwareentwicklung und Qualitätssicherung mit Hilfe von Vorgehensmodellen, 1992

Prozessschritt	Bestandteile	Resultate
Qualitäts- planung	Welche Qualität muss das Produkt haben?	Qualitätsanforderungen
	Qualitäts-Prozessplanung	Standards
	-Konstruktion -Analyse -Dokumentation	-Organisation/Berichtswesen -Aktivitäten/Ergebnisse Vorgehensmodell -Ergebnisdarstellung Dokumentationsmodell Testdateiablage -Methoden, Verfahren, Werkzeuge
		Projektplan
		-Testplan
Qualitäts- durchführung	in der Konstruktion in der Analyse -Fehlererkennung -Fehlerlokalisierung -Qualitätsbewertung in der Dokumentation	QS-Protokoll -Änderungsanforderungen -Fehlerbeschreibungen Auswertungen/Berichte
Qualitäts- kontrolle	Qualitätskontrolle	QS-Protokoll
	Erfüllt das Produkt die vorge- gebenen Funktionen?	Abweichungsbeschreibung Rückkopplung zum Projekt- plan
	Qualitätsprozesskontrolle	Dokumentation
	Sind die vorgegebenen Akti- vitäten/Tests durchlaufen worden? (Test- kontrolle)	Freigabe

Abbildung 13: Die Prozessschritte der Qualitätssicherung

Teil II

Anwendungsteilsysteme in der Wirtschaft

5 Konzeption einer spartenübergreifenden Anwendung

Eine erfolgreiche Produktpolitik eines Unternehmens orientiert sich vollständig an den Anforderungen des Marktes. Erfolgreiche, d.h. profitable Produkte, müssen optimal an Kundenbedürfnissen ausgerichtet sein und somit dem Kunden maßgeschneiderte individuelle Problemlösungen bieten.

Dabei werden die Zeit als „time to market" und die Fähigkeit flexibel zu reagieren zu kritischen Erfolgsfaktoren. Um diese Herausforderungen annehmen zu können, bedarf es unter anderem entsprechender Informations- und Kommunikationssysteme, da die heute vorhandenen Systeme modernen Anforderungen nicht gerecht werden.

Im folgenden wird am Beispiel der Finanzwirtschaft die Konzeption eines Systems vorgestellt, das sich an Geschäftsprozessen und nicht mehr an den traditionellen Spartengrenzen orientiert. Die Konzeption und die Vorgehensweise kann durchaus auf andere Branchen, insbesondere die übrige Dienstleistungsbranche, übertragen werden.

Anspruchsvollere und informiertere Kunden erfordern neue Konzeptionen hinsichtlich Kundenorientierung sowie Innovations- und Produktmanagement. Im Vordergrund steht bei der Neuentwicklung von Finanzdienstleistungsprodukten der Aspekt, den Anforderungen der Kunden hinsichtlich Zufriedenheit und Nutzen in hohem Maße Rechnung zu tragen. Vor dem Hintergrund der Verkürzung der Lebenszyklen für Bankprodukte steigt das Risiko, mit einer an sich profitablen Produktinnovation ökonomisch zu scheitern. Aus diesen Gründen ist es notwendig, den Produktentwicklungsprozess stärker zu unterstützen und in die operativen Systeme zu integrieren. Die Orientierung an den traditionellen Spartengrenzen, wie Spar, Giro etc., ist zugunsten einer ganzheitlichen spartenübergreifenden Sicht abzulösen. Ein System, das diesen Aufgaben gerecht wird, wird in den folgenden Kapiteln vorgestellt. Im Rahmen der Gliederung der Anwendungsgesamtkonzeption in eine Anwendungslandschaft autonomer Teilsysteme entsteht ein neues, unabhängiges Anwendungsteilsystem, das im folgenden als Produktmanagementsystem bezeichnet wird. Das folgende Schaubild zeigt die Grobstruktur des Gesamtsystems.

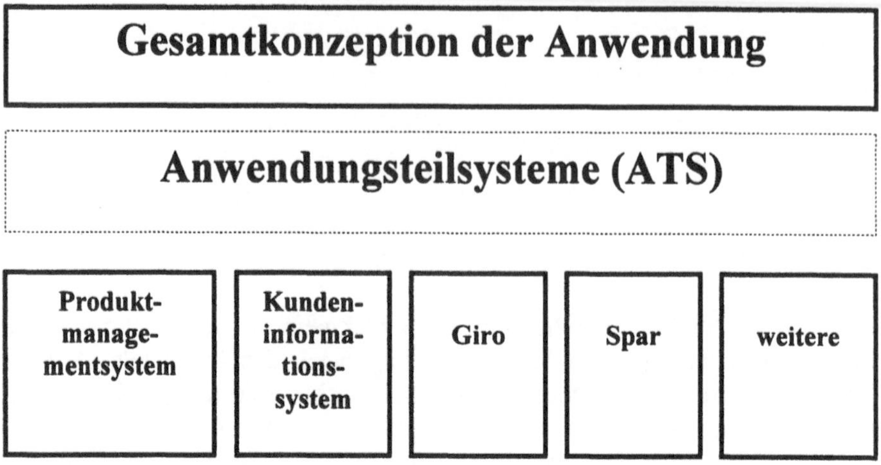

Abbildung 14: Grobstruktur des Gesamtsystems

5.1 Definitionen und Grundlagen

Zunächst muss auf einen besonderen Aspekt des Marktleistungsbereichs von Banken eingegangen werden. Im Unterschied zu anderen Wirtschaftsbereichen kann im Kreditwesen nicht in einen Absatz- und einen Beschaffungsmarkt unterschieden werden und somit auch nicht in entsprechende Aktivitäten[73].

„Im Gegensatz zu Industrie- und Handelsunternehmen, bei denen Lieferanten und Abnehmer meistens nicht identisch sind, können Bankkunden ihre sämtlichen Bankgeschäfte, also sowohl die Anlage finanzieller Mittel auf Einlagekonten als auch die Inanspruchnahme von Kredit- und Dienstleistungen, bei derselben Bank erledigen. Kredit- und Dienstleistungskunden sind in der Regel auch Kunden im Passivgeschäft.

Daraus folgt, dass sich der im folgenden verwendete Begriff der „Bankleistung“ bzw. „Bankprodukt“ sowohl auf die beschaffungs- als auch die absatzseitige Marktleistung von Kreditinstituten bezieht.[74]

Das vom Kreditgewerbe angebotene „Bankprodukt“ besitzt spezifische Eigenschaften, aus denen Konsequenzen für die Produktion und Vermarktung zu ziehen sind.

Zunächst sind - wie andere Dienstleistungen auch - die Bankprodukte grundsätzlich abstrakt. Dieses Merkmal wird noch dadurch verstärkt, dass der Gegenstand der Bankleistung nicht konkret ist, da es sich um Geld handelt.

[73]vgl. Hansen, Ursula: Absatz- und Beschaffungsmarketing des Einzelhandels, 1990, S. 1 ff.

[74]vgl. Süchting, Joachim: Bankmanagement, 1992, S. 333

Abgewickelt werden die Bankgeschäfte mit Hilfe einer Vielzahl von Verträgen und Gesetzen. Bankbetriebliche Leistungen sind als Ergebnisse einer Dienstleistungsproduktion nicht körperlich. Sie sind unsichtbar, ungreifbar und stellen sinnlich nicht wahrnehmbare Güter dar. Zur Übertragung an die Nachfrager bedarf es deshalb in der Regel der Materialisierung, für deren Form im allgemeinen die vom Abnehmer der Dienstleistung im Einzelfall erwartete Nutzenstiftung ausschlaggebend ist. Bankbetriebliche Leistungen sind wegen ihres Dienstleistungscharakters weder lagerfähig noch speicherbar. Eine vom Abnehmer isolierte Produktion ist nicht möglich; zum Abschluss des Produktionsprozesses bedarf es der Mitwirkung des Abnehmers der Marktleistung. Schließlich findet der Geschäftsverkehr der Banken mit ihren Kunden nicht im einmaligen „Absatzakt" sein Ende. Vielmehr ist in der Beziehung Bank/Kunde ein Verhältnis auf längere Zeit zu sehen.

„Abstraktheit zusammen mit dem Vertragselement machen Bankleistungen zu erklärungsbedürftigen Leistungen."[75]

Die Qualität von Bankleistungen bzw. Bankprodukten ist, wegen ihrer Erklärungsbedürftigkeit, von den Kunden nur schwer zu erfassen und zu bewerten. Die nahezu vollständige Homogenität der angebotenen Bankprodukte unterschiedlicher Kreditinstitute erschwert eine objektive Unterscheidung durch den Kunden zusätzlich.

Neben der Erklärungsbedürftigkeit ergibt sich aus dem Umgang mit dem Leistungsobjekt Geld sowie der zeitlichen Bindung des Kunden an ein Kreditinstitut die hohe Bedeutung der Vertrauenskomponente. Gerade in dem starken Vertrauensverhältnis Kunde/Bank ist eine der Ursachen für die zu beobachtende geringe Neigung der Kunden zu einem schnellen Kreditinstitutswechsel zu sehen. Die Berücksichtigung der angeführten Besonderheiten und Eigenschaften des bankbetrieblichen Produktionsprozesses erlaubt folgende Definition des Begriffs Bankleistung:

„Bankleistungen sind alle von einem Bankbetrieb hervorgebrachten Ergebnisse einer Dienstleistungsproduktion sowohl in Form von absatzfähigen Dienstleistungen als Bankmarktleistungen oder primäre Bankleistungen als auch in Form von Interbankleistungen und Eigenleistungen als sekundäre Bankleistungen"[76].

Bankleistung und Bankprodukt, wie auch Leistung und Produkt, werden in diesem Buch als synonyme Begriffe interpretiert. Eilenberger[77] weist zu Recht darauf hin, dass es sinnvoll ist, zwischen der bankbetrieblichen Leistung als Produktionsprozess sowie der bankbetrieblichen Leistung als Produktionsergebnis zu unterscheiden. Der Einfluss des Produktmanagementsystems zeigt sich primär im Produktions- und Produktentwicklungsprozess, aber auch im Produktionsergebnis (siehe Kapitel 2.1).

---

[75]vgl. Süchting, Joachim: Bankmanagement, 1992, S. 334

[76]vgl. Eilenberger, Guido: Bankbetriebswirtschaftslehre, 1996, S. 189

[77]vgl. Eilenberger, Guido: Bankbetriebswirtschaftslehre, 1996, S. 188

Ausgehend vom Produktbegriff als kleinste, marktfähige oder nutzbare Einheit, wie z.B. Spareinlage, Bausparvertrag usw., werden durch das „packaging“ mehrere Produkte zu einer marktfähigen Einheit geschnürt. Als Produktkatalog soll ein Verzeichnis der Gesamtheit aller Produkte mit ihren Haupt- oder Nebenmerkmalen (Parameter, Konditionen) bezeichnet werden.

Die Hauptmerkmale identifizieren ein Produkt eindeutig (z.B. Girokonto). Jede Veränderung eines Hauptmerkmales generiert ein **neues** Produkt. Die Nebenmerkmale bestimmen die Anpassung eines Produktes an das Einzelgeschäft sowie die Festlegung interner Abwicklungsmodalitäten (z.B. Tilgungskredit, Tilgungsrate).

Ein Einzelgeschäft ist die vertraglich vereinbarte oder einem Kunden angebotene Nutzung eines Produktes. Das Einzelgeschäft wird aus den Kontodaten der unterschiedlichen Geschäftsarten abgebildet. Kontraktpartner sind das Kreditinstitut und der Kunde.

Der Duden definiert Sparte allgemein als Abteilung bzw. Fach- oder Wissenschaftsgebiet[78]. Diese Interpretation ist insofern korrekt als der Spartenbegriff als Teil eines Ganzen interpretiert wird. Im Bankgewerbe hat sich der Begriff Sparte als universelle Bezeichnung für die einzelnen Geschäftsarten etabliert. So werden im allgemeinen die Einheiten der Bankgeschäfte wie Giroverkehr, Sparverkehr, Darlehen, Zahlungsverkehr, Wechsel und Sorten, Devisen, Edelmetalle - um nur die wichtigsten zu nennen - als Sparten bzw. Banksparten bezeichnet.

Ein Konto (Kundenkonto) ist eine buchhalterische Rechnungsstelle zur wertmäßigen Erfassung von Umsätzen. Dem Kundenkonto liegt mindestens ein Einzelgeschäft zugrunde, das aufgrund der genutzten Wert-/ Dienstleistungsprodukte die Führung einer solchen Rechnungsstelle erfordert. Wurde in der Vergangenheit lediglich nach der Bonität gefragt, so dient das Konto heute verstärkt als Informationsquelle zur Gewinnung von marketingrelevanten Daten. Aus der globalen Sicht, der in homogenen Gruppen zusammengefassten Kunden, können differenziert Marketingstrategien entwickelt werden, um Kunden gezielt anzusprechen.

5.2 Die Konstruktionsidee

Die Konstruktionsidee für das hier vorgestellte System beruht auf folgenden realistischen Grundlagen und Schlussfolgerungen:

Alle Aktionen, die im zeitlichen Ablauf ein Einzelgeschäft oder das zum Einzelgeschäft gehörende Konto verändern, lassen sich durch Regeln bzw. Vorschriften beschreiben.

---

[78]vgl. Drosdowski, Günther, Müller, Wolfgang, Scholze-Stubenrecht, Werner, Wermke, Matthias: Duden, Rechtschreibung der deutschen Sprache, 1991, S. 671

Sind diese Regeln so gestaltet, dass sie weitgehend unabhängig voneinander, d.h. kontextfrei, sind, so können sie beliebig störungsfrei kombiniert werden.

Durch unterschiedliche Kombinationen der vordefinierten Regeln lassen sich fast alle Geschäfte bzw. Produkte des Kreditgewerbes beschreiben.

Wenn jede Regel oder Vorschrift informationstechnisch interpretiert wird, d.h. in Computerbefehle in Form eines Computerprogramms (Modul) oder Teile eines Programms bzw. Programmroutine dargestellt wird, kann **ohne** Entwicklungsaufwand ein neues, innovatives Produkt im Lösungsraum des Regelwerks, d.h. mit den bestehenden Regeln bzw. Vorschriften, definiert werden. In diesem Sinne können neue Produkte durch „einfache" Kombinatorik der definierten Regeln entstehen. Nur wenn Anforderungen an das System gestellt werden, die außerhalb des definierten Lösungsraums des Regelwerks liegen bzw. die neue nicht bekannte Parameter erfordern, sind informationstechnische Aktivitäten wie z.B. Programmerweiterungen zw. Programmänderungen unabdingbar.

Die Konsequenz:

Weil sich die komplexen Konditionen, die einen Kontoverlauf determinieren, wie z.B. Sperrvermerke, Schecksperren usw., durch produktneutrale Basiskonditionen in Form von Parametern beschreiben lassen, ist es möglich, **alle** weiteren Parameter, die zur systemunterstützenden Abwicklung von allen Geschäften erforderlich sind, in ähnlich strukturierte Elemente zu gliedern!

Das wären u.a. Parameter zur Visualisierung der Geschäftsvorfälle, z.B. auf welchem Medium der Kontoauszug erstellt werden soll, wie zentraler Drucker, dezentraler Kontoauszugdrucker oder Internet usw.

5.3 Anforderungen an das Anwendungssystem

5.3.1 Grundsätzliche Anforderungen

Neue Informatikanwendungen müssen nicht nur den aktuellen sondern auch den Anforderungen der überschaubaren Zukunft genügen. Bei dem erheblichen Entwicklungsaufwand für das hier diskutierte System muss die Grundlage für eine stabile Anwendung geschaffen werden, welche die in diesem Bereich sehr heterogene Welt auf der Informatikseite bis weit in das nächste Jahrtausend korrekt abbildet.

Nach dem heutigen Stand der Informationstechnologie ist es unstrittig, dass es optimal ist, die Daten und Informationen für die operativen Systeme zentral zu speichern. Das Hauptargument für die Zentralisierung ist der hohe Stand der Datensicherheit eines zentralen Großrechnersystems. So wäre bei der hohen Bedeutung der Vertrauenskomponenten im Kreditgewerbe ein Verlust der Konten- und Kundendaten mit einem irreparablen Vertrauensverlust bei den Bankkunden verbunden.

Die aus der Kundenselbstbedienung resultierenden Zugangswege und Verfügbarkeitsanforderungen von nahezu 100% an 365 Tagen im Jahr können am effektivsten mit einer hostorientierten Basistechnologie erfüllt werden.

Im Bereich der operativen Systeme fallen ca. 70% der Transaktionen nicht durch die Kunden direkt an, sondern sie werden durch den Zahlungsverkehr oder andere Kreditinstitute mittels Datenträgeraustausch initiiert.

Die Praxis zeigt, dass die Implementierung neuer Anwendungssysteme oder das Reengineering implementierter Anwendungssysteme kaum noch Produktivitätszuwächse und damit eine Senkung der Gesamtkosten bewirkt. Untersuchungen haben ergeben, dass bei Banken und Versicherungen die Ausgaben für die Informationstechnologie nach Personal-, Immobilien- und Zinskosten oft den größten Ausgabenblock darstellen[79]. Auf makroökonomischer Ebene wird oft sogar eine negative Korrelation zwischen Investitionen in die Informationstechnologie und der Produktivität der Unternehmen festgestellt. Dieses Phänomen, stagnierende oder negative Produktivitätszuwächse, wird in der Literatur oft auch als „Produktivitätsparadoxon" der Informationstechnologie bezeichnet[80]. Das bedeutet nicht, dass Investitionen in die Informationstechnologie unterbleiben sollen. Das ist aus vielerlei Gründen natürlich auch gar nicht möglich. Es reicht aber nicht aus, bestehende Anwendungen durch neue zu ersetzen, die z.B. nur ein anderes DBMS nutzen.

Das vorhandene strategische Potential der Informatik, das sich u.a. in ihrer Fähigkeit zum Redesign und Generieren von Geschäftsprozessen zeigt, muss beachtet werden.

Der Anteil der Arbeitszeit für die Beschaffung, Änderung und Weiterleitung von Informationen bei äußerst geringer Durchlaufgeschwindigkeit der Informationen in den Unternehmen nimmt ständig zu. Die Optimierung der Durchlaufzeiten[81] - wie sie aus der Produktionstheorie bekannt ist - scheint eine Möglichkeit zu sein, um hier Einsparungspotentiale auszunutzen[82].

---

[79] vgl. Keen, P.G.W.: Shaping the Future, 1991, S. 1 ff.

[80] vgl. Stickel, Eberhard: Wettbewerbsorientierte Informationssysteme und Produktivitätsparadoxon, 1995, S. 548–557

[81] vgl. Fandel, Günter: Produktion I, 1991, S. 291 ff.

[82] vgl. Raufer, Heinz, Morschheuser, Stefan, Enders, Wolfgang: Ein Werkzeug zur Analyse und Modellierung von Geschäftsprozessen als Voraussetzung für ein effizientes Workflow-Management, 1995, S. 467–479

5.3.2 Informationstechnische Anforderungen

Der Teilsystemgedanke definiert ein System als geschlossenes System, wenn eine Außenkommunikation nur über definierte Schnittstellen möglich ist.

Ein modularer Aufbau eines Gesamtsystems eröffnet auch die Möglichkeit der modularen Kombiniertheit zur Entwicklung bzw. Erweiterung anderer Teilsysteme.

Erfüllung der modularen Stetigkeit bedeutet, dass Änderungen von Teilsystemen nicht die Architektur des Gesamtsystems berühren.

Ein spartenübergreifender Ansatz eröffnet die Möglichkeit der Erhöhung des Wiederverwendungspotentials. Diese Möglichkeit wird durch ein objektorientiertes Design, eine objektorientierte Programmiersprache, wie z.B. C^{++} und ein objektorientiertes Datenbanksystem informationstechnisch unterstützt.

Die Forderung nach 24-Stunden-Online-Verfügbarkeit ist nur mit einem Realzeit-System zu erfüllen, d.h., alle Vorgänge müssen in Echtzeitverarbeitung abgewickelt werden.

Eine weitgehende Endbenutzerunterstützung und eine Unterstützung der dezentralen Systeme mittels „intelligenter" programmierbarer Workstations bedingen ein Überdenken der Datenhaltungs- und Datenverteilungsstrategie. Dezentrale Systeme verlangen, dass Programme und auch zum Teil Daten dezentral gespeichert werden müssen. Das verlangt aufwendige und z.T. komplizierte Synchronisationsszenarien.

5.3.3 Fachliche Anforderungen

Das Produktmanagementsystem ist in seiner Konzeption produktneutral. Eine Steuerung der Prozessschritte erfolgt über externe Parameterstrukturen.

Währungsneutralität bedeutet, dass die Kontoführung in fast jeder beliebigen konvertiblen Währung unterstützt wird. Diese Anforderung erfordert die Implementierung eines Anwendungsteilsystems „Währungskontos". Zudem sind die Anforderungen aus der Europäischen Währungsunion (EWU) konzeptionell zu berücksichtigen.

Real-time-Verarbeitung bedingt konsequenterweise Real-time-Clearing. Unter Clearing[83] wird die institutionelle, geregelte, laufende Verrechnung gegenseitiger Forderungen und Verbindlichkeiten und ihr Austausch und Ausgleich verstanden. Die Integration in die implementierte DV-Infrastruktur wird durch die Gliederung in eine Anwendungslandschaft unabhängiger Teilsysteme unterstützt, d.h., eine neue Komponente wird ein neues Anwendungsteil-

[83] vgl. Hagenmüller, Karl, Diepen, Gerhard: Der Bankbetrieb, 1996, S.135 ff.

system. Eine weitergehende Rationalisierung scheint z.Z. nur durch eine verstärkte Kundenselbstbedienung zu erreichen zu sein.
Zukunftsträchtige Schlüsseltechnologien wie

- Electronic Banking,
- Home Banking,
- Direct Banking,
- Telefon Banking

sind konzeptionell zu interpretieren.

Die „traditionellen" Selbstbedienungskomponenten wie Kontoauszugdrucker und Geldausgabeautomaten im Sinne einer institutsübergreifenden Funktionalität müssen integriert werden.

Durch das Konzept der Vorgangssteuerung liefert das System Informationen, z.B. zur Kunden-Kontenkalkulation und zum Risikomanagement[84], und unterstützt damit den Kundenberater, z.B. mit dem Instrumentarium der Marktzinsmethode.

Die spartenübergreifende Betrachtungsweise der Bankprodukte erlaubt damit eine effiziente Unterstützung der Aktionsseite des Marketings, insbesondere der Produktpolitik und der Informationsseite, speziell der Verkaufsförderung (VF) im Sinne des „Cross Selling".

Die Entscheidungsfindung wird u.a. durch eine Vergleichsrechnung mit alternativen Konditionen im Sinne einer Simulation unterstützt.

Obligatorisch ist die administrative Komponente des Systems; zu nennen sind hier u.a. die vom Gesetzgeber geforderten Aktivitäten hinsichtlich Abrechnung und Dokumentation, wie Kontoabrechnung, Saldobestätigung usw.

Zur Koppelung von Servern an das Internet werden von verschiedenen Softwareherstellern sog. Middleware-Softwarepakete angeboten. Exemplarisch seien hier BEA Systems und Software-AG genannt. BEA Systems bietet Anbindungen an das Internet für webtransaktionsorientierte Verarbeitung mit den Tuxedo-/BEA-M3-Lösungen.

5.4 Anwendungskonzeption

Die Integration neuer Informationstechnologie-Komponenten in eine bestehende Informationsinfrastruktur macht häufig Probleme, da die Kriterien der Integration und Kommunikation der heterogenen Systemelemente weder organisatorisch noch informationstechnisch allgemeinverbindlich festgelegt sind. Hier wird ein Konzept vorgestellt, das Lösungswege für diese Problematik aufzeigt, wobei im wesentlichen Probleme der Anwendungsentwicklung betrachtet werden.

---

[84]vgl. Hagenmüller, Karl, Diepen, Gerhard: Der Bankbetrieb, 1996, S. 698

Bei den Unternehmen ist eine Sensibilisierung für Aufwand und Nutzen der Informationsverarbeitung festzustellen. Vor diesem Hintergrund ist die in Abbildung 15 bildlich dargestellte Anwendungskonzeption zu sehen.

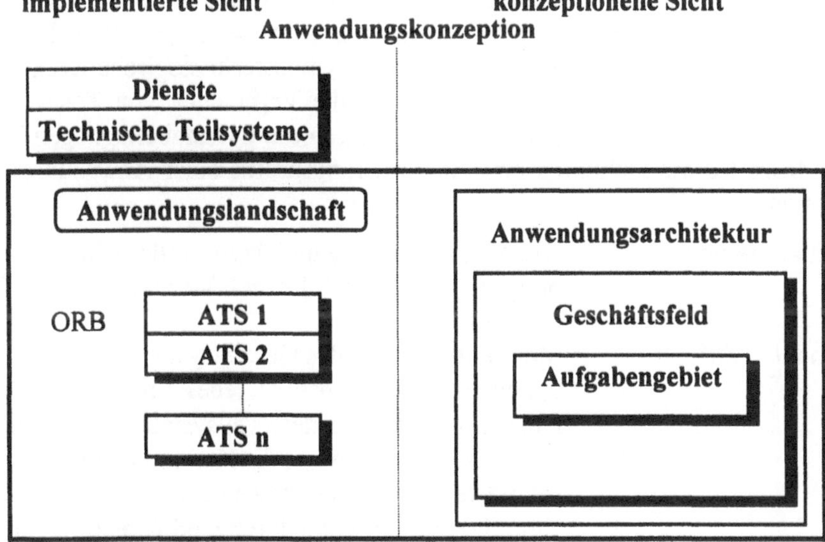

Abbildung 15: Darstellung einer Anwendungskonzeption

Die Anwendungskonzeption ist eine Teilmenge der Gesamtkonzeption (siehe Abbildung 14). Sie manifestiert alle implementierungsrelevanten sowie alle konzeptionellen Betrachtungen auf die EDV-orientierte Unterstützung der unternehmensspezifischen Aufgaben.

Die Anwendungsarchitektur definiert Grundsätze und Anforderungen, an denen sich die Anwendungskonzeption hinsichtlich Entwicklung und Implementierung auszurichten hat.

Im Rahmen der Anwendungslandschaft wird definiert, worin die künftige Basis zur Bewahrung von Flexibilität und Adaption der Gesamtkonzeption besteht.

5.4.1 Anwendungsprofil

Die Zeiten in denen lediglich „Daten verarbeitet" wurden sind vorbei; die Informationsverarbeitung tritt das Erbe der Datenverarbeitung an. Diese Entwicklung wird begleitet von dem ökonomischen Phänomen des Wandels der Märkte vom Verkäufer- zum Käufermarkt und durch abnehmende Verweildauer der Produkte in den Teilmärkten.

Diese Entwicklungen und die technologische Innovation im Bereich der Informationstechnologie verändern die Aufbau- und Ablauforganisationen der

Unternehmen. Die einzelnen Geschäftsprozesse werden komplexer, vernetzter und vielschichtiger.

Neue Systemumgebungen, wie „Client/Server-Systemkonfigurationen“[85] stellen neue Anforderungen an die Verteilung von Daten und Funktionen, die mit den existierenden Prinzipien nicht mehr beherrschbar sind. Die Integration durch „monolithische Lösungen“, die durch teilweise ungesteuerte Entwicklungen entstanden sind, hat sich als „informationstechnologische Sackgasse“ herausgestellt. Die bessere Lösung scheint die Verbindung von Teilsystemen mit jeweils definierter Funktionalität zu sein. Diese Grundüberlegungen bilden die Basis für die Definition eines Anforderungsprofils einer Anwendungskonzeption.

Strukturierung:	Klare Strukturierung und übersichtliche Beschreibung auf Top-Ebene, dadurch Verbesserung der Dokumentation.
Modularität:	Modularer Aufbau des Gesamtsystems aus Teilsystemen mit dem Postulat, jedes Teilsystem – ohne Auswirkungen auf andere Teilsysteme - wesentlich ändern zu können, wenn die Kommunikationsschnittstellen beibehalten werden. Komplexitätsreduktion durch modulare Zerlegbarkeit. Möglichkeiten der modularen Kombination zur Entwicklung bzw. Erweiterung anderer Teilsysteme. Erfüllung der modularen Stetigkeit, d.h., Änderungen berühren nicht die Architektur des Teilsystems.
Anwendungsobjekte:[86]	Zuordnung von Daten zu einem „Eigentümer-Teilsystem“ mit eigener Verantwortlichkeit für seine Datenhaltung, hierdurch kann eine Form von Datenkapselung erreicht werden. Dies entspricht dem Prinzip der Objektorientierung.

Eine mögliche Anforderung ist Parallelität, es muss parallel, ohne sich gegenseitig zu behindern, an verschiedenen Aufgaben gearbeitet werden können. Fremdanwendungen können über ein „Fremdadaptionssystem“ architekturgerecht an das Teilsystem angebunden werden. Die Schnittstellen sollten möglichst schlank sein, d. h., die Anzahl der Schnittstellenparameter sollte auf ein Minimum reduziert werden. Das erhöht die Flexibilität des Gesamtsystems.

---

[85]vgl. Dadam, Peter: Verteilte Datenbanken und Client/Server-Systeme, 1996, S. 22 und S. 279 ff.

[86]vgl. Pulter, Roland, Schmid, Urs: Der objektorientierte Weg (OOW), 1994, S. 1 ff.

5.4.2 Anwendungslandschaft

Aus dem Anforderungstableau an eine Anwendungskonzeption entsteht konsequenterweise die Neuaufteilung, die in Form einer „Anwendungslandschaft" dargestellt werden kann.

Im wesentlichen kann die Anwendungslandschaft in die organisations- und fachlichen sowie informationstechnologischen Komponenten eines Unternehmens aufgegliedert werden.

Meines Erachtens sind modellhafte Betrachtungen trotz vorhandener Vorteile nicht geeignet, ausschließlich aus ihnen heraus die zu bildenden Komponenten einer Anwendungssoftware abzuleiten. Als Vorgehensweise ist empfehlenswert, das Funktionsspektrum eines Unternehmens pragmatisch im Kontext einer Anwendungsarchitektur in eigenständige Teile zu zerlegen.

5.4.3 Anwendungsarchitektur

Für die Definition des Begriffes Architektur lassen sich, ohne den Anspruch auf Vollständigkeit zu erheben, verschiedene Begriffswelten identifizieren[87].

Die eine Sicht betrachtet die Architektur als eine Struktur von Elementen, die andere Sicht bezieht sich auf ästhetische Aspekte. In der Informatik wird der Begriff Architektur i. d. R. als eine Beschreibung von Strukturen verstanden. Dieser Begriff wird in der Informatik häufig benutzt, wie z.B. Rechnerarchitektur, Informationssystemarchitektur usw. Oft wird auch der Begriff „Infrastruktur" verwendet. In diesem Buch werden die Begriffe „Architektur" und „Infrastruktur" als synonyme Begriffe interpretiert.

Die Anwendungsarchitektur beschreibt das unternehmensspezifische Geschäft auf der Basis fachlicher Architekturelemente für die Anwendungsentwicklung. Die Gesamtheit der Architekturelemente könnte man als „Gesamtbebauungsplan" bezeichnen. Die fachliche Zusammenfassung von Einzelaufgaben und Tätigkeiten repräsentieren die Aufgabengebiete.

Ein Geschäftsfeld bildet die Kombination diverser Aufgabengebiete ab. Die Anforderungen für die Bildung von Geschäftsfeldern sind:

- Homogenität, d.h., gleichartige Aufgabengebiete sollten kombiniert werden,
- Unabhängigkeit, d.h., die Geschäftsfelder sollten autonom sein.

Diese beiden Postulate eröffnen flexible Möglichkeiten:

- einheitliche DV-Strategie für ein Geschäftsfeld,

---

[87]vgl. Krcmar, Helmut: Bedeutung und Ziele von Informationssystem-Architekturen, 1990, S. 395–402

- isolierte DV-Strategie für einzelne Geschäftsfelder,
- isolierte Strategie für ein Aufgabengebiet.

Diese Aufteilung bietet eine gute Voraussetzung zur Unterstützung der geschäftspolitischen Ziele der Unternehmen. Die Vollständigkeit der Anwendungsarchitektur eines Systems zeigt sich erst anhand der Bedingungen und Auswirkungen aller Funktionen. Die Anwendungsarchitektur stellt damit die interne Sicht der Informatikentwicklung auf das Unternehmensgeschäft wie z.B. Bankgeschäft dar.

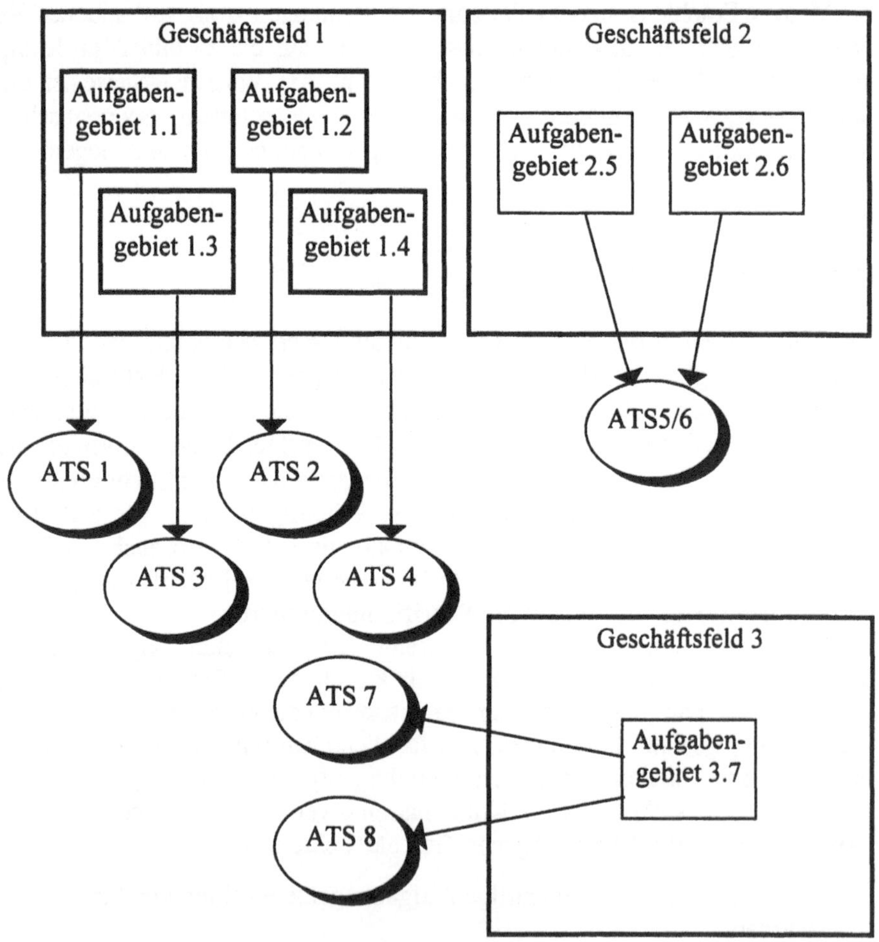

Abbildung 16: Beziehungen zwischen Geschäftsfeld, Aufgabengebiet und Anwendungsteilsystem

Die externe Sicht auf die Anwendungsarchitektur kann in Anwendungsbeschreibungen wie z.B. Handbüchern dargestellt werden. Sie stellt die Sichtweise des Endbenutzers dar.

5.4.4 Die Idee des Anwendungsteilsystems

Ein Anwendungsteilsystem (ATS) definiert ein fachliches Aufgabengebiet innerhalb eines Geschäftsfeldes, wobei die fachliche Realität in natürlicher Weise in die Informatik abgebildet wird. Das Konzept der Anwendungsteilsysteme erleichtert und unterstützt den Aufbau von komplexen DV-Lösungen aus heterogenen Komponenten. Ein Anwendungsteilsystem ist ein gekapseltes System, bestehend aus Funktionen und Daten. Der Datenaustausch zwischen den Anwendungsteilsystemen ist nur über vereinbarte, standardisierte Schnittstellen möglich, die in einer bilateralen Vereinbarung festgelegt werden. In diesem Sinne verhält sich ein Anwendungsteilsystem konform zu dem in der Informatik geltenden „Offen-geschlossen-Prinzip“[88]:

Ein Anwendungsteilsystem ist offen, wenn es Modifikationen der Daten und Funktionen erlaubt.

Ein Anwendungsteilsystem ist geschlossen, wenn es von anderen Systemen nur über eine vereinbarte Schnittstelle erreicht werden kann.

Das Anwendungsteilsystem wird damit zu einer eigenverantwortlichen Einheit, die sich im Rahmen einer durch die Informatikstrategie vorgegebenen und damit verbindlichen System-, Netzwerk-, Anwendungs- und Software-Engineering-Konzeption bewegt.

Zu den Qualitätseigenschaften eines Anwendungsteilsystems gehören:

Geschlossenheit: Ein ATS ist nur über die vereinbarte Schnittstelle benutzbar; kein anderes ATS kennt die Implementierungsdetails eines ATS, wie z.B. Details über die physische Speicherung der Daten.

Offenheit: Ein ATS ist offen, wenn es hinsichtlich seiner Datenstrukturen und Funktionalität erweiterbar ist. Offenheit wird damit zu einem Kriterium, das die horizontale und vertikale Implementierung auf der Basis von DV-Schichten ohne „Ausstrahlungseffekte“ ermöglicht.

Aufteilung: Die Zuständigkeit für die Daten ist disjunkt auf die Anwendungsteilsysteme verteilt. Keine zwei Systeme dürfen dieselben Datentypen fortschreiben (Konsistenzproblem).

Unabhängigkeit: Jedes ATS kann im Rahmen einer definierten Informatikstrategie individuell konzipiert und realisiert werden. Jedes ATS kümmert sich selbst um Aspekte wie zentrale/dezentrale Bestandteile, zu verwendende Methoden, Sprachen usw. Dadurch werden eventuelle Unsi-

[88]vgl. Engesser, Hermann (Hrsg.): Duden, Informatik, 1993, S.489–490

cherheiten in Form einer „gelenkten Autonomie" beseitigt.

In diesem Sinn stellt das hier vorgestellte operationale Produktmanagementsystem in seiner informationstechnischen Realität ein Anwendungsteilsystem dar.

5.4.5 Weitere Komponenten

Neben den bereits ausführlich betrachteten Anwendungsteilsystemen sind noch zwei Softwarekategorien für die Anwendungsentwicklung von Bedeutung:

- Systemsoftware,
- Dienste (Service).

Zur Systemsoftware gehören z.B. das Betriebssystem (z.B. MVS/ESA) und das Datenbankmanagementsystem (DBMS).

Die Systemsoftware wird von den Anwendungsteilsystemen zur EDV-technischen Umsetzung der Aufgabengebiete genutzt.

Die Software, die keine eigenen Datenbestände pflegt, außer für administrative Zwecke und die zur Lösung ähnlicher Probleme in verschiedenen Anwendungsteilsystemen universell eingesetzt werden kann, wird als Dienst bzw. Service bezeichnet. Als Beispiel sei die Software für die Verwaltung von Anwendungsprogrammen genannt.

Dienste sind standardisierte und unabhängige Standard-Sekundär-Softwarepakete, die prinzipiell frei nutzbar sind und für den Endbenutzer i.d.R. nicht in Erscheinung treten. Ein Service ist nicht standardmäßig in ein Anwendungsteilsystem eingebunden, sondern wird dynamisch bei Bedarf allokiert. Ein prägnantes Merkmal der Services ist, dass sie aus unselbständigen Modulen bestehen und ihr Zustand nach dem Einsatz gleich dem vor dem Einsatz ist, sie sind wiederverwendbar (reusable).

Im Rahmen der Anwendungskonzeption bedeutet Integration eine definierte Kommunikation, ausgerichtet an den Anforderungen an Datentransfer und Funktionalität.

Dadurch bilden sich ATS-übergreifende Prozessketten, die ein Abbild der tätigkeitsbezogenen, fachlichen Arbeitsabläufe und somit Geschäftsprozesse sind, wobei jede Veränderung in einem Anwendungsteilsystem maschinell zu einer Fortschreibung der Daten in den beteiligten Funktionsbereichen anderer Anwendungsteilsysteme führt.

Die Integration geschieht aufgabengebiets- sowie geschäftsfeldübergreifend. Fachliche Aufgabengebiete wachsen zu einem geordneten Netz systematisch verbundener Arbeitsabläufe und Beziehungen zusammen. Sie manifestieren die Informationsinfrastruktur eines Unternehmens. Die Integration der Anwendungsteilsysteme in den Abläufen unter Nutzung von Diensten und Systemsoftware bleibt dem Endbenutzer am Bildschirmarbeitsplatz verborgen.

5.4.6 Die Kommunikation zwischen Anwendungsteilsystemen

Für die jeweiligen Datenbestände, die aktualisiert und verarbeitet werden können, gibt es zu jedem Zeitpunkt nur ein einziges Anwendungsteilsystem, das für die Aktualisierung verantwortlich ist. Dieses Anwendungsteilsystem besitzt die aktuellen Datenbestände, d.h. Daten, die zum Zeitpunkt des Zugriffs gültig sind. Es ist also sowohl „Eigner" als auch „Manager" der Daten. Die weitergegebenen Datenbestände sind Daten, deren Gültigkeit und Genauigkeit zeitpunktbezogen sind. Unter diesem Aspekt besteht eine „zeitpunktbezogene Datenredundanz", der mit Synchronisationsmechanismen begegnet werden muss. Der ATS-übergreifende Zugriff auf Daten und Informationen über vereinbarte Schnittstellen eines ATS (Client) gegenüber einem anderen ATS (Server) wird so ermöglicht. Damit hat jedes ATS eine doppelte Funktionalität, es kann zeitgleich sowohl Client als auch Server sein. Funktionale und damit originäre Elemente anderer ATS werden unter Kontrolle dieser ausgeführt. Der hohe Integrationsgrad innerhalb der Anwendungsarchitektur wird durch die Verarbeitungsautonomie der Anwendungsteilsysteme erreicht und sichergestellt. Das Postulat der Standardisierung sowie das der Offenheit fordern System- und Anwendungskomponenten, die als sog. integrierbare Module konzipiert sind.

Dabei darf nicht unberücksichtigt bleiben, was häufig geschieht, dass ein struktureller Rahmen definiert wird, der die einzelnen Komponenten zu einem abgestimmten Ganzen zusammenfügt und des weiteren die Gewähr bietet, dass er auch für künftige Entwicklungen als Integrationsplattform aktuell bleiben wird, indem er neu entstehende Technologien mit einbezieht. Einen solchen Rahmen stellt eine Informatikstrategie dar. Der Informationsaustausch sollte sich eines anerkannten Industriestandards bedienen, um vor allem eine Verbindungsmöglichkeit und eine Austauschbarkeit zu künftigen Anwendungen und zu Fremdanwendungen zu gewährleisten.

Ein solcher Standard findet sich in der Object-Request-Broker-Technologie (ORB)[89].

Die Object Management Architecture ist ein Rahmenwerk, das aus vier Komponenten besteht, die durch definierte Schnittstellen verbunden sind.

Die wichtigste Komponente ist der Object Request Broker, der als Verteiler für Verarbeitungsanforderungen fungiert, des weiteren die Object Services, das sind Dienste, die jedes Objekt bereitstellen muss, Common Facilities als Dienste, die mehrfach genutzt werden können und Application Objects, welche die fachlichen Objekte, hier z.B. Anwendungsteilsysteme, repräsentieren.

[89]vgl. Langendörfer, Horst, Schnor, Bettina: Verteilte Systeme, 1994, S. 312 ff.

Dadurch stellt der Object Request Broker die Verbindung von Anwendungsapplikationen auf unterschiedlichen Rechnern in heterogenen Netzen sicher, ohne dass die Objekte wissen müssen, wo sie lokalisiert sind. Der Einsatz dieser Technologie ist der Einstieg in eine objektbasierte System- und Anwendungsarchitektur im Sinne der Object Management Group, wobei damit keine Festlegung und das ist evident auf eine objektorientierte Programmiersprache (wie z.B. C^{++}) oder Daten verbunden ist.

Nach dem heutigen Stand der Technologie scheint sich abzuzeichnen, dass die Standards der Open Software Foundation (OSF), Distributed Computing Environment (DCE) der IBM und die übergreifenden Standardisierungsbemühungen Common Object Request Broker Architecture (CORBA) der Object Management Group (OMG) als Grundlage für eine Application-Request-Broker(ARB)-Technologie dienen könnten.

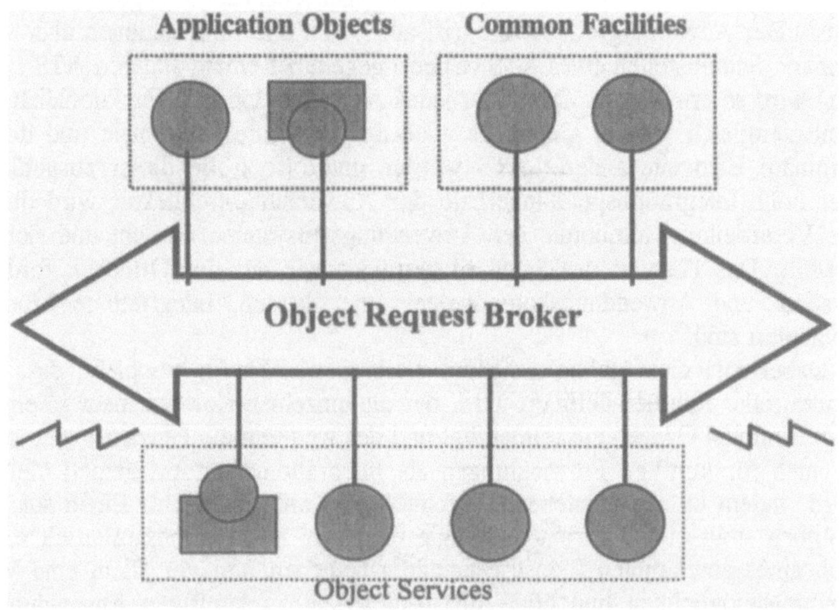

Abbildung 17: Das Object-Management-Group-(OMG)-Referenzmodell[90]

In diesem Sinn verhält sich ein Anwendungsteilsystem wie ein Objekt.

Anwendungsteilsysteme - und das ist wichtig - sind per Definition geschlossene Systeme mit der gekapselten Haltung von Daten und Funktion.

Ein autorisierter Zugriff auf Informationen durch ein anderes Teilsystem, d. h. Informationsaustausch innerhalb des Gesamtsystems, ist nur über ein netzwerkweites Kommunikations-Framework, den Object Request Broker, möglich.

---

[90]vgl. Pulter, Roland, Schmid, Urs: Der objektorientierte Weg (OOW), 1994, S. 169

Ein externer Zugriff auf die internen Datenstrukturen eines Anwendungsteilsystems ist somit unmöglich.

Damit werden nicht nur einem Industriestandard entsprechende Kommunikationsmöglichkeiten zwischen den Anwendungsteilsystemen geschaffen, die Programmpakete sind darüber hinaus austauschbar und das System kann einfacher um künftige architekturgerechte Anwendungen erweitert werden.

Aus einer bilateralen Vereinbarung zwischen zwei Anwendungsteilsystemen zur Nutzung und Bereitstellung von Diensten entsteht eine diametrale Vereinbarung über die Realisierung durch den Objekt Request Broker.

5.5 Die Strategie der integrierten Produktentwicklung

Innovative Produkte sind in hohem Maße zeitelastisch[91], d.h., der Zeitpunkt der Markteinführung ist oft entscheidend für den ökonomischen Erfolg eines neuen Produktes. Dieser Zeitpunkt wird u.a. von der sog. „time to market" bestimmt. Der Produktentwicklungsprozess ist ein wesentlicher Einflussfaktor dieses zeitlichen Vorgangs.

Der Erfolg einer Produktinnovation ist u.a. oft davon abhängig, wie schnell der Produktentwicklungsprozess abgewickelt werden kann. Die zeitoptimale Gestaltung dieses Prozesses erfordert eine strategische Ausrichtung. Neben externen Kooperationsstrategien zur Prozesskoppelung sind Integrationsstrategien zur internen Prozess- und Produktabstimmung von Bedeutung[92]. Im Vordergrund steht dabei neben anderen Faktoren vor allem die Verkürzung der Produktentwicklungszeit. Den theoretischen Bezugsrahmen einer Strategie zur Verkürzung der Produktentwicklungszeit bildet der Ansatz der Prozessorganisation.

Generell existieren zwei strategische Ansätze der Maßnahmen zur Verkürzung der Produktentwicklungszeit. Der Grundgedanke der externen Prozesskoppelung basiert auf Kooperationsstrategien, d.h. die Koppelung der unternehmensinternen Produktentwicklungsprozesse mit den Prozessen der relevanten Marktpartner.

Eine unternehmensinterne Betrachtungsweise dagegen orientiert sich an der Integration des Produktentwicklungsprozesses im Unternehmen.

Im folgenden werden lediglich unternehmensinterne Integrationsstrategien betrachtet, da diese durch das hier betrachtete Produktmanagementsystem unterstützt werden.

Grundsätzlich agiert diese Strategie auf zwei Beziehungsebenen, auf Prozess- sowie auf Produktebene.

---

[91]vgl. Albach, Horst: Europäischer Binnenmarkt 1993 und Wettbewerbsfähigkeit des europäischen Unternehmers, 1992, S. 123–136

[92]vgl. Buchholz, Wolfgang, Werner, Hartmut: Strategien und Instrumente zur Verkürzung der Produktentwicklung, 1997, S. 694–709

Prozessbezogene Integrationsstrategien intendieren eine ganzheitliche Betrachtungsweise des Produktentwicklungsprozesses sowie der anderen Kernprozesse im Wertschöpfungsprozess eines Unternehmens.

Produktbezogene Integrationsstrategien beziehen sich auf das Produkt und intendieren u. a. Maßnahmen zur Reduktion der Produktkomplexität.

Die Idee zu diesem Konzept stammt aus der Fertigungsindustrie und ist eine konsequente Weiterentwicklung des CIM-Konzepts[93]. Im Gegensatz dazu steht die bis heute überwiegend praktizierte „Sequentielle Produktentwicklung“[94]. Die Mängel dieses Konzepts liegen überwiegend in der Thesaurierung von Know-how in sogenannten Know-how-Inseln in einem Unternehmen. In der Praxis der Produktentwicklung von Anwendungssoftware werden dann - mangels Know-how - schon in der Designphase Fehler gemacht, die sich unter Umständen bis zur Fertigstellung des Produkts durchziehen. Werden diese Fehler bemerkt, ziehen sie Korrekturen und Nachbesserungen nach sich. Im günstigsten Fall geschieht dies vor der Produkteinführung. So kann das Produkt im Rahmen seiner Entwicklung mehrere Iterationsschleifen durchlaufen, manche sogar mehrfach. Die Beherrschung von Zeit, Kosten und Qualität wird so zu einem Problem. Hier setzt das Konzept der integrierten Produktentwicklung an. Zunächst der Versuch einer Definition der integrierten Produktentwicklung:

„Integrierte Produktentwicklung (IPE) ist die organisatorische und technische Integration aller Vorgänge der Produktentwicklung und des dazugehörigen Wissens in einem Unternehmen.“[95]

Die Positionierung der integrierten Produktentwicklung zeigt Abbildung 18.

Die Ziele der integrierten Produktentwicklung sind im Prinzip einfach: Das Know-how - oder auch Erfahrungswissen - zu allen für ein Unternehmen wichtigen Aspekten der Produktentwicklung, das in konventionellen Unternehmen häufig dezentral verteilt ist, muss integriert werden, damit es allen Entwicklern am Beginn des Produktlebenszyklus zur Verfügung steht. Dieses Ziel wird als Know-how-Integration bezeichnet. Ein verbesserter Fluss des Erfahrungswissens im Sinne von Vorwärts- und Rückwärtskopplung ist ein weiteres Ziel.

[93]vgl. Jamin, Klaus W.: Das Software-Lexikon, 1988, S. 69

[94]vgl. Steinmetz, Oliver: Die Strategie der integrierten Produktentwicklung, 1993, S. 4 ff.

[95]vgl. Steinmetz, Oliver: Die Strategie der integrierten Produktentwicklung, 1993, S. 4

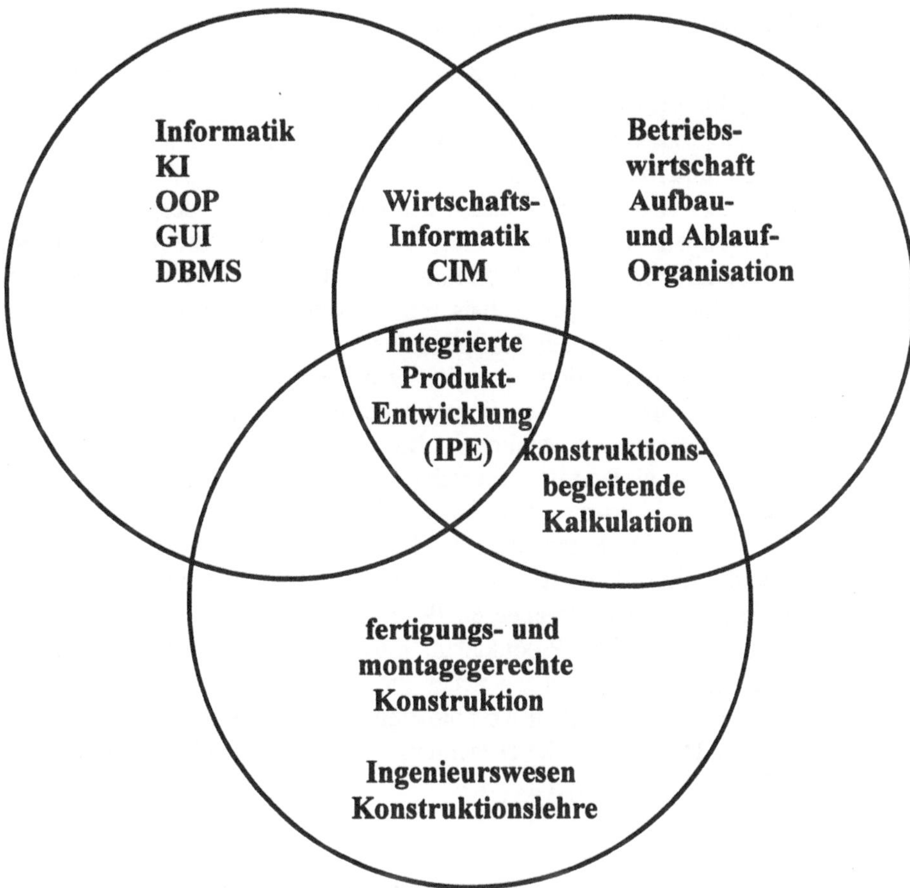

Abbildung 18: Die Positionierung von IPE (leicht verändert)[96]

Das Konzept der integrierten Produktentwicklung unterscheidet sich gegenüber traditionellen Ansätzen also durch den evolutionären Charakter der Produktentwicklung. Dies zeigt sich in einer Verkürzung der Regelkreise innerhalb des Produkterstellungsprozesses und der dazugehörenden Managementprozesse. Neben einer wesentlichen Beschleunigung der Iterationszyklen soll der jeweilige Wissenszuwachs wesentlich erhöht werden. Die Umsetzung dieses Ziels fordert die Erforschung und Entwicklung von Methoden und Werkzeugen z.B. für[97]:

- die effiziente Organisation von Entwicklungsteams unterschiedlicher Experten,
- die Moderation und Organisation von Expertenkooperationen,

[96]vgl. Steinmetz, Oliver: Die Strategie der integrierten Produktentwicklung, 1993, S. 5

[97]vgl. Bullinger, H.-J., Wißler, K.F.: Rapid Product Development – Entwicklung und Erprobung Innovativer Produkte, 1996, S. 103–107

- den effektiven Einsatz von Prototypen.

Im hier vorgestellten Ansatz wird eine prozessorientierte Integration des Produktentwicklungsprozesses durch eine spezielle Sichtweise auf das Produkt unterstützt. Der Produktbegriff orientiert sich nicht mehr an den traditionellen Spartengrenzen innerhalb der Kreditinstitute, sondern er wird als zentraler integraler Bestandteil der Kernprozesse des Unternehmens interpretiert. Dies macht Sinn, weil ein bedeutender Teil der Bankprodukte durch sogenannte sekundäre Produktkomponenten bestimmt wird. Dies sind zum Beispiel die wegen ihres Differenzierungspotentials immer wichtiger werdenden Service- oder Beratungskomponenten der Bankprodukte.

Produktbezogene Integrationsstrategien erfordern Maßnahmen zur Reduktion der Produktkomplexität. Nun liegt ein besonderes Merkmal der Finanzprodukte in ihrer geringen Komplexität. Die „Konstruktionspläne" für Bankprodukte sind relativ einfach und überschaubar. So gibt es kein Kreditinstitut, das z.B. wie in der Industrie einen Bereich Forschung und Entwicklung hat. Zwar ist der Markt für Finanzprodukte kaum noch überschaubar, aber die Grundmuster der Produkte sind nahezu identisch. Oft liegt das Differenzierungskalkül lediglich in einer anderen Bezeichnung. Des weiteren beinhaltet die Entwicklung innovativer Produkte im Finanzdienstleistungsbereich i. d. R. nicht die Entwicklung grundlegend neuer Produkte, sondern der Innovationscharakter liegt in der neuartigen Kombination bestehender Produkte und Produktmerkmale[98]. Diese Spezifika erleichtern also den Integrationsprozess nicht unwesentlich.

5.6 Konstruktionselemente und -prinzipien des Anwendungssystems

5.6.1 Das Prinzip der Orthogonalität

In der Informationsentwicklung haben sich in den letzten Jahren einige Prinzipien herausgebildet[99], von denen eines der wichtigsten im folgenden kurz diskutiert werden soll. Allgemein sind Prinzipien Grundsätze, die dem Handeln zugrunde liegen. Als fundamentale menschliche Eigenschaft wird Abstraktion eingesetzt, um komplexe Sachverhalte darzustellen. „Abstraktionen entstehen durch die Entdeckung von Ähnlichkeiten zwischen Objekten oder Begebenheiten unter Vernachlässigung der Unterschiede; signifikante Details treten

[98] vgl. Weinhard, Christof, Kirn, Stefan, Gomber, Peter: KI-Methoden in der Finanzwirtschaft, 1996, S. 8–16

[99] vgl. Lehner, Franz, Hildebrand, Kurt, Maier, Ronald: Wirtschaftsinformatik, 1995, S. 292 ff.

hervor, Unwichtiges wird unterdrückt"[100]. So gesehen ist Abstraktion eine Form der Verallgemeinerung und damit Gegenteil der Konkretisierung. Der Prozess der Softwareentwicklung ist ein wechselseitiger Prozess des Abstrahierens und des Konkretisierens. Ausgehend von konkreten Sachverhalten und Informationen, wie z.B. Bankgeschäft, wird das Bedeutende (Essentielle) extrahiert und dokumentiert. Diese nicht triviale Aktivität findet i.d.R. auf mehreren Abstraktionsebenen statt. Das Ergebnis des Abstraktionsprozesses soll ein Modell der realen Welt sein. Informatikanwendungen im Kreditgewerbe stellen also ein Abbild (Modell) des gesamten Bankgeschäftes oder Teile desselben dar.

Das Prinzip der Orthogonalität[101] ist eines der wichtigsten Konstruktions- und Abstraktionsprinzipien in der Informatik.

Dieses Prinzip hat seinen Ursprung in der Mathematik. In der mathematischen Vektorrechnung ist dieser Begriff von besonderer Bedeutung. Vektoren und Matrizen eines mathematischen Vektorraumes stehen in einer festen Relation zueinander, sie sind orthogonal, wenn nach der mathematischen Definition das aus ihren Koordinaten berechnete Skalarprodukt null ist.

Anschaulich wird dies im zwei- bzw. dreidimensionalen Vektorraum. Ein zweidimensionaler Vektorraum definiert eine Fläche, die durch 2-Tupel dargestellt wird. Die Vektoren $\mathbf{a} = (\mathbf{a_1}, \mathbf{a_2})$ und $\mathbf{b} = (\mathbf{b_1}, \mathbf{b_2})$ sind orthogonal (senkrecht) zueinander, wenn ihr Skalarprodukt $\mathbf{a_1 * b_1 + a_2 * b_2}$ null ist. Der Lösungsraum ist generell unendlich. Eine spezielle Lösung ergibt sich durch Einsetzen der Zahlen **1, 2** für $\mathbf{a_1}$, $\mathbf{b_1}$ und **2, –1** für $\mathbf{a_2}$, $\mathbf{b_2}$.

Das Skalarprodukt dieser Zahlenkombination $\mathbf{1*2 + 2*{-1} = 0}$ erfüllt die Orthogonalitätsbedingung.

Im nächstgrößer dimensionierten Vektorraum definieren 3-Tupel Flächen, die ebenfalls orthogonal zueinander sind, wenn ihr Skalarprodukt $\mathbf{a_1 * b_1 + a_2 * b_2 + a_3 * b_3}$ null ist.

Die Orthogonalitätsdefinition kann auf gesamte Vektorräume ausgeweitet werden. Zwei Vektorräume **X, Y** sind orthogonal zueinander, wenn jeder Vektor **X** des Vektorraumes **X** orthogonal zu jedem Vektor **Y** des Vektorraumes **Y** ist.

Das Prinzip der Orthogonalität kann auf Informatikkonzeptionen übertragen werden. Zur Betrachtung müssen zwei Mengen herangezogen werden, die entsprechend den Vektorräumen in einer Relation zueinander stehen. Die eine Menge umfasst Anforderungen an Informatikkonzeptionen, die andere technische Abbildungen.

Orthogonalität muss in diesem Fall anders definiert werden als ihre Definition in der Mathematik. Sie gibt bei Informatikkonzeptionen an, dass eine technische Abbildung eine Anforderung in vollem Umfang erfüllt.

---

[100] vgl. Lehner, Franz, Hildebrand, Kurt, Maier, Ronald: Wirtschaftsinformatik, 1995, S. 293

[101] vgl. Herbst, Holger, Knolmayer, Gerhard: Ansätze zur Klassifikation von Geschäftsregeln, 1995, S. 149–159

Die Menge der Anforderungen ist somit orthogonal zu der Menge der technischen Abbildungen, wenn jede Anforderung von allen technischen Abbildungen erfüllt wird.

In der Banken-Sparkasseninformatikumgebung existieren bankfachliche Anforderungen und deren technische Umsetzungen. Es existieren z.B. Anforderungen an Zahlungsverkehrssysteme, Giroverkehr oder Kundensysteme. Oben beschriebene Räume sind orthogonal zueinander, wenn jede technische Abbildung alle bankfachlichen Anforderungen voll erfüllt. Das operative System Giroverkehr muss alle bankfachlichen Anforderungen im einzelnen erfüllen.

Das Prinzip der Orthogonalität verdeutlicht, dass einzelne bankfachliche Anforderungen und ihre jeweils technischen Abbildungen nicht diskret betrachtet werden dürfen. Ein Informatikgesamtkonzept kann nur dann die Bankenrealität korrekt abbilden, wenn jede bankfachliche Anforderung von allen technischen Abbildungen voll umgesetzt wird.

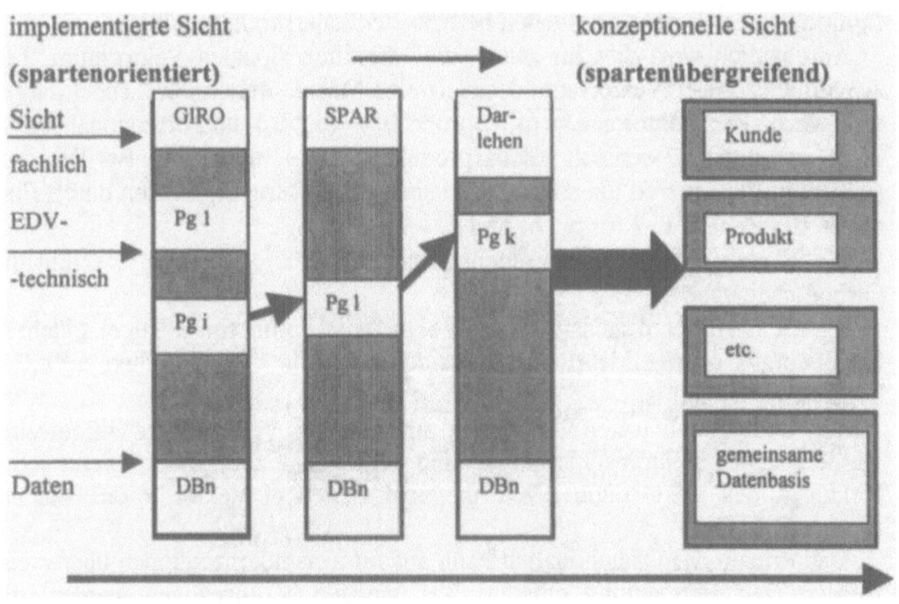

Abbildung 19: Das Prinzip der Orthogonalität

5.6.2 Das Produkt- und Konditionsmodell

Betrachtet man die z. Z. im Einsatz befindlichen Informatikanwendungen der Kreditinstitute aus einer höheren Warte, so erkennt man neben grundsätzlichen Unterschieden auch viele Gemeinsamkeiten. Eine spartenübergreifende Betrachtungsweise erlaubt die Identifikation gleicher bzw. ähnlicher Informationszusammenhänge. So gibt es z.B. bei der Zinsrechnung, der Kontoeröffnung gemeinsame nahezu kongruente Funktionalitäten. Gemäß dem in der Beschreibung der Informatikstrategie gefordertem Postulat, dass homogene Verrichtungen zusammengefasst werden sollen, entsteht zwingend die Anforderung nach einer spartenübergreifenden Modellierung des Anwendungssystems.

Die Forderung nach einer spartenübergreifenden Modellierung wird des weiteren durch die Problemstellung bei der Erstellung individueller kundenorientierter Finanzdienstleistungen unterstützt. Buhl et al.[102] führen dazu aus, dass in vielen Fällen spartenübergreifende Produktkombinationen einzelnen spartenorientierten Einzelprodukten überlegen sind. Aber u. a. durch eine institutionelle, organisatorische und informationstechnische Trennung wird die Erstellung von Produktkombinationen erschwert. Eine spartenübergreifende Modellierung künftiger Anwendungssysteme hinsichtlich der Funktionsseite ist aber nur dann sinnvoll, wenn die Spartengrenzen auch datenlogisch aufgelöst werden[103] (siehe Abbildung 19, gemeinsame Datenbasis) und eine Reihe von Objekten, wie z.B. Produkt, Vereinbarung, Konto usw., vereinheitlicht werden. Diese Möglichkeit beruht auf der Tatsache, dass in den implementierten, spartenorientierten Datenbasen eine große Anzahl semantisch gleichartiger Datenelemente existiert. Neben anderen Vorteilen ergibt sich durch das Erreichen dieses Zieles eine schnelle Reaktionsfähigkeit auf Anforderungen des Marktes hinsichtlich neuer Produkte (Innovationen). Die einheitliche, neue Sicht auf die Objekte (z.B. Produkt) zeigt, dass viele Datenelemente durch Parameter darstellbar sind. Eine Generalisierung aller möglichen Parameter über alle Spartengrenzen schafft die Möglichkeit, z.B. neue Produkte allein durch regelgesteuerte Kombination der Parameter zu modellieren. Die Identifikation von Bankprodukten geschieht über Haupt- bzw. Nebenmerkmale. Diese Merkmale sind produktneutral bzw. produktspezifisch. Sowohl die produktneutralen als auch die produktspezifischen Informationen werden in informationstechnologisch interpretierbare Informationen transformiert, die im folgenden als Produkt- bzw. Konditionsparameter bezeichnet werden sollen.

Daraus entsteht das in Abbildung 20 dargestellte konzeptionelle Parametermodell.

---

[102]vgl. Buhl, Hans Ulrich, Roemer, Mark, Sandbiller, Klaus: Verteiltes Suchen und Erkennen zur Erstellung von Finanzdienstleistungen, 1996, S. 17–25

[103]vgl. Himmler, Ulrich: Die Überwindung der Spartengrenzen im Aktiv-/Passivgeschäft, 1992, S. 32–34

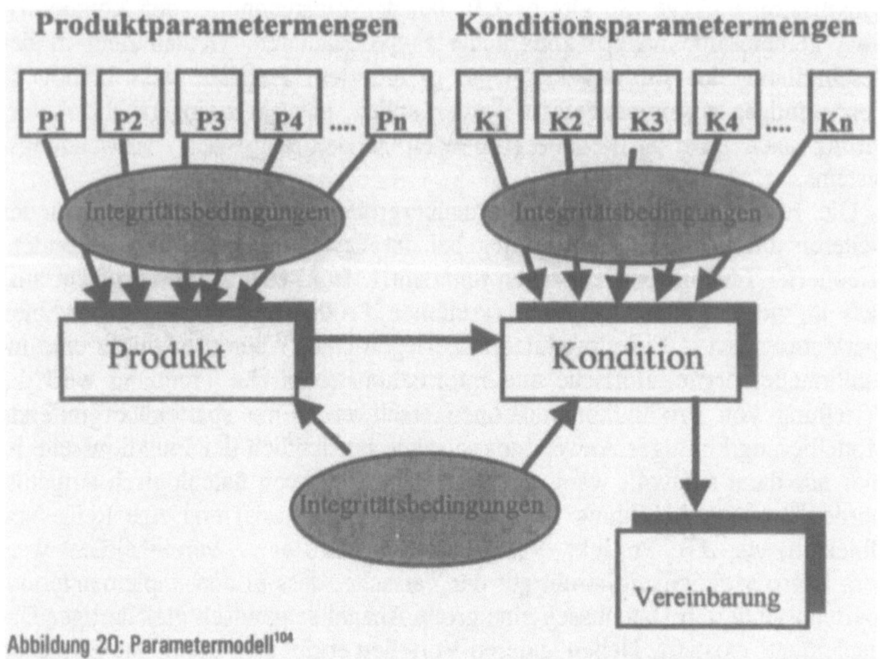

Abbildung 20: Parametermodell[104]

Ein Bankprodukt wird durch die Zuordnung von Parametern bzw. den Ausprägungen der Parameter charakterisiert. Die Parameter auf der Abstraktionsebene Produkt bzw. Kondition definieren einen Produkt- bzw. Konditionsrahmen. Den Entitätsmengen Produkt und Kondition werden die Parameter zugeordnet. Die Parameterausprägungen werden durch die Entitätsmenge Parametertyp klassifiziert.
Das Ergebnis diese Abstraktionsprozesses zeigt die Abbildung 21.

Der Modellierungsrahmen wird durch sich gegenseitig ausschließende Parameterkonstellationen, z.B. nicht kontextfrei, modellinterne Integritätsbedingungen oder juristische, geschäftspolitische sowie betriebswirtschaftliche Restriktionen, eingegrenzt. Zudem besteht die Möglichkeit, dass bei einigen Parametern mehrere Ausprägungen eine der Entitätsmengen Produkt oder Kondition zugeordnet werden müssen. Des weiteren ist die Möglichkeit von Referenzbeziehungen innerhalb der Parameter nicht auszuschließen. Eine erst grobe Klassifizierung der Parameter nach ihrer Notwendigkeit liefert die Aufteilung in obligatorische sowie fakultative Parameter. So ist z.B. bei der Eröffnung eines Kontos die Definition der Auszugerstellungskriterien obligatorisch, während die Eingabe eines Kredites fakultativ ist. Die Parameter werden

---

[104] vgl. Lange, Anja, Seitz, Juergen, Stickel, Eberhard: Ein regelbasierter Ansatz zur Unterstützung der Produktentwicklung in Kreditinstituten, 1994, S. 51

in Datenbanken gespeichert, ebenso die Produktionsregeln und die Integritätsbedingungen.

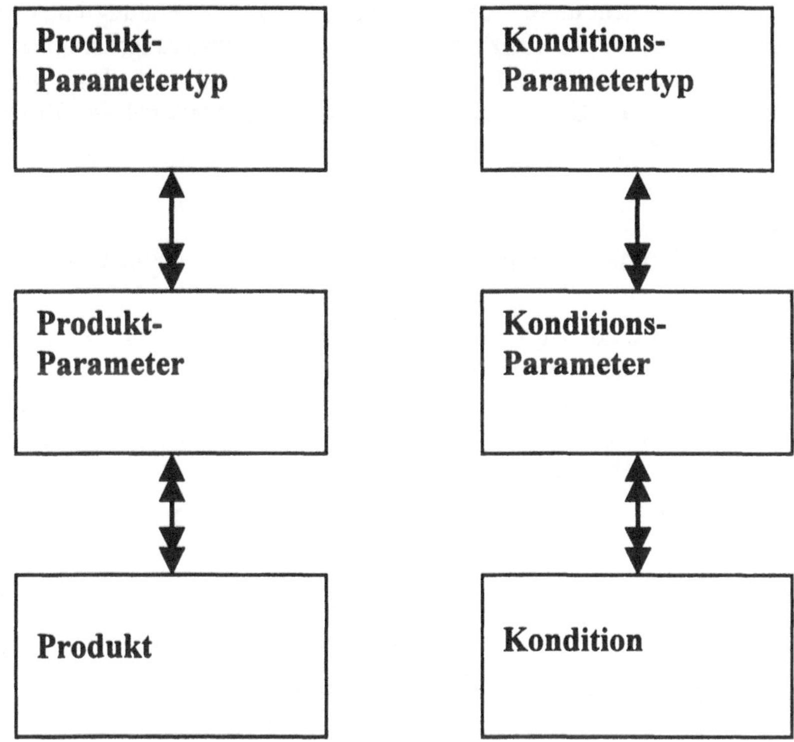

Abbildung 21: Datenmodell zur Produkt- und Konditionsstruktur (leicht verändert)[105]

Ziel muss es sein, die Anzahl der Parameter zu minimieren, da dadurch die Wiederverwendungsmöglichkeiten der für die Produktadministration und das Produktmanagement benötigten Funktionalitäten erhöht werden. Die Identifikation produktübergreifender Prozessschritte unterstützt informationstechnische Implementierungsmöglichkeiten.

Die Generierung des Produktrahmens aufgrund der vordefinierten Regeln ist Aufgabe des Produktmanagers. Das geschieht in einem interaktiven Prozess (Dialog), wobei die Produktionsregeln diesen Vorgang steuern.

Das Handlungsspektrum des Kundenberaters, der im Beratungsgespräch mit dem Kunden die Konditionen für diesen Kunden definiert, wird durch den Produktrahmen, die Konditionen und die individuelle Kompetenz des Beraters begrenzt. So kann ein Kundenberater sicherlich keinen Großkredit einräumen, die dafür benötigte Kompetenz liegt beim Vorstand bzw. beim Kreditausschuss des Kreditinstitutes.

---

[105]vgl. Lange, Anja, Seitz, Juergen, Stickel, Eberhard: Ein regelbasierter Ansatz zur Unterstützung der Produktentwicklung in Kreditinstituten, 1994, S. 51

Das Ergebnis dieses Abstraktions- und Modellierungsprozesses ist ein spartenübergreifendes Anwendungssystem, in dem der Produktentwicklungsprozess integraler Bestandteil des Gesamtsystems ist.

Des weiteren dient dieser Ansatz als Basissystem für beratungsunterstützende Systeme, z.B. im Allfinanzbereich[106] und der Finanzierungsberatung[107] und liefert Informationen für differenzierte Analysen und Aufgaben, wie z.B. Risikomanagement, Kunden-/Kontenkalkulation, Bonitätsanalyse, Kreditwürdigkeitsprüfungen[108] usw.

5.6.3
Struktur und Funktionsweise der Produkt-/Konditionsparameter

Im folgenden Kapitel wird die Struktur und Funktionsweise der Parameter beschrieben, wie sie aufgrund des zur Zeit bestehenden Analyse- und Abstraktionsstatus sinnvoll erscheinen. Da die informationstechnische Syntaktik der Produkt- bzw. Konditionsparameter identisch ist und lediglich semantische Unterschiede bestehen, wird auf eine differenzierte Darstellung verzichtet.

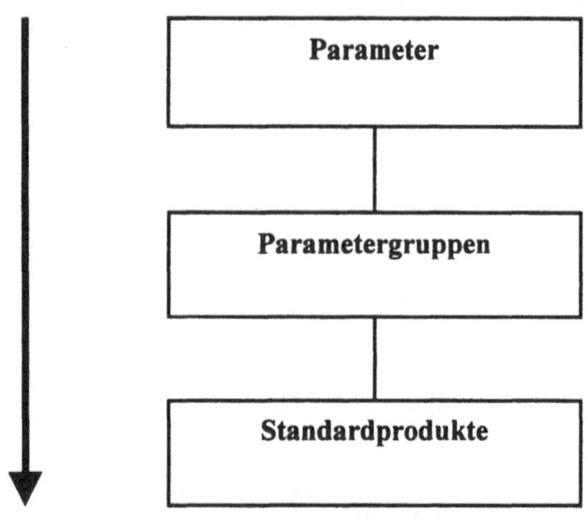

Abbildung 22: Struktur der Produkt-/ Konditionsparameter

Die Konditionsparameter und ihre Attribute werden in einem Parameterkatalog hinterlegt. Für jeden Parameter steht eine Beschreibung zur Verfügung. Dabei sind die Wirkung der Kondition, wie auch die Bedeutung der einzelnen Parameter/Attribute zu erläutern.

---

[106] vgl. Eilenberger, Guido: Bankbetriebswirtschaftslehre, 1996, S. 24 ff.

[107] vgl. Roemer, Mark: IV-Unterstützung zur Erstellung wettbewerbsorientierter Allfinanzangebote – Konzepte und prototypische Realisierungen, 1994, S. 15–24

[108] vgl. Wilke, Wolfgang, Bergmann, Ralph, Althoft, Klaus-Dieter: Fallbasiertes Schließen zur Kreditwürdigkeitsprüfung, 1996, S. 26–33

Die Parameter lassen sich zu Parametergruppen zusammenfassen, wie z.B. Parameter zur Administration, Parameter zur Vereinbarungssumme wie Mindesthöchstbeträge usw.

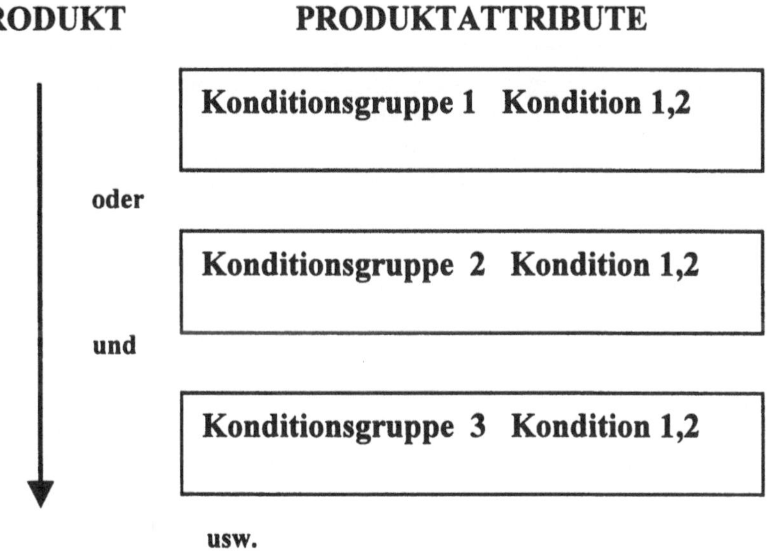

Abbildung 23: Die Zuordnung der Parameter zu einem Produkt

Die in Abbildung 22 dargestellte Parameterstruktur ist hierarchisch gegliedert, wobei die Definition jeder Stufe eine Untermenge der vorhergehenden ist.

Die Zuordnung der Parameter, in diesem Fall Konditionsparameter, zu einem Produkt zeigt Abbildung 23.

Die Parameter lassen sich weiterhin nach ihrer Notwendigkeit gliedern.

Obligatorische Parameter müssen bei der Gestaltung eines Produktes unbedingt definiert werden, als Beispiel mögen der Produktname und der Mindestanfangsbetrag dienen. Die fakultativen Parameter sind in Soll- bzw. Kannparameter strukturiert. Informationen, die zur Erläuterung und Beschreibung des Umfeldes dienen, wie das Produktäußere (Verpackung), werden als Sollparameter bezeichnet. Sie sind nicht zwingend erforderlich, da sie nicht informationstechnologisch interpretiert werden. Ihre Funktionalität ist beschreibender oder erklärender Art, sie dienen u.a. als Information für den Kundenberater. Beispiele für Kannparameter sind Zuschlags- und Rateninformationen. Kannparameter können abhängig von einem anderen Kannparameter zum Mussparameter mutieren.

Wird bei einem Tilgungskredit eine Mindestrate definiert, müssen auch Informationen über die Modalitäten der Ratenzahlung (Rhythmus usw.) hinterlegt werden. Die Möglichkeit, dass sich Parameter gleichzeitig ausschließen, existiert ebenfalls.

Die Aufteilung in eine der drei Kategorien ist von besonderer Bedeutung, da sehr viele Aktionen zur Konsistenzsicherung des Produktentwicklungsprozesses darüber gesteuert werden. Beim Einrichten der Parameter werden einzelne Attribute als produktabhängig oder produktunabhängig (produktneutral) definiert.

Aus den Parametern ergeben sich logische Abhängigkeiten. Diese beschreiben funktionale oder relationale Interdependenzen zwischen den Parametern. Primär trifft das auf korrespondierende Parameter zu.

So muss z.B. die Laufzeit eines Darlehens zwischen der Mindest- und der Höchstlaufzeit liegen, die Mindestlaufzeit muss kleiner sein als die Höchstlaufzeit usw.

Diese Abhängigkeiten lassen sich relativ leicht durch Regeln interpretieren.
Einige Beispiele für Produktparameter zeigt die folgende Aufstellung:

Produktnummer	Produktgültigkeitsbeginndatum	Produktart
Produktname	Mindestanfangsbetrag	Höchstanfangsbetrag
Mindestendbetrag	Höchstendbetrag	empfohlener Mindestanfangsbetrag
Mindestlaufzeit	Mindestlaufzeiteinheit	Höchstlaufzeit
Höchstlaufzeiteinheit	Laufzeit	Laufzeiteinheit
Laufzeitabstand	Laufzeitabstandseinheit	Laufzeitabstandsbeginn
Laufzeitabstandsbeginnkriterium	Kündigungsfrist	Kündigungszeitabstand
Kündigungszeitabstandseinheit	Kündigungszeitabstandsbeginn	Kündigungsgeltungsdauer
Kündigungsgeltungsdauereinheit	Kündigungssperrfrist	Kündigungssperrfristeinheit
Kündigungssperrfristbeginnkriterium	Mindestzinssatz	Höchstzinssatz
Zinszahlungsintervall	Zinszahlungsintervalleinheit	Zinszahlungsbeginn
Zinszahlungsziel	Zinsverfügungsabstand	Zinsverfügungsabstandseinheit
Verrechnungszinssatz	Verfügungsgesamtanzahl	Sonderzahlungsgesamtanzahl
Mindestrate	Höchstrate	Ratenaussetzungsanzahl
Ratennachholfrist	Ratennachholfristeinheit	Ratenintervall
Ratenintervalleinheit	Mindestsummenbetrag	Höchstsummenbetrag
Zuschlagskündigungsbehandlung	Zuschlagszahlungsintervall	Zuschlagszahlungsintervalleinheit

Tabelle 1: Produktparameter[109]

[109]vgl. Lange, Anja, Seitz, Juergen, Stickel, Eberhard: Ein regelbasierter Ansatz zur Unterstützung der Produktentwicklung in Kreditinstituten, 1994, S. 51

Eine einfache, mathematische Darstellung[110] macht die oben beschriebenen Vorgänge transparent. Die Menge der gültigen Parameter sei mit $P_1, ..., P_n$ bezeichnet. Die Menge aller möglichen Parameterkonstellationen repräsentiert das Kreuzprodukt $P_1 \times ... \times P_n$. Da einige Parameterkonstellationen wegen logischer Widersprüchlichkeiten, modellinterner Integritätsbedingungen und rechtlicher oder geschäftspolitischer Restriktionen nicht möglich oder nicht gewünscht sind, reduziert sich die Gesamtmenge auf eine Teilmenge.

Diese Teilmenge ist mathematisch eine Relation **R**. Aus dieser Relation werden die kundenindividuellen Parameter ausgewählt. Diese stellen ein Tupel $R = (p_1, ..., p_n)$ mit $p \in P$ dar.

Im Rahmen der Kompetenz des Kundenberaters werden abweichende Konditionen definiert, die ein neues Tupel ergeben.

Dies ergibt folgenden formalen Zusammenhang:

$(p_1, ..., p_n) \in R \subseteq P_1 \times ... \times P_n$.

Die Relation **R** wird über Produktionsregeln aus den Parameterkonstellationen $P_1 \times ... \times P_n$ erzeugt.

5.6.4 Parameterreferenzstruktur

Der bestimmende Wert eines Parameters kann auf zweierlei Art festgelegt werden:

- Ein fester Wert (z.B. Zinssatz), der bei der Kontokondition hinterlegt ist.
- Nachteilig ist hier, dass diese Direktwerte nicht automatisch geändert werden können. In den meisten Fällen werden solche Vereinbarungen zeitlich limitiert geschlossen.
- Eine Relation auf allgemeine Werte, die in einer Parameterreferenzstruktur hinterlegt werden. Die Änderung dieser Werte kann z.B. täglich in einem Batchlauf durchgeführt werden.

Jeder Konditionswert in der Referenzstruktur kann ein absoluter Wert sein oder wiederum eine Referenz auf einen anderen Referenzwert beinhalten, evtl. mit einer zusätzlichen Varianz. So wäre es denkbar, dass der Sollzinssatz für Girokonten sich aus dem Basiszinssatz der europäischen Zentralbank zuzüglich einem institutsindividuellen Zuschlag ergibt. Die Generierung der Struktur erfolgt zunächst auf Unternehmensbasis, eine weitergehende Strukturierung könnte sich an der Aufbauorganisation des Unternehmens orientieren.

So kann im Extremfall jede Organisationseinheit, wie Abteilung, Bereich usw., eines Unternehmens eine separate Struktur definieren. Sind in einer angesprochenen Referenzstruktur bestimmte Werte nicht definiert, werden sie defaultmäßig durch den Unternehmenswert ersetzt.

---

[110]vgl. Lange, Anja, Seitz, Juergen, Stickel, Eberhard: Ein regelbasierter Ansatz zur Unterstützung der Produktentwicklung in Kreditinstituten, 1994, S. 51

Mit dieser Festlegung werden in den organisationseinheitsspezifischen Strukturen nur die Abweichungen definiert. Dieses Konstruktionsschema offeriert ein hohes Maß an Flexibilität, erschwert aber naturgemäß die Integration und informationstechnische Realisierung.
Sinnvolle Attribute der Tableauwerte sind z.B. folgende:

- Attribut 1: Bezeichnung der Referenzstruktur
- Attribut 2: Typ der Definition
  –Betrag
  –Stück
  –Referenz auf einen anderen Wert
- Attribut 3: Wert
- Attribut 4: Stellenanzahl
- Attribut 5: Währung, wenn Betrag
- Attribut 6: Textbezeichnung des Referenzwertes

Es könnte sinnvoll sein, unter den Aspekten Transparenz und Optimierung der Durchlaufzeit, die Struktur zu splitten. In dem ersten Teil sind „Grundwerte" definiert, wie:

- Basiszinssatz,
- Spitzenrefinanzierungsfazilität,
- Spareckzins,
- Porto-Inland,
- Gemeinkostensätze usw.

Diese Werte sind feste Werte; eine Bezugnahme auf andere Werte ist nicht zulässig.
Der andere Teil der Struktur enthält die Konditionswerte. Dies können entweder feste Werte sein oder Rechenoperationen unter Verweis auf die Grundwerte.

5.6.5 Der regelgesteuerte Produktentwicklungsprozess

Bankprodukte werden hinsichtlich ihrer Merkmale identifiziert (z.B. Laufzeit, Kreditart usw.). Diese Merkmale werden anschließend in informationstechnisch interpretierbare Informationen, die Produkt- und Konditionsparameter, umgesetzt.

Die Identifikation und Definition relevanter Parameter erfolgt zunächst durch Abstraktion aus den spartenorientierten Systemen, ohne den Überblick über das künftige geplante spartenübergreifende Produktangebot zu verlieren.

Im nächsten Schritt im Sinne von Lean Production ist zu überprüfen, ob das Produktangebot nicht mit einer geringeren Anzahl Parameter gewährleistet werden kann. Ziel muss es sein, das gesamte vorhandene Reduktionspotential zu nutzen.

Eine knappe einfache Definition für den Begriff Lean Production[111] ist nicht möglich, da die realen Facetten dieser Begrifflichkeit zu vielschichtig und komplex sind. In Japan ist mit „Lean Production“ (schlanke, straffe Produktion) eine Produktionsweise erfunden worden, die besser funktioniert als alles andere. Der Erklärungsansatz für den Erfolg scheint darin zu liegen, dass es gelungen ist, eine erfolgreiche Investition in das aus zwei Systemen, einem sozialen und einem technischen[112], bestehende Produktionssystem durchzuführen. Lean Production beruht auf dem „Kaizen-Prinzip“, das wörtlich übersetzt Verbesserung heißt. Permanente Verbesserungen sollen erreicht werden, indem die kreativen Potentiale, das Zusammengehörigkeitsgefühl und die Verantwortungsbereitschaft der Mitarbeiter gefördert werden. Die eingesetzten Mittel dazu sind z.B. Abbau von Hierarchien und Verstärkung der Gruppenarbeit, die auf Geschäftsprozessen als Alternativen zu herkömmlichen Organisationsformen basiert und sich am Markt, insbesondere am Kunden orientiert. Kaizen aktiviert zudem Optimierungspotentiale aller eingesetzten Produktionsfaktoren z.B. im Sinne der Minimalkostenkombination. Im hier angeführten Kontext bezieht sich Lean Production darauf, die Anzahl der benötigten Variablen für das angestrebte Produktangebot in Form der definierten Parameter soweit als möglich zu reduzieren. Dieses strafft den Produkterstellungsprozess und eröffnet Flexibilisierungsmöglichkeiten. Dass Reduktionspotentiale vorhanden sind, ergibt sich schon allein aus den Redundanzen in den spartenorientierten Anwendungssystemen.

Die Konstruktionsidee für das hier betrachtete Produktmanagementsystem basiert darauf, dass alle Merkmale eines Produktes Ergebnis eines regelgesteuerten, determinierten Prozesses sind.

Die logischen Interdependenzen zwischen den Parametern müssen bei der Interpretation der Regeln beachtet werden. Diese resultieren hauptsächlich aus Integritäts- und Plausibilitätsüberlegungen sowie aus funktionalen und relationalen Abhängigkeiten. So muss z.B. die Laufzeit eines Kredites zwischen Mindest- und Höchstlaufzeit liegen.

Ein wichtiger Grund für ein regelbasiertes System sind Abhängigkeiten aus geschäftspolitischen Aspekten, betriebswirtschaftlichen Notwendigkeiten (z.B. Risikoaspekte) und gesetzlichen Restriktionen. Im allgemeinen fordern diese Abhängigkeiten, dass bestimmte Parameterausprägungen **nicht** miteinander kombiniert werden sollen oder dürfen. Komplexere Restriktionen treten häufig im Zusammenhang mit der Konditionsgestaltung auf.[113] Die Abbildung 24 zeigt das Zinstableau für Kundeneinlagen, hier Festgeldeinlagen (Termin-

---

[111]vgl. Kammel, Andreas: Lean Production, 1992, S. 571–574

[112]vgl. Wohland, G., Popp, V., Schmidt-Weinmar, G.: Zeitdynamische Simulation für Design und Management von schlanker Produktion, 1992

[113]vgl. Lange, Anja, Seitz, Juergen, Stickel, Eberhard: Ein regelbasierter Ansatz zur Unterstützung der Produktentwicklung in Kreditinstituten, 1994, S. 52

gelder). Der Zinssatz ist u. a. abhängig von der Laufzeit der Einlage, i. d. R. auch von der Höhe der Einlage, dies wird hier nicht weiter dargestellt, d. h., mit steigender Laufzeit wird ein höherer Zinssatz gewährt. Ein Verstoß gegen diese Regel führt zu einem Hinweis wie z.B.:

„Zinssatz bei Einlagen über 6 Monate muss höher sein als bis 6 Monate" und führt zur Abweisung der Transaktion.

Als Beispiel für Restriktionen durch gesetzliche Bestimmungen möge folgendes Beispiel dienen:

Die Gewährung eines Dispositionskredites für einen minderjährigen und damit nicht voll geschäftsfähigen Kontoinhaber ist nicht gestattet.

Der regelbasierte Produktentwicklungsprozess ist auf der Abstraktionsebene Parameter → Produkt positioniert (siehe Abbildung 25).

Zinsstaffel Festgelder (Termineinlagen)	
Bis 1 Monat	2,5%
Bis 3 Monate	2,75%
Bis 6 Monate	3,0%
Über 6 Monate	**3,5%**

Abbildung 24: Zinsstaffel für Kundeneinlagen (Festgelder)

Um diesen Prozess durch Regeln abbilden zu können, sind folgende Bedingungen zu erfüllen[114]:

- Die Anforderungen sind durch vollständige und genügend strukturierte Problem- und Entscheidungssituationen gekennzeichnet.
- Die Probleme lassen sich durch Algorithmen beschreiben.
- Die Ergebnisse sind operationalisierbar.
- Die bei den Anforderungen verwendeten Regeln können logisch geordnet und strukturiert werden.

Unter Konzeptualisierung wird folgendes verstanden:

- Analyse, Interpretation und Strukturierung der definierten Regeln.
- Entwicklung eines konzeptionellen Modells.

[114] vgl. Hussmann, Heike: Expertensysteme im Marketing für Investitionsgüter, 1988, S. 28 ff.

- Integration der zur Problemstellung notwendigen Regeln in das konzeptuale Modell.

Homonyme, Synonyme oder lückenhafte Darstellungen, die eine Komplettierung des Modells verhindern, müssen eliminiert werden.

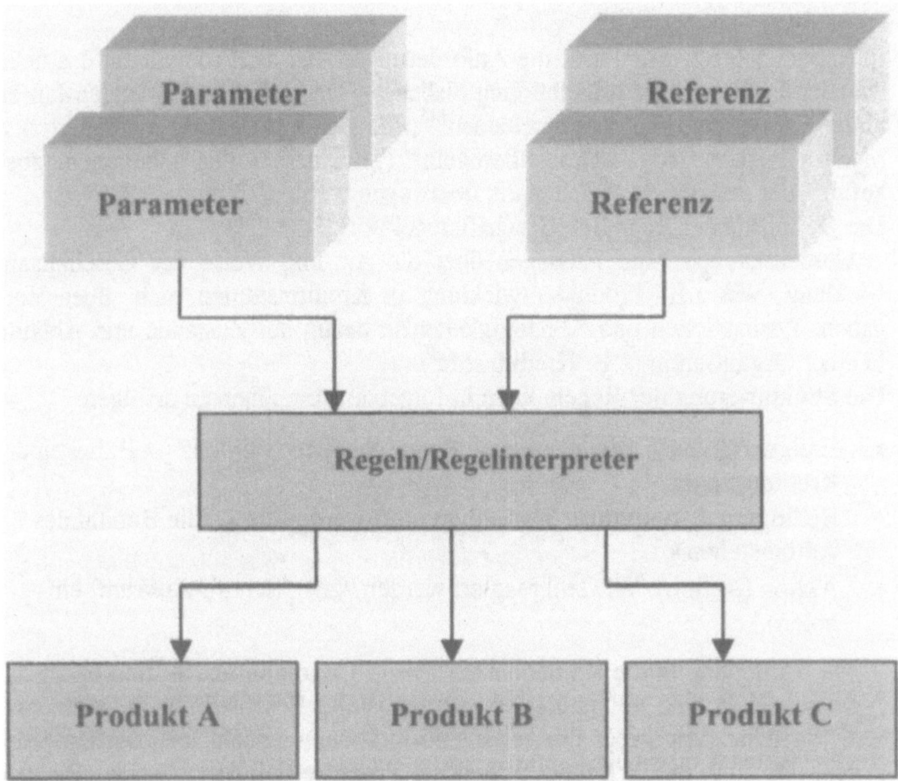

Abbildung 25: Zusammenspiel Regeln, Parameter, Parameterreferenz, Produkt

Bei der Validierung der Regeln treten folgende Probleme auf:

- Die Vollständigkeit des Regelwerks bezüglich der Problemstellung kann nicht genau beurteilt werden (Verletzung der Orthogonalitätsbedingung bei Nichtvollständigkeit).
- Die Konsistenz der definierten Regeln kann nicht garantiert werden.
- Die Beurteilungsfähigkeit hinsichtlich der Konsistenz des Regelwerks nimmt mit der steigenden Anzahl der Regeln ab (Komplexitätsproblem).

Durch statische Validierung werden die Regeln auf Vollständigkeit geprüft.

Eine Regel wird als fehlend identifiziert, wenn ein bestimmtes Konsultationsergebnis erreicht wird, ohne dass dafür eine Regel vorliegt.

Im Rahmen der Produktentwicklung bedeutet dies, dass ein bestimmtes Produkt bzw. Merkmale, Ausprägungen gefunden werden, aber die ergebnisbildende Regel nicht vorhanden ist.

5.6.6 Ansätze zur Strukturierung von Regeln

In Kapitel 5.6.5 wurden u. a. die Anforderungen und die Problematik des nicht trivialen Prozesses der Regelbildung diskutiert. Dazu sind in den letzten Jahren einige interessante Beiträge erschienen[115], die sich zwar häufig mit Integritätsregeln (IR) bzw. sog. „Geschäftsregeln" („Business Rules") befassen, aber auf die hier angeführte Problematik übertragen werden können.
Die Definition des Begriffs „Geschäftsregel" bestätigt dies:

Geschäftsregeln sind Aussagen über die Art und Weise der Geschäftsabwicklung, wie z.B. Produktentwicklung in Kreditinstituten, d.h. über Vorgaben, Restriktionen und Abhängigkeiten in bezug auf Zustände und Abläufe in einer Organisation (z.B. Kreditinstitut).

Die Strukturierung der Regeln kann in folgende Komponenten erfolgen:

- Ereignis (Event): Wann soll eine Regel überprüft werden? (z.B. bei einer Kreditanfrage),
- Bedingung (Condition): Was soll geprüft werden? (z.B. die Bonität des Antragstellers),
- Aktion (Action): Wie soll reagiert werden? (z.B. Schufa-Auskunft einholen).

Die Aufteilung in die Komponenten Event, Condition und Action bildet das Akronym ECA und unterstützt eine formalisierte Beschreibung in einer sog. ECA-Struktur. Mit dieser Darstellungsform können sowohl Integritätsanforderungen als auch durch Regeln ausgelöste Prozesse definiert werden. Da jede Aktion für eine andere Regel als Ereignis dienen kann, bilden sich in diesem Fall durch die Verkettung der Regeln unternehmensinterne Abläufe (Geschäftsprozesse). Die Komponenten Ereignis und Aktion einer Regel sind obligatorisch, während die Komponente Bedingung, abhängig von der Problemstellung, fakultativ ist.

Anwendungssysteme beinhalten oft eine große Anzahl von Regeln, deren Administration ohne eine Strukturierung in Klassen sehr komplex oder sogar unmöglich ist. Im wesentlichen unterstützt eine Klassifizierung der Regeln die Überprüfung ihrer Symmetrie im Hinblick auf die reale Welt, sowie ihre Widerspruchsfreiheit gegenüber anderen Regeln.

---

[115]vgl. Herbst, Holger, Knolmayer, Gerhard: Ansätze zur Klassifikation von Geschäftsregeln, 1995, S. 149–159

Herbst et al.[116] schlagen ein Klassifikationssystem vor, das sich an den Komponenten der Regeln, also Ereignis, Bedingung und Aktion, orientiert.

Elementare (atomare) Ereignisse lassen sich nicht weiter aufteilen, während komplexe Ereignisse aufgrund der Anwendung von Operatoren der Booleschen Arithmetik, dies sind z.B. Und- bzw. Oder-Verknüpfungen, auf andere elementare bzw. komplexe Ereignisse entstehen.

Elementare Ereignisse können bezüglich ihres Inhalts weiter differenziert werden in:

- Datenbezogene Ereignisse, diese werden durch die Manipulation von Daten, z.B. in einem Anwendungssystem ausgelöst, wie z.B. Änderung von Parameterwerten für das Produktinformationssystem,
- Zeitpunktereignisse, diese werden durch die Angabe einer zeitlichen Komponente (z.B. Datum) definiert und bei Erreichen des Zeitpunkts aktiviert,
- Benutzerereignisse, diese werden vom Benutzer oder von Applikationen eines Anwendungssystems identifiziert und aktiviert.

Bedingungen können ebenso auf der obersten Ebene in elementare und komplexe Bedingungen aufgeteilt werden. Elementare Bedingungen sind Mengenkonditionen oder Prädikate, aufgrund ihrer Nichtunterteilbarkeit sind Und- bzw. Oder-Verknüpfungen nicht zulässig. Mengenbedingungen sind Resultate eines Prüfprozesses wie z.B. Abfrage auf Zugehörigkeit zu einer definierten Menge eines Objektes. Hier wird geprüft, ob ein oder mehrere referenzierte Datenelemente eines bestimmten Objekttyps vorhanden sind, wie beispielsweise die Selektion aller Dispositionskredite aus einem Datenbestand aller Kredite.

Prädikate enthalten Vergleiche von Objektvariablen mit anderen Objektvariablen oder Konstanten. Komplexe Bedingungen entstehen durch Und- bzw. Oder-Verknüpfungen mit anderen elementaren oder komplexen Bedingungen.

Aktionen werden auf der obersten Ebene ebenfalls in elementare oder komplexe Aktionen unterschieden. Eine elementare Aktion besteht aus einer Operation, während komplexe Aktionen mehrere Operationen beinhalten. Da Aktionen auch als Ereignisse einer Folgeregel gelten können, müssen die Zuordnungskomponenten konsistent sein.

Von besonderer Bedeutung für die Klassifikation und für die Praxis sind die Quellen der Regeln (Lokalisierung des Wissens in einem Unternehmen). Generell beruhen die in einer Organisation existierenden Regeln auf ethischen und kulturellen Normen, auf rechtlichen, geschäftspolitischen bzw. betriebswirtschaftlichen Vorgaben. In der Realität sind lediglich Fragmente der Regeln explizit dokumentiert, wie z.B. in der Dokumentation eines Anwendungssystems, die anderen bilden das thesaurierte Wissen oder auch Know-how der

---

[116] vgl. Herbst, Holger, Knolmayer, Gerhard: Ansätze zur Klassifikation von Geschäftsregeln, 1995, S. 149–159

an einer Organisation Beteiligten. Für die Definition der Anforderungen müssen die im betroffenen Bereich gültigen Regeln gefunden und beschrieben werden. Für die Exploration dieser Regeln sind i.d.R. mehrere Quellen zu berücksichtigen, wie z.B. Gesetze, Organigramme, Kennzahlensysteme, Arbeitsanweisungen usw. Das Merkmal Quelle soll die an einer Systemanalyse Beteiligten bei der lückenlosen Erfassung der Regeln unterstützen[117].
Weitere mögliche Merkmale (ohne Anspruch auf Vollständigkeit) sind:

Bezug zu einem Anwendungssystem, Bezug zu Verwendungsbereichen (zentral, dezentral) usw. Das Ziel, ein Klassifikationssystem zu erhalten, in dem alle Merkmale orthogonal zueinander stehen, wird mit zunehmender Anzahl der Merkmale schwieriger, da die Zuordnung zu bestimmten Merkmalen oft nicht eindeutig bzw. unabhängig von der Zuordnung zu anderen Merkmalen ist.

Die in der Analysephase der Systementwicklung von Anwendungssystemen durch eine Organisation gestellten Anforderungen müssen definiert und strukturiert werden. Diese Anforderungen beinhalten Eigenschaften zulässiger Zustände und Abläufe, die neuerdings als „Geschäftsregeln" bezeichnet werden. Bei der „traditionellen" Systementwicklung besteht das Risiko, dass diese Regeln (Vorschriften) in verschiedenen Modellen uneinheitlich beschrieben und in mehreren Applikationen redundant oder sogar konfligierend abgebildet werden. Aus diesem Grund sollten diese Regeln im Entwicklungsprozess explizit berücksichtigt werden. Die Forschung auf diesem Gebiet steht erst am Anfang, so dass noch viele Fragen offenstehen.

- Wie sieht ein generisches Konzept (z.B. Metamodell) für die Abstraktion von Regeln aus?
- Wie gestaltet sich eine präzise und allgemeinverständliche Syntax von Regeln?
- Wie sieht eine grafische Darstellungsform der verbal definierten Regeln aus?
- Wie gestaltet man adäquate Implementierungsmechanismen?
- Wie transformiert man konzeptuelle Regeln in Programmcode?
- Wie sehen Tools zur Unterstützung der Umsetzung aus?

Die wissenschaftliche Forschung ist aufgefordert, diese Lücken zu schließen. Erste Ansätze auf Teilgebieten sind zu erkennen[118].

[117]vgl. Herbst, Holger, Knolmayer, Gerhard: Ansätze zur Klassifikation von Geschäftsregeln, 1995, S. 149–159

[118]vgl. Herbst, Holger, Knolmayer, Gerhard: Ansätze zur Klassifikation von Geschäftsregeln, 1995, S. 149–159

5.7 Die Prozessschritte der Produktentwicklung

Die Entwicklung neuer Bankprodukte orientiert sich zunehmend nicht mehr an den traditionellen Spartengrenzen. Einer der Gründe liegt in der zunehmenden Kundenorientierung der Finanzdienstleister. Ziel dieser wettbewerbspolitischen Neuorientierung ist es, für ein finanzwirtschaftliches Kundenproblem durch ein „umfassendes und integriertes Produkt- und Beratungsangebot" eine „ganzheitliche Problemlösung" bereitzustellen[119]. Diese besteht u. U. aus vielen Produkten, die eine intelligente, kundenindividuelle Produktkombination darstellt. Die sich daraus ergebenden zusätzlichen Möglichkeiten und die zunehmende Komplexität des Produktentwicklungsprozesses erfordern eine weitergehende, informationstechnologische Unterstützung der Produktmanager und der Kundenberater. Die Definition von innovativen und traditionellen Bankprodukten in einer homogenen Informationsumgebung verspricht kürzere Produktentwicklungszeiten für die Softwareunterstützung neuer Produkte und damit Stärkung des Wettbewerbsfaktors „Zeit".

Basis für die Produktentwicklung ist das in Abbildung 21 vorgestellte Datenmodell.

Die auf Produkt- und Konditionsebene modellierten Parameter definieren einen Rahmen. Der Produktmanager definiert die Rahmenbedingungen, die Standardoptionen und die jeweils zugelassenen, beraterabhängigen Abweichungsmöglichkeiten. Im Prinzip stehen für diese Definitionsschritte alle Parametergruppen zur Verfügung. Sind neue Anforderungen zu erfüllen, müssen zunächst neue Parametergruppen, u. U. neue Parameter definiert werden.

Parameter, die keine Abweichungsmöglichkeiten zulassen, bestimmen ein Produkt eindeutig. Sind innerhalb der definierten Grenzen Variationen möglich, ergeben sich Produktvarianten.

Ein interaktiver, regelgesteuerter Prozess unterstützt den Produktmanager bei der Definition der Parameterrahmen. Es ist sinnvoll, analog zur Strukturierung der Parameter, die Regeln ähnlich zu strukturieren.

Der Kundenberater definiert im Beratungsgespräch mit dem Kunden, unterstützt durch das Instrumentarium der Marktzinsmethode, die kundenindividuellen Konditionen.

Als unterstützende Komponente dient dazu die schon eingehend erläuterte „Parameterreferenzstruktur".

---

[119] vgl. Roemer, Mark: IV-Unterstützung zur Erstellung wettbewerbsorientierter Allfinanzangebote – Konzepte und prototypische Realisierungen, 1994, S. 15–24

5.8 Fazit

Im vorliegenden Kapitel wurde die Konzeption eines Systems vorgestellt, das eine einheitliche Entwicklung und Präsentation von aktuellen und innovativen Finanzdienstleistungen ermöglicht. Die wesentlichen konstitutiven Elemente dieses Systems sind die spartenübergreifende Betrachtungsweise, die Steuerung durch ein Regelwerk und seine Identifikation über Parameterstrukturen.

Der Produktentwicklungsprozess wird nicht mehr spartenorientiert in den einzelnen Geschäftsarten durchgeführt, sondern zentral und unternehmensweit. Der Kernprozess Produktentwicklung, der im Kreditsektor explizit in Form eines IT-Systems zur Zeit noch gar nicht existiert, wird in die Gesamtkonzeption der anderen Anwendungen des Unternehmens integriert und so mit den Kernprozessen verknüpft.

Die Steuerung dieses Prozesses wird mittels eines Regelwerks durchgeführt. Dies wird durch die „einfache Konstruktion" der Bankprodukte und eine spezielle Interpretation des Innovationsbegriffes erleichtert. Innovationen als totale Marktneuheiten sind im Bankensektor selten, neue Produkte entstehen i.d.R. durch neuartige Kombination bereits existierender Produktmerkmale sowie Produkte. Die einheitliche spartenübergreifende Sicht auf das Produkt unterstützt die Möglichkeit, viele Produktmerkmale durch Parameter darzustellen.

Das System unterstützt den Produktmanager, der im Dialog die produktabhängigen Rahmenbedingungen definiert. Als beratungsunterstützendes System stellt es dem Kundenberater Informationen zur Verfügung, die ihm bei Vertragsverhandlungen mit den Kunden als Entscheidungs- und Argumentationshilfe dienen. Dies wird sowohl durch die hohe Aktualität der Informationen als auch durch ihre Vollständigkeit gewährleistet, da sie einen Überblick verschaffen über das anstehende Einzelgeschäft, die Geschäftsbeziehungen des Kunden insgesamt und seine für die Erfolgsrechnung relevanten Ergebnisse.

Das Cash-Management und die langfristige Liquiditätsplanung wird mit Informationen versorgt. Die Flexibilität des Systems wird durch die Parametersteuerung erhöht. Durch intelligente Reduktion der Parameter auf ein Minimum im Sinne von Lean Production wird, ohne das Produktangebot zu verringern, die Wiederverwendbarkeit von Funktionen und Programmen möglich. Die vertikale Integration beratungsunterstützender Systeme wird sowohl durch die Anwendungsteilsystem-Konzeption als auch systemintern unterstützt. So können Synergiepotentiale in Form von strategischen Nutzeffekten, wie Serviceverbesserungen etc., konkretisiert werden. Die Wettbewerbsfähigkeit wird durch die Integration und Optimierung des Produktentwicklungsprozesses entscheidend erhöht.

6 Realisierung von spartenübergreifenden operationalen Anwendungen

6.1 Einleitung

Bei der Realisierung neuer Anwendungssysteme treten häufig neben anderen Problemen Integrationsprobleme auf. Die Implementierung neuer Anwendungen geschieht i.d.R. nicht auf der sog. „grünen Wiese", sondern die neuen Systemkomponenten müssen in eine bestehende Architektur eingefügt werden. Die organisatorische und fachliche Integration neuer Systemkomponenten wird durch die im II. Teil vorgestellte Anwendungsteilsystem-Konzeption unterstützt.

Die systemtechnische Integration sollte sich an einer definierten Systemkonzeption orientieren. Ein solches modellhaftes Konzept und seine Spezifika werden hier vorgestellt. Des weiteren werden einige weitere betriebswirtschaftliche Implikationen des Produktmanagementsystems analysiert.

6.2 Die Architektur des Gesamtsystems

6.2.1 Systemkonzeption

Die Systemkonzeption definiert den technischen Rahmen, in dem die Entwicklung von Anwendungssystemen stattzufinden hat.

Die Systemkonzeption beinhaltet die komplette Systeminfrastruktur einschließlich der zentralen (Host-)Systeme als auch dezentralen Systeme und betrachtet diese als geschlossene Einheit.

Sie umfasst somit alle Programme, Verfahren und Konzeptionen, die den Rahmen für zu entwickelnde Anwendungen festlegen.

Eine in der Praxis oft praktizierte Trennung der Anwendungssysteme in zentrale (Host-)Anwendungen und dezentrale (Terminal-, PC-)Anwendungen sollte zugunsten einer einheitlichen Betrachtungsweise für die Anwendungsentwicklung aufgegeben werden.

Schwerpunkte der Weiterentwicklung der Systemkonzeption sind Definitionen zur kooperativen Abwicklung zwischen dezentralen/zentralen Systemen, wie Cooperative Processing, Definitionen hinsichtlich der Außenkommunikation wie offen/geschlossen und die Bereitstellung der erforderlichen Systemkomponenten.

Integraler Bestandteil der Systemkonzeption sind nicht nur die Komponenten des bestehenden Gesamtkonzepts, sondern auch die im Rahmen der evolutionären Weiterentwicklung neu entwickelten Verfahren. In der Fortschreibungskonzeption werden diese Verfahren im Dokumentationsteil der Informatikstrategie dokumentiert und fortgeschrieben.
Ziel ist es, die Gesamtkonzeption optimal zu unterstützen.

Durch die informationstechnische Anwendungsarchitektur wird ein Gesamtmodell bestehend aus:

- den Systemkomponenten,
- den Funktionalitäten zwischen den Systemkomponenten und den fachlichen Anwendungen
- und den Anwendungen

beschrieben. Dieses Gesamtmodell wird in allgemeingültigen Schichtenmodellen abgebildet. Dabei werden die wesentlichen Funktionen der Anwendung jeweils einer Schicht dieses Modells zugeordnet. Zwischen den Schichten sind Schnittstellen für die jeweils erforderlichen Funktionen und die zu übergebenden Daten definiert und realisiert. Es ist vorteilhaft, wegen der informationstechnischen Unterschiede, Schichtenmodelle getrennt für Online- sowie Batchszenarien zu definieren. Dies zeigen die Abbildung 26 und die Abbildung 27.

Bei der Beschreibung der EDV-technischen Anwendungsarchitektur werden die folgenden Begriffe verwendet und wie folgt definiert:

- Schicht: Logische Ebene für die Implementierung der dazugehörenden Funktionen.
- Szenario: Beschreibung eines konkreten Anwendungssystems.
- Implementierung: Technische Realisierung der einzelnen Szenarien auf den Schichten der EDV-technischen Anwendungsarchitektur.

Neue Anwendungen und Anwendungssysteme dürfen nur konform zu den Definitionen in der informationstechnischen Anwendungsarchitektur realisiert bzw. implementiert werden.

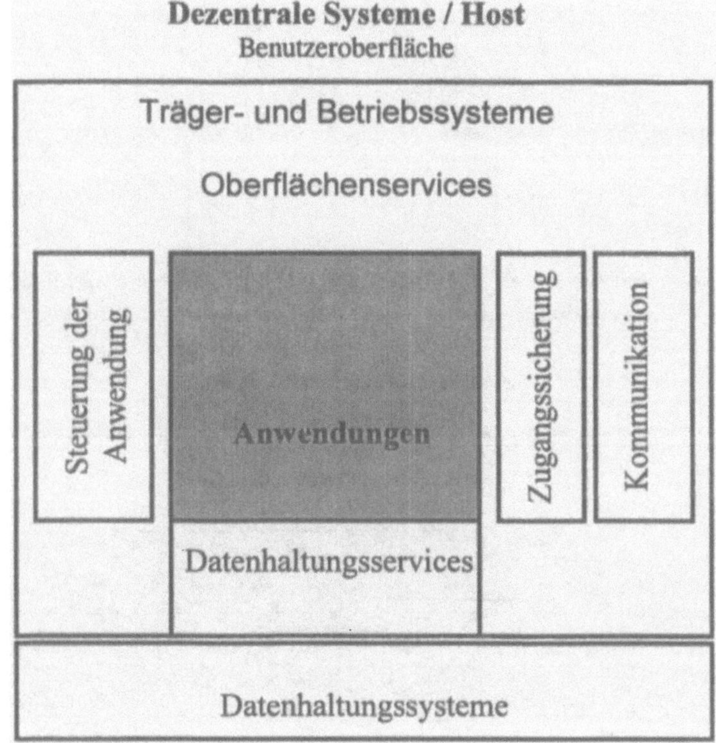

Abbildung 26: Schematische Darstellung für Onlineszenarien

Bei Diskrepanzen z.B. aufgrund neuer informationstechnischer Komponenten ist zuerst die EDV-technische Anwendungsarchitektur den neuen Erfordernissen anzupassen. Diese Vorgehensweise verhindert im Rahmen einer „gelenkten Autonomie“ eine ungesteuerte Evolution und fußt auf dem „Prinzip der Verbindlichkeit“. Unterstützt wird diese Vorgehensweise durch einen Qualitätsschritt im Vorgehensmodell.

Durch die Kapselung von Daten und Funktionen verhält sich ein Szenario konform zu der Anwendungsteilsystem-Philosophie wie ein Objekt.

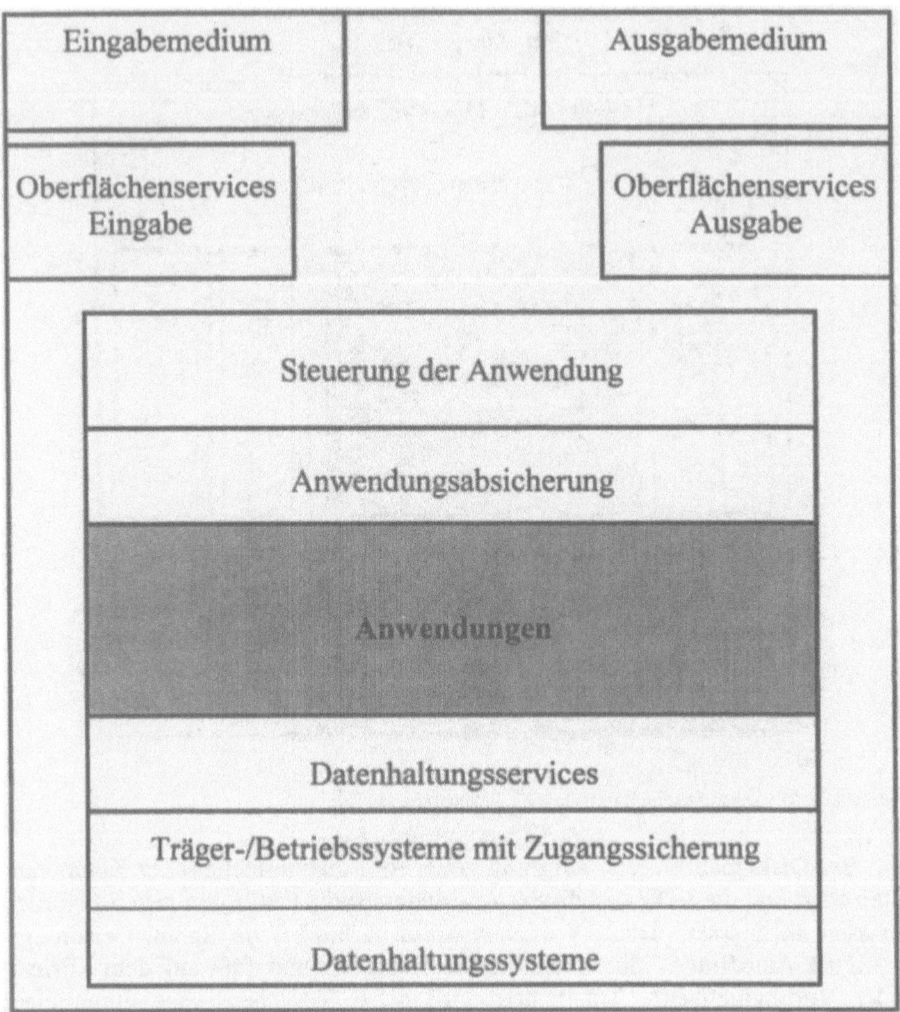

Abbildung 27: Schematische Darstellung für Batchszenarien

6.2.2 Die Anwendungsarchitektur des Produktmanagementsystems

Die Architektur des Produktmanagementsystems orientiert sich am klassischen Aufbau „deduktiver" Datenbanksysteme. Als deduktiv wird ein System bezeichnet, wenn es Fragen, deren Antworten nicht direkt gespeichert sind, sondern aus den gespeicherten Informationen gefolgert werden müssen, interpretieren und gezielt bearbeiten kann.[120] Diese Kompetenz ist in strenger Auslegung der Definition nur den Expertensystemen zuzuschreiben. Fasst man den Begriff weiter, indem man ein regelbasiertes System als deduktiv interpretiert, trifft das auf das hier vorgestellte System zu. Deduktive Datenbankmanagementsysteme sind im Zusammenhang mit einer neuen Generation von Datenbankmanagementsystemen zu sehen, den sog. „aktiven Datenbankmanagementsystemen (ADBMS)"[121]. Die Funktionalitäten von ADBMS gehen über die Datenhaltungsfunktion im weitesten Sinne hinaus, indem sie die Möglichkeit schaffen, abhängig von Ereignissen, definierte Aktionen (Trigger, Constraints usw.) auszulösen und durchzuführen.

In den Anwendungssystemen des Kreditgewerbes haben sich hierarchische Datenbanksysteme wie z.B. IMS und relationale Datenbanksysteme wie DB2 bewährt. Diese Datenbanksysteme zeichnen sich durch sehr gute Performance, hohe Sicherheit durch ein anwendungsunabhängiges Checkpoint-/ Restartverfahren und ein einfaches Handling aus. Besonders hierarchische DBM sind optimal für Transaktionssysteme, bei denen geringe Antwortzeiten höchste Priorität besitzen. Bei einer Neukonzeption sind natürlich alle DBMS hinsichtlich ihrer Implementierungsrelevanz anhand definierter Prüfkriterien zu evaluieren. Für die Beibehaltung hierarchischer DBMS bei einer Neukonzeption spricht zudem die Tatsache, dass sich die kontobezogenen Informationen, wie z.B. Kreditinformationen, einfach in hierarchischen Strukturen abbilden lassen. Hingegen bieten relationale DBMS durch die Möglichkeit der variablen Verknüpfung von Tabellen bewährte Datenmodellierungsmöglichkeiten.

Für die Verteilung der Daten in physisch getrennten Datenbanken sind verschiedene Kriterien relevant.

Während die Speicherung der juristischen Bestände - wie schon erwähnt aus Datensicherheits- und Datenschutzgründen - zentral erfolgen sollte, sind für die Haltung der restlichen Daten wie z.B. Parameter usw. die Struktur und Größe des Kreditinstituts, die Kundenstruktur, die Änderungshäufigkeit, das Netzwerk usw. entscheidend.

Das Szenario des Anwendungssystems besteht aus einer Online-(Dialog)-Komponente und einer Batchkomponente.

Interaktive Arbeitsprozesse können nur mit einem Dialogsystem durchgeführt werden.

Der Benutzer ist über eine Datenstation, wie z.B. Terminal oder PC, online mit dem Rechner verbunden. Er gibt Teilaufträge an den Rechner, die sofort verarbeitet werden. Die Form des Gesamtauftrages ist nicht von vornherein festgelegt, sondern kann vom Benutzer interaktiv, d.h. in unmittelbarer Reaktion auf Ergebnisse der Teilaufträge, ständig verändert werden.

Die Steuerung des Dialogs übernimmt der Back-End[122]. Der Back-End verarbeitet die vom Front-End[123] übergebene Nachricht und bestimmt den nächs-

[120] vgl. Engesser, Hermann (Hrsg.): Duden, Informatik, 1993, S. 317

[121] vgl. Fischer, Joachim: Aktive Datenbankmanagementsysteme, 1996, S. 435–438

[122] vgl. Mehrmann, Elisabeth: Workstation und PC von A–Z, 1991, S. 11

ten Dialogschritt. Die Daten, die für die Dauer des Dialogs gespeichert werden sollen, werden über spezielle Techniken bzw. Service wie z.B. Cross-Memory-Service in speziellen Adressräumen hinterlegt. Die Ausgabedaten werden als Nachricht dem Front-End übergeben. Der Front-End schickt die nächsten Eingabenachrichten wieder an den Back-End. Dialoganwendungen sollten unabhängig vom zu unterstützenden PC- bzw. Terminaltyp entwickelt werden. Das gelingt nur, wenn die Anwendungskomponenten vollständig unabhängig von der Darstellung auf Endgeräten durch eine neutrale Schnittstelle zur Nachrichtenaufbereitung konzipiert werden. Mit web-transaktionsorientierten Datenendgeräten könnte beispielsweise eine Hardwareunabhängigkeit erreicht werden.

Dialog- und Aktionsfolgen können z.B. in einer interpretativen Sprache geschrieben werden.
Ein hohes Maß an Wiederverwendbarkeit wird erreicht durch:

- modularen Aufbau der Anwendungen,
- gleiche Systemumgebungen, sowohl online als auch batch,
- die Aufteilung des Gesamtdialogs in einzelne, voneinander unabhängige Tätigkeiten mit definierten Schnittstellen.

Das Produktmanagementsystem wird als Dialogsystem mit einer grafischen Oberfläche konzipiert, die mit den ergonomischen Anforderungen an moderne Systeme und den CUA-Richtlinien vereinbar ist. Die Erfahrung lehrt, dass fast jedes komplexe Anwendungssystem Laufzeitkomponenten beinhaltet, die aus anwendungsspezifischer wie auch informationstechnischer Sicht den Charakter eines Batchszenarios haben. Diese Anwendungsteilgebiete müssen nicht zeitnah in Echtzeitverarbeitung durchgeführt werden, sondern können, obwohl zeitkritisch, in Stapelverarbeitung erledigt werden.

Diese Teilkomponenten zeichnen sich i.d.R. durch hohe Systemlaufzeiten (mehrere Stunden) aus. Ihre Ausführung wird, um die Performance des Gesamtsystems nicht zu beeinträchtigen, häufig in Zeiten verlegt, in denen der Rechner weniger frequentiert ist, z.B. nachts. Als Beispiel sind hier allgemein Reorganisations- und Datensicherungsprozeduren sowie speziell Kontoabrechnungssysteme zu nennen.

---

[123]vgl. Mehrmann, Elisabeth: Workstation und PC von A–Z, 1991, S. 76

6.3 Betriebswirtschaftliche Implikationen

6.3.1 Computerunterstützte Sachbearbeitung

Mit Hilfe der computerunterstützten Sachbearbeitung (CSB) versuchen die Kreditinstitute folgende Vorteile zu erzielen:[124]

- Der Mitarbeiter hat infolge der PC- oder Terminalunterstützung mehr Zeit für intensiven Kundenkontakt. Die Qualität seiner Entscheidungen steigt, aufgrund der breiten Informationsbasis.
- Einsparungen sind möglich.
- Die Qualität der individuellen Kundenberatung steigt, dadurch Erhöhung des Kundennutzens.

Die z. Z. dialog- aber spartenorientierte Sachbearbeitung muss durch eine dialogorientierte Vorgangsbearbeitung[125] ersetzt werden.

Im Vordergrund steht dabei die zeitkritische Bereitstellung von aktuellen unternehmensinternen und externen Daten und Informationen, die sowohl für die Mitarbeiter als auch für die Kunden die Möglichkeit individueller Gestaltung der Handlungs- und Entscheidungsunterstützung beinhaltet.

Die Verlagerung von administrativen Tätigkeiten zu steuerungsorientierten Aufgaben der Banken verändert die Auf- und Ablauforganisation, besonders die Arbeitsabläufe.

Änderungen im Bereich der Informations- und Kommunikationstechniken fordern „intelligente" Anwendungen.

Der Schwerpunkt der Betrachtungen liegt auf dem Gebiet Kundenberatung. Der Beraterplatz muss in die organisatorischen Abläufe integriert werden. Der universelle Kundenberaterplatz muss so ausgestaltet sein, dass die gesamte Kundenbeziehung überblickt werden kann. Zusammen mit einem Überblick über das gesamte Produktangebot werden die Akquisitionsmöglichkeiten erhöht.

Ziel muss es sein, eine unterbrechungsfreie und abschließende Bearbeitung des gesamten Vorgangs unter der Bedingung der Optimierung der Bearbeitungszeit zu erreichen. Im Bankensektor hat sich für Prozesse, die diese Kriterien erfüllen, der neue Terminus „fallabschließende" Verfahren oder Prozesse etabliert.

---

[124] vgl. Cordewener, Karl-Friederich: Kundenbediente Datenstation als marktpolitische Instrumente des Bankbetriebs, 1982, S.189

[125] vgl. Weiß, Dietmar, Krcmar, Helmut: Workflow-Management: Herkunft und Klassifikation, 1996, S. 503–513

Der Kunde wünscht, dass über seinen Kreditantrag sofort und definitiv entschieden wird.

Das erfordert, dass alle erforderlichen beratungsspezifischen und administrativen Aktivitäten für diesen Vorgang „vor Ort" und sofort gemanagt werden. Dazu erforderlich sind z.B. ein effizientes Workflow-Management für die Administration der Belege und Vordrucke, ein integriertes Auskunftssystem für die Bonitätsprüfung, ein Online-Meldesystem z.B. für die Schufa-Meldung usw. Dazu müssen viele Aktivitäten vom Back-Office zum Front-Office verlagert werden. Die Realisierung solcher Verfahren und Prozesse wirkt sich auf alle Bereiche eines Unternehmens aus.

6.3.2 Der interaktive Prozess der Produkt- und Konditionsgestaltung

Der Kundenberater legt in einem interaktiven Prozess die kundenindividuellen Konditionen fest. Unterstützt wird er dabei durch das Instrumentarium der Marktzinsmethode.

„Die Marktzinsmethode basiert auf der Grundüberlegung, dass jedes einzelne Geschäft das Ergebnis der Bank in einer bestimmten Weise beeinflusst und daher als eigener Erfolgsfaktor isoliert werden kann."[126]

Die Kalkulation nach der Marktzinsmethode bedingt eine Abkehr von der stichtagsbezogenen Betrachtung der Konten. Der Zahlungsstrom und die Marge als wesentliche, steuerungsrelevante Größen rücken in den Mittelpunkt der Betrachtung des Einzelgeschäftes. Das Prinzip dieses Kalkulationsverfahrens ist die Bewertung des Einzelgeschäfts mit zahlungs- und strukturkongruenten Opportunitätsgeschäften.

Essentielle Bedingung für diese Kalkulationsmethode ist die spartenübergreifende Darstellung aller Geschäfte und Ergebnisse. Die z.Z. eingesetzten Systeme wie Spar, Darlehen, Giro als sogenannte „Insellösungen" liefern keine Zahlungsströme, welche die Ansprüche im Hinblick auf Genauigkeit und Vollständigkeit sowie die Abgrenzung der Einzelgeschäfte erfüllen. Es wird das Ziel verfolgt, die Aufspaltung der Gesamtergebnisse in aktivische und passivische Konditionsbeiträge[127] sowie den Strukturbeitrag, der sich aus der Fristentransformation ergibt, „richtig" darzustellen.

Die folgende Abbildung zeigt die Abwicklung eines Einzelgeschäfts im Gesamtzusammenhang.

---

[126] vgl. Schierenbeck, Henner: Ertragsorientiertes Bankmanagement, 1994, S. 69

[127] vgl. Schierenbeck, Henner: Ertragsorientiertes Bankmanagement, 1994, S. 70

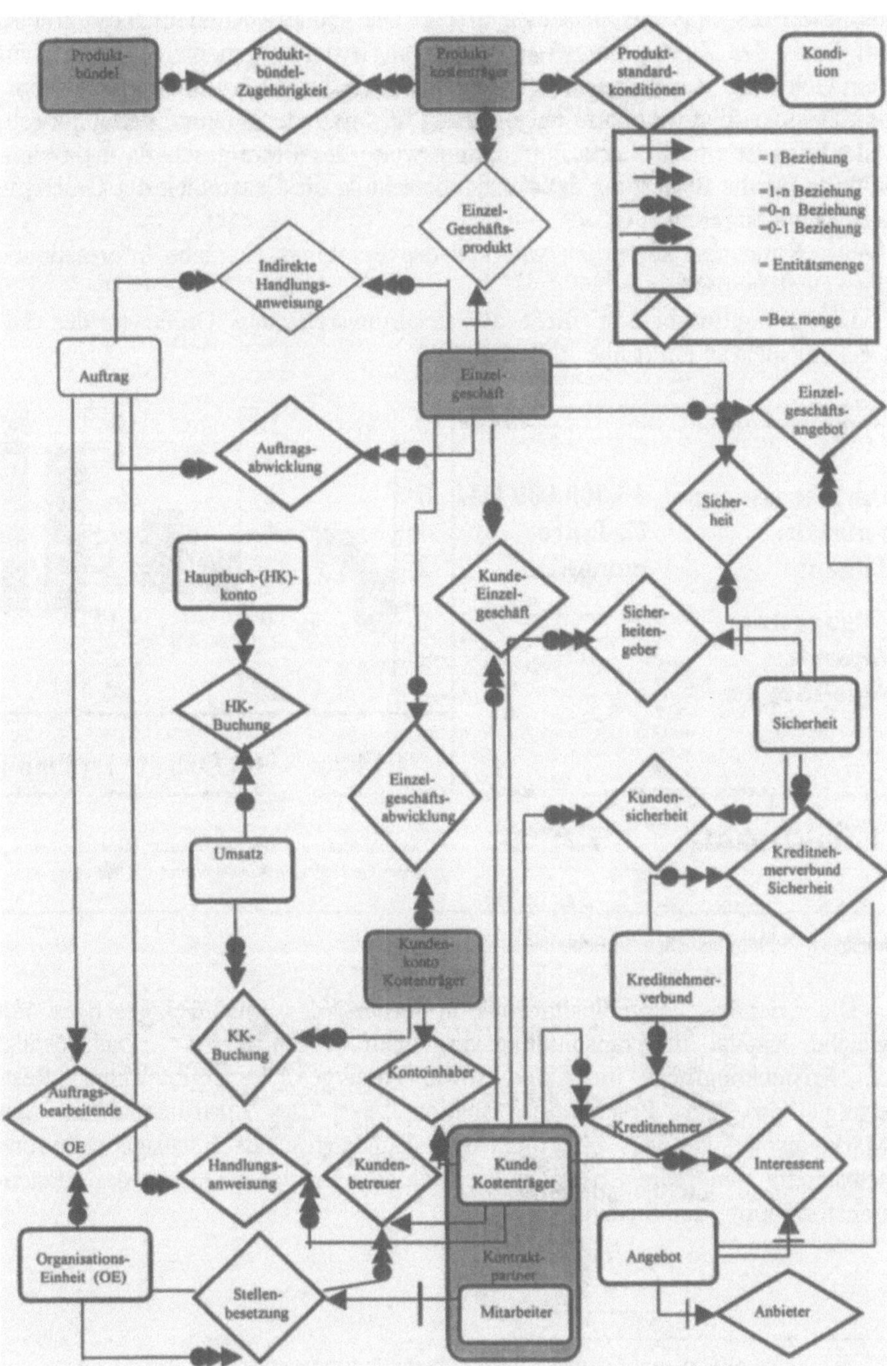

Abbildung 28: Einzelgeschäft und Produkt

Für den Kundenberater gelten die Zinssätze des Geld- und Kapitalmarktes als Bewertungsmaßstab für seinen Erfolg. Die geplante Kundenkondition wird auf Basis der Zinsbindungsfrist mit einem fristenkongruenten Geschäft auf dem Geld- und Kapitalmarkt verglichen. Die Differenz ergibt den Konditionsbeitrag, der den ökonomischen Erfolg des Kundenberaters widerspiegelt. Allerdings ist eine isolierte Betrachtungsweise des Einzelgeschäfts nicht sinnvoll, da für die Bewertung der Kundenbeziehung die Gesamtheit der Geschäfte eines Kunden relevant ist.

Der Kundenberater erhält während des Beratungsgesprächs Informationen über Deckungsbeiträge.

Der Konditionsbeitrag fließt als steuerungsrelevante Größe in den Ist-Deckungsbeitrag ein (siehe Abbildung 29).

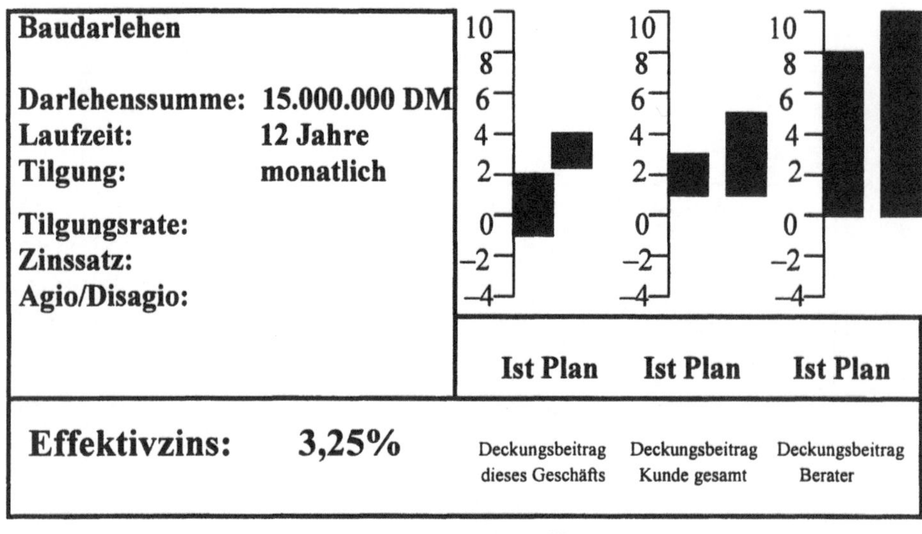

Abbildung 29: Informationen zur Rentabilität eines Geschäfts[128]

Die „richtige" Ergebnisinformation fordert, dass nur Geldgeschäfte mit gleicher Kapital- und Zinsbindung verglichen werden dürfen[129]. Das Postulat der Fristenkongruenz im Aktiv- sowie Passivgeschäft ergibt einen „Resterfolg" aus der Fristentransformation. Erst das Instrumentarium der Marktzinsmethode legt eine über das Kundengeschäft hinausgehende und selbständig steuerbare Erfolgsquelle offen; die Erfolgsquelle aus der Fristentransformation, den Strukturbeitrag.[130]

[128]vgl. Lange, Anja, Seitz, Juergen, Stickel, Eberhard: Ein regelbasierter Ansatz zur Unterstützung der Produktentwicklung in Kreditinstituten, 1994, S. 54

[129]vgl. Schierenbeck, Henner: Ertragsorientiertes Bankmanagement, 1994, S.70

[130]vgl. Schierenbeck, Henner: Ertragsorientiertes Bankmanagement, 1994, S.70

Die Entscheidungsgrundlage des Kundenberaters ist allein der Konditionsbeitrag. In den Plandeckungsbeitrag können u. a. Elemente des Strukturbeitrags einfließen.

Die Geld- und Liquiditätsdisposition (Cash Management) beschäftigt sich u. a. mit dem Management der Ergebnisse aus der Fristentransformation. Eine exakte Liquiditätsplanung ist nur dann möglich, wenn Transparenz über die Konditionen und Fristen der abgeschlossenen Geschäfte besteht. Abbildung 30 zeigt das Konzept in grafischer Form.

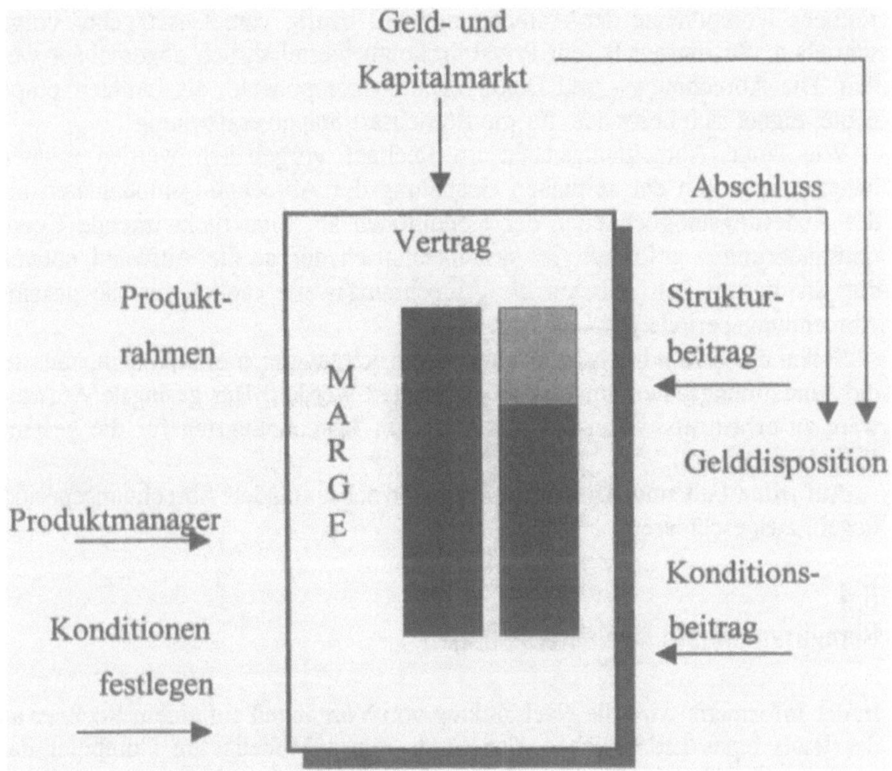

Abbildung 30: Festlegung der Konditionen (Zinsen, Gebühren etc.)[131]

Für dieses Verfahren ist es notwendig, dass die Referenzzinssätze des Geld- und Kapitalmarktes als externe Daten ständig zur Verfügung stehen.

Jedes Geschäft, insbesondere die im Aktivbereich, beinhalten weitere Risiken, genannt seien die Bonität des Kunden, die zur Verfügung gestellten Sicherheiten usw. Diese Risiken müssen bewertet werden und in den iterativen Prozess der Konditionsgestaltung einfließen.

---

[131] vgl. Lange, Anja, Seitz, Juergen, Stickel, Eberhard: Ein regelbasierter Ansatz zur Unterstützung der Produktentwicklung in Kreditinstituten, 1994, S. 54

6.3.3 Administrative Systemkomponenten

Außer der Unterstützung der Produktentwicklung muss das System auch die kontobezogenen administrativen Aufgaben durchführen.

Neben der obligatorischen allgemeinen Kontoführung sind im besonderen abrechnungstechnische Aktivitäten zu erledigen. Unter Abrechnung wird die kontobezogene Zins- und Gebührenrechnung sowie die umsatztechnische Buchung und Dokumentation der Geschäftsvorfälle verstanden. Die Form und zeitliche Komponente der Abrechnung wird häufig vom Gesetzgeber vorgeschrieben. So muss z.B. ein Privatgirokonto vierteljährlich abgerechnet werden. Die Abrechnungs- und Dokumentationskomponente, als Laufzeitkomponente, eignet sich besonders für die Betriebsart Stapelverarbeitung.

Wie lange Abrechnungsdaten im Rechner vorgehalten werden müssen, hängt primär von der zeitlichen Gestaltung der Abrechnungsmodalitäten und der Änderungsmöglichkeiten der Konditionen ab. Sind rückwirkende Konditionsänderungen gefordert, ist systemtechnisch der größte Aufwand notwendig. In diesem Fall müssten die Abrechnungswerte täglich für die gesamte Abrechnungsperiode gespeichert werden.

Sollen diese Konditionsänderungen lediglich taggleich erlaubt sein, müssten die Abrechnungsdaten nur einmal gespeichert werden. Der geringste Aufwand wäre zu erbringen, wenn die Kondition am Abrechnungstag für die gesamte Periode gelten soll.

Auf jeden Fall sind Änderungen, die vor der laufenden Abrechnungsperiode liegen, ausgeschlossen.

6.4 Simulationen und Modellrechnungen

In der Informatik wird die Nachbildung von Vorgängen auf einem Rechner auf der Basis eines gedanklichen Konstrukts, eines Modells, im Computer darstellbare Abbilder der Realität, als Simulation[132] bezeichnet.

Grundsätzlich unterscheidet man zwischen deterministischen und stochastischen Modellen.

Die Modellvariablen der deterministischen Modelle sind exakt definiert oder aufgrund mathematischer Zusammenhänge berechenbar. Bei einem stochastischen Modell werden auch zufallsgesteuerte Variablen verwendet. Das Anwendungssystem unterstützt den Kundenberater durch Modellrechnungen anhand deterministischer Modelle. Ein einfaches Beispiel soll diesen Vorgang verdeutlichen.

---

[132]vgl. Engesser, Hermann (Hrsg.): Duden, Informatik, 1993, S. 648

Bei der Vergabe eines Darlehens an einen Kunden soll der Ertrag der Bank maximiert werden.

Dieses Problem kann in einfacher Form modellhaft als die Maximierung des Barwerts eines Darlehens formuliert werden.

Der Barwert wird z.B. als vorschüssige oder nachschüssige Rente interpretiert.

Von weiterer Bedeutung ist, welche Freiheitsgrade das Kreditinstitut dem Kunden hinsichtlich der Konditionierung des Darlehensvertrages gewähren will oder muss. Durch Abstraktion der Freiheitsgrade gewinnt man die Nebenbedingungen.

Die Aufgabe fokussiert sich auf ein Optimierungsproblem unter Nebenbedingungen.

Eine einfachere Form der Modellrechnung wäre eine Alternativrechnung, indem z.B. der Ertrag eines Darlehens unter dem Maximierungsaspekt mit alternativen Konditionen ermittelt wird (z.B. Zinssatz, Laufzeit usw.). Der Erfolg dieses Geschäftes ergibt sich aus dem Vergleich mit einem äquivalenten Geschäft auf dem Kapitalmarkt.

Der entscheidungsunterstützende Charakter des Systems wird anhand dieser Beispiele deutlich.

6.5 Sicherungsverfahren

Durch die Zunahme des Nachrichtenverkehrs über elektronische Medien und durch die nahezu globale Vernetzung der Institutionen hat das Problem der Datensicherheit und der Sicherungsverfahren eine neue Bedeutung erhalten. Dabei haben sich zwei dominante Problemkreise herauskristallisiert: die Zugangskontrolle zu Datennetzen und die Wahrung von Vertraulichkeit von Daten. Die Zugangskontrolle wird sehr oft über sog. „Firewall-Systeme" durchgeführt, während der Vertrauensschutz der Daten mit Methoden der Kryptographie realisiert werden kann.

Da die Anbindung von Bankenapplikationen an das Internet keine Utopie mehr ist, wurde im Bankensektor eine genormte Schnittstelle zum Internet (siehe Abbildung 31) entwickelt. Die Aspekte Zugangskontrolle, Sicherung des Bankgeheimnisses und Datenschutz wurden dabei hinreichend berücksichtigt, indem diese Komponenten in die Schnittstellen-Architektur aufgenommen wurden.

Um den Zugang zum Rechner zu erhalten, muss sich der Kunde direkt am Rechner ausweisen. Medium ist eine Chipkarte auf der der persönliche Schlüssel des Kunden codiert ist. Der Zugang zur Chipkarte ist durch ein Passwort gesichert. Wenn der Kunde sich ordnungsgemäß über sein Passwort identifiziert hat, kann er den Auftrag mit seinem geheimen Schlüssel codieren und an den Server des Kreditinstituts schicken. Dort wird der Auftrag mittels eines weiteren geheimen Schlüssels decodiert. Es handelt sich in diesem Fall also um ein asymmetrisches Verfahren der Kryptographie. Diese Verfahren gelten als die zur Zeit sichersten.

Home Banking Computing Interface (HBCI) als verbindlicher Standard wird vom Bankensektor ab Juli 1999 angeboten.

Zur Anbindung von Endgeräten an Server existieren verschiedene Möglichkeiten. In der Vergangenheit fand Datenaustausch nur über abgeschirmte Firmennetzwerke statt. Heute ist sowohl zur Kommunikation innerhalb eines Unternehmens als auch mit Kunden ein Verbindungsaufbau unter Nutzung des Internets möglich.

Einige Zahlen zeigen, in welchem Umfang die Nutzung des Internet zunimmt. In Deutschland existierten 1998 7,5 Mill. Internet-Anschlüsse mit ca. 10 Mill. Nutzern. Der Electronic-Commerce-Umsatz betrug 1998 lediglich 400 Mill. DM. Im Jahr 2001 wird ein Umsatz von ca. 28 Mrd. DM prognostiziert. Neun Prozent der deutschen Bankkunden verwalten ihre Konten online.

Immer mehr Handel wird mittels Webtransaktionen über sogenannte elektronische Märkte durchgeführt. Die stetige Zunahme der Nutzung des Internets und die damit verbundene Übertragung auch hochsensibler Daten hat zu verstärkten Diskussionen um die Sicherheit in diesem „Netz der Netze“ geführt. Das Problem Datensicherheit bekommt eine seiner Bedeutung angemessene Gewichtung. Datensicherheit im Internet ist ein Thema mit höchster Priorität. Eine „echte“ ökonomische Nutzung dieses Kommunikationsmediums wird nur dann nachhaltig gelingen, wenn das Sicherheitsproblem befriedigend gelöst wird.

Legende zu Abbildung 31:
HBCI: Home Banking Computing Interface
VCSIP: Videotext Communication System for Information Provider
EU: Elektronische Unterschrift
API: Application Programming Interface
EHKP: Einheitliches Höheres Kommunikationsprotokoll

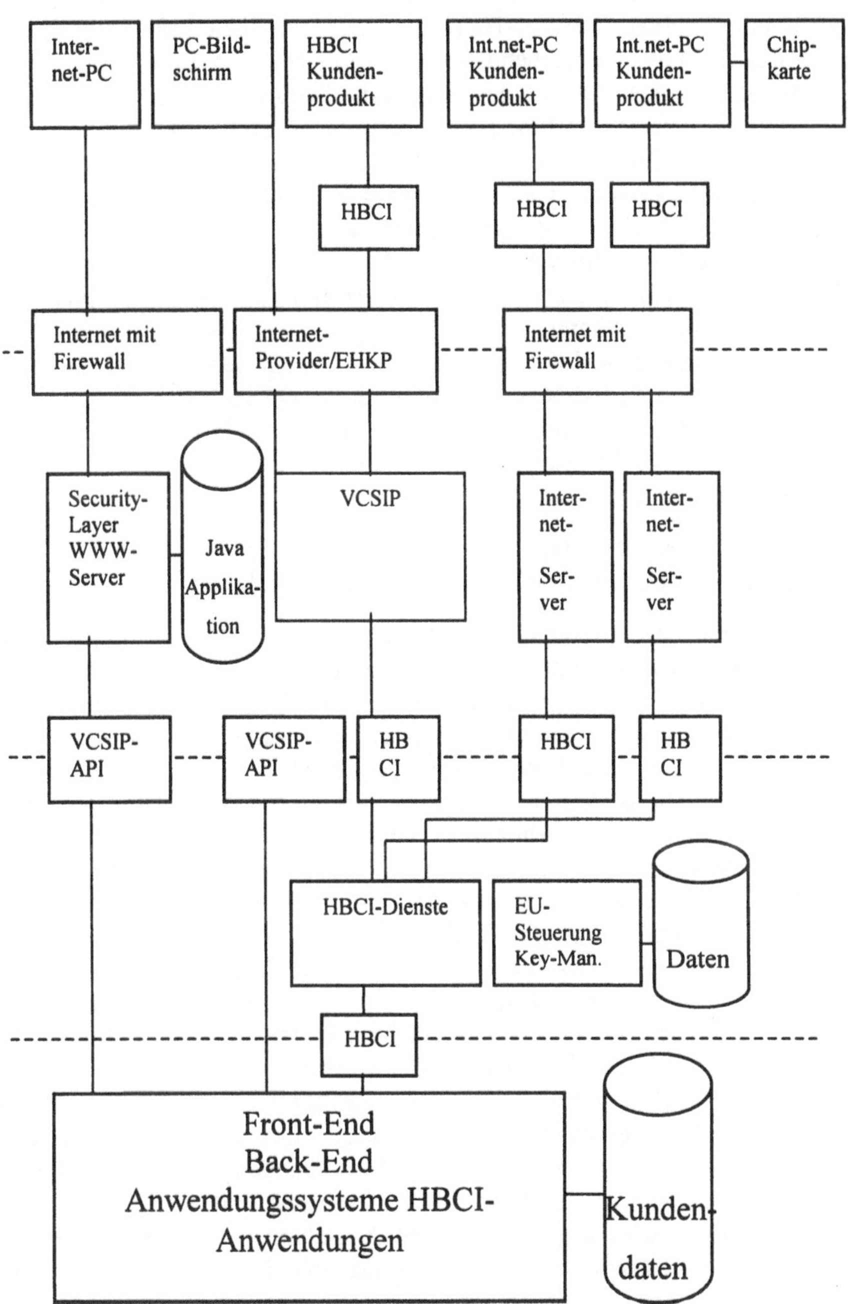

Abbildung 31: Home Banking Computing Interface (HBCI), Schnittstelle von Bankenapplikationen zum Internet

Die Verbindung lokaler Netze bei dezentralen Unternehmensstrukturen ist möglich und Realität. Intranet-Topologien zur verteilten Informationsverarbeitung innerhalb eines Unternehmens bedienen sich im Prinzip der bewährten Internet-Technologien, die auf den Standards Transmission Control Protocol (TCP), Internet Protocol (IP) und Anwendungsprotokoll basieren. Die Offenlegung des TCP/IP-Standards und der Anwendungsprotokolle sowie die individuelle Adressierbarkeit jedes Rechners im Internet versetzen prinzipiell jeden Nutzer in die Lage, beliebige Rechner zu frequentieren.

Lokale Netze (Local Area Networks, LANs) mit Anbindung an das Internet sind also generell angreifbar, weil i. d. R. jeder einzelne Rechner im Netzwerk Ziel eines Angriffs sein kann.

Ein aus dem Bereich der Mainframes seit langem bewährtes Konzept zur Verminderung dieses Risikos ist die Implementierung von sog. Firewalls. Die Implementierung der entsprechenden Regeln eines Firewall-Systems wird durch die sog. Firewall-Paradigmen determiniert.
Zwei generelle Varianten sind möglich:[133]

Paradigma 1: Es ist verboten, was nicht ausdrücklich erlaubt ist.
Paradigma 2: Es ist erlaubt, was nicht ausdrücklich verboten ist.

Im ersten Fall erfolgt zuerst eine Entscheidung über die unbedingt notwendigen Dienste, diese werden dann einzeln zugelassen. Alle anderen Dienste werden blockiert. Fehlentscheidungen können dabei zu Betriebsstörungen des legalen Netzwerkverkehrs führen. Im zweiten Fall werden bei der Konzeption des Firewall-Systems die Dienste, die als „gefährlich" eingestuft werden, gekennzeichnet. Diese Dienste werden im Netzwerkverkehr dann überwacht oder gesperrt. Hier können Fehlentscheidungen zum unerlaubten Eindringen in das Netz führen. Eine allgemeingültige Entscheidungsregel, welches Paradigma präferiert werden sollte, gibt es nicht. Die Entscheidung hängt von vielen Komponenten ab wie z.B. Risiko, Dichte des Verkehrs usw. Allerdings ist der Administrationsaufwand bei Einsatz der Regel 2 generell höher.

Eine Alarmfunktion besteht darin, den Status der unerlaubten Zugriffe zu erfassen und je nach Schwere des unerlaubten Zugriffs abgestufte Reaktionen auszulösen, bis zur Sperrung jeglichen Datenverkehrs.

Ein Firewall übt also eine Filter- und Alarmfunktion an der Schnittstelle eines privaten Netzwerkes zum Internet aus.[134] Der Netzverkehr zwischen privatem Netzwerk und Internet wird ohne Einschränkungen über den Firewall geführt. Die besonders gefährdete Zone im Netzwerk, oft auch als „zones of risks" bezeichnet, wird auf einen kleinen Ausschnitt beschränkt. Dieser Bereich kann sich, abhängig von der Netzwerktopologie und -größe, auf einen oder mehrere Rechner erstrecken.

---

[133]vgl. Haas, Rolf, Ziegelbauer, Holger: Sicherheit bei Intranet-Internet Kommunikationsbindungen, 1997, S. 51–65

[134]vgl. Mütze, Manfred: Firewalls, 1996, S. 625–628

Durch Überwachung und Protokollierung des Verkehrs zwischen privatem Netzwerk und Internet durch das Firewall-System gelingt es, unerlaubten Datentransfer aus bzw. zum Internet zu identifizieren und zu rekonstruieren. Der Firewall fungiert als Datenfilter, indem er in der Lage ist, anhand der übermittelten Daten zu entscheiden, ob der Datentransfer zulässig ist oder ob der Transfer unterbunden werden soll. Die Protokollierung des Datenverkehrs schafft zudem die Möglichkeit, bei offensichtlichen Versuchen den Firewall entgegen der Filterregeln zu umgehen, Alarmfunktionen zu aktivieren.

Zudem liefert ein Firewall die benötigten Informationen, um die Einbruchsversuche nachvollziehen zu können. Je nach gewünschtem Sicherheitsniveau und Netzwerkarchitektur besteht ein Firewall-System aus unterschiedlichen Komponenten, die teils einzeln als auch kombiniert eingesetzt werden können. Ein Firewall ist primär kein System zur Verschlüsselung von Daten oder Authentifizierung von Benutzerzugängen, kann aber mit entsprechenden Systemen und Verfahren kombiniert werden.

Firewall-Systeme sind z.Z. schon in vielen Unternehmen mit Erfolg im Einsatz. Allerdings sind bei einer Entscheidung über eine Präsenz im Internet Restrisiken unumgänglich. Diese können nur durch physisches Trennen jeglicher Verbindungen zum Internet eliminiert werden. Um die Restrisiken zu minimieren, sollten Firewall-Systeme mit anderen Sicherungsverfahren, z.B. kryptographischen Verfahren, kombiniert werden.

Kryptographie wird oft auch als „Lehre von den Geheimschriften" bezeichnet.[135]

Der Einsatz kryptographischer Verfahren beschränkt sich nicht mehr nur auf die Wahrung von Vertraulichkeit übertragener und gespeicherter Daten, sondern Kryptographie wird zunehmend zur Aufrechterhaltung von Echtheit und Unverfälschtheit von Informationen eingesetzt.

Chiffrierverfahren werden zum Schutz der Geheimhaltung eingesetzt, Authentisierungsverfahren zum Nachweis der authentischen Quelle. Hierbei kann die „Echtheit" eines elektronischen Dokuments sowie seine Integrität, d.h. „Unversehrtheit", sichergestellt werden. Chiffrieren bedeutet: Umwandeln eines Textes, d.h. einer Folge von Zeichen aus einem Alphabet in einen anderen Text. Die Umwandlung des Textes orientiert sich an einer Rechenvorschrift oder auch an einem Algorithmus. Das zugrundeliegende Alphabet bleibt i.d.R. das gleiche, d.h., ist der Basistext mit dem deutschen Alphabet erstellt, wird auch dem Schlüsseltext das gleiche Alphabet zugrunde liegen und nicht das chinesische. Die Rechenvorschrift wird jedoch parametrisiert durch eine oder mehrere Variable, den oder die sogenannten „Schlüssel". Technisch gesehen unterscheidet man zwischen symmetrischen Verfahren, die einen dem Sender und Empfänger der Nachricht gemeinsam bekannten geheimen Schlüssel verwenden, sowie asymmetrischen Verfahren. Bei diesem wird ein Schlüsselpaar aus einem geheimen, nur dem Adressaten bekannten und einem dazu-

[135] vgl. Heuser, Ansgar: Kryptographie – der Schlüssel zu mehr Datensicherheit, 1996, S. 8–14

gehörigen öffentlichen Schlüssel konstruiert.[136] Die Intention beider Verfahren ist, dass dabei ein Text entsteht, der für jeden, der den Schlüssel nicht kennt, nicht identifizierbar ist. Beim symmetrischen Verfahren müssen sich beide Teilnehmer auf einen gemeinsamen Key einigen. Das Hauptproblem ist, dass bei mehreren Teilnehmern eine große Anzahl von Schlüsseln verwaltet und über ungeschützte Kanäle ausgetauscht werden muss. Eine Urheberkennung ist mit symmetrischen Verfahren nicht möglich. DES (Data Encryption Standard) ist der bekannteste Standard für symmetrische Schlüsselverfahren.

Wesentlich leistungsfähiger ist das asymmetrische Public-Key-Verfahren. Sollen Daten mit Hilfe dieses Verfahrens versandt werden, verschlüsselt man die Daten beim Sender mit dem öffentlichen Key des Empfängers. Nur dieser kann diese Daten mit dem nur ihm bekannten geheimen Key wieder entschlüsseln.

Die Sicherheit dieser Verfahren wird in der Praxis durch einige interessante Tests untermauert. So wird vollständige Transparenz über das Verfahren gewährt, lediglich der Schlüssel bleibt geheim. Eine Extremsituation ist, dem Außenstehenden eine Vielzahl von mit demselben Schlüssel chiffrierte Texte und die entsprechenden „Klartexte“ zur Verfügung zu stellen. Eine weitere Steigerung wäre, auch die Auswahl der Texte dem Außenstehenden zu überlassen.

Erst ein Verfahren, dass alle diese Angriffe von Experten widersteht, wird als sicher angesehen. In der Praxis zeigt sich, dass bei geeignet gewählten hard- und softwaretechnologisch frei verfügbaren Verfahren ein Brechen der Vertraulichkeit technisch unmöglich ist. Hierbei wird der Begriff der starken Kryptographie verwendet.

Der Einsatz der Kryptographie wird zur Zeit durchaus kontrovers diskutiert. In einer Informationsgesellschaft ist die Kryptographie ein ausgezeichnetes Instrument zur Wahrung schutzwürdiger Informationen. Allerdings ist nicht auszuschließen, dass diese Verfahren für verbrecherische Zwecke missbraucht werden. Aus diesem Grund werden Verfahren zur Regulierung des Einsatzes der Kryptographie diskutiert.

Unter Authentisierung[137] wird der Glaubwürdigkeitsnachweis der Identität von Personen sowie die zweifelsfreie Bestätigung der Urheberschaft von Informationen und die Garantie ihrer Korrektheit in bezug auf Übertragungsfehler oder bewusste Manipulation verstanden. Als Verfahren wird die sog. „digitale Signatur“, d.h. die Komprimierung eines elektronischen Dokuments mittels einer sog. „Hashfunktion“ und deren Entschlüsselung mit einem kryptographischen Verfahren, genutzt. Die Prüfung erfolgt durch Verschlüsselung und Vergleich mit dem Hashwert.

---

[136]vgl. Wicke, Guntram, Huhn, Michaela, Pfitzmann, Andreas, Stahlknecht, Peter: Kryptoregulierung, 1997, S. 279–282

[137]vgl. Heuser, Ansgar: Kryptographie – der Schlüssel zu mehr Datensicherheit, 1996, S. 8–14

Weil bei der Authentifizierung die Urheberschaft von Informationen geprüft werden soll, können dazu ausschließlich asymmetrische Verfahren eingesetzt werden, da nur diese eine solche Möglichkeit bieten.

In der Praxis wird zur Authentifizierung oft das Public-Key-Verfahren eingesetzt. Die „digitale Signatur" wird erzeugt, indem ein Text mit dem geheimen Key verschlüsselt wird. Dabei kann nur der Inhaber des geheimen Schlüssels eine solche Verschlüsselung vornehmen. Jeder Empfänger des Textes kann ihre Echtheit überprüfen, indem er den Text mit dem entsprechenden öffentlichen Schlüssel wieder entschlüsselt. Dadurch kann er feststellen, ob der Versender im Besitz des zugehörigen geheimen Schlüssels war. Der Public-Key-Algorithmus RSA ist das zur Zeit am weitesten verbreitete Schlüsselverfahren.

Besonders interessant sind sog. „Identifikationsverfahren", bei denen der Identifikationsnachweis einer Person gegenüber einem System durch die Abfrage von nur ihr zur Verfügung stehendem Wissen geführt wird; i.d.R. geschieht das in Form eines Frage- und Antwortdialoges.

6.6 Fazit

Im vorherigen Kapitel wurde die Ausprägung des Produktmanagementsystems in der Realität dargestellt. Dabei zeigt sich, dass auch moderne kommerzielle Informatikanwendungen nicht alle Funktionen in Echtzeitverarbeitung durchführen können und sollen. Für weniger zeitkritische und vor allem für Applikationen, die große Datenvolumina (Massendaten) verarbeiten, ist nach wie vor die Stapelverarbeitung die bessere Betriebsart. Da die informationstechnischen, insbesondere die systemtechnischen Anforderungen an eine Online-Komponente grundsätzlich andere sind als an eine Batch-Komponente, sollten die Konstruktionsprinzipien der alternativen Szenarien schon im Rahmen der Informatikstrategie modellhaft beschrieben werden.

Ein gravierender Verstoß gegen das Postulat der Flexibilität wäre die Abhängigkeit eines Dialogsystems vom Terminal- bzw. PC-Typ. Unabhängigkeit ist ein Qualitätskriterium eines Informationssystems, und das erreicht man nur durch neutrale Schnittstellen. Qualifizierte Informationen im Sinne eines beratungs-[138] und entscheidungsunterstützenden Systems liefert die Informationskomponente des Systems, die Bandbreite reicht von einfachen Parallelrechnungen bis zu aufwendigen Simulationen.

Die spartenübergreifende Betrachtungsweise erlaubt in Kombination mit der Marktzinsmethode die Zuordnung der Erfolgsquellen und damit die Ermittlung

[138] vgl. Buhl, Hans Ulrich, Hasenkamp, Ulrich, Müller-Wünsch, Michael, Roßbach, Peter, Sandbiller, Klaus: Wettbewerbsorientierte IT-Unterstützung in der Finanzberatung, 1993, S. 262–279

des Erfolges eines Einzelgeschäftes. Das ist für die marktgerechte Steuerung eines Unternehmens unerlässlich.

7 Konzeption eines Data Warehouse

Für ein Data Warehouse steht die Konzeption der Datenarchitektur an einer der ersten Stellen, da das Ziel, ein vollständig integriertes System zu schaffen, höchste Priorität hat. Die Konzeption der Datenarchitektur ist von entscheidender Wichtigkeit für alle EDV-Anwendungen, sie bestimmt maßgeblich die Entwicklungsumsetzung und deren späteren Erfolg. Dieses gilt sowohl für operationale Systeme als auch für ein Data Warehouse.

Ein Data Warehouse soll Datenbasis für alle Informationssysteme sein. Im Unterschied zu Transaktionssystemen (OLTP) ist es[139]

- subjektorientiert, Daten sind auf Sach- oder Themengebiete ausgerichtet und nicht wie bei OLTP-Systemen prozessorientiert oder funktionsorientiert.
- vollständig integriert, für gleiche Entitäten existieren eindeutige Namenskonventionen, Maßeinheiten etc.
- nicht flüchtig, Änderungen von Feldinhalten bleiben nachvollziehbar durch Historisierung von Informationen. Der Ablauf des Unternehmens wird durch historisierte Informationen widergespiegelt.
- time-variant, Daten sind nach Perioden geordnet, da Anfragen sich meist an Zeitperioden orientieren.
- non-volatile, die Werte eines Data Warehouse sollen nachträglich nur im Ausnahmefall geändert werden.

Im folgenden werden drei unterschiedliche konzeptionelle Ansätze[140] mit ihren Vor- und Nachteilen vorgestellt und diskutiert, wobei sich die Datenarchitekturen in der Anzahl ihrer Schichten unterscheiden. Alle Betrachtungen beziehen sich auf eine unternehmensweite Sicht, in der keine Einzelanwendungen diskret, sondern die Gesamtanwendungsarchitektur zugrunde liegt.

---

[139] vgl. Hansen, Wolf Rüdiger: Das Data Warehouse – Lösung zur Selbstbedienung der Anwender, 1995, S. 42

[140] vgl. Devlin, Barry: Data Warehouse – from Architecture to Implementation, 1997, S. 63–77

7.1 Ein-Schicht-Datenarchitektur

Eine gemeinsame Datenhaltung für operationale Systeme und für Informationssysteme weist die Ein-Schicht-Datenarchitektur (siehe Abbildung 32) auf. Alle Daten werden nur einmal in einer gemeinsamen Datenschicht abgespeichert und werden direkt von operationalen Systemen und Informationssystemen genutzt. Es wird keine Unterscheidung zwischen Datentypen vorgenommen, sowohl aktuelle für operationale Systeme als auch zusammengefasste Daten für Informationssysteme werden in einer gemeinsamen Schicht hinterlegt.

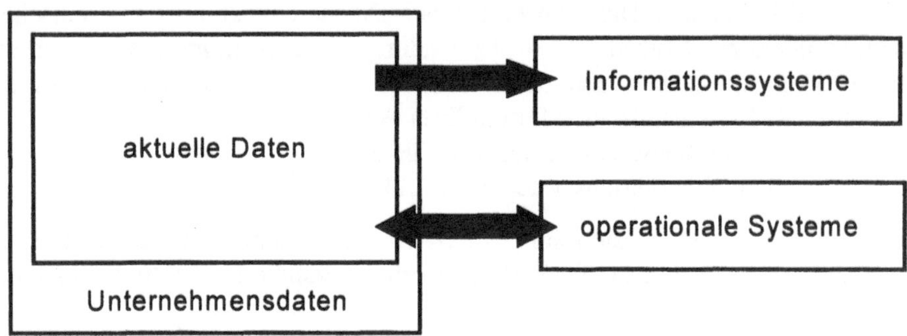

Abbildung 32: Ein-Schicht-Datenarchitektur

Operationale Systeme lesen die Inhalte der aktuellen Daten aus und führen Änderungen in ihnen durch, sie greifen sowohl in lesender als auch in schreibender Form auf die aktuellen Daten zu.

In der Kreditwirtschaft dienen Datenbestände operationalen Systemen wie z.B. GIRO, SPAR oder DEPOT A/B sowohl als Input als auch Output. Mittels Transaktionen werden operationale Systeme gesteuert und dadurch aktuelle Datenbestände abgefragt und verändert, im Zahlungsverkehr werden beispielsweise Überweisungen durch spezielle Transaktionen getätigt.

Informationssysteme greifen auf aktuelle Datenbestände grundsätzlich nur lesend zu, sie verändern keine aktuellen Daten. Um Auswertungen von Informationssystemen zu beschleunigen, können zusammengefasste Daten erzeugt und abgelegt werden.

Die Nutzung von identischen Datenbeständen durch operationale Systeme und Informationssysteme hat die Vorteile, dass

- wenig Datenspeicher durch gemeinsame Hinterlegung benötigt wird,
- die vorhandenen Metadaten der operationalen Systeme für Informationssysteme genutzt werden können,
- kein technischer Aufwand für die Speicherung von Daten ausschließlich für Informationssysteme entsteht.

Bei Datenarchitektur-Diskussionen müssen die unterschiedlichen Charakteristiken von operativen und Data-Warehouse-Daten berücksichtigt werden (vgl. Tabelle 2).

	operative Systeme	Data Warehouse
Zweck	Unterstützung und Abwicklung der Geschäftsprozesse	Informationen für Controlling, dispositive und strategische Entscheidungen
Inhalt	detaillierte, aktuelle, nicht historisierte Geschäftsdaten	vereinheitlichte, detaillierte, verdichtete, historisierte Daten auch aus externen Quellen und umfassende Metadaten
Aktualität	online, real-time	in der Regel älter als ein Tag
Modellierung	funktionsorientiert	standardisiert, endbenutzertauglich, sachgebietsorientiert
Zustand	redundant, inkonsistent, unnormalisiert, verschlüsselt	integrierte Datenbasis
Update	laufend und konkurrierend	ergänzend, Historisierung von Daten
Abfragen	strukturiert im Programmcode	komplexe, wechselnde Fragestellungen und vorgefertigte Standardauswertungen

Tabelle 2: Charakteristika von operativen und Data-Warehouse-Daten[141]

Die unterschiedlichen Charakteristiken haben zur Folge, dass operationale Systeme nur aktuelle Daten verarbeiten und in ihren Datenbeständen vorhalten, jedoch keine historisierten Daten, die für Informationssysteme erforderlich sind.

Von operationalen transaktionsorientierten Systemen wie GIRO, SPAR und DEPOT A/B werden in der Kreditwirtschaft bei großen Instituten Millionen Konten und Depots verwaltet. OLTP erfordern ständig genügend Ressourcen, da sie von vielen Anwendern simultan genutzt werden. Dieses kann jedoch bei ständig steigenden Transaktionsaufkommen nur ermöglicht werden, wenn die operativen Datenbestände für eine transaktionsorientierte Verarbeitung optimiert sind. Aus diesem Grund wird auch heute noch als Basis für operative Systeme sehr oft das IMS-Datenbanksystem oder seltener QSAM-, VSAM-Dateien genutzt. IMS ist ein hierarchisches Datenbanksystem für MVS-Großrechner. QSAM- und VSAM- Dateien sind satzorientierte Dateiformate für MVS-Großrechner. Alle drei Arten passen besonders gut zum Konzept von

[141]vgl. Zügel, Werner: Datenmanagement und Information Warehouse, 1995, S. 327

Transaktionen, da Transaktionen in der Regel nur wenige spezielle Kontendatensätze verändern. Selbstverständlich sind grundsätzlich auch relationale Datenbanken zur Speicherung von operationalen Datenbeständen geeignet, haben aber immer den gravierenden Nachteil, dass sie im Vergleich zu IMS-Datenbanken wesentlich langsamer beim Zugriff auf einzelne Obligos sind, ohne ihre Vorteile wie z.B. Erzeugung von Indizes zur Beschleunigung von Tabellenverknüpfungen bei Abfragen nutzen zu können. Die im Ansatz einfache Lösung, mehr Rechenkapazität für Transaktionen bereitzustellen, um den Geschwindigkeitsnachteil von relationalen Datenbanken auszugleichen, ist leider nicht ohne weiteres umsetzbar, da die Leistung von Großrechnern im Gegensatz zu PCs nur begrenzt und unter erheblichem finanziellen Aufwand skalierbar ist. Der Preis für Transaktionen würde zwangsläufig steigen.

Für Informationssysteme sind andererseits hierarchische Datenbanken oder sequentielle Dateien völlig ungeeignet. Ihre Eigenschaft, schnell auf einen gezielten Datensatz zugreifen zu können, ist bei Transaktionen ein Vorteil, jedoch bei einem Informationssystem nicht ausschlaggebend. Daten müssen hierfür abfrageorientiert vorliegen, d.h., dass Datenbanken für Informationssysteme und für operationale Systeme unterschiedlich modelliert sein müssen. Geschwindigkeitsvorteile ergeben sich bei Abfragen weiterhin durch denormalisierte Daten. Bei einer Denormalisierung werden die logisch, aufgrund bestimmter Anomalien zerlegten Daten wieder zusammengeführt und entsprechende Redundanzen aufgebaut. Die betrachtete Menge eines Informationssystemes ist im Gegensatz zu Transaktionen operationaler Systeme die Verknüpfung vieler Datensätze. Informationssysteme sollen betriebswirtschaftlich bedeutende, relevante Informationszusammenhänge aufzeigen. Um den Informationsgehalt von Daten zu steigern, können Verknüpfungen auf der Menge von Tabellen durchgeführt werden. Verknüpfungen von Tabellen werden durch Einsatz von Indizes auf unterschiedliche Spalten von Tabellen z.B. bei relationalen Datenbanksystemen stark beschleunigt.

Die Einführung von verteilten Speichermethoden ist bei der Ein-Schicht-Datenarchitektur wegen der gemeinsamen Nutzung von Datenbeständen durch operationale Systeme und Informationssysteme praktisch nicht möglich. Informationssysteme verknüpfen Daten unterschiedlicher operationaler Bestände. Werden diese beispielsweise spartenorientiert verteilt gespeichert, würden spartenübergreifende Auswertungen und Analysen mittels Informationssystemen durch hohe Netzwerkkommunikationsaufkommen kein erforderliches Antwort- und Ergebnisverhalten für ein effektives Arbeiten aufweisen. Die Aufwände für Netzwerkkommunikation wären bei einer verteilten Speichermethode und Wahl einer Ein-Schicht-Datenarchitektur sehr hoch, wenn Informationssysteme performant mit Daten versorgt werden sollen.

7.2 Virtuelles Data Warehouse

Als schnell einführbare Lösung für ein Data Warehouse wird von einigen Softwareherstellern ein virtuelles Data Warehouse präsentiert. Es kann schneller als die im folgenden dargestellten Konzepte implementiert werden, da kein zusätzlicher Aufwand für das Erstellen von Datenreplikationen entsteht. Es werden neben den Datenbeständen für operationale Systeme keine zusätzlichen Datenbestände benötigt. Sogenannte Middleware Tools setzen Zugriffe auf das virtuelle Data Warehouse durch direktes Lesen von operationalen Datenbeständen so um, dass für Benutzer der Eindruck entsteht, ein physikalisches Data Warehouse liege vor.

Der Vorteil der Vermeidung von zusätzlichen Datenredundanzen wird jedoch teuer erkauft[142]:

- Operationale Systeme verlangen für die Durchführung ihrer Prozesse völlig andere Datenstrukturen als Informationssysteme. Operationale Datenbestände sind transaktionsorientiert ausgelegt, indem Daten zusammenhängend für Transaktionen speziell abgelegt werden. Zur Optimierung werden Daten häufig repliziert. Nutzer, die operationale Daten direkt als Input für Informationssysteme nutzen wollen, stehen vor dem Problem der Auswahl der richtigen Daten.
- Operationale Datenbestände als Ganzes weisen nur eine eingeschränkte Datenqualität auf, da sie uneinheitlich sind. Daten haben unterschiedliche Formate und unterliegen verschiedenen Randbedingungen, die keinen direkten Vergleich erlauben. Durch inkorrektes Ableiten und Nutzen von Daten entstehen leicht Inkonsistenzen. Wenn Nutzer Zugriff auf alle operationalen Daten erhalten, können bedeutungslose, sehr rechenaufwendige Vergleichsanalysen durch das Heranziehen von Daten, die verschiedenen Randbedingungen unterliegen, erstellt werden.
- Für Informationssysteme sind historische Daten unverzichtbar, diese sind jedoch in operationalen Datenbeständen nicht existent, da nur aktuelle Daten vorgehalten werden.
- Die Umsetzung von Zugriffen auf ein virtuelles Data Warehouse durch Middleware Tools auf operationale Datenbestände verlangt sehr viel Rechenkapazität. Das Gesamtsystem wird durch komplexe Join-Zugriffe stark belastet, was zur Folge hat, dass die Performance von Transaktionen sinkt.
- Sowohl unterschiedliche Transaktionen als auch komplexe Join-Zugriffe von Informationssystemen stellen ihre Datenbankkommandos an die gleichen vorhandenen Datenbankverwaltungssysteme. Dateneinfügungen, -updates und -abfragen werden parallel von operationalen Systemen und

[142] vgl. Devlin, Barry: Data Warehouse – from Architecture to Implementation, 1997, S. 66/67

Informationssystemen gestellt. Zugriffskonflikte auf Datenbanken können bei einem hohen Aufkommen von Datenbankkommandos entstehen. Dateneinfügungen und -updates von Transaktionen bewirken beispielsweise ein Sperren einzelner Tabellen während den Datenänderungen. Informationssysteme können zu solch einem Zeitpunkt keine Datenfelder gesperrter Tabellen lesen, Datenbankabfragen werden so verzögert. Während der Analyse von Daten verändern sich die Quelldatenbestände von Informationssystemen. Dieses kann zur Folge haben, dass zu unterschiedlichen Zeitpunkten gestartete Analysen verschiedene Ergebnisse aufweisen können. Drill-Down-Analysen (vgl. Kapitel 11.3.2) ergeben unter Umständen nur schwer nachzuvollziehende Datenergebnisse. Unter keinen Umständen sollte den ausschließlich lesenden Informationssystemen ein Sperren einzelner Tabellen erlaubt werden. Ein Datenbank-Deadlock, hervorgerufen durch ein gegenseitiges Sperren einzelner Tabellen und Datenbankbereiche durch Transaktionen und Join-Zugriffe von Informationssystemen, wäre sonst die unausweichliche Folge.

7.3 Zwei-Schicht-Datenarchitektur

Der größte Nachteil der Ein-Schicht-Datenarchitektur besteht darin, dass die differierenden Anforderungen von operationalen und Informationssystemen an die Struktur von Datenbeständen keine Berücksichtigung finden. Operationale Systeme verlangen für die Erfüllung ihrer Prozesse aktuelle Daten, auf welche sie mittels Transaktionen in lesender und schreibender Form zugreifen. Im Gegensatz dazu benötigen Informationssysteme nicht die Komplexität von aktuellen Daten, sondern abgeleitete Daten, welche beispielsweise Zusammenfassungen und Historisierungen umfassen. Sie verändern die abgeleiteten Daten nicht, da sie nur lesend ihre Inhalte nutzen (siehe Abbildung 33).

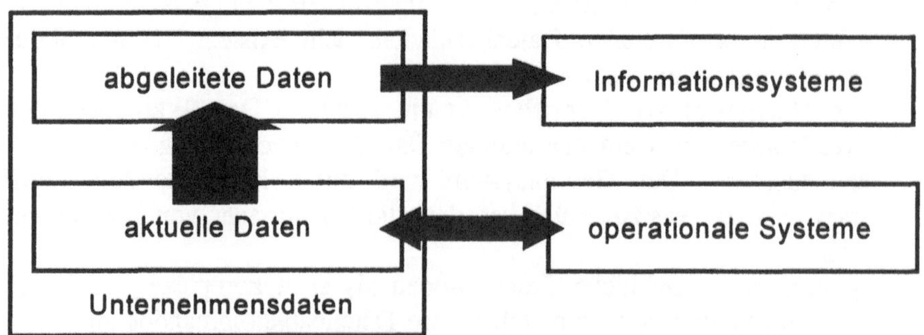

Abbildung 33: Zwei-Schicht-Datenarchitektur

Bei der Zwei-Schicht-Datenarchitektur können die Anforderungen von Informationssystemen erfüllt werden, da speziell für jedes Informationssystem die benötigten von aktuellen Daten abgeleiteten Bestände zur Weiterverarbeitung bereitgestellt werden können. Für jedes System können exakt zugeschnittene Daten als Basis verfügbar gemacht werden.

Durch eine Trennung von aktuellen Daten und abgeleiteten Daten kann die Performance von operationalen Transaktionen durch Auswertungen mittels Informationssystemen nicht herabgesetzt werden, da Datenbestände physikalisch getrennt sind.

Gegen eine gemeinsame Nutzung von Datenbeständen durch operationale Systeme und Informationssysteme spricht, dass sie unterschiedliche Anforderungen an Datenbankverwaltungssysteme stellen. Daten sollten technisch für die jeweiligen Systeme optimiert hinterlegt werden (siehe Tabelle 3):

DBMS-Anforderungen	OLTP	Informationssysteme
Random Access	High	Low
Sequential Access	Low-Med	High
Massive Scans	Low	High
Number of Users	High	Low-Med
Response Time	High	Low-Med
Database Size	Med	High
Log Data Updates	High	Low
Data Locking	High	Low
Data Availibilty	High	Med-High

Tabelle 3: Anforderungen an Datenbankverwaltungssysteme[143]

Nachteil der Zwei-Schicht-Datenarchitektur ist, dass Teile der aktuellen Daten mehrmals repliziert werden, um Anforderungen unterschiedlicher Informationssysteme zu erfüllen. Die Datenschicht „abgeleitete Daten“ wird nicht durch einen einheitlichen Datenbestand verkörpert, sondern besteht aus einer Vielzahl von Datenbeständen, welche oft gleiche Daten enthalten. Es existieren in der Regel große inhaltliche Übereinstimmungen und Abhängigkeiten bez. der abgebildeten Datenkataloge einzelner Datentöpfe. Datenbestände werden mehrmals dupliziert, was zur Folge hat, dass viel Speicherplatz für abgeleitete Daten benötigt wird. Es fehlt oftmals ein einheitliches Konzept für die Datenbereitstellung für Informationssysteme.

---

[143]vgl. Seibold, Gerhard: Dimensionales Design für massiv parallele Decision Support Systeme (DSS), 1995, S. 109

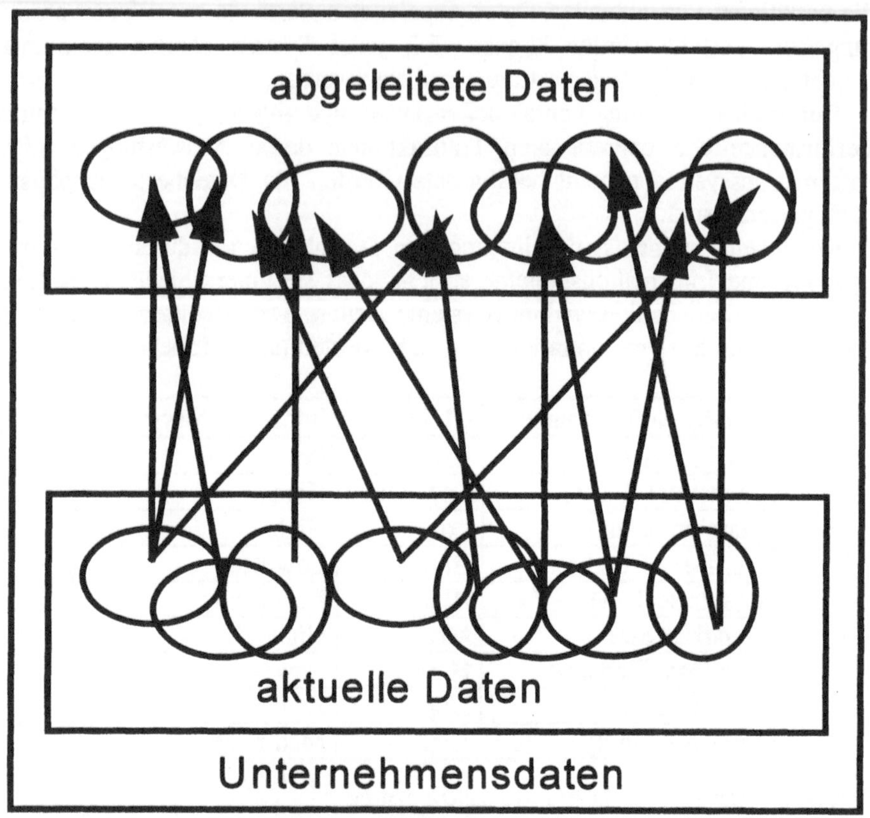

Abbildung 34: Versteckte Verknüpfungen bei der Zwei-Schicht-Datenarchitektur

Neue Anforderungen von Informationssystemen an Datenbestände werden umgesetzt, indem neue abgeleitete Bestände aus operationalen Beständen gebildet werden. Es werden für neue Informationssysteme laufend neue Datentöpfe errichtet[144], welche zwangsläufig inhaltliche Überschneidungen bez. ihres Dateninhaltes haben. Die Hauptproblematik ist, dass die aktuellen Daten nicht einheitlich sind und Inkonsistenzen aufweisen. Die aktuellen Daten müssen so für jede neue Datenbereitstellung eines Informationssystemes aufs neue gelesen, vereinheitlicht und Inkonsistenzen beseitigt werden (siehe Abbildung 34).

Die Zwei-Schicht-Datenarchitektur ist hauptsächlich in stark homogenen Anwendungslandschaften vorzufinden, die als EDV-System zentralisierte Großrechnersysteme nutzen. Zentrale Systeme erleichtern häufiges Replizieren von Daten, da das Daten-Management leichter ist und Replizierungsprozesse einfacher gesteuert werden können als in verteilten Systemen. Dieses Szenario ist in Rechenzentren anzutreffen, welche ihre Ursprünge Ende der sechziger

[144] vgl. Devlin, Barry: Data Warehouse – from Architecture to Implementation, 1997, S. 68

oder Anfang der siebziger Jahre haben. Zu ihnen zählen Rechenzentren der Finanzwirtschaft, bei denen bestehende operationale Systeme und Datenbestände für Informationssysteme ständig erweitert werden. Ihre Anwendungslandschaft ist historisch gewachsen.

Für ein Data Warehouse, das ausschließlich Daten für ein bestimmtes Informationssystem zur Lösung eines bestimmten betriebswirtschaftlichen Regelkreises bereitstellt, wird der Begriff Data Mart benutzt. Es handelt sich um ein Architekturkonzept, welches der Zwei-Schicht- oder der Drei-Schicht-Datenarchitektur zugeordnet werden kann. Data Marts werden bei der Zwei-Schicht-Datenarchitektur direkt mit Daten aus den operationalen Systemen gefüllt. Durch ihren speziellen Zuschnitt auf die Anforderungen eines bestimmten Informationssystemes sind sie nur eingeschränkt für andere Informationssysteme nutzbar. Nur die Vereinigung von mehreren Data Marts kann Informationssysteme für andere betriebswirtschaftliche Regelkreise mit Daten versorgen.

Durch den Einsatz von Data Mart können schnell erste Erfolge erzielt werden. Bei der Erstellung eines Data Mart sind jedoch die gleichen hohen Maßstäbe anzusetzen wie bei der Erstellung eines unternehmensweiten Data Warehouse (siehe Kapitel 9.2). Mit der Anzahl der Informationssysteme zur Lösung unterschiedlicher betriebswirtschaftlicher Regelkreise steigt gleichzeitig die Zahl der Data Marts. Die Wartung und die Pflege der einzelnen Data Marts kann nur effektiv erfolgen, wenn für alle Data Marts ein homogener Aufbau gewählt wird. Durch die Vereinigung verschiedener Data Marts mit identischem Aufbau, kann ein unternehmensweites Data Warehouse gebildet werden. Datenintegrität betrachtet über alle Informationssyteme kann nur garantiert werden, wenn einzelne Data Marts ein vereinheitlichtes Datendesign haben. Ist dies nicht der Fall, sind Auswertungen und Analysen unterschiedlicher Informationssysteme die Folge, die abweichende nicht vergleichbare Ergebnisse produzieren. Weichen einzelne Data Marts bez. Ausrichtung und Aufbau voneinander ab, kann deren Vereinigung kein Data Warehouse ergeben.

7.4 Drei-Schicht-Datenarchitektur

Zuvor aufgezeigte Nachteile der Zwei-Schicht-Datenarchitektur können durch den Einsatz einer weiteren Schicht zwischen den Schichten der „aktuellen Daten“ und der „abgeleiteten Daten“ vermieden werden. Die Bereitstellung von Daten für Informationssysteme erfolgt bei der Drei-Schicht-Datenarchitektur in zwei Schritten. Zunächst werden die aktuellen Daten vereinheitlicht und im zweiten Schritt werden sie abgeleitet (siehe Abbildung 35).

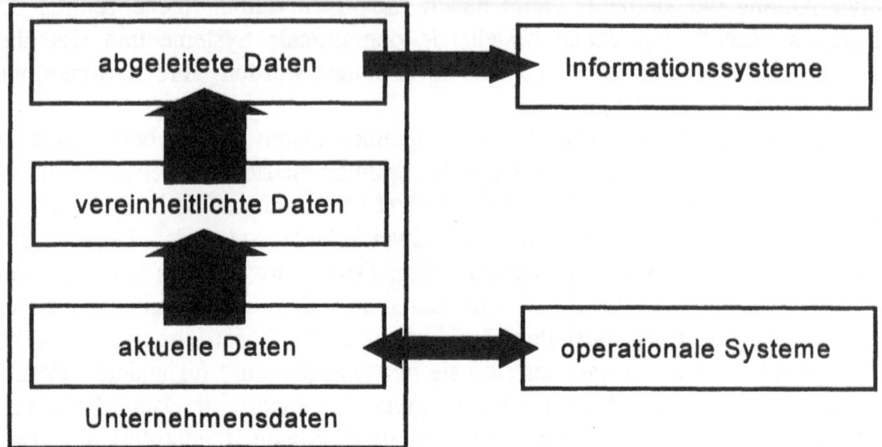

Abbildung 35: Drei-Schicht-Datenarchitektur

Durch die Schicht „aktuelle Daten“ werden alle für die operationalen Systeme erforderlichen Daten repräsentiert. Die Datenstruktur ist durch die Zielsetzungen der operationalen Systeme prozess- und transaktionsorientiert. Unabhängig von der physikalischen Realisierung der Datenhaltungen steht hierbei nicht die gesamte Anwendungslandschaft im Vordergrund, sondern ausschließlich die Anforderungen des einzelnen operationalen Systems. Diese besitzen unterschiedliche Datenhaltungen, wobei neben dem Benutzen von verschiedenen technischen Basen und Formaten auch verschiedene Zeitmodalitäten zum Einsatz kommen.

Es genügt nicht einfach, Daten aus der Schicht der „aktuellen Daten“ in die Schicht der „abgeleiteten Daten“ zu kopieren. Alle Daten sollten völlig neu modelliert und vereinheitlicht werden. Ein Unternehmensdatenmodell muss entwickelt werden, welches die Basis für die Schicht „vereinheitlichte Daten“ darstellt. Einzelne Datenentitäten werden im Unternehmensdatenmodell herausgearbeitet und modelliert. Jedes einzelne System mit seinen Datenbasen muss integriert werden, und die Relationen zwischen unterschiedlichen Systemen sind genauestens zu bestimmen.

In der Kreditwirtschaft ist es z.B. erforderlich, die Datenbestände aus den Systemen Giro und Spar mit den Datenbeständen aus dem Zahlungsverkehr zu verknüpfen. Abweichungen in technischen Formaten können im Unternehmensdatenmodell leicht korrigiert werden. Schwieriger und aufwendiger ist die Überprüfung und im Abweichungsfall die Behebung, ob gleiche Schlüsseltabellen und Begriffe einheitlich in den Systemen umgesetzt worden sind. In einer Schlüsseltabelle werden für unterschiedliche Spezifika und Ausprägungen kurze alphanumerische Codes EDV-technisch festgelegt. Für die Kreditwirtschaft sind beispielsweise Codes für die einzelnen Arten von Girokonten üblich: Privatgirokonto (PG), Geschäftsgirokonto (GG), Avalkonto (AV), Termingeldkonto (TG) usw.

Es ist zu kontrollieren, ob die für eine Integration erforderlichen Datenschlüssel gleichen Schlüsseltabellen unterliegen. Ist dieses der Fall, können sie direkt übernommen werden, im anderen Fall kann ein neuer einheitlicher Schlüssel durch die Kombination vorhandener Schlüssel gebildet werden. Hat keine Neuentwicklung aller operationalen Systeme erst vor kurzem stattgefunden, sind Abweichungen zwischen einzelnen Systemen der Normalfall, welche ihren Ursprung darin haben, dass die operationalen Systeme oft schon seit Ende der sechziger oder Anfang der siebziger Jahre bestehen und seitdem in der Regel unabhängig voneinander weiterentwickelt worden sind.

Das Unternehmensdatenmodell sollte bez. seines Aufbaues offen gegenüber jeglichen Erweiterungen sein. Die Integration von neuen operationalen Systemen muss möglich sein, ohne bereits eingefügte Daten abändern zu müssen. Darüber hinaus muss die Möglichkeit bestehen, Daten externer Anbieter wie beispielsweise von dem Datendienst Reuters aufnehmen zu können. Daten in der Schicht der „vereinheitlichten Daten“ sollten in normalisierten Relationen physikalisch gespeichert werden.

7.4.1 Zeitbasen des Unternehmensdatenmodells

Ein wichtiger Punkt neben der Datenmodellierung bei der Vereinheitlichung von Daten ist die Definition und Festlegung von identischen Zeitbasen für Zeitpunkte und Zeitspannen. In über viele Jahre gewachsenen Anwendungslandschaften ist häufig die Situation vorzufinden, dass unterschiedliche Zeitmodalitäten für Geschäftsvorfälle in operationalen Systemen implementiert sind.

Es ist zwischen verschiedenen Zeittypen zu unterscheiden[145]:

Die Geschäftszeit gibt den Zeitpunkt an, wann Geschäfte tatsächlich getätigt werden oder zu welchem Zeitpunkt sie beispielsweise rechtswirksam werden. Natürlich können nur Werte direkt miteinander verglichen werden, die der gleichen Zeitbasis unterliegen. Im Unternehmensdatenmodell sollten möglichst Zeitbasen gewählt werden, die sich an Geschäftszeitbasen orientieren. Für jeden Wert muss ausdrücklich eine zugehörige Zeitbasis hinterlegt werden. Für Wertpapierabrechnungssysteme ist es beispielsweise erforderlich, den Zeitpunkt auf die Sekunde genau zu hinterlegen, da Kurse von Wertpapieren starken Schwankungen unterworfen sind.

Für Abrechnungen werden in operationalen Systemen Zeitspannen zugrunde gelegt, wobei Zeitspannen wie aktuell, minütlich, stündlich, täglich, wöchentlich oder jährlich möglich sind. Für verschiedene operationale Systeme sind unterschiedliche Abrechnungszeitspannen denkbar. Beispielsweise

---

[145] vgl. Devlin, Barry: Data Warehouse – from Architecture to Implementation, 1997, S. 71

für Girokontensysteme sind folgende Abrechnungsszenarien für die Abrechnung und Buchung von Überweisungen denkbar:

- Online-Abrechnung, eine Überweisung wird sofort EDV-technisch gebucht, alle Kontenstände werden nach der EDV-technischen Eingabe der Überweisung unmittelbar auf den korrekten Stand gebracht.
- Abrechnung nach festgelegtem Intervall, alle Überweisungen werden erst nach einem bestimmten Intervall, u. U. stündlichem Intervall, gebucht.
- Batch-Abrechnung im Offline-Zeitfenster, alle Überweisungen werden zunächst gesammelt und erst nach einem Buchungsschnitt, der in der Regel nach Geschäftsende liegt, im Offline-Zeitfenster eines Großrechnersystems gebucht.

In Großrechenzentren der Finanzwirtschaft sind hauptsächlich die Fälle der Online-Abrechnung und der Batch-Abrechnung im Offline-Zeitfenster vorzufinden. Entscheidend ist, dass allen vereinheitlichten Daten klar definierte Zeitbasen zugrunde liegen, wobei verschiedene Daten durchaus einer unterschiedlichen Zeitbasis zugeordnet sein können, es muss jedoch klar hinterlegt werden zu welcher. Für vereinheitlichte Daten sind nur Zeitbasen größer dem Wiederholungsrhythmus des Vereinheitlichungsprozesses möglich. Wird die Schicht der vereinheitlichten Daten z.B. einmal am Tag mit Daten aus den aktuellen Daten gefüllt, so können nur Zeitbasen größer gleich einem Tag für vereinheitlichte Daten vereinbart werden. Für ein operationales System ist der genaue Zeitpunkt einer Abrechnung oder Buchung maßgebend. Hingegen ist für Informationssysteme vielmehr das Ergebnis eines Abrechnungschnittes interessant. Data-Warehouse-Datenbestände sind im Unterschied zu operationalen Datenbeständen time-variant, Datenabfragen mittels Informationssystemen sind an Zeitperioden orientiert.

In operationalen Systemen sind entsprechend ihrem Design ebenfalls Zeitbasen hinterlegt. Intern weisen alle operationalen Systeme eine Zeitkonsistenz auf. Bei ihrer Entwicklung wurden jedoch oftmals Kompromisse eingegangen, so dass operationale Systeme verschiedene Zeitbasen aufweisen. Beim Vereinheitlichen von Daten sind unbedingt unterschiedliche Zeitbasen zu korrigieren; bei Abweichungen sollte jedoch nicht an umgesetzten Zeitbasen in operationalen Systemen orientiert werden, sondern an definierten Geschäftszeitpunkten. Einheitliche Zeitbasen für Zeitpunkte und Zeitspannen müssen für ein Unternehmensdatenmodell definiert werden.

Das Erstellen eines Unternehmensdatenmodells und die Integration bestehender Datenbestände ist für die Entwicklung eines Data Warehouse von großer Bedeutung. Sorgfältiges Arbeiten an dieser Stelle garantiert den Erfolg des Gesamtprojektes.

7.4.2 Arbeitsschritte

Der Arbeitsprozess, der die Schicht der „vereinheitlichten Daten“ füllt, zieht aus verschiedenen Quellen, die sowohl heterogen als auch räumlich verteilt sein können, Daten heran, um sie vereinheitlicht in einem Abbild des Unternehmensdatenmodells abzuspeichern. Die gebildete Schicht stellt eine Basis für jegliche Informationssysteme dar, die nach den Anforderungen der Endbenutzer designed sein können. Hauptziel ist es, Inkonsistenzen und Unschärfen in den aktuellen Daten zu korrigieren, ohne den Inhalt von Daten zu verändern. Es werden in diesem Prozessschritt keinerlei neue Daten gebildet.

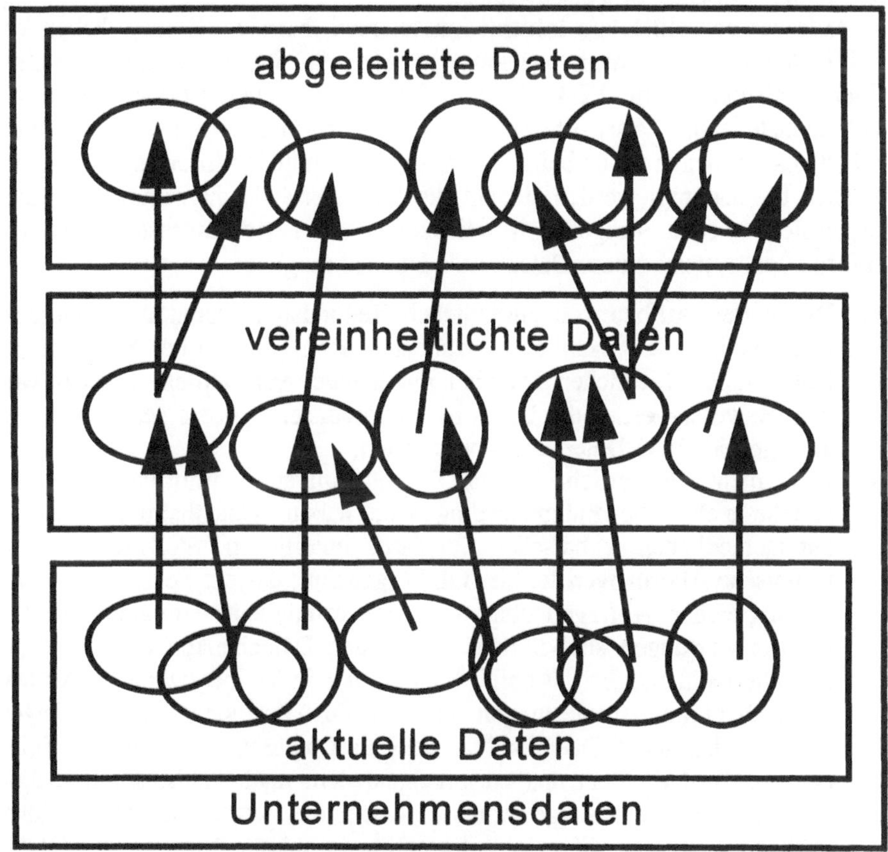

Abbildung 36: Relationen der Drei-Schicht-Datenarchitektur

Erst im zweiten Arbeitsschritt „Ableiten von Daten aus der Schicht der vereinheitlichten Daten in die Schicht der abgeleiteten Daten“ können neue Daten durch Transformieren oder Kombinieren gebildet werden und in der Schicht der „abgeleiteten Daten“ abgelegt werden[146]. Individuell können für jedes Informationssystem speziell zugeschnittene abgeleitete Daten zur Verfügung gestellt werden, in denen auch neu gebildete Daten eingestellt werden können (siehe Abbildung 36).

Es muss verhindert werden, dass Endbenutzer direkten Zugriff auf die Schicht der „vereinheitlichten Daten“ erhalten, da diese in einer normalisierten Form organisiert ist. Zweck dieser Schicht ist es, die gesamten Unternehmensdaten entsprechend dem Unternehmensdatenmodell aufzunehmen. Sie ist in keinster Weise abfrageorientiert, so dass Auswertungen, die oftmals zahlreiche Tabellen einbeziehen, zuviel Verarbeitungszeit benötigen würden. Direkte Auswertungen auf den Bestand der vereinheitlichten Daten würden so die Gesamtperformance zu stark belasten.

Abfragen mit Hilfe von Informationssytemen (Managed Query) haben keinen einheitlichen Datenkatalog, sondern ziehen für ihre Auswertungen individuelle Tabellen heran. EDV-Nutzer verlangen von allen EDV-Systemen ein zufriedenstellendes Antwortverhalten, die Performance des Systems muss effektives Arbeiten erlauben. Auswertungen mittels Informationssytemen können beschleunigt werden, indem die Datenbestände auswertungsoptimiert organisiert werden. Folgende Möglichkeiten zur Performancesteigerung von Informationssystemen bez. Datenbeständen sind möglich:

- Durch den Aufbau von zusätzlichen Redundanzen kann in relationalen Datenbanken die Anzahl der einzubeziehenden Tabellen bei Abfragen, die Daten unterschiedlicher Tabellen miteinander verknüpfen, gesenkt werden. Bewusst werden die Daten in denormalisierter Form gespeichert, um abfrageorientierte Datenbasen zu erstellen.
- Es ist nicht erforderlich, dass alle Datenhaltungen für Informationssysteme gleiche technische Rahmenbedingungen haben. Datenhaltungen können unterschiedlichen technischen Standards unterliegen. Stellvertretend für technische Alternativen sei hier OLAP genannt, das die Beantwortung von umfangreichen Abfragen ohne Wartezeit ermöglicht: Umfangreiche Online-Auswertungen sind mittels relationalen Datenbanken und der SQL-Sprache nicht möglich. Abhilfe können hier in Teilbereichen OLAP-Modelle für Online-Auswertungen schaffen. OLAP-Modelle sind im Gegensatz zu relationalen Datenbanken nicht als Datensätze, sondern als Zellen organisiert. Jede Zelle hat entsprechend dem mathematischen Koordinatensystem eine eindeutige Adresse, wobei die Anzahl der Dimensionen größer als zwei ist. Für eine informationstechnische Nutzung des OLAP-Konzeptes müssen betriebswirtschaftliche Dimensionen gefunden werden, wobei sicherzustellen ist, dass die Dimensionen komplementär zueinander sind, also keine von ihnen aus einer anderen Dimension hergeleitet werden kann. Berichte werden in der Regel am Bildschirm oder auf Papier zwei-

[146]vgl. Devlin, Barry: Data Warehouse – from Architecture to Implementation, 1997, S. 72

oder dreidimensional dargestellt. Um aus einem siebendimensionalen Modell ein zweidimensionales Modell zu erzeugen, müssen fünf Dimensionen fixiert werden, um Datenbestände aus unterschiedlichsten Perspektiven zu betrachten (Slice, Isolierung einzelner Schichten)[147].

- Weiterer Performancegewinn kann durch physikalische Trennung von verschiedenen Datenbasen auf unabhängige Rechner erreicht werden. Abfragen belasten nur das direkt betroffene Rechnersystem, ohne andere physikalisch getrennte Rechner zu tangieren. Die Schicht der abgeleiteten Daten besteht aus einer Menge von Datentöpfen, welche sich einerseits bez. ihrer Datenfeldmenge unterscheiden, aber auch in Hinsicht ihres Dateninhaltes differieren können: Natürlich benötigen nicht alle Informationssysteme gleiche Datenkataloge, Anforderungsabweichungen bez. verschiedener Zusammensetzungen einzelner Datenfelder erlauben Optimierungsfreiräume. Die Schicht der vereinheitlichten Daten enthält alle Informationen des Unternehmens als Abbild organisiert in Form des Unternehmensdatenmodells. Die meisten Nutzer von Informationssystemen benötigen nur einen Ausschnitt aller Informationen des Unternehmens, für sie sind nur die Informationen von Interesse, welche ihren Bereich oder ihr Territorium abdecken. Einzelnen Nutzern brauchen nur Teile aller Informationen zur Verfügung gestellt werden, Abfragen und Analysen mit Untermengen als Eingabebestände bieten größere Performanceraten, da die zu verarbeitenden Datenbestände bez. ihres Umfanges geringer sind. Ein Institut wird in der Kreditwirtschaft von einem Rechenzentrum EDV-technisch betreut. Die vereinheitlichten Daten werden für das gesamte Institut erstellt, Datenableitungen für Informationssysteme brauchen jedoch nicht für das gesamte Institut durchgeführt werden, sondern können beispielsweise nach Direktionen oder Filialen separiert werden.

Der Daten-Ableitungsschritt ist bei der Drei-Schicht-Datenarchitektur einfacher aufgebaut als der entsprechende Schritt bei der Zwei-Schicht-Datenarchitektur, da die Quelle für diesen Schritt eine konsistente Umsetzung des Unternehmensdatenmodells ist. Das Ergebnis des Ableitungsschrittes ist bei beiden Architekturen identisch, jedoch müssen die Inkonsistenzen der aktuellen Daten bei der Zwei-Schicht-Datenarchitektur für alle abgeleiteten Daten jeweils einzeln korrigiert werden. Bei jeder erneuten Einführung einer weiteren Ableitung von Daten kann aufs neue von der Erstellung der Schicht der vereinheitlichten Daten profitiert werden.

Sowohl die Füllung der Schicht der vereinheitlichten Daten als auch die Durchführung von Ableitungen daraus benötigen Rechenkapazitäten. Bei der Drei-Schicht-Datenarchitektur muss im Gegensatz zu der Zwei-Schicht-Datenarchitektur nur einmal die Schicht der vereinheitlichten Daten gefüllt werden und kann anschließend für einen einfacheren Ableitungsschritt genutzt werden. Bei der Zwei-Schicht-Datenarchitektur sind für jede Ableitung Daten jeweils

[147]vgl. Engels, Eric J.: OLAP – Grundlagen und Datenmodellierung, 1996

separat zu vereinheitlichen. Durch das Einfügen der Schicht der vereinheitlichten Daten kann Rechenkapazität gespart werden, da der Vereinheitlichungsprozess nur einmal für neu einzufügende Daten durchgeführt werden muss.

Die getätigten Vorleistungen bei der Drei-Schicht-Datenarchitektur amortisieren sich schnell. Ein Data Warehouse gehört zu der Gruppe der Anwendungen mit einer langen Einsatzzeit, es steht nicht der kurzfristige Erfolg im Vordergrund, sondern eine Anwendung zu kreieren, die auch zukünftigen Anforderungen genügen muss. In der Finanzwirtschaft werden Anwendungen grundsätzlich über viele Jahre hinweg eingesetzt, Neuentwicklungen nach weniger als 10 Jahren sind selten. Durch stetige Weiterentwicklung werden Anwendungen ständig neuen Anforderungen angepasst, das einstige Grundkonzept bleibt jedoch erhalten. Entsprechend sollte auch bei einem Data Warehouse verfahren werden, die Drei-Schicht-Datenarchitektur ist so anderen Konzepten wegen ihrer Zukunftsausrichtung vorzuziehen.

7.4.3 Implementierung der Schicht der vereinheitlichten Daten

Eine der Kernfragen bei der Drei-Schicht-Datenarchitektur ist, ob die Schicht der vereinheitlichten Daten physikalisch umgesetzt oder ob sie nur temporär für die Erstellung der abgeleiteten Daten erzeugt werden soll? Es sprechen mehrere Erkenntnisse für eine physikalische Repräsentierung der vereinheitlichten Daten[148], welche im folgenden diskutiert werden.

Ein Hauptgrund für die Konzipierung der Schicht der vereinheitlichten Daten ist, dass die Datenbelieferung von neu zu erstellenden Informationssystemen erleichtert werden soll. Die Erstellung von Datenbasen wird durch vereinheitlichte Daten stark vereinfacht, da Abweichungen und Inkonsistenzen in den aktuellen Daten der operationalen Systeme auf dem Schritt zu den vereinheitlichten Daten bereits korrigiert worden sind. Die Nutzung der vereinheitlichten Datenbestände wird erleichtert, da sie in normalisierter Form entsprechend dem Unternehmensdatenmodell vorliegen.

Wird physikalisch die Schicht der vereinheitlichten Daten nicht umgesetzt, sind Designer gezwungen, direkt die Datenbestände der operationalen Systeme und externen Quellen anzuzapfen und eine Korrektur der Eingabedaten selbst vorzunehmen. Es muss ein Datenvereinheitlichungsprozess speziell für die benötigten Daten der Informationssysteme entwickelt werden. Für jeden abgeleiteten Datenbestand müssten mittels Middleware Tools Eingabebestände unterschiedlicher Herkunft gelesen und während der Laufzeit vereinheitlicht werden. Es wird somit das ressourcenaufwendige immer wiederkehrende Einlesen und Vereinheitlichen von Daten für jeden abgeleiteten Datenbestand

[148] vgl. Devlin, Barry: Data Warehouse – from Architecture to Implementation, 1997, S. 75–77

aufs neue durchgeführt, dieses ist bei mehreren abgeleiteten Datenbeständen aufwendiger, als wenn die „Schicht der vereinheitlichten Daten“ physikalisch ausgebildet würde und für Ableitungen direkt zur Verfügung gestellt würde. Parallel laufen für verschiedene Informationssysteme ähnliche Ableitungs- und Vereinheitlichungsschritte ab, welche neben den Design- und Entwicklungsaufwänden auch mehr Rechnerkapazitäten und Speicherbedarf benötigen, als wenn direkt eine Schicht der vereinheitlichten Daten implementiert würde.

Der Prozess, aktuelle Daten heranzuziehen und in Form des Unternehmensdatenmodells neu organisiert zu speichern, ist sehr kompliziert und fehlerträchtig. Es ist unökonomisch diesen Schritt für jedes Informationssystem aufs neue durchzuführen. Er sollte für das gesamte Unternehmen nur einmal von einer Modellierungsgruppe durchgeführt werden. Sowohl die operationalen Systeme als auch das Unternehmensdatenmodell unterliegen einer stetigen Weiterentwicklung, die verlangen, dass die Schicht der vereinheitlichten Daten ständig angepasst werden muss. Die Modellierungsgruppe sollte weiterhin Nutzer bei der Ableitung von Daten für Informationssysteme unterstützen.

Das Nutzen von bereits abgeleiteten Datenbeständen kann keine Alternative für die physikalische Umsetzung der Schicht der vereinheitlichten Daten sein, da nicht gewollte Abhängigkeiten zwischen verschiedenen Datenbeständen für differierende Informationssysteme entstehen würden. Die Vergangenheit hat gezeigt, dass dieses zu Problemen der Datenkonsistenz führen kann, da Daten aus mehreren abgeleiteten Datenbeständen kombiniert werden müssen, die oftmals nicht einheitlich sind.

7.5 Metadaten

Unabhängig von der gewählten Architektur für das Data Warehouse sind der Einsatz und die Pflege von Metadaten sehr wichtig, da hier alle Informationen über das Data Warehouse abgelegt werden. Metadaten haben eine Dokumentationsaufgabe. Es werden nicht nur die Struktur der Daten, Datenformate und Datentypen hinterlegt, sondern auch welchen Ursprung einzelne Datenfelder haben, ob sie auf irgendeine Weise verändert werden, wie sie in das Data Warehouse übertragen werden und wie auf sie zugegriffen werden kann. Die Arbeitsabläufe eines Data Warehouse werden beschrieben. Für ein Data Warehouse haben Metadaten eine ähnlich große Bedeutung wie für operationale Systeme. Nutzer müssen für ihre Arbeit mit dem Data Warehouse genaue Informationen haben, welchen Ursprung und welchen fachlichen Inhalt Daten und Tabellen haben. Wurden Daten transformiert, muss diess ebenfalls in den Metadaten hinterlegt werden.

Hinterlegt sind Metadaten in der Regel in Data Dictionary bzw. Data Repository (vgl. Kapitel 4.3.1). Sowohl Entwickler als auch Endanwender sind auf den Gebrauch von Metadaten bei ihrer Arbeit mit einem Data Warehouse angewiesen; es müssen Werkzeuge zur Verfügung gestellt werden, die ein effektives Arbeiten mit Metadaten ermöglichen.

Informationen über die physikalische Struktur, Speichermethoden, Algorithmen und zeitlichen Ablaufverkettungen bilden die Aufbauzeit-Metadaten. Sie sollten bei der Konzeption, Umsetzung und Einführung von allen Anwendungen erstellt werden. Sogenannte CASE-Werkzeuge erzeugen bei der Entwicklung von Anwendungen automatisch Aufbauzeit-Metadaten, welche in eigens angelegten Datenbanken hinterlegt werden. Für Anwendungen, die Anfang der achtziger Jahre oder früher eingeführt wurden, sind, wenn überhaupt, Metadaten nur in Textform und zum Teil in Programmbibliotheken vorhanden. Diese Informationen sind jedoch bei der Erstellung der Aufbauzeit-Metadaten für ein Data Warehouse wichtig, da Schnittstellen zu allen operationalen Systemen und zu vielen externen Quellen bestehen. Für die Erstellung der Aufbauzeit-Metadaten eines Data Warehouse sollten die Metadaten aller Datenquellen eines Data Warehouse in ein einheitliches System überführt werden, um ein Arbeiten mit nur einem technischen System für Metadaten zu erlauben (siehe Abbildung 37).

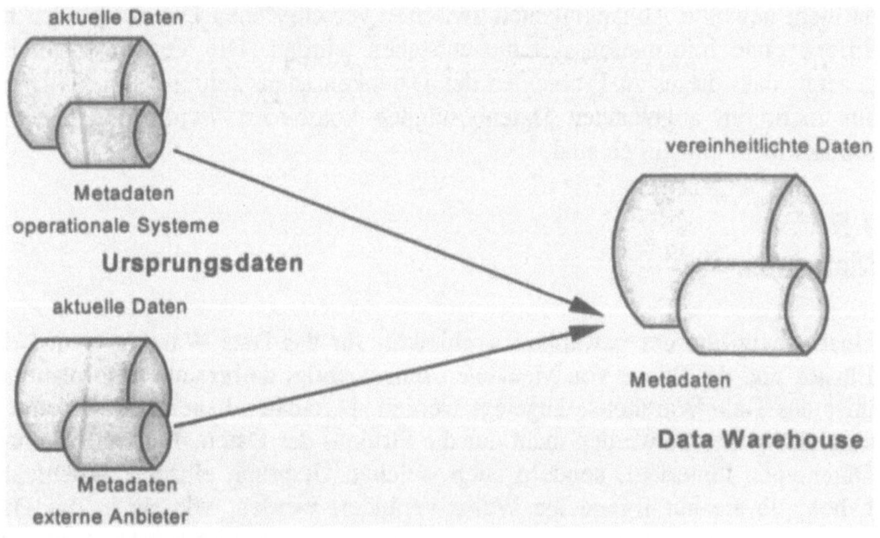

Abbildung 37: Integration von Metadaten operationaler Systeme und externer Anbieter

Werden Daten aus externen Quellen mittels eines Data Warehouse zur Verfügung gestellt, so müssen in den Metadaten Informationen über externe Daten abgelegt werden. Um ein Einbinden von externen Daten in Auswertungen zu erlauben, sollten folgende Eckwerte über sie zugänglich gemacht werden[149]:

- Stichtag der externen Daten
- Beschreibung der externen Daten

[149]vgl. Inmon, W.H.: Building the Data Warehouse, 1996, S. 266/267

- Quellen-Beschreibung
- Klassifikation der externen Daten
- Schlüsselwörter
- Datum der Einspeisung
- physikalische Speicheradresse der externen Daten
- Formatangaben
- Verknüpfungen innerhalb der externen Daten

Sorgfältig aufgebaute Metadaten über externe Daten sind Voraussetzung für deren richtige Nutzung durch Informationssysteme.

IT-Spezialisten benötigen andere Metadaten als Endbenutzer eines Data Warehouse. Metadaten bezüglich der physikalischen Struktur, den Prozessschritten zur Füllung der einzelnen Schichten und der Kontrolle des Gesamtsystems sind auf IT-Spezialisten ausgerichtet, um Abläufe zu steuern und zu überwachen. Endbenutzer benötigen keine Informationen über technische Bedingungen im einzelnen, für sie steht nicht die Technik selbst im Vordergrund, sondern ausschließlich ihr Nutzen. Ein Endanwender möchte alle für seine Arbeit erforderlichen Daten in dem Data Warehouse vorfinden. Er benötigt dafür ein genaues Wissen über die Inhalte des Data Warehouse, um es korrekt nutzen zu können. Informationen über die Inhalte, Abgrenzungen, Ursprünge, Transformationen und Formate von Daten sind unverzichtbar.

Unabhängig auf welche Zielgruppe die Metadaten ausgerichtet sind, sollten sie in einem einheitlichen technischen System gespeichert sein.

Ein Data Warehouse ist wie auch andere IT-Systeme dynamisch. Neue Anforderungen oder Änderungen in den Datenquellen bewirken einen stetigen Wandel des Data Warehouse. Eine seiner Hauptaufgaben ist es, historische Daten zur Verfügung zu stellen. Auch nach Veränderungen des Data Warehouse muss sichergestellt sein, dass auf historische Daten richtig zugegriffen werden kann. Metadaten müssen aufzeigen, wie sich das Data Warehouse bez. seiner Inhalte und Abläufe gewandelt hat.

7.6 Prozessarchitektur eines Data Warehouse

Unabhängig von der gewählten Data-Warehouse-Konzeption müssen bei jedem D.-W.-System ähnliche Aufgaben durchgeführt werden, die in drei umfassende Prozessschritte unterteilt werden können:

- Datenextraktion
- Datenumwandlung und -archivierung
- Datenabfragen

Die anfallenden Einzelaufgaben werden von dem Extraktions-, dem Datenbestands- und dem Abfrage-Manager übernommen (vgl. Abbildung 38), die einzeln im Anschluss näher betrachtet werden. Die Prozesse eines Data Warehouse sind selbststeuernd, sie gehen automatisch ohne Eingreifen menschlicher Operatoren vonstatten. Die vom Extraktions- und vom Datenbestands-Manager ausgeführten Aufgaben werden hauptsächlich nachts vollzogen, um eine ausgeglichenere Auslastung der Rechnersysteme zu erreichen. Tagsüber werden Rechenkapazitäten benötigt, um eine erforderliche Performance von operationalen Systemen sicherzustellen. Bei dem dritten Schritt, dem Abfragen von Daten aus den Data-Warehouse-Datenbeständen, ist zu unterscheiden zwischen turnusmäßig automatisch zu erstellenden Reports und Ad-hoc-Abfragen mittels Informationssystemen. Regelmäßige Datenauswertungen werden zur besseren Ressourcenausnutzung ebenfalls wie die beiden ersten Prozessschritte nachts ausgeführt. Direkt durch einen Benutzer gesteuerte Einzelauswertungen werden entsprechend normalen Nutzerverhaltens größtenteils tagsüber getätigt.

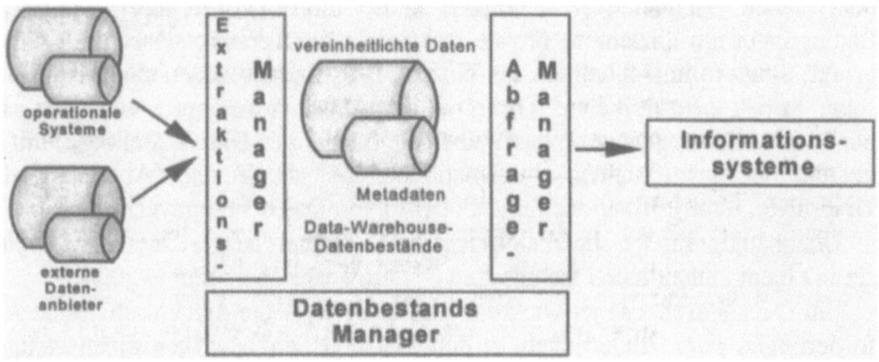

Abbildung 38: Architektur eines Data Warehouse

7.6.1 Extraktions-Manager

Der Extraktions-Manager hat die Aufgabe, Schnittstellen des Data Warehouse zu Datenbeständen operationaler Systeme und externer Datenanbieter bereitzustellen. Daten aus externen Quellen sind zu extrahieren. Die Problematik, auf Daten zugreifen zu müssen, die in verschiedenen technischen Systemen gespeichert sind, ist zu lösen. Felder aus einzelnen Quellen sind zu vereinheitlichen. Abweichungen bez. Ausrichtung und Formate zwischen operationalen Systemen und externen Datenanbietern oder sogar operationalen Systemen untereinander sind eher die Regel als die Ausnahme. Datenaustauschschnittstellen zu Systemen, die auf anderen Hardwareplattformen basieren oder zu abweichenden Datenbanksystemen, müssen eingerichtet werden. Techniken zum Datenaustausch wie beispielsweise CORBA sollen an dieser Stelle nur der Vollständigkeit wegen genannt werden (vgl. Kapitel 5.4.6). Die extrahierten Daten müssen dem Data-Warehouse-Manager über eine festgelegte interne Schnittstelle zur Verfügung gestellt werden.

Häufig wird in Unternehmen für ein Data Warehouse ein technisches System zum Einsatz kommen, das der mittleren bzw. der Großrechnertechnik zuzuordnen ist. Rechnersysteme, auf denen Multi-User- bzw. Multitasking-Betriebssysteme wie Unix oder MVS (OS/390) eingesetzt werden, sind oft erste Wahl.

7.6.2 Datenbestands-Manager

Die bez. einem Data Warehouse anfallenden Hauptaufgaben übernimmt der Datenbestands-Manager. Er hat die Aufgabe, die Schichten der vereinheitlichten und abgeleiteten Daten zu füllen, hierbei erhält er die Unterstützung von dem Extraktions- und dem Abfrage-Manager. Als Input erhält er die vom Extraktions-Manager eingelesenen und im technischen Format vereinheitlichen Daten. Die anfallenden Aufgaben untergliedern sich in:

- Konsistenz- und Integritätsprüfungen der Quelldaten: Bevor Daten in Tabellen der Data-Warehouse-Bestände übernommen werden, ist es erforderlich, diese bez. ihrer Konsistenz und Integrität mittels festgelegten Regeln gesteuert zu überprüfen. Integritätsregeln sind zu definieren. Erfolgt kein Datencheck bei der Datenübernahme, sind inkonsistente und nicht integere Datenbestände das Resultat, und folglich können Auswertungen mittels Informationssystemen ebenfalls fehlerhaft sein, da diese mit Daten aus Data-Warehouse-Beständen versorgt werden. Am leichtesten ausschließen lassen sich Fälle, in denen ein nicht definiertes Format vorliegt oder ein bestimmter Datenbereich vorgeschrieben ist. Hierzu zählen gültige Daten oder realistische Währungsbeträge. Schwieriger ist die Überprüfung, ob ein Abrechnungsbetrag tatsächlich einem entsprechenden Buchungsintervall zuzuordnen ist. Bis zu einer positiven Überprüfung sollten einzustellende Daten nur temporär gespeichert werden. Ein Entfernen fehlerhafter Datensätze ist in modernen Datenbanksystemen mittels einem Rollback möglich, sollte jedoch aus Performancegründen vermieden werden. Parallel zum Überlesen nicht korrekter Datensätze ist ein negatives Ergebnis einer Überprüfung zu protokollieren, um die Ursache im operationalen System oder in der externen Datenquelle zu beseitigen.
- Einfügen von Datenfeldern: Nach einer positiven Überprüfung sind die einzelnen Felder in Data-Warehouse-Datenbestandstabellen zu stellen. In Metadaten müssen hierfür sowohl Quelle als auch Ziel hinterlegt sein.
- Erstellen und Pflege von Indizes: Für spätere Abfragen der Datenbestände eines Data Warehouse sollten Indizes gepflegt werden, die Datenzugriffe beschleunigen können. Ein Bearbeiten von Indizes kann während des Einfügens von neuen Datensätzen oder in einem nachgeschalteten Schritt erfolgen, um die Systemressourcen nicht zusätzlich zu belasten.

- Normalisierungen und Denormalisierungen: Normalisierte Daten haben teilweise den Nachteil, viel Speicherplatz zu verbrauchen und bei Einfügungen und Abfragen eine schlechte Performance aufzuweisen. Denormalisierungen können diese Nachteile vermeiden, ohne jedoch zu stark einzelne bestimmte Abfragen zu berücksichtigen. Im Gegensatz zu OLTP sind Data-Warehouse-Bestände nicht prozess- oder funktionsorientiert, sondern subjektorientiert.
- Erzeugen von Aggregationen: Zur Steigerung der Abfrageleistung bzw. dem Vermeiden von zu großen Speicherbedarfs können Aggregationen erzeugt werden. Sinnvoll sind diese, wenn Einzeldaten zusammengefasst werden, die als Einzeldatum für spätere Auswertungen nicht von Interesse sind. Hierzu können beispielsweise Tageszinseinkünfte von Finanzkonten zählen, eine Aggregation auf Monatsbasis wäre hier sicherlich sinnvoll.
- Sicherung der Data-Warehouse-Datenbestände: Nie völlig ausgeschlossen werden können sowohl Hardware, als auch Software-Fehler, die einen Ausfall von technischen Systemen verursachen. Zur Eingrenzung der Folgen sollten Sicherungen der Datenbestände mindestens täglich durchgeführt werden.
- Archivierung weniger frequentierter Daten: In komplexen Anwendungslandschaften können sich die Bestände eines Data Warehouse schnell zu einer Größe von mehreren Terabyte addieren. Es ist nicht möglich, alle jemals in ein Data Warehouse eingestellten Datensätze ständig in Datenbanksystemen vorzuhalten. Mechanismen sind zu installieren, die für Nutzer weniger interessanten Daten aus den Datenbanken eliminieren und auf anderen Medien archivieren. Daten vorhergehender Berichtsperioden verlieren an Relevanz. Der Detaillierungsgrad älterer Daten sollte verringert werden. Dieses kann erreicht werden, indem vermehrt Aggregationen von Datenfeldern in den Beständen gespeichert werden. Beispielsweise interessieren in einer Bilanz nach mehreren Jahren nicht mehr auf Einzelmonate bezogene Daten, sondern nur auf Jahresbasis zusammengefasste Werte. Je älter Datensätze sind, desto größer sollte ihr Zusammenfassungsgrad sein.

Bei allen vom Bestands-Manager durchzuführenden Aufgaben ist Gewicht auf die Pflege von Metadaten zu legen, da mit ihnen der Aufbau, die Abläufe und die Inhalte eines Data Warehouse beschrieben werden. Alle Prozessschritte und Inhalte eines Data Warehouse müssen mit Hilfe von Metadaten sowohl für Administratoren als auch für Endanwender nachvollziehbar sein.

7.6.3 Abfrage-Manager

Die Schnittstelle zwischen Data-Warehouse-Beständen und Informationssystemen bildet der Abfrage-Manager. In einem festgelegten Nachrichtenformat sendet er angeforderte Daten an Datenabnehmer. Der Aufbau des Abfrage-Managers ist ähnlich aufwendig wie der des Extraktions-Managers. Für neu zu erstellende Informationssysteme sollte eine Schnittstelle propagiert werden, die nach dem neuesten technischen Stand gestaltet ist. Der Einsatz einer standardisierten Schnittstelle ist zu empfehlen, da dies die Einbindung von auf dem Markt verfügbaren, von Fremdanbietern entwickelten Informationssystemen erleichtert. Wie beim Extraktions-Manager können hierbei CORBA-Technologien effektiv zum Einsatz kommen.

Eine Migration von Altsystemen auf eine neue, noch so gute Schnittstelle wird nicht von einem Tag auf den nächsten möglich sein. Die Datenversorgung von Altsystemen ist über eine längere Übergangsdauer zu gewährleisten. Es ist erforderlich, für Altsysteme Schnittstellen zur Verfügung zu stellen.

7.7 Praxisbeispiel

Für die Stadt Köln hat die SOFTWARE AG eine Data-Warehouse-Lösung EDV-technisch realisiert, welche sich an der Drei-Schicht-Datenarchitektur orientiert[150]:

Im ersten Schritt werden Rohdaten aus operativen Anwendungen wie beispielsweise automatisierten Verwaltungs- oder Messverfahren vereinigt mit Daten aus externen Datenquellen, die amtliche Statistiken oder Marktbeobachtungen umfassen, und in einem einheitlichen homogenen mehrdimensionalen Datenbestand abgelegt. Dieser Datenbestand ist im nächsten Schritt Basis für eine Aufbereitung zu kompakten Informationspaketen nach Datenschutzrecht, Verarbeitungseffizienz und Performance-Gesichtspunkten. Die abgeleiteten Informationspakete sind verdichtete, multidimensionale Tabellen mit möglichst geringem Informationsverlust gegenüber den Einzeldaten. Sie sind geeignet als Transferobjekte für eine Weiterverarbeitung mittels PC-Standardsoftware wie Excel, aber auch geeigneter EIS-Tools bzw. Statistiksoftware. Ein Benutzer kann selbst mittels einem Menü auswählen, welche Informationen einzelne Informationspakete umfassen sollen.

Als Hardware kommen Großrechner in Verbindung mit Client-Server-Systemen und Unix-Plattformen zum Einsatz. Zur Umsetzung wurde die Implementierungssprache NATURAL, CASE-Tools und ENTIRE-Produkte der SOFTWARE AG genutzt.

---

[150] vgl. Christmann, Alfred: Das Strategische Informationssystem SIS – Die DATA-WAREHOUSE-Lösung der Stadt Köln, 1995, S. 335–341

7.8
Fazit

Die Konzeption der Datenarchitektur stellt früh die Weichen für einen Erfolg oder Misserfolg eines Data Warehouse. Es ist diesbezüglich eine Entscheidung zu treffen, welche die Struktur des Data Warehouse maßgeblich und nachhaltig bestimmt. Eine generelle Aussage, welche Architektur die richtige ist, lässt sich unabhängig von Unternehmensspezifika nicht machen. Bei differierenden Unternehmen muss die eingesetzte Anwendungslandschaft und die Anzahl der täglich zu verarbeitenden Datensätze Berücksichtigung finden.

Die Ein-Schicht-Datenarchitektur oder ein virtuelles Data Warehouse kann nur in Unternehmen mit einer homogenen Anwendungslandschaft und wenigen zu verarbeitenden Datensätzen mit Erfolg eingesetzt werden. Um ein brauchbares Performanceverhalten sowohl für operationale Systeme als auch für Data-Warehouse-Analysen zu ermöglichen, sollten die eingesetzten Datenbanken nur einem technischen System unterliegen. Für Großunternehmen, die viele Millionen Datensätze verarbeiten und oftmals eine heterogene Anwendungslandschaft haben, sollte auf keinen Fall die Ein-Schicht-Datenarchitektur gewählt werden, da die unterschiedlichen Charakteristiken von operativen und Data-Warehouse-Daten keine Berücksichtigung finden.

Häufig vorzufinden ist die Zwei-Schicht-Datenarchitektur in Unternehmen mit historisch gewachsenen operationalen Systemen und Schritt für Schritt eingesetzten Informationssystemen. Zu empfehlen ist sie jedoch für kein Unternehmen:

- Für Unternehmen mit überschaubarer EDV-Landschaft ist es nicht erforderlich extra Datenbestände für Informationssysteme zu erstellen, da kostengünstiger ohne zusätzlichen Speicherbedarf für Datenbereitstellungen einzelner Informationssysteme ein virtuelles Data Warehouse eingesetzt werden kann.
- Durch die Trennung von aktuellen Daten und Daten für Informationssysteme können deren differierenden Anforderungen an Datenbanksysteme erfüllt werden. Probleme der Datenintegrität unterschiedlicher Datenbestände für verschiedene Informationssysteme, welche in der Regel unabhängig voneinander erstellt werden, stellen aber den Einsatz der Zwei-Schicht-Datenarchitektur auch bei Großunternehmen in Frage.

Die Drei-Schicht-Datenarchitektur ist zu empfehlen, wenn heterogene operationale Systeme zum Einsatz kommen, die täglich viele Millionen Datensätze verarbeiten, und unterschiedliche Informationssysteme eingesetzt werden. Rechenzentren der Kreditwirtschaft oder der Versicherungswirtschaft gehören eindeutig zu dieser Gruppe. Aus Performancegründen sind unbedingt die Datenbestände für operationale Systeme und Data-Warehouse-Daten voneinander zu trennen, da eine Vielzahl von Datensätzen verarbeitet werden muss und nur durch einerseits transaktionsorientierte und andererseits analyseorientierte Datenhaltungen ein akzeptables Performanceverhalten erzielt werden kann. Ein eingesetztes Data Warehouse für diese Branchen kann schnell mehrere Terabyte umfassen. Für Informationssysteme sind unbedingt Inkonsistenzen der aktuellen Daten zu korrigieren. Um dieses nicht für jede Datenbereitstellung für ein Informationssystem aufs neue durchführen zu müssen, ist die Schicht der vereinheitlichten Daten einzuführen. Stehen für Informationssysteme nicht einheitliche Daten zur Verfügung, besteht die Gefahr, dass Auswertungen verschiedener Informationssysteme durchgeführt werden, die durch Abweichungen in ihren Datenbeständen nicht miteinander vergleichbar sind.

8 Inhalte eines Data Warehouse

Ein Data Warehouse enthält umfangreiche Informationen in Form von Daten. Informationen und Daten sind nicht identisch. Daten sind der Rohstoff, aus dem das immaterielle, wirtschaftliche Gut „Informationen" hergestellt oder produziert werden kann. Informationen sind ein handlungsbestimmendes Wissen über vergangene, gegenwärtige und zukünftige Zustände der Wirklichkeit und Ereignisse in der Wirklichkeit. Zu berücksichtigen ist, dass Daten in Form von Nachrichten, welche an mehrere Empfänger gerichtet werden, nicht notwendigerweise für alle Empfänger die gleichen Informationen darstellen müssen[151]. Eine Nachricht wird zur Information, wenn beim Empfänger neues Wissen generiert bzw. vorhandenes Wissen ergänzt wird.

Es ist die grundsätzliche Frage zu klären, welche Daten für ein Data Warehouse entscheidend sind und in diesem folglich hinterlegt werden sollten. Es wird eine Antwort diskutiert, indem die Obermenge der Daten bezüglich ihrer Bedeutung und Ausrichtung unterteilt und separat betrachtet wird.

8.1 Unterteilung von Daten gemäß ihrer Bedeutung

Gemäß ihrer Bedeutung lassen sich Daten in die Mengen der Geschäftsdaten, der Daten als Produkt und der Metadaten untergliedern[152]. Die drei Datenmengen werden im Anschluss getrennt betrachtet, und es wird geklärt, ob sie in einem Data Warehouse abgelegt werden sollten.

8.1.1 Geschäftsdaten

Computerbasierte Daten, welche den Status von Geschäften beschreiben, werden als Geschäftsdaten bezeichnet. Sie werden sowohl in operationalen

---

[151] vgl. Rechenberg, Peter, Pomberger, Gustav: Informatikhandbuch, 1997, S. 860

[152] vgl. Devlin, Barry: Data Warehouse – from Architecture to Implementation, 1997, S. 41

Systemen zur Durchführung von Geschäftsprozessen als auch in Informationssystemen zur Unterscheidungsunterstützung genutzt.

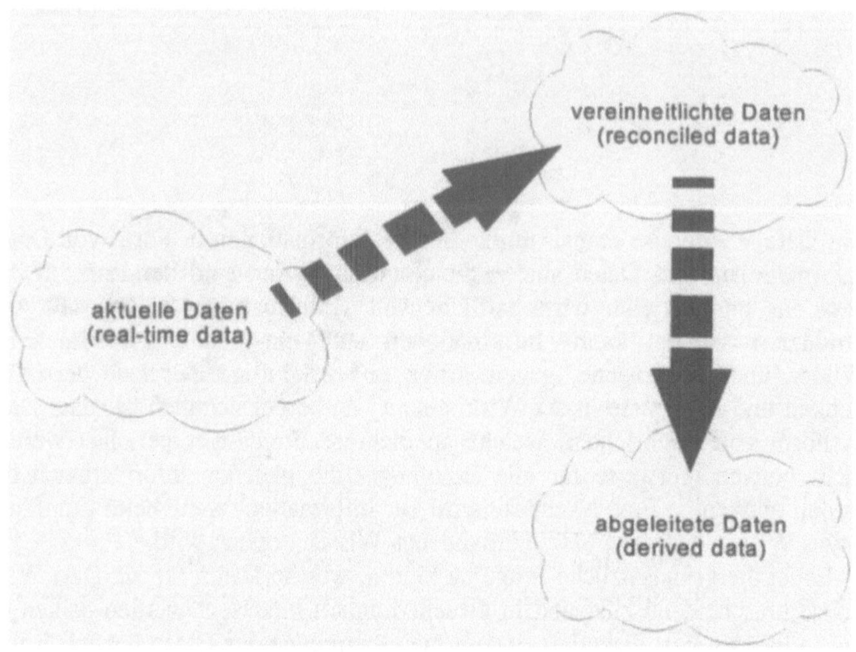

Abbildung 39: Untergliederung der Menge der Geschäftsdaten

Entsprechend möglicher konzeptioneller Ansätze für ein Data Warehouse (vgl. Kapitel 7.4) kann die Menge der Geschäftsdaten in die drei unterschiedlichen Typen aktuelle Daten (real-time data), abgeleitete Daten (derived data) und vereinheitlichte Daten (reconciled data) aufgeteilt werden (siehe Abbildung 39), die entsprechend den folgenden vier Kriterien beurteilt werden und ihr Nutzen für ein Data Warehouse diskutiert wird[153]:

1. Gebrauch von Geschäftsdaten: Daten werden in Unternehmen auf zwei Arten genutzt. In der Form von operationalen Daten drücken sie den Zustand von Geschäften aus und werden zur Abwicklung von Geschäftsvorfällen gebraucht. Ihr Inhalt kann mittels Transaktionen geändert werden. Werden Daten zur Steuerung von Geschäften herangezogen, handelt es sich um Informationsdaten. Grundsätzlich ist zu beachten, dass Informationsdaten immer aus operationalen Daten gebildet werden. Informationsdaten sind nicht flüchtig, sie sollten weder durch operationale Systeme noch durch Informationssysteme verändert werden.

---

[153] vgl. IBM: Information Warehouse Architecture I, 1993

2. Ausrichtung von Daten: Der Gebrauch von Daten bewirkt maßgeblich deren Ausrichtung. Für die Durchführung von operationalen Geschäften werden detaillierte Daten benötigt, die alle verfügbaren Informationen über Geschäftsvorfälle abdecken. Im Gegensatz hierzu sind für die Steuerung von Geschäften nicht alle detaillierten Daten erforderlich, da zu viele verschiedene Datenwerte einem Manager den Blick auf das Wesentliche erschweren können. Zusammengefasste Daten erleichtern die Durchführung von Analysen, weil sie im Gegensatz zu Einzelgeschäftsdaten den Überblick über die Gesamtgeschäftssituation ermöglichen.
3. Zugriff auf Daten: Daten können bezüglich ihres möglichen Zugriffes in zwei Gruppen unterschieden werden. Mit Hilfe von Lese-/Schreibe-Daten können die veränderlichen Zustände von Geschäften und Geschäftsbeziehungen beschrieben werden. Zu der Gruppe der nur Lesedaten gehören historische Daten, welche beispielsweise abgeschlossene Geschäftsvorfälle beschreiben. Bei der Speicherung von Daten begrenzen die Zugriffsmöglichkeiten auf Daten die Alternativen in der Auswahl von physikalischen Speichermedien. Für ausschließlich Lesedaten können beispielsweise günstige optische Medien genutzt werden, die nur ein einmaliges Beschreiben des Trägers erlauben.
4. Zeitliche Lauffrist von Daten: Daten stehen immer im Kontext einer zeitlichen Zuordnung, Werte können ohne zugehörige Zeitinformationen nicht korrekt ausgewertet werden. Für zeitliche Zuordnungen bestehen drei Alternativen (vgl. Abbildung 40): Gegenwärtige Daten (current data) beschreiben Geschäfte der Gegenwart, die Gesamtheit aller Daten ist eine Momentaufnahme des gesamten Unternehmens. Zeitpunktdaten (point-in-time data) sind einem gemeinsamen Zeitpunkt der Vergangenheit oder der Zukunft zugeordnet. Vergangenheitswerte werden aus gegenwärtigen Daten abgeleitet und beschreiben den Geschäftsstatus eines Momentes. Nach einem täglichen Geschäftsende oder nach einem Monatsabschluss (Ultimo) werden häufig Zeitpunktdaten für spätere Auswertungen erstellt. Zeitpunktdaten der Zukunft werden aus gegenwärtigen Daten und vorhersehbaren oder geplanten Ereignissen gebildet. Periodische Daten (periodic data) besitzen eine genau festgelegte Struktur und dokumentieren Veränderungen von Geschäftswerten, indem zu immer wiederkehrenden periodischen Zeitpunkten Datenwerte in dieser Struktur abgelegt werden. Liegen periodische Daten über mehrere Jahre vor, so lassen sich Geschäftsveränderungen beobachten und Vorhersagen über die Zukunft machen.

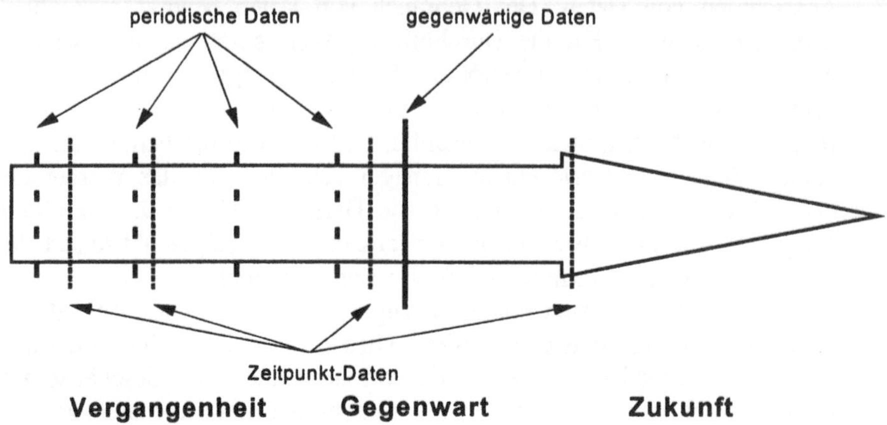

Abbildung 40: Zeitliche Lauffristen von Daten

Im folgenden werden die drei Typen von Geschäftsdaten anhand obiger vier Kriterien (vgl. Abbildung 41) eingeordnet, und es wird eine Antwort gegeben, ob ihre Daten in einem Data Warehouse abgelegt werden sollten[154]:

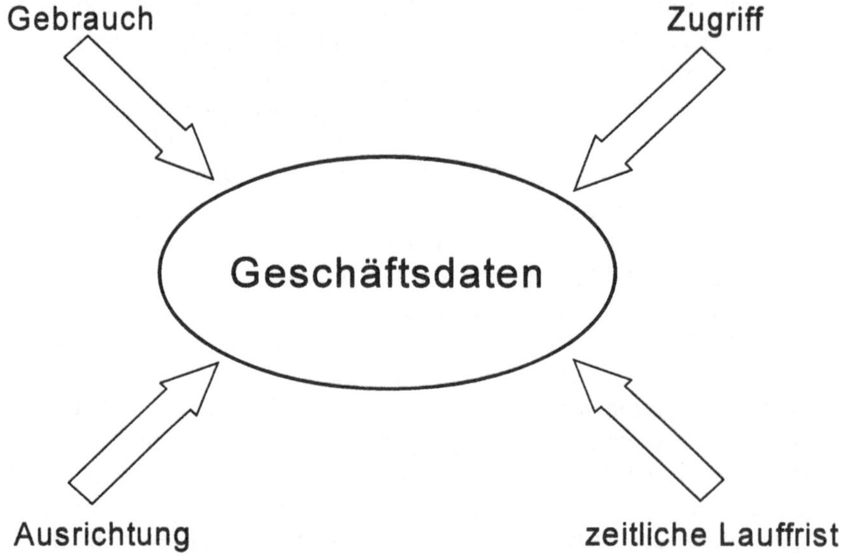

Abbildung 41: Einordnung von Geschäftsdaten anhand von Kriterien

8.1.1.1 Aktuelle Daten (real-time data)

Zur Durchführung von operationalen Geschäften werden aktuelle Daten mit detailliertem Umfang benötigt. Der Zugriff erfolgt sowohl in lesender als auch

[154]vgl. Devlin, Barry: Data Warehouse – from Architecture to Implementation, 1997, S. 46–50

in schreibender Form, für Transaktionen ist die Menge der aktuellen Daten gleichzeitig Ein- und Ausgabebestand. Die Informationen der aktuellen Daten beschreiben den gegenwärtigen Zustand aller Geschäfte. Sie sind das datenbezogene Abbild der geschäftlichen Realität, des Geschäftsstatus eines Unternehmens.

Durch Transaktionen durchgeführte Geschäftsvorfälle bewirken sofortige Wertänderungen in den aktuellen Daten. In diesem Zusammenhang ist es unerheblich, ob Transaktionen eine direkte sofortige Änderung von Datenbanken bewirken oder ob zu einem definierten Zeitpunkt alle Transaktionen beispielsweise nach einem Buchungsschnitt ausgeführt werden. In der Kreditwirtschaft weisen Rechenzentren mit einer historisch gewachsenen Anwendungslandschaft in der Regel ein Sammeln von Transaktionen und deren abschließende Ausführung nach einem Buchungsschnitt im Batchbetrieb auf. Rechenaufwände werden in die weniger stark belasteten Zeiträume nach einem Buchungsschnitt verlagert. Als Vorteil wird oft genannt, ist aber meiner Meinung nach zu bezweifeln, dass so die Gesamtperformance des Systems gesteigert werden kann. Nachteilig ist, dass Transaktionen zur Zustandsüberwachung unter Umständen in mehreren Beständen Daten lesen müssen und auf diesem Wege Probleme in der Ablaufsteuerung und der Synchronisation auftreten können. Der aktuelle Girosaldo beispielsweise steht oft nicht direkt in einem Datenfeld, sondern muss zuvor unter Berücksichtigung noch nicht EDV-technisch gebuchter Transaktionen berechnet werden. Wurde eine Anwendungslandschaft vor nicht allzulanger Zeit nach einer kompletten Neuentwicklung eingeführt, so werden zur Vermeidung obiger Nachteile alle Transaktionen online ausgeführt. In beiden Szenarien beschreibt jedoch die Gesamtheit aller Daten den momentanen Zustand der Gegenwart des Unternehmens.

Die aktuellen Daten besitzen in der Regel kein einheitliches technisches System zu ihrer Hinterlegung. Es sind sowohl sequentielle Datensätze als auch Datenbanken unterschiedlichen Typs wie beispielsweise hierarchische oder relationale Systeme vorzufinden. Einzelne operationale Systeme nutzen häufig verschiedene Speichermethoden für ihre Informationsmengen. In den achtziger Jahren herrschten hauptsächlich EDV-Lösungen vor, die zur Durchführung von EDV-Prozessen einen Großrechner nutzten. Heutzutage wird nicht mehr ausschließlich auf einen Großrechner gesetzt, sondern parallel übernehmen verteilte Systeme Aufgaben, die zuvor ein Großrechner übernommen hatte. Daten werden somit nicht nur auf einem einheitlichen technischen System vorgehalten, sondern werden auf verschiedenen Rechnersystemen verteilt abgelegt. Je älter die gesamte Anwendungslandschaft eines Unternehmens ist, desto heterogener sind Datenhaltungssysteme und desto höher ist der Aufwand, Daten verschiedener operationaler Systeme miteinander zu verknüpfen.

Ein Datenbankverwaltungssystem soll die Sachverhalte der realen Welt widerspiegeln. Es wird erwartet, dass nur korrekte und widerspruchsfreie (konsistente) Daten in einer Datenbank vorgehalten werden, weiterhin muss die

Konsistenz während des Systembetriebes unter allen Umständen aufrechterhalten werden, die Integrität des Datenbanksystems muss gesichert sein. Dieses schließt darüber hinaus den Schutz der Datenbank vor unberechtigten Zugriffen und Veränderungen mit ein. Datenbanken können Daten für einen größeren Ausschnitt der Realität enthalten und von verschiedenen Einzelanwendungen genutzt werden, die häufig die gleichen Einzeldaten benötigen. Um Redundanzarmut zu erreichen, sollten Informationen möglichst nur einmal durch Daten repräsentiert werden. Die Integrität der Daten vermeidet unnötigen Speicheraufwand und Widersprüche durch inkonsistente Änderungen in den Daten[155].

Mit Hilfe eines Data Warehouse sollen Informationen eines Unternehmens zugänglich gemacht werden, Systeme zur Unterscheidungsunterstützung sind mit Daten zu versorgen. Aktuelle Daten sollten nicht in ein Data Warehouse eingestellt werden, sondern sollten ausschließlich zur Durchführung von Geschäftsprozessen herangezogen werden. Für Analysen sind sie weniger gut geeignet, da sie zu detailliert, nicht einheitlich sind, keinerlei historische Werte beinhalten und ihren Zustand fortlaufend ändern können. Entwicklungen und Tendenzen, deren Erkennen für die Entscheidungsfindung besonders wichtig ist, sind aus ihnen nicht ersichtlich. Aktuelle Daten sind nicht integriert (vgl. Abbildung 42).

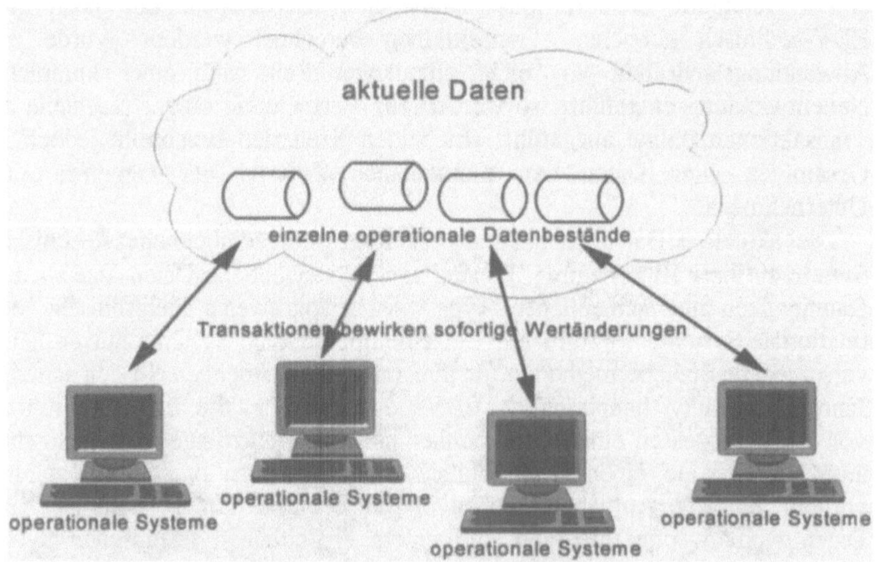

Abbildung 42: Bildung aktueller Daten durch operationale Datenbestände

[155]vgl. Rechenberg, Peter, Pomberger, Gustav: Informatikhandbuch, 1997, S. 746/747

Aktuelle Daten besitzen jedoch einen sehr großen Einfluss auf Daten eines Data Warehouse, da sie der Ursprung für abgeleitete und vereinheitlichte Daten sind.

8.1.1.2 Abgeleitete Daten

Die Menge der abgeleiteten Daten wird aus der Menge der aktuellen Daten gebildet. Sie werden zur Steuerung und Analyse von Geschäftsprozessen durch Informationssysteme genutzt und sollten in einem Data Warehouse abgelegt werden.

Vor der Einführung der EDV wurden Datenableitungen ausschließlich per Hand durch beispielsweise manuelle Übernahme in Tabellen oder Auswertungen durchgeführt. Wesentlich effektiver sind natürlich automatisierte Lösungen, welche in Rechenzentren Daten in einem konsistenten Zustand durch Batchprozesse ableiten.

Die Ableitung der Daten erfolgt zu fest definierten Terminen, wobei grundsätzlich verschiedene Zeitperioden möglich sind. Eine Periode ist zu ermitteln, welche die folgende Voraussetzung erfüllt: Durch den Ableitungsprozess dürfen keine zusätzlichen Inkonsistenzen entstehen, dieses schließt Bereitstellungsperioden kleiner der benötigten Zeitdauer für die Ableitung der kompletten Daten im vornherein aus. Ausschließliche Bereitstellungen auf Wochen- oder Monatsbasis sind problematisch, da die Aktualität der Daten für tägliche Auswertungen so nicht ausreichend wäre. Am effektivsten ist es, die Menge der abzuleitenden Daten in vier Gruppen einzuteilen, Daten sollten entsprechend ihres Kontextes und ihrer Bedeutung täglich nach einem Buchungsende, wöchentlich, nach einer monatlichen Abrechnung (Ultimo) oder nach dem Jahresabschluss (Jahresultimo) abgeleitet werden. Da die Menge der aktuellen Daten als Quellbestand fungiert und zu einem festgelegten Zeitpunkt die Daten abgeleitet werden, handelt es sich um Zeitpunktdaten, die einen Schnappschuss der Geschäftszustände eines Augenblickes aufzeigen.

Zum Thema Datenableitungszeitpunkte gibt es verschiedene Standpunkte. Eine Umfrage der Computer Associates aus dem Jahre 1993 stellte den zwei Gruppen Manager und Benutzer die Frage nach Latenzanforderungen an EDV-Daten (vgl. Abbildung 43). Die Antworten wiesen zwischen den beiden Gruppen keine erheblichen Unterschiede auf. 36% der Befragten sind der Meinung, dass ein tägliches Refresh notwendig ist. Ein sofortiges Refresh hielten 29% der Befragten für unvermeidlich[156].

Die stark abweichenden Antworten sind damit zu erklären, dass die Befragten bei der Beantwortung der Frage jeweils spezielle Datenfelder berücksichtigten. Eine Lösung kann nur darin bestehen, dass für einzelne Gruppen von Feldern unterschiedliche Datenableitungszeitpunkte festgelegt werden.

---

[156] vgl. Fasching, Franz: Verfahren für die Bereitstellung von Informationen für ein Data Warehouse, 1995, S. 255

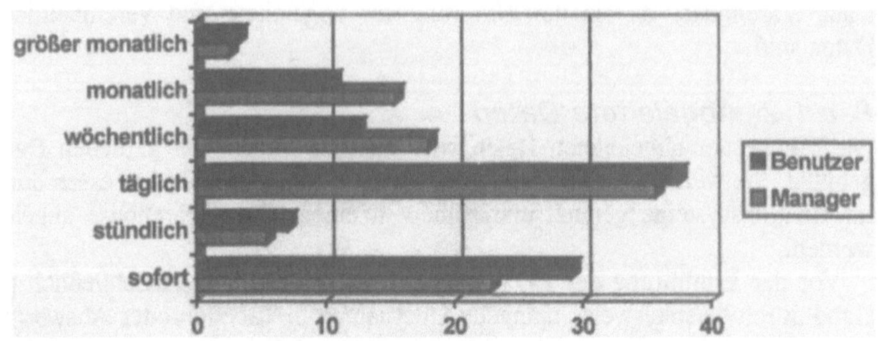

Abbildung 43: Umfrageergebnis bezüglich Datenlatenzzeiten (N = 152), Computer Associates, 1993

Datenänderungen durch Informationssysteme sind nicht zu ermöglichen, da Probleme durch inkorrekte Datenupdates vorprogrammiert und die Konsistenz gefährdet wäre. Bei der Menge der abgeleiteten Daten handelt es sich um Nur-Lesedaten. Sowohl detaillierte als auch zusammengefasste Daten können enthalten sein, die durch eine periodische Bereitstellung auch historisierte Daten umfassen. Durch Zeitreihen können Entwicklungen aufgezeigt werden.

Sie brauchen nicht einem einheitlichen technischen Standard unterliegen, sie können für unterschiedliche technische Systeme wie beispielsweise Großrechner, Midrange-Systeme oder PC-Lösungen bereitgestellt werden. Informationssysteme mit unterschiedlichen technischen Basen können direkt mit abgeleiteten Daten versorgt werden. Es ist nicht dringend erforderlich, dass ein Data Warehouse technisch einheitlich ist, entscheidend ist vielmehr die Gesamtkonzeption eines Data Warehouse.

Prof. Dr. Markus Schwaninger vertritt die These „Führungskräfte leiden weniger an einem Mangel relevanter, als an einem Überfluss irrelevanter Daten". Nicht die Verfügbarkeit von Daten ist das Hauptproblem, sondern das Modell oder das Schema der Fragestellung. Probleme der Datenbeschaffung können weitgehend durch Informationstechniken gelöst werden. Das Erkennen von relevanten Größen ist entscheidend zur Deckung eines Informationsbedarfes. Vielfach bestehen Schwierigkeiten im Erkennen der am leichtesten zu erschließenden Quelle für eine bestimmte Information. Adäquate Daten werden in einem Unternehmen oftmals nicht genutzt, obwohl sie verfügbar sind, weil deren Relevanz nicht erkannt worden ist[157].

Abgeleitete Daten unterscheiden sich von aktuellen Daten bezüglich ihres Detaillierungsgrades. Im Falle eines Schnappschusses kann ihr Detaillierungsgrad maximal so detailliert sein wie der Grad der Ursprungsdaten. Hauptsächlich beinhalten abgeleitete Daten zusammengefasste Datenwerte.

---

[157]vgl. Schwaninger, Markus: Komplexitätsbewältigung durch Führungsinformationssysteme, 1995, S. 159

Sowohl für detaillierte als auch für zusammengefasste Daten kann die Menge der Ursprungsdatenfelder eingeschränkt werden, indem nur eine Untermenge von Feldern ausgewählt wird (vertikale Datenuntermenge) oder nur bestimmte Datensätze der aktuellen Daten übernommen werden (horizontale Datenuntermenge). Auf diese Art können ausgewählte Daten beispielsweise für einzelne Regionen oder Filialen abgeleitet werden.

Die Menge der aktuellen Daten beschreibt den momentanen Geschäftszustand verschiedener operationaler Systeme, die meist voneinander unabhängige Datenbestände aufweisen. Es können neue Datenwerte gebildet werden durch Kombination von Werten unterschiedlicher operationaler Datenbestände.

Ein großes Problem aller abgeleiteten Daten ist die Inkonsistenz der operationalen Datenbestände. Die operationalen Systeme sind in der Regel sogenannte Insellösungen, sie sind nacheinander völlig unabhängig voneinander entwickelt worden. Eine Datenabstimmung zwischen einzelnen operationalen Systemen ist häufig nicht erfolgt, da kein Unternehmensdatenmodell existierte. Werden ausschließlich Daten nur eines operationalen Systems abgeleitet, so sind auch die abgeleiteten Daten konsistent, da operationale Systeme für sich betrachtet konsistent und einheitlich sind. Werden hingegen Daten unterschiedlicher Quellen kombiniert, so kommen Abweichungen der einzelnen Systeme zum Tragen. Unterschiedliche Schlüsseltabellen werden oft in einzelnen operationalen Systemen angewandt. Die Menge der aktuellen Daten ist in ihrer Gesamtheit nur selten konsistent. Probleme sind vorhersehbar und verlangen die Einführung einer weiteren Datenmenge, der Menge der vereinheitlichten Daten.

8.1.1.3 Vereinheitlichte Daten

Die Menge der vereinheitlichten Daten bildet den Kernbestandteil eines Data Warehouse. Direkt aus der Menge der aktuellen Daten wird die Menge der vereinheitlichten Daten gebildet, um Abweichungen und Inkonsistenzen innerhalb der aktuellen Daten zu korrigieren. Die Menge der aktuellen Daten ist von sich aus nicht konsistent und einheitlich, da einzelne operationale Datenbestände oft unterschiedlich konzipiert worden sind. Aus diesem Grunde ist es erforderlich die Menge der vereinheitlichten Daten neu zu erzeugen. Vom Grundprinzip entspricht der Prozess, der die vereinheitlichten Daten bildet und in einem gesonderten Datenbestand ablegt, einem Datenableitungsprozess. Das Ergebnis des Vereinheitlichungsprozesses ist jedoch kein temporärer Datenbestand, der nur wie häufig bei Datenableitungen im Hauptspeicher eines Rechners vorgehalten wird, sondern ein festplattenorientierter Datenbestand. Hierdurch braucht ein Vereinheitlichungsprozess für alle Daten nur einmal durchgeführt werden und nicht wie häufig in traditionellen Verarbeitungssystemen für jeden abgeleiteten Datenbestand.

Entsprechend den aktuellen Daten enthalten die vereinheitlichten Daten ausschließlich detaillierte Daten, wobei in Hinsicht des Umfanges Anforderungen von datenanfordernden Systemen wie beispielsweise Informationssystemen Berücksichtigung finden müssen.

Sollen Daten aus separaten Datenquellen miteinander kombiniert werden, so ist es unumgänglich, die Strukturen und Rahmenbedingungen der einzelnen Ressourcen genauestens zu analysieren und untereinander abzugleichen. Es sind explizite Verarbeitungsvorschriften zu erstellen, anhand derer Daten trotz Abweichungen untereinander kombiniert werden können. Felder werden korrigiert, indem einheitliche Typen eingeführt werden.

Am einfachsten zu korrigieren sind Abweichungen im Gebrauch von Schlüsseltabellen: Oftmals werden verschiedene Codes für gleiche Inhalte oder unterschiedliche technische Formate benutzt. Sie brauchen nur auf ein einheitliches sowohl logisches als auch technisches Format umgesetzt werden. Ein klassisches Beispiel sind Alternativen für eine Verschlüsselung des Geschlechtes bei Menschen; denkbar und umgesetzt wurden verschiedenste Varianten wie beispielsweise m/f oder 0/1. Schlüsselwörter für identische Entitäten können in einzelnen operationalen Systemen variieren. Abhilfe versprechen systemübergreifende unabhängige Entitätenbeschreibungen. Mit größerem Aufwand sind inhaltliche Abweichungen zu vereinheitlichen, z.B. Werte, die unterschiedlichen zeitlichen Lauffristen unterliegen. Denkbar sind Abrechnungssätze, die täglich zu Mindestreserveterminen oder beispielsweise zum Ultimo mit zugehörigen unterschiedlichen Berechnungszeiträumen erzeugt werden. Sollen diese Daten miteinander verglichen werden, so müssen sie auf eine gemeinsame Zeitbasis umgesetzt werden. Dieses erfordert unter Umständen komplexe Umrechnungsalgorithmen.

Es ist nicht erforderlich, alle verfügbaren Datenfelder der operationalen Systeme in die Menge der vereinheitlichten Daten zu überführen, es genügt eine sowohl horizontale als auch vertikale Auswahl. Neue Datenfelder sollten durch den Vereinheitlichungsprozess nicht erstellt werden. Das Bilden von zusammengefassten Daten muss denen im Ablaufplan nachgeordneten Ableitungsprozessen und Informationssystemen vorbehalten bleiben, da diese nur ausgewählte Teildatenbestände bereitstellen. Ein generelles Bilden und Ablegen von zusammengefassten Datenwerten in die Menge der vereinheitlichten Daten würde aufgrund praktisch unbegrenzter Kombinationsmöglichkeiten die benötigten Rechenaufwände und Speicherressourcen zu stark belasten und die Performance des Gesamtsystems herabsetzen. Weiterhin würde das Zusammenfassen nur einer Teilmenge der vereinheitlichten Daten der grundsätzlichen Ausrichtung der vereinheitlichten Daten widersprechen.

In der Menge der aktuellen Daten werden ausschließlich gegenwärtige Daten vorgehalten, welche den momentanen Zustand der Geschäftsprozesse beschreiben. Für die meisten Analysen ist es unumgänglich sowohl periodische als auch Zeitpunktdaten auszuwerten. Die Menge der vereinheitlichten Daten erfüllt diesbezüglich die Anforderungen von Informationssystemen, indem in einem einheitlichen konsistenten Format periodische, Zeitpunkt- und gegenwärtige Daten bereitgestellt werden. Historische Daten werden vorgehalten, die natürlich immer ihren Ursprung in den aktuellen Daten finden.

In ein Data Warehouse sollten aufgrund der Integritätsverletzung der aktuellen Daten diese nicht eingestellt werden. Statt dessen sollten die vereinheitlichten und abgeleiteten Daten in einem Data Warehouse bereitgehalten werden (vgl. Abbildung 44).

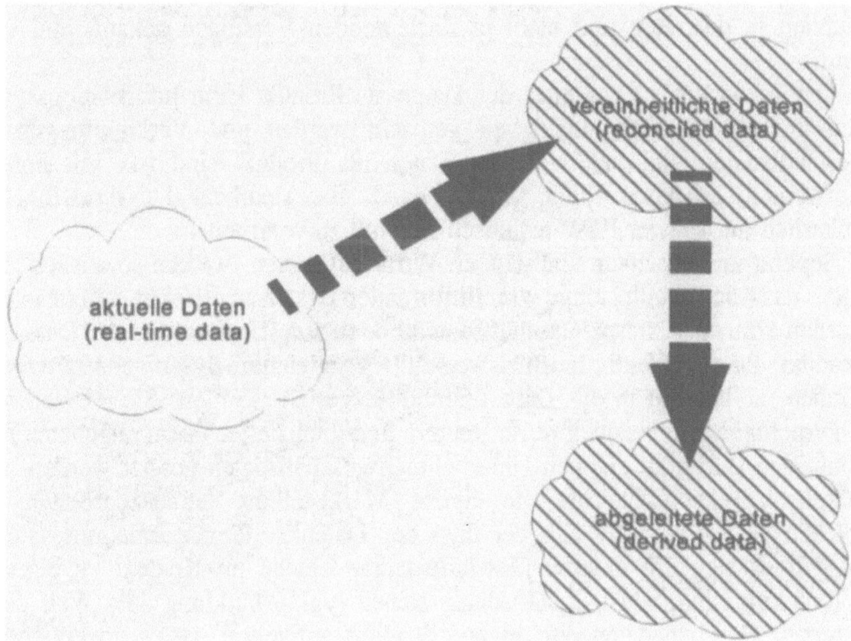

Abbildung 44: Geschäftsdaten mit geschwärztem Data-Warehouse-Bereich

8.1.2 Daten als Produkt

Der Typ der Daten als Produkt nimmt ständig an Bedeutung zu, liegt jedoch außerhalb des Bereiches eines Data Warehouse, operationaler Systeme oder Informationssysteme. Die Bedeutung der Daten als Produkt liegt in ihrem Inhalt selbst und nicht in einem repräsentierten Geschäftszustand. Sie können entsprechend physikalischen Produkten gebildet, erhalten und weitergegeben werden.

Digital gespeicherte Musik, Filme oder Bücher bilden Grundbeispiele. Bücher werden heute hauptsächlich in Papierform erstanden, jedoch besteht zunehmend auch die Möglichkeit Zugang zu ihrem Inhalt mittels elektronischer Medien wie Internet oder CD-ROM zu erhalten.

Daten als Produkt weisen in der Regel keine Struktur auf, die es Informationssystemen direkt erlauben, ihren Inhalt zu verarbeiten. Der Hauptunterschied zu Geschäftsdaten liegt jedoch nicht in dem Mangel fehlender Struktur, sondern in ihrer abweichenden Bedeutung. Geschäftsdaten repräsentieren den Zustand von Geschäften in Abhängigkeit einer zugeordneten Zeit, im Gegensatz hierzu liegt die Bedeutung von Daten als Produkt in ihrem Inhalt selbst. Geschäftsdaten werden fortlaufend in Folge von Zustandsveränderungen in gleichbleibender syntaktischer Form modifiziert. Daten als Produkt sind so strukturiert, dass sie als Produkt veräußert werden können. Sie werden hauptsächlich in diskreten und nicht in fortlaufenden Versionen gekauft und verkauft.

Der Inhalt eines Großteiles der Daten als Produkt kann Informationssystemen nicht brauchbar zugänglich gemacht werden und Verknüpfungen zu Geschäftsdaten und innerhalb der Daten als Produkt sind nur mit hohem Aufwand zu erzeugen. Filme, Musik oder Bücher sind bezüglich ihres Inhaltes sicherlich nur schwer EDV-technisch sinnvoll zu verarbeiten.

Separat zu betrachten sind jedoch Wirtschaftsdaten, welche so ausgerichtet sind, dass sie zweifelsohne von Informationssystemen effektiv eingebunden werden können. Externe Geschäftsdaten bilden eine Untermenge der Daten als Produkt. Da sie effektiv beispielsweise für Vergleichsanalysen genutzt werden können, sollten sie in ein Data Warehouse gestellt werden. Sie werden von Unternehmen wie beispielsweise Reuters in digitalisierter Form angeboten und können in Bezug zu eigenen Unternehmensgeschäftsdaten gesetzt werden, um mittels Vergleichsanalysen die eigene Marktstellung herauszuarbeiten. In solchen Fällen wandelt sich der Typ der Daten[158], für Informationssysteme handelt es sich um externe Geschäftsdaten, welche im Kontext zu eigenen unternehmensinternen Geschäftsdaten stehen (vgl. Abbildung 45). Weil diese externen Geschäftsdaten eine eigene Struktur aufweisen, ist es unverzichtbar diese in einem Vereinheitlichungsschritt den internen Geschäftsdaten bezüglich Struktur und Ausrichtung anzugleichen.

Es können auch Geschäftsdaten eines Unternehmens veräußert werden, der Typ der Daten wandelt sich dann von Geschäftsdaten zu Daten als Produkt. In den USA ist es der Normalfall, dass über alle Branchen hinweg Unternehmen eigene Geschäftsdaten zum Verkauf anbieten und fremde Geschäftsdaten erwerben; selbst Versicherungsunternehmen, Kreditinstitute, Kreditkartenunternehmen, Einzelhandelsgesellschaften oder Telefongesellschaften veräußern teilweise Daten ihrer Kunden. Ein absolut gläserner Kunde ist die Folge. In Europa ist solch ein Szenario aus Datenschutzgründen gesetzlich ausgeschlossen, es können und werden lediglich stark zusammengefasste, kundenunabhängige, anonymisierte Geschäftsdaten ohne Einwilligung eines Kunden ausgetauscht.

Daten als Produkt sollten nicht in einem Data Warehouse abgelegt werden, weil sie nicht sinnvoll durch Informationssysteme genutzt werden können. Hier ist jedoch unbedingt zu beachten, dass sie auch den Typ externer Ge-

[158] vgl. Devlin, Barry: Data Warehouse – from Architecture to Implementation, 1997, S. 57–59

schäftsdaten annehmen können und dann selbstverständlich in einem Data Warehouse abgelegt werden sollten.

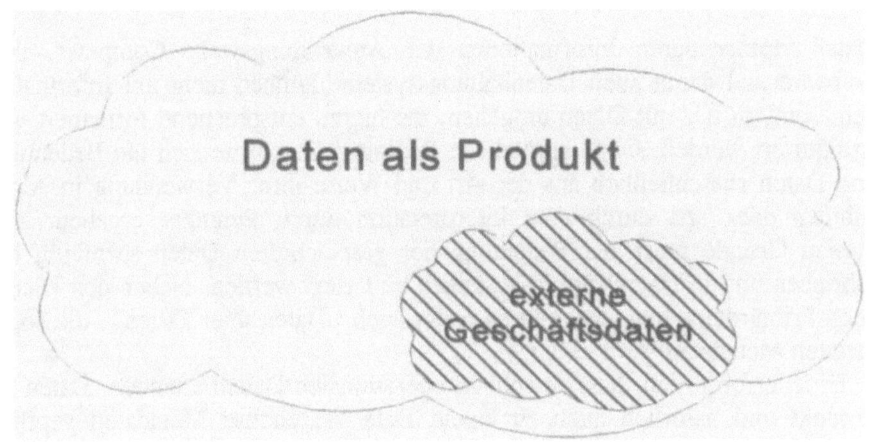

Abbildung 45: Daten als Produkt mit geschwärztem Data-Warehouse-Bereich der externen Geschäftsdaten

Externe Geschäftsdaten sollten in ein Data Warehouse eingestellt werden, damit diese direkt in Auswertungen und Analysen mittels vorhandener Informationssysteme EDV-technisch eingebunden werden können[159]. Ein Einstellen in ein Data Warehouse ist wesentlich effektiver als ein Aufspielen externer Geschäftsdaten auf Einzelarbeitsplätze. Werden sie separat auf Einzelplatzrechner installiert, wäre ein Einbinden in Auswertungen und Analysen praktisch nicht möglich, weil sie in der Regel eine eigenständige Struktur aufweisen. Werden Datenteile aus ihnen in Auswertungen verwandt, ist bei Einsatz eines Data Warehouse gesichert, dass die Herkunft der Daten jederzeit nachvollziehbar ist, um Auswertungen zu einem späteren Zeitpunkt reproduzieren zu können. Die jeweiligen externen Ursprungsdaten könnten leicht verloren gehen, wenn die Verantwortung hierfür in die Hände einzelner gelegt würde. Ein korrektes Arbeiten mit externen Geschäftsdaten kann durch ein Verfügbarmachen mittels einem Data Warehouse garantiert werden.

Werden externe Daten von einzelnen manuell eingebunden, entsteht ein erhöhter Aufwand gegenüber einer Lösung, bei der die externen Geschäftsdaten einmal in ein Data Warehouse unter Berücksichtigung von Struktur- und Formatbedingungen eingestellt werden und allen Anwendern zugänglich gemacht werden. Alle Daten für Informationssysteme sollten über ein zentrales System, wie z.B. einem Data Warehouse, integriert werden.

[159]vgl. Inmon, W.H.: Building the Data Warehouse, 1996, S. 261/262

8.1.3 Metadaten

Daten repräsentieren Informationen der Anwendungswelt. Computer, ihre Software und damit auch Datenhaltungssysteme können nicht mit Informationen, sondern nur mit Daten umgehen, die hierzu entsprechend formatiert und strukturiert werden. Ohne zusätzliche Bedingungen würde sich die Bedeutung von Daten ausschließlich aus der Art und Weise ihrer Verwendung in Algorithmen oder erst durch eine Interpretation durch Benutzer ergeben. Aus diesem Grunde muss die Bedeutung der gespeicherten Daten sorgfältig beschrieben und in Datenhaltungssystemen hinterlegt werden. Neben den Daten, auch Primärdaten genannt, gibt es somit auch „Daten über Daten", die sogenannten Metadaten[160].

Es ist erforderlich, dass sowohl zu operationalen Datenbeständen, Daten als Produkt und natürlich auch zu einem Data Warehouse Metadaten gepflegt werden (vgl. Abbildung 46).

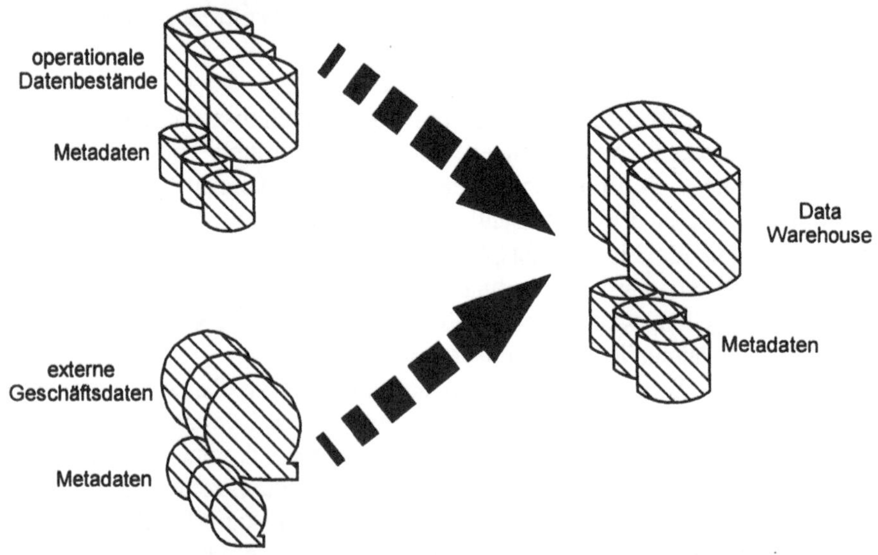

Abbildung 46: Metadaten beschreiben Quellen, Abläufe und Strukturen eines Data Warehouse

Betrachtet man die Gesamtanwendungsarchitektur eines Rechenzentrums, so sind differierende Metadaten-Beschreibungsarten abhängig vom Entwicklungszeitpunkt der jeweiligen Anwendungen und Systeme auffällig. Für die Dokumentation von Anwendungen existieren heute in den meisten Unternehmen Richtlinien. Durch die Fortentwicklung solcher Richtlinien änderten sich die Metadatenbeschreibungssysteme; wurde in der Vergangenheit ausschließlich - wenn überhaupt - in Textform dokumentiert, so werden heute zur

---

[160]vgl. Rechenberg, Peter, Pomberger, Gustav: Informatikhandbuch, 1997, S. 747

Pflege Tools eingesetzt, welche ein effektiveres Arbeiten erlauben. Es ist eine Illusion, anzunehmen, dass alle Metadaten in der Vergangenheit entwickelter Anwendungen bei Einführung neuer Richtlinien auf das aktuell propagierte Dokumentationssystem umgesetzt werden. Aktuelle Neuentwicklungen erlauben häufig kein Durcharbeiten alter Anwendungen und das Überarbeiten bestehender Metadaten. Der Einsatz verschiedener Systeme ist folglich die Regel. Metadaten sind sehr wichtig für alle Anwendergruppen, unabhängig davon, ob es Entwickler, Administratoren oder Endbenutzer sind. Für alle Metadaten, die in ein Data Warehouse eingestellt werden, ist es unerlässlich, dass ausschließlich ein technisches System für deren Hinterlegung und Verwaltung genutzt wird.

Die Menge der Metadaten lässt sich in die drei Grundtypen Aufbauzeit, Kontroll- und Gebrauchs-Metadaten untergliedern.

8.1.3.1 Aufbauzeit-Metadaten

Informationen, welche Prozesse und Anwendungen beschreiben, bilden die Aufbauzeit-Metadaten. In ein Data Warehouse sollten sie nicht eingestellt werden, da sie sich weder an Endbenutzer noch an Administratoren wenden. Ausschließlich Entwickler von Anwendungen können mit den Aufbauzeit-Metadaten arbeiten.

Sie sind gespeichert in Konzeptbeschreibungen, Datenmodellen, Ablaufbeschreibungen oder auch in Anwendungsdesignplänen bei Einsatz von sogenannten CASE-Tools. Bei älteren Anwendungen sind sie häufig nur direkt im Source-Code oder in Dateibeschreibungen hinterlegt.

Aufbauzeit-Metadaten ändern sich in dem Maße, wie Änderungen an den Anwendungen durchgeführt werden. Sie bleiben nur so lange aktuell, bis eine neue Version in Einsatz gegeben wird. Deshalb ist eine zeitnahe und konsequente Fortschreibung der Metadaten sehr wichtig. Auch wenn sie für die Nutzer eines Data Warehouse direkt keinen Gebrauch finden, so sind sie dennoch indirekt sehr wichtig für alle Systeme, da nur mit ihnen zeitnah Veränderungen an bestehenden Anwendungen durchgeführt werden können, unabhängig davon, ob es sich um operationale Systeme, um ein Data Warehouse oder um Informationssysteme handelt. Sie bilden die Quelle für die Gebrauchs-Metadaten.

8.1.3.2 Kontroll-Metadaten

Kontroll-Metadaten[161] werden genutzt, um Prozesse und Abläufe eines Data Warehouse zu dokumentieren, zu überwachen und zu steuern. Es wird beschrieben, wie die Geschäftsdaten im Data Warehouse vereinheitlicht und abgeleitet werden. Alle Data Warehouse tangierenden Kontroll-Metadaten sind für Administratoren wichtig und müssen in jedem Fall mittels dem Data Warehouse verfügbar gemacht werden. Es sollte keine Einschränkung auf

---

[161] vgl. Devlin, Barry: Data Warehouse – from Architecture to Implementation, 1997, S. 55

direkt zu dem Data Warehouse gehörende Metadaten gemacht werden, auch Informationen über die operationalen Systeme eines Rechenzentrums sind für die Steuerung eines Data Warehouse unverzichtbar.

Die Datenverarbeitung in Rechenzentren lässt sich grob in die Bereiche Online-Verarbeitung und Batchbetrieb separieren. Werden neue Geschäftsdaten mittels operationaler Systeme durch Transaktionen im Online-Betrieb erzeugt, beschreiben Metadaten deren Rahmenbedingungen wie Zeitpunkt, Größe oder Format. Zu Abrechnungen, welche im Batchbetrieb durchgeführt werden, geben Metadaten die Ablaufrahmenbedingungen an. Die Prozesse eines Data Warehouse werden ebenfalls durch Kontroll-Metadaten beschrieben und gesteuert.

Für Administratoren sind die Kontroll-Metadaten Quellinformationen, um operationale Systeme, ein Data Warehouse oder Informationssysteme zu steuern. Sie nutzen diese, um Veränderungen an den Systemen vorzunehmen und zu dokumentieren. Für Endbenutzer spielen Kontroll-Metadaten nur eine untergeordnete Rolle, sie können jedoch herangezogen werden, um die Rahmenbedingungen der Systeme besser zu verstehen.

Mittels Zugriffsrechten wird festgelegt, welche Benutzer oder Gruppen Anwendungen ausführen dürfen. Hinter allen Ausführungsrechten von Programmen oder Transaktionen verbirgt sich immer die Fragestellung, welche Daten gelesen, erzeugt, abgeändert oder gelöscht werden dürfen. Rechte sind möglichst instituts-, marktbereichs- oder filialbezogen zu vergeben. Zu den Aufgaben von Administratoren gehört es, diese zu kontrollieren und zu pflegen. Sicherheits- und Authorisierungsfunktionalitäten werden von dem Typ Kontroll-Metadaten eingeschlossen.

8.1.3.3 Gebrauchs-Metadaten

Für Endbenutzer ist am bedeutendsten für ein Arbeiten mit operationalen Systemen, einem Data Warehouse oder mit Informationssystemen der Typ der Gebrauchs-Metadaten. Sie müssen so aufgebaut und zugänglich sein, dass Endbenutzer alle für sie erforderlichen Informationen über Geschäftsdaten und Abläufe erhalten können. Ihren Ursprung finden Gebrauchs-Metadaten in den Aufbauzeit-Metadaten. Hierfür ist es dringend erforderlich, dass eine Teilmenge an Informationen aus den Aufbauzeit-Metadaten so aufbereitet wird, dass nicht nur Entwickler mit Ihnen arbeiten können, sondern auch Endbenutzer ohne spezielle EDV-Kenntnisse selbständig ihr Wissen über Geschäftsdaten erweitern können. Es muss ein Aufbau gewählt werden, der abweichend ist zu einem Aufbau, den Entwickler oder Anwendungsdesigner für ihre Arbeit benötigen.

Auch für Entwickler und Designer sind die hinterlegten Beschreibungen von großem Nutzen, da beim gemeinsamen Gebrauch dieser Informationen sowohl Endbenutzer als auch EDV-Personal über die gleiche Angelegenheit sprechen und sich besser verstehen können. Werden verschiedene Informationsquellen genutzt, in diesem Fall handelt es sich um Aufbauzeit- und Ge-

brauchs-Metadaten, tritt häufig die Situation ein, dass sich Entwickler und Endbenutzer nicht verstehen, da die Beschreibungen einen abweichenden Inhalt haben. Es ist darauf zu achten, dass Aufbauzeit- und Gebrauchs-Metadaten einen aktuellen und gleichen Stand aufweisen. Wird dieses nicht kontrolliert, sind abweichende Bestände die Regel. Neben den Kontroll-Metadaten müssen auch die Gebrauchs-Metadaten in ein Data Warehouse eingestellt werden (vgl. Abbildung 47).
Folgende Aspekte werden durch Gebrauchs-Metadaten abgedeckt[162]:

- Die Bedeutung der Daten in Geschäftsprozessen wird in einer strukturierten Art beschrieben. Sie erlaubt es, Endbenutzern den geschäftlichen Sinn von Datenfeldern und Funktionalitäten zu erkennen. Schlüsseltabellen und Ablaufpläne von EDV-technischen Umsetzungen werden ebenfalls zugänglich gemacht, welche Nutzern erlauben, ihnen vertraute betriebswirtschaftliche Funktionen in den EDV-Anwendungen wiederzufinden.
- Die Datenbestände eines Data Warehouse gliedern sich in vertikaler Richtung auf in zu unterschiedlichen Geschäftstypen gehörende Datenwerte. In horizontaler Richtung treten zu jedem Geschäftstyp eine Vielzahl von Einzelgeschäften auf. Datenqualität kann nur gewährleistet werden, wenn für alle Daten genaue Zugehörigkeiten festgelegt werden. Sowohl das IT-Personal in Rechenzentren als auch beispielsweise das Personal in der Finanzwirtschaft tragen für einen Teil der Daten Verantwortung. Für die technischen Systeme der Rechenzentren und Einzelfunktionalitäten ist das IT-Personal verantwortlich. Die Daten, welche Einzelgeschäfte beschreiben, sind zu der Gruppe zugehörig, die Einzelgeschäfte in der Finanzwirtschaft direkt betreuen. Wichtig ist, dass zwischen technischer und fachlicher Verantwortung und Zugehörigkeit unterschieden wird. Nur wenn die Sicherheit der Datenqualität eine hohe Priorität hat, können mit Hilfe von Informationssystemen korrekte Analysen erzeugt und richtige Ergebnisse erhalten werden.
- Neben der semantischen Bedeutung von Datenwerten ist für IT-Abläufe die syntaktische Datenstruktur wichtig. Mehrere Parameter bestimmen und beschreiben die Struktur von Datenwerten. Zu den wichtigsten zählen Parameter wie Format, Länge, physikalische Speicherart oder von welchen Anwendungen sie verarbeitet werden.
- Für eine richtige und effektive Nutzung von allen technischen Systemen sind Informationen über diese erforderlich. Es sollten neben Metadaten über das Data Warehouse selbst auch Informationen über Funktionalitäten von Anwendungen hinterlegt werden, welche das Data Warehouse tangieren. Zu dieser Gruppe gehören in jedem Fall die operationalen Systeme eines Rechenzentrums. Abfragbar muss sein, welchen Dateninput und welchen erzeugten Datenoutput einzelne Funktionen haben. Für Anwender

[162] vgl. Devlin, Barry: Data Warehouse – from Architecture to Implementation, 1997, S. 56–57

muss mittels Metadaten nachvollziehbar gemacht werden, welchen Weg ein Datenwert eines Geschäftsvorfalles vom operationalen System über das Data Warehouse bis zu einem Informationssystem nimmt und auf welche Weise der Datenwert währenddessen verändert wurde. Für Auswertungen ist es weiterhin beispielsweise entscheidend, zu welchem Zeitpunkt Daten gebucht werden oder wann grundsätzlich welche Daten in einem Data Warehouse neu eingestellt oder historisiert werden. Ein falscher Zeitpunkt für eine Analyse kann völlig abweichende Ergebnisse hervorrufen; wird eine Analyse vor oder nach einem Ultimo erstellt, treten selbstverständlich starke Abweichungen in den Auswertungen auf. Die Konsistenz der Daten eines Data Warehouse befreit einen Nutzer nicht davon, sich mit zeitlichen und inhaltlichen Bedingungen von Datenfeldern zu beschäftigen.

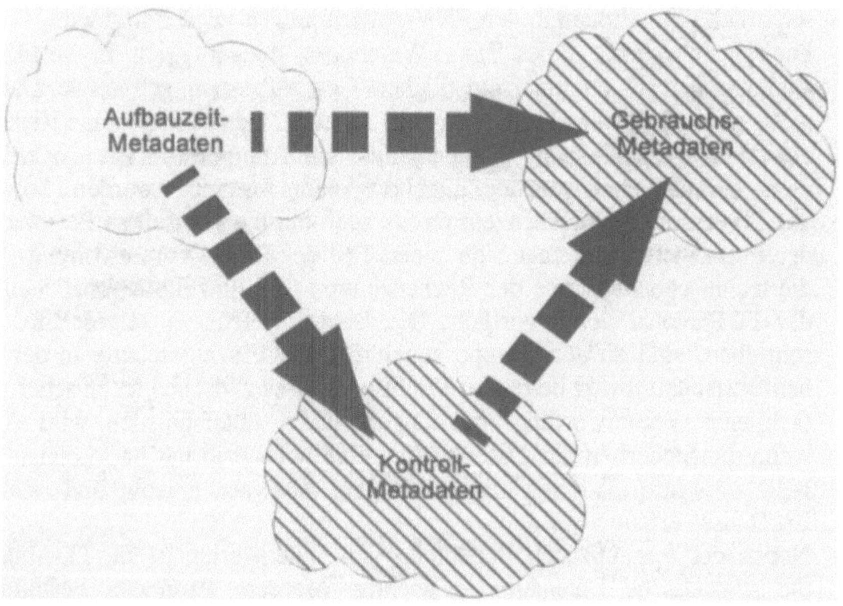

Abbildung 47: Metadaten mit geschwärztem Data-Warehouse-Bereich

8.2 Ausrichtung von Daten

Im vorherigen Kapitel wurde die Menge der Daten, welche sich in Geschäftsdaten, Daten als Produkt und Metadaten entsprechend ihrer Bedeutung aufgliedern lässt, betrachtet, um zu einer Antwort zu gelangen, ob sie in einem Data Warehouse eingestellt werden sollten oder nicht. Unabhängig von der Bedeutung von Daten muss weiterhin zwischen öffentlichen und persönlichen Daten unterschieden werden. Es existieren sowohl persönliche wie öffentliche

Geschäftsdaten und Metadaten. Daten als Produkt können nicht einen persönlichen Charakter haben, da sie in dem Moment des Veräußerns für andere von Interesse sind und so eine öffentliche Ausrichtung haben.

Zu der Menge der persönlichen Daten gehören alle Daten, welche nur direkt von dieser Person genutzt werden. Beispiele sind die persönliche Telefonliste, Geburtstagsliste oder Aufgabenlisten für die nächsten Tage. Der Inhalt einer persönlichen Telefonliste zählt beispielsweise zu den Geschäftsdaten und deren Format zu den Metadaten. Auch vor der flächendeckenden Einführung von Computern existierten persönliche Daten im großen Umfang. Dass sie heute vermehrt auf Computern hinterlegt werden, bedeutet keinesfalls, dass sie in einem Data Warehouse abgelegt werden sollten. Nur öffentlich ausgerichtete Daten, welche für andere Personen für die Erfüllung ihrer dienstlichen Aufgaben erforderlich sind, sollten in einem Data Warehouse gespeichert werden.

Die persönlichen Daten eines Mitarbeiters dürfen nicht mit persönlichen Daten von Kunden verwechselt werden. Zur Betreuung von Kunden ist es sehr effektiv, wenn Informationen über Kunden, welche in Gesprächen geäußert werden, notiert werden. Diese Praxis wird seit vielen Jahren mit Erfolg von Versicherungsagenten gepflegt, indem nach einem Gespräch auf Karteikarten Informationen über die persönlichen Umstände, der Ausbildung, des Berufes oder unter anderem über die Hobbys der Kunden notiert werden. In der Kreditwirtschaft werden vermehrt Kundenberatungsprogramme eingesetzt, welche eine entsprechende Zielsetzung verfolgen. Solche Daten haben für Unternehmen einen öffentlichen Charakter und sollten in einem Data Warehouse unter Berücksichtigung von Datenschutzrechten eingestellt werden.

8.3 Fazit

Die Menge der Geschäftsdaten kann in die drei Typen aktuelle, abgeleitete und vereinheitlichte Daten unterteilt werden. Aktuelle Daten sollten nicht in ein Data Warehouse eingestellt werden, sondern sollten ausschließlich zur Durchführung von Geschäftsprozessen herangezogen werden. Dennoch besitzen sie einen sehr großen Einfluss auf die Daten eines Data Warehouse, da sie der Ursprung für abgeleitete und vereinheitlichte Daten sind, die in einem Data Warehouse bereitgehalten werden sollten. Die Menge der vereinheitlichten Daten bildet den Kernbestandteil eines Data Warehouse. Sie werden direkt aus der Menge der aktuellen Daten gebildet, um Abweichungen und Inkonsistenzen innerhalb der aktuellen Daten zu korrigieren.

Der Typ der Daten als Produkt nimmt ständig an Bedeutung zu, liegt jedoch außerhalb des Bereiches eines Data Warehouse, operationaler Systeme oder Informationssysteme. Die Bedeutung der Daten als Produkt liegt in ihrem Inhalt selbst und nicht in einem repräsentierten Geschäftszustand. Externe Geschäftsdaten bilden eine Untermenge der Daten als Produkt. Da sie effektiv beispielsweise für Vergleichsanalysen genutzt werden können, sollten sie in ein Data Warehouse gestellt werden.

Die Menge der Metadaten lässt sich in die drei Grundtypen Aufbauzeit-, Kontroll- und Gebrauchs-Metadaten untergliedern, wobei nur die Endanwender und Administratoren tangierenden Kontroll- und Gebrauchs-Metadaten in ein Data Warehouse eingestellt werden sollten. Für Endbenutzer ist am bedeutendsten für ein Arbeiten mit operationalen Systemen, einem Data Warehouse oder mit Informationssystemen der Typ der Gebrauchs-Metadaten.

Abschließend ist zu bemerken, dass nur öffentliche und keine persönlichen Daten in ein Data Warehouse eingestellt werden sollten.

9 Projektierung eines Data Warehouse

Eines der zur Zeit am häufigsten diskutierten IT-Themen ist der Aufbau und die Einführung eines Data Warehouse. Unbestritten ist dieses eine sehr komplexe Aufgabenstellung, deren erfolgreiche Umsetzung stark von der korrekten Planung und Durchführung der einzelnen Phasen des Data-Warehouse-Projekts abhängt. Bis heute wurden nur wenige Implementationen in Einsatz gebracht, bei denen die Betitelung eines Data Warehouse gerechtfertigt scheint. Häufig werden alte Datenbestände nur unter anderer Form neu präsentiert, ohne dem Anspruch genüge zu tragen, ein vollständig integriertes Gesamtsystem auf der Basis eines Unternehmensdatenmodells zur Verfügung zu stellen.

Projekte mit dem Ziel, ein Data Warehouse zu erstellen, werden teilweise ohne Erreichen des gesteckten Zieles beendet. Es muss die Frage gestellt werden, wo die Gründe für das Scheitern solcher Projekte liegen.

- Ist ein Data-Warehouse-Projekt anders zu behandeln als Projekte im IT-Bereich?
- Werden Fehler in einer bestimmten Phase des benutzten Vorgehensmodells gemacht?
- Liegen die Ursachen im Projektmanagement?

Es soll versucht werden, Antworten zu geben, indem zunächst die Phasen eines Projektes und im Anschluss daran die Rolle des Projektmanagements im Hinblick auf ein Data Warehouse betrachtet werden.

9.1 Phasenverlauf eines Data-Warehouse-Projekts

Es wird die in der Tabelle 4 beschriebene Phasenaufteilung genutzt. In der einschlägigen Literatur sind ähnliche Modelle aufgeführt[163] (vgl. Kapitel

---

[163]vgl. Saynisch, M., Schelle, H., Schub, A.: Projektmanagement – Konzepte, Verfahren, Anwendungen, 1979,
oder Litke, Hans-Dieter: Projektmanagement: Methoden, Techniken, Verhaltensweisen, 1995, S. 25,

4.3.2), welche sich jedoch nicht wesentlich in ihrem Inhalt unterscheiden. Alle stellen den Ablauf von Projekten dar. Ein phasenweiser Ablauf, festgelegt durch ein Vorgehensmodell, ist eine entscheidende Voraussetzung zur wirtschaftlichen Durchführung von Projekten[164].

Phasenbezeichnung	Phaseninhalt
Vorphase	Projektbegründung
Analyse	Ist-Analyse Erhebung des Ist-Zustandes Bewertung des Ist-Zustandes Soll-Konzept Fachentwurf IT-technischer Grobentwurf Wirtschaftlichkeitsvergleiche
Entwurf	Systementwurf Programmspezifikation Programmentwurf
Realisierung	Programmierung Test
Einführung	Systemfreigabe Systemeinführung

Tabelle 4: Phasen und Aufgaben eines EDV-Projektes[165]

9.1.1 Vorphase

Jedes Projekt beginnt mit einer Vorphase, in der Projektvorschläge und Ideen, mit denen bestimmte Erwartungen verbunden sind, gesammelt werden. Nachdem eine Entscheidung für einen Ansatz gefallen ist, wird ein Projektauftrag von einer EDV-Abteilung erstellt und muss vor Beginn der folgenden Phasen von der Unternehmensführung genehmigt werden. Bei Auftragserteilung muss das Projektziel, die Budgetierung des Projektes, die Projektlaufzeit und die Bestimmung der ausführenden Bereiche und Mitarbeiter geklärt worden sein.

Der späteren Analysephase darf in der Vorphase nicht vorgegriffen werden. Die Projektumsetzung darf nicht schon zu Beginn des Projektes im einzelnen

oder Stahlknecht, Peter, Hasenkamp, Ulrich: Einführung in die Wirtschaftsinformatik, 1997, S. 247 ff. u.a.

[164]vgl. Saynisch, M., Schelle, H., Schub, A.: Projektmanagement – Konzepte, Verfahren, Anwendungen, 1979, S. 33

[165]vgl. Stahlknecht, Peter, Hasenkamp, Ulrich: Einführung in die Wirtschaftsinformatik, 1997, S. 247

feststehen. Es darf noch keine explizite Entscheidung für eine bestimmte technische Lösung gefällt werden, nur eine grobe Zielvorstellung sollte formuliert werden. Die Wahl an dieser Stelle für ein u. U. externes Data-Warehouse-Konzept wäre verfrüht, würde nicht die jeweilige Unternehmenssituation berücksichtigen und könnte schon in der Vorphase zu einer Fehlinvestition führen.

9.1.2 Analysephase

Die Phase Analyse hat zum Ziel, ein Soll-Konzept für das Data Warehouse zu entwickeln. Es sollen die Anforderungen von Benutzern und ihrer Informationssysteme ermittelt werden und die Eckwerte einer späteren technischen Realisierung festgehalten werden. Aus den zwei Schritten Ist-Analyse und Soll-Konzept setzt sich die Phase Analyse zusammen.

Der Ist-Analyse kommt bei einem Data-Warehouse-Projekt eine herausragende Bedeutung zu. Zunächst ist der Ist-Zustand zu erheben und anschließend zu bewerten. Mittels einer Datenanalyse ist herauszuarbeiten, welche Entstehung, welche Verwendung und welchen Umfang einzelne Datenfelder besitzen. Ein Mengengerüst ist zu erarbeiten inkl. Informationen bezüglich Größe und Häufigkeiten einzelner Datenfelder.

Die Gefahr ist groß, dass die Ist-Analyse nur unvollständig ausgeführt wird, da sie sehr aufwendig ist und im Prinzip wenig kreativ ist, da während ihrer Durchführung nichts Neues entwickelt wird. Ein Data Warehouse soll die Datenbestände eines Unternehmens integriert Informationssystemen zur Verfügung stellen, hierzu ist es erforderlich die Feldkataloge der operationalen Systeme genauestens zu untersuchen. Ein Data Warehouse kann nur erstellt werden, wenn bekannt ist, was für Daten in welchen Ausprägungen zur Verfügung stehen. Es besteht nicht die Möglichkeit ein Data Warehouse zu kaufen, da kein Standardprodukt auf dem Markt verfügbar ist, welches alle Datenprobleme eines Unternehmens ohne Ist-Analyse lösen kann.

Den Entscheidungsträgern eines Unternehmens muss deutlich sein, dass es um die Daten des eigenen Unternehmens bei einem Data Warehouse geht, somit nur Mitarbeiter über die notwendigen Informationen über die eigenen Datenbestände verfügen können. Der Kauf einer Software zur Unterstützung der zu kreierenden Data-Warehouse-Prozesse, die von verschiedenen IT-Herstellern unter Namen wie Data Propagator, Data Replicator, Assist, Warehouse oder Share angeboten werden, sind allein auf jeden Fall nicht der Schlüssel zum Erfolg eines Data-Warehouse-Projektes. Sie können nur die Aufgabe unterstützen. Von dem Irrglauben, dass ein Data Warehouse gekauft werden kann, muss man sich trennen. Der Kauf eines Produktes zur Data-Warehouse-Füllung oder -Erstellung ist lediglich vergleichbar mit dem Erwerb einer Datenbank oder eines Modellierungswerkzeuges. Niemand glaubt, dass mit dem Kauf einer Datenbank oder eines Modellierungswerkzeuges auch ein operationales System gekauft wird.

Nach der Ist-Analyse der bestehenden operationalen Systeme und insbesondere der jeweiligen Datenfelder folgt die Erstellung eines Soll-Konzepts. Es ist in einem Fachentwurf zu spezifizieren, was das Data Warehouse leisten soll, und im technischen Grobentwurf, wie es realisiert werden soll. Berücksichtigung muss im Soll-Konzept finden, wie in der Ist-Analyse aufgedeckte Mängel behoben werden können, und welche wirtschaftlichen Vorteile durch die Einführung eines Data Warehouse sich ergeben. Unterschiedliche Konzepte sind bez. ihrer Wirtschaftlichkeit zu vergleichen. Der technische Grobentwurf sollte sich auf ein Grobkonzept der späteren Realisierung beschränken. Erst in der Phase Entwurf sollte der Grobentwurf detailliert werden[166].

Bei der Erstellung eines Soll-Konzepts ist es wichtig, dass ein Data-Warehouse-Modell gewählt wird, welches den größten Nutzen im Verhältnis zu den anfallenden Kosten für die EDV-Verarbeitung des Unternehmens bietet. Vereinfacht kann zwischen der Ein-, Zwei- und Drei-Schicht-Datenarchitektur unterschieden werden (vgl. Kapitel 7). Hierbei ist ein Hauptaugenmerk darauf zu richten, dass ein Konzept gewählt wird, das auch zukünftige Anforderungen an ein Data Warehouse erfüllt. Es soll ein integriertes System geschaffen werden, welches alle Daten eines Unternehmens für Informationssysteme zur Verfügung stellt. Durch die Einführung von neuen oder überarbeiteten operationalen Systemen, durch zusätzliche externe Datenquellen oder durch neue Informationssysteme entstehen zusätzliche Forderungen an ein Data Warehouse. Diese müssen auch in Zukunft durch ein Data Warehouse Berücksichtigung finden können, ohne eine Neukonzipierung des Systems zu verlangen. Die Konzipierung entscheidet über die Struktur und Ausrichtung des Data Warehouse.

Neben der Architekturfrage ist zu klären, welche Daten in einem Data Warehouse überhaupt enthalten sein sollen. Eine Aufteilung aller Daten in die Mengen Geschäftsdaten, Daten als Produkt und Metadaten kann die Entscheidungsfindung erleichtern (vgl. Kapitel 8.1).

Am Ende der Konzeptphase ist die Frage zu stellen, ob eine völlige Eigenentwicklung erfolgen soll, oder ob Standardprodukte zur Data-Warehouse-Erstellung und -Füllung in welchem Rahmen eingesetzt werden können.

9.1.3 Entwurfsphase

In der Phase Entwurf wird festgelegt, in welcher Form das Data Warehouse in der Phase Realisierung programmiertechnisch umgesetzt werden soll. Das Soll-Konzept wird verfeinert, indem ein strukturierter Systementwurf erarbei-

[166] vgl. Stahlknecht, Peter, Hasenkamp, Ulrich: Einführung in die Wirtschaftsinformatik, 1997, S. 281

tet wird. Es wird die systematische Vorgehensweise bei der Realisierung festgelegt. Darüber hinaus werden in einem zweiten und dritten Schritt Programmspezifikationen und ein Programmentwurf für die folgende Phase Realisierung erarbeitet.

9.1.4 Realisierungsphase

Die im Entwurf festgehaltenen Spezifikationen werden in der Phase Realisierung umgesetzt. Im ersten Schritt werden die Vorgaben programmiert und im zweiten Schritt getestet. Bei der Programmierung sind heute am effektivsten Hochsprachen in Verbindung mit Modellierungswerkzeugen in Gebrauch. Zur Unterstützung können Standard Data Warehouse Tools eingesetzt werden. Das Testen erfolgt laufend während des Programmierens als Einzeltest und zum Abschluss der Programmierung als Abnahmetest.
In allen Phasen, jedoch besonders in der Phase Realisierung, ist auf die Erstellung einer Dokumentation ein erhöhter Wert zu legen.

9.1.5 Einführungsphase

Ist der Abnahmetest erfolgreich bestanden und ist die Systemdokumentation, bestehend aus einer Beschreibung der Data-Warehouse-Systemprogramme und der Inhalte des Data Warehouse mit Hilfe von Metadaten, vollständig erstellt, so steht einer Systemfreigabe und anschließenden Systemeinführung nichts mehr im Wege.

9.2 Nutzung eines bottom-up- bzw. eines top-down-Ansatzes

Für die Durchführung eines Projektes gibt es die zwei grundsätzlichen Ansätze bottom-up bzw. top-down, für die auch die Bezeichnungen schrittweise Verallgemeinerung und schrittweise Verfeinerung benutzt werden. Bei einem bottom-up-Ansatz wird das Projektziel erreicht, indem Teilsysteme gebildet werden, die nach ihrer Fertigstellung zu einem Ganzen zusammengesetzt werden. Hingegen werden Gesamtfunktionen in Teilfunktionen bei einem top-down-Ansatz untergliedert. Jede so erhaltene Teilfunktion wird wieder in weitere Teilfunktionen verfeinert bis keine weitere sinnvolle Unterteilung möglich ist. Bei Nutzung eines bottom-up-Ansatzes besteht die Gefahr, dass durch ein Lösen von Teilsystemen einzelne Funktionalitäten übersehen werden und nicht umgesetzt werden. Oftmals steht bei der Nutzung eines bottom-up-Ansatzes die Technik im Vordergrund. Für jedes Projekt ist im einzelnen zu entscheiden, welcher Ansatz in welcher Projektphase eingesetzt werden soll. Es besteht auch die Möglichkeit, eine Kombination beider Ansätze einzusetzen.

Bei dem Ziel, ein Data Warehouse zu erstellen und einzuführen, sollte genügend Mut vorhanden sein, um die Technik in den Vordergrund zu stellen. Hierbei ist ein bottom-up-Ansatz einem top-down-Ansatz vorzuziehen. Es ist von Vorteil, die Technik in den Vordergrund zu stellen, um das Ziel zu erreichen, ein integriertes Gesamtsystem für Daten zu schaffen. Wird ein top-down-Ansatz gewählt, um Daten für ein bestimmtes Informationssystem bereitzustellen, ist die Gefahr groß, dass nur ein weiterer zusätzlicher Datentopf neben den bestehenden Lösungen erstellt wird. Um schnell brauchbare Ergebnisse bei der Datenversorgung eines Informationssystems zu erhalten, wird u. U. nur eine Datenbasis mit dem Titel eines Data Warehouse geschaffen, ohne tatsächlich ein integriertes Gesamtsystem zu schaffen.

Die in der Vergangenheit eingeführten FIS-, EIS-, DSS- oder Data-Mining-Anwendungen sind in der Regel mit einem top-down-Ansatz eingeführt worden. Bei der Datenbereitstellung stand die Datenversorgung nur eines Informationssystems im Vordergrund. Die Anforderungen an nur ein Informationssystem waren zu erfüllen. Bestehen mehrere Informationssysteme parallel, so existieren häufig verschiedene Datenbereitstellungen, die unabhängig voneinander gepflegt werden müssen. Die Fehler der Vergangenheit sollen bei einem Data Warehouse nicht wiederholt werden.

Ist ein bottom-up-Ansatz bei einem Data-Warehouse-Projekt über alle Phasen hinweg durchzuhalten? Wird der Ansatz konsequent durchgeführt bedeutet dies, dass erst nach längerer Zeit, wenn das Data Warehouse vollständig erstellt worden ist, einzelne Informationssysteme mit Daten daraus versorgt werden können, alte aufwendige Datenbereitstellungen abgelöst werden können und sich ein betriebswirtschaftlicher Nutzen einstellt. Den Informationssystemen würde ein Data Warehouse bei einer Umsetzung streng nach einem bottom-up-Ansatz erst nach einer vollständigen Erstellung zur Verfügung stehen. Sowohl Projektleiter, Projektteam als auch der Projektmanager würden der Problematik ausgesetzt, dass sie über einen längeren Zeitraum hinweg keine direkt nutzbaren Ergebnisse vorweisen könnten.

Effektiver als ein reiner bottom-up-Ansatz kann eine Kombination aus bottom-up- und top-down-Ansatz sein. Für die Phasen Analyse und Entwurf mit den Einzelschritten Ist-Analyse, Soll-Konzept, Systementwurf und Programmspezifikation kann ein bottom-up-Ansatz gewählt werden, um einen Entwurf ohne Kompromisse zu schaffen. Für den Schritt Programmentwurf der Phase Entwurf und die Phasen Realisierung und Einführung könnte ein top-down-Ansatz genutzt werden (siehe Tabelle 5). Mit Blick auf das Gesamtsystem sollten die Datenanforderungen eines neu zu erstellenden Informationssystems erfüllt werden. Ein sogenanntes Data Mart zur Lösung eines betriebswirtschaftlichen Problemkreises kann erstellt werden, welches nach den Ergebnissen der Phase Entwurf zu realisieren ist. Ein Data Mart ist eine Teilimplementierung eines Data Warehouse. Das erste zu erstellende Data Mart hat für das Data-Warehouse-Projekt die Rolle eines Prototypen. Durch die Verknüpfung mehrerer Data Marts wird ein sogenanntes Data Mall gebildet. Werden alle Datenanforderungen von Informationssystemen durch Data Marts erfüllt, wird durch die Verknüpfung aller Data Marts ein unternehmensweites Data Warehouse gebildet.

Phasenbezeichnung	Phaseninhalt	genutzter Ansatz
Vorphase	Projektbegründung	bottom-up
Analyse	Ist-Analyse Soll-Konzept	bottom-up bottom-up
Entwurf	Systementwurf Programmspezifikation Programmentwurf	bottom-up bottom-up top-down
Realisierung	Programmierung Test	top-down top-down
Einführung	Systemfreigabe Systemeinführung	top-down top-down

Tabelle 5: Vorgehensmodell eines kombinierten bottom-up-, top-down-Ansatzes

Voraussetzung für die Erstellung eines Data Mart ist jedoch die vollständige Ausführung der Phase Analyse mit den beiden Einzelschritten Ist-Analyse und Soll-Konzept. Werden diese Schritte nicht konsequent bis zum Ende durchgeführt, ist die Gefahr groß, dass nur ein weiterer Datenableitungstopf für ein neues Informationssystem entsteht und kein integriertes Gesamtsystem zur Datenhaltung.

Wird eine Kombination aus bottom-up-, top-down-Ansatz gewählt, so wird das Data Warehouse mit jedem erstellten Data Mart vollständiger. Jedes Data Mart wird separat realisiert und eingeführt, somit in Einzelschritten programmiert, getestet, freigegeben und eingeführt. Das Data-Warehouse-Gesamtprojekt kann so über einen längeren Zeitraum laufen und mit allen Data Marts nutzbare Zwischenergebnisse produzieren. Hierbei ist zu empfehlen, dass für jedes Data Mart ein Teilprojekt erstellt wird.

Bei der Betrachtung der einzelnen Projektphasen wird deutlich, dass gerade bei einem Data-Warehouse-Projekt auf die konsequente Einhaltung der Einzelphasen Wert gelegt werden sollte.

9.3 Projektmanagement eines Data-Warehouse-Projekts

In den einzelnen Phasen eines Projekts wird festgelegt, wie etwas auszuführen ist. Die Frage, wer was, wann, zu welchen Kosten auszuführen hat, bestimmt das Projektmanagement. Als erstes wird festgelegt, welche Laufzeit das

Projekt hat, wer Projektleiter wird, und wie sich das Projektteam zusammensetzt. Zu entscheiden ist, aus welchen Fachabteilungen die Projektteammitglieder rekrutiert werden. Der Projektleiter entstammt bei EDV-Projekten i.d.R. der Anwendungsentwicklung.

Es existieren für die organisatorische Einordnung des Projektteams drei verschiedene Ansätze. Im Falle der reinen Projektorganisation ist das Projektteam direkt dem Projektleiter unterstellt. Die Mitglieder des Projektteams werden hierfür aus ihrer bisherigen Abteilung gelöst und dem Projektleiter sowohl fachlich als auch disziplinarisch unterstellt. Zum Vorteil ist, dass eine hohe Identifizierung mit dem Projekt stattfindet. Nachteilig ist jedoch, dass nach dem Beenden die Projektmitglieder in Abteilungen wiedereingegliedert werden müssen.

Die Linienorganisation vermeidet das Problem der Wiedereingliederung vollständig, da die Mitglieder ihrem jeweiligen Vorgesetzten in der Hierarchie auch während des Projektes unterstellt bleiben. Die Mitglieder identifizieren sich hierdurch stärker mit ihrer Abteilung als mit dem Projekt, in dem sie arbeiten. Der Projektleiter hat in der Praxis keine direkten disziplinarischen Befugnisse. Das Projekt steht im Zweifelsfall hinter den Interessen der Abteilung zurück.

Die Matrixorganisation verknüpft die Vorteile der reinen Projektorganisation mit denen der Linienorganisation. Klare Verantwortlichkeiten während der einzelnen Projektphasen regeln die Zuständigkeiten (siehe Tabelle 6). Projektentscheidungen werden von der Unternehmensführung nur in Ausnahmefällen wie z.B. dem Übersteigen der Projektkosten des Budgets oder Überschreitung der Projektlaufzeit gefällt.

Der Projektleiter ist für die Projektplanung, die Projektüberwachung und die Projektsteuerung zuständig, also für das Projektmanagement verantwortlich. Das Projektteam setzt sich aus Mitarbeitern der Linienabteilungen zusammen. Der Fachabteilungsleiter ist für die fachliche Durchführung der Projekteinzelaufträge zuständig. Der Projektleiter verfügt über projektgebundenes Weisungsrecht gegenüber den Fachabteilungen, er gibt das Ziel und den zeitlichen Rahmen vor.

	Unternehmens-leitung	Fachabtei-lung	Systementwick-lung	Rechenzen-trum
Projektbe-gründung -Vorschlag -Auftrag	 (E)	 B E	 B	 B
Analyse -Ist-Analyse -Soll-Konzept	 (E)	 B E	 V	
Entwurf		B	V	B
Realisierung -Program-mierung -Test		 B	 V V	 (B) (B)
Einführung -System-freigabe -System-einführung	 (B)	 B B	 V V	 B B

E= Entscheidung, V= Verantwortung und Durchführung, B= Beteiligung

Tabelle 6: Verantwortlichkeiten einer Matrixorganisation[167]

Für ein Data-Warehouse-Projekt ist eine Matrixorganisation zu empfehlen. Durch die umfangreichen Schnittstellen zu allen operationalen Systemen und Informationssystemen ist eine direkte Zusammenarbeit mit mehreren Fachabteilungen unvermeidlich, dieses verlangt die klare Regelung von Verantwortlichkeiten und Zuständigkeiten. Auf die Unterstützung der Fachabteilungen kann nicht verzichtet werden. Eine reine Projektorganisation scheidet aus, weil durch eine Isolierung von den Fachabteilungen der Informationsfluss über die eingesetzten Systeme unterbrochen würde. Auch die Linienorganisation scheidet aus, da dem Projektleiter nötige Mittel zur Durchsetzung seiner Projektbefugnisse fehlen würden, er wäre ausschließlich auf die Unterstützung durch die Fachabteilungsleiter angewiesen.

Schon während der Ist-Analyse können bei der Betrachtung der operationalen Datenbestände und der Informationssysteme leicht Widerstände bei den Verantwortlichen und Mitarbeitern der jeweiligen Systeme entstehen. Es kann die Befürchtung vorhanden sein, dass Konzept- und Modellierungsfehler der Vergangenheit aufgedeckt werden. Unter Umständen wird versucht, die erforderliche Unterstützung bei der Analyse der einzelnen Systeme zu verwei-

[167]vgl. Stahlknecht, Peter, Hasenkamp, Ulrich: Einführung in die Wirtschaftsinformatik, 1997, S. 489

gern. Auch bei Widerständen ist es unumgänglich, diese Hilfe bei den Verantwortlichen einzufordern. Dieses kann jedoch nur sichergestellt werden, wenn der Projektleiter mit erforderlichen Befugnissen ausgestattet ist, und im Konfliktfall Rückendeckung durch einen Promotor mit großem Einfluss im Unternehmen erfolgt. Zu den häufigsten Konfliktfällen gehören neben Terminen, Kosten, Leistung und Qualität die verfügbaren Ressourcen (siehe Abbildung 48).

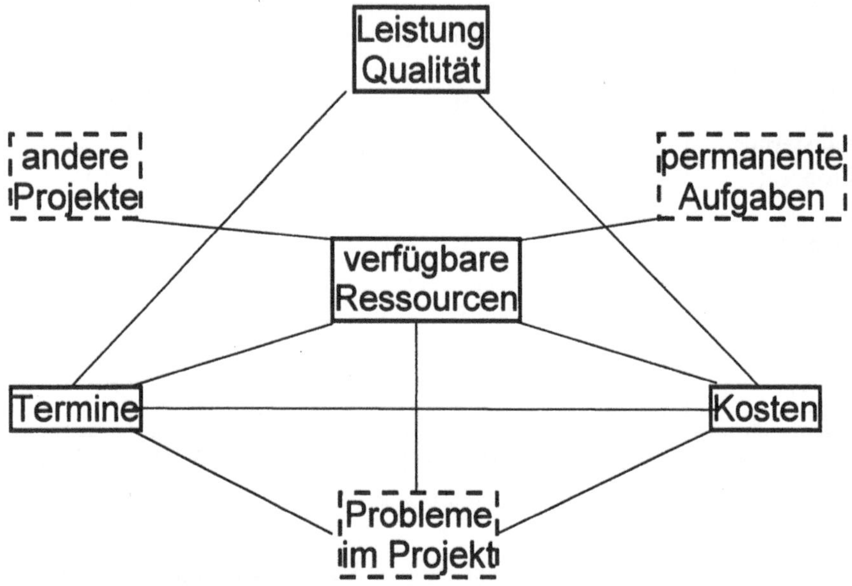

Abbildung 48: Konfliktquellen im Projektmanagement[168]

Da ein Data Warehouse Schnittstellen zu allen operationalen Systemen und Informationssystemen haben wird, sollte als Projektleiter jemand gewählt werden, dem die Strukturen und der Aufbau der IT-Anwendungslandschaft gut bekannt sind. Der Bedeutung eines Data-Warehouse-Projektes sollte weiterhin Rechenschaft getragen werden, indem als Projektmanager ein für die EDV verantwortlicher Geschäftsführer fungiert. Data-Warehouse-Projekte können scheitern oder werden nicht unter Beibehaltung der Projektziele bis zum Ende geführt, wenn im Unternehmen dem Projekt nicht die erforderliche Bedeutung und Unterstützung zugemessen wird.

---

[168] vgl. Litke, Hans-Dieter: Projektmanagement: Methoden, Techniken, Verhaltensweisen, 1995, S. 63

9.4 Praxisbeispiel – SAS-Rapid-Warehousing-Methode

Von der Firma SAS ist die Rapid-Warehousing-Methode entwickelt worden, die zur Durchführung von Data-Warehouse-Projekten eingesetzt werden kann. Die Rapid-Warehousing-Methodik besteht aus fünf Phasen[169]:

- Situationsanalyse (entspricht einer Ist-Analyse)
- Anforderungsanalyse (entspricht dem Soll-Konzept)
- Design/Modellierung (entspricht der Phase Entwurf)
- Konstruktion (Entspricht der Phase Realisierung)
- Review
  Nach der Einführung eines Data Warehouse sollen Reviews vorgesehen werden, in denen der Projekterfolg und dessen Auswirkungen auf das gesamte Unternehmen erhoben werden. Hierzu sollen Anwender als auch das Management interviewt werden.

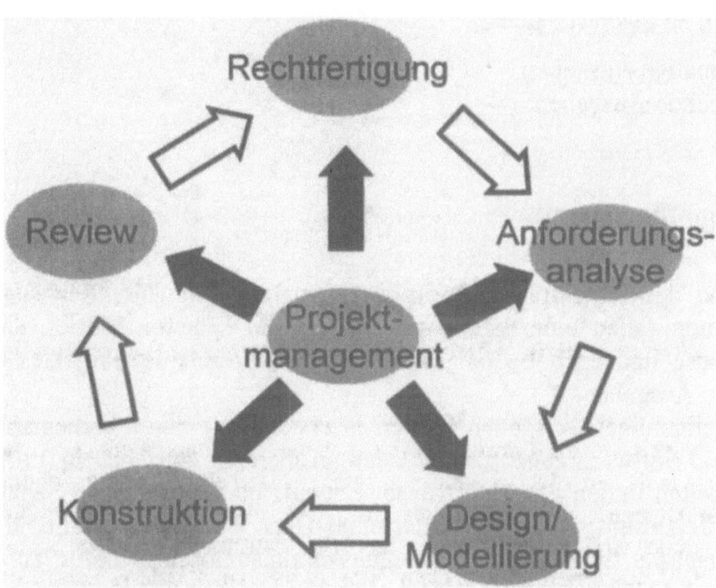

Abbildung 49: Data-Warehousing-Regelkreis nach SAS

Die Methode geht davon aus, dass ein Data Warehouse ein niemals endender Prozess ist (siehe Abbildung 49). Eine Implementierung für alle Zeiten, mit der alle Probleme der Datenbereitstellung gelöst werden, gibt es nicht.

---

[169]vgl. Hannig, Uwe, Schwab, Wolfgang, Findeisen, Dirk: Entwicklung eines Managementinformationssystems, 1998, S.29 ff.

9.5 Data-Warehouse-Budget

Neben einer Festlegung von Meilenpunkten für einzelne Phasen bildet das Kostenmanagement einen wichtigen Punkt bei jedem komplexen EDV-Projekt. Ein Data-Warehouse-Projekt ist in bezug auf Kosten und Budgetierungen analog zu anderen umfangreichen Projekten zu handhaben. Projektleiter und Auftraggeber erarbeiten frühzeitig einen Kostenplan für die einzelnen Phasen eines Projektes. Während einer Vorphase eines Projektes sollten die späteren Phasen budgetiert werden. Eine Kostenaufstellung in einer frühen Phase eines Projektes beruht zum Teil auf Annahmen und Vergleichswerten von ähnlichen Projekten. Spätere Änderungen, hervorgerufen durch zu Beginn eines Projektes nicht vorhersehbare Ereignisse oder durch Projektauftragsänderungen und Projekterweiterungen, sind nicht selten und führen häufig zu Anpassungen von Budgets.

Bei der Ermittlung von Kosten ist zwischen zwei grundsätzlichen Ausgabentypen zu unterscheiden:

- einmalige Ausgaben,
- laufende Ausgaben.

9.5.1 Einmalige Ausgaben

Während der Projektphasen Vorphase, Analyse, Entwurf, Realisierung und Einführung fallen einmalige Ausgaben an. Im späteren Betrieb eines Data Warehouse und nach Beendigung eines Data-Warehouse-Projektes entstehen laufende Ausgaben.

Die einmaligen Ausgaben können in erster Linie den Oberbegriffen Hardware und Software zugeordnet werden. Außerdem entstehen in Vorbereitung auf Arbeiten in den Phasen Analyse, Entwurf und Realisierung Schulungsausgaben für Designer und Entwickler eines Data Warehouse. Während der Einführungsphase sind Endanwender und Administratoren in bezug auf Handhabung und Management eines Data Warehouse zu schulen. Erfahrungen bei anderen EDV-Projekten haben gezeigt, dass eine EDV-Anwendung am effektivsten in einem Unternehmen eingeführt werden kann, wenn unmittelbare Schulungen im vornhinein eingeplant und eingebunden werden. Geschulte Endanwender und Administratoren setzen früh eine neue EDV-Anwendung korrekt ein, Widerstände gegen ein neues Produkt werden schon während der Einführung vermieden. An Schulungen zu sparen, bedeutet an einer falschen Stelle anzusetzen und höhere Folgekosten zu verursachen.
Einmalige Ausgaben für Hardware und Software gliedern sich auf in:

Bereitstellung von Hardware für ausreichende(n)

- Computer-Rechenkapazität
- Festplattenspeicher
- Netzwerk-Kommunikation

Software-Ausgaben für

- Datenbankmanagementsysteme
- Zugriffs- und Analyse-Werkzeuge
- System-Management-Tools
- Integrations- und Transformations-Schnittstellen
- Metadatenerstellung

Software-Ausgaben fallen an, sowohl in Fällen, bei denen verstärkt Fremdsoftware genutzt wird als auch, wenn im großem Maße auf Eigenentwicklungen gesetzt wird. Bei Einsatz von Kauflösungen fallen hauptsächlich Lizenzkosten an. Werden viele Komponenten selbst entwickelt, entstehen umfangreiche Personalausgaben für Design und Entwicklung der Anwendungen. Ein Abwägen von Vor- und Nachteilen für Kauf- und Eigenlösungen ist Grundlage für Entscheidungen bez. des Grades von Eigenentwicklungen. Allgemein ist es sinnvoll, auf erstandenen, bewährten Softwarebausteinen mit einer eigenen, unternehmensspezifischen Anwendungsentwicklung aufzusetzen, um Synergieeffekte zu nutzen und trotzdem spezielle Unternehmensanforderungen an eine eigene Data-Warehouse-Lösung erfüllen zu können. Problembehaftet scheint jedoch die Eigenentwicklung von Datenbankmanagementsystemen, DBMS-Aufsätzen und Zugriffswerkzeugen. Erprobte Komponenten einzusetzen spart Entwicklungskosten, verringert Projektrisiken und verkürzt die Projektlaufzeit.

9.5.2 Laufende Ausgaben

Während des Betriebes eines Data Warehouse entstehen laufende Kosten. Die Bestände eines Data Warehouse müssen mit Datenfeldern aus operationalen Datenbeständen und externen Quellen gefüllt werden. Die Data Warehouse und Metadaten-Struktur sind aufgrund von Erweiterungen der operationalen Datenbestände und der externen Quellen sowie neuer Anforderungen von Informationssystemen ständig zu überprüfen und anzupassen. Die Zahl der Datenfelder und die der eingestellten Datensätze nimmt ständig zu. Durch umfangreichere Feldkataloge und steigende Datensatzmengen wird es erforderlich, dass mehr Rechenkapazität für das Füllen und Bearbeiten der Data-Warehouse-Bestände bereitgestellt wird. Es werden mehr Datensätze in ein Data Warehouse eingestellt als herausgelöscht. Der erforderliche Speicherbedarf wird dementsprechend zunehmen, so dass fortlaufend zusätzlicher Festplattenspeicher zur Verfügung gestellt werden muss.

Nicht außer acht gelassen werden darf bei den fortlaufenden Kosten, dass die Systemprogramme eines Data Warehouse gepflegt und überarbeitet werden müssen. Es fallen bei Eigenentwicklungen Personalkosten für Entwickler und bei einer Kauflösung Kosten für neue Softwareversionen an.

Änderungen und Erweiterungen der Funktionalitäten und der Infrastruktur eines Data Warehouse verlangen Update-Schulungen sowohl für Endanwender als auch für Administratoren. Neue Möglichkeiten und Techniken eines Data Warehouse können nur effektiv eingesetzt werden, wenn diese nach Einsatz eines neuen Release bekannt und beherrscht werden.

Fortlaufende Ausgaben für ein Data Warehouse lassen sich wie folgt zusammenfassen:

- Pflege und Überarbeitung der Data-Warehouse- und Metadaten-Infrastruktur
- Endbenutzer- und Administratoren-Schulungen
- Überprüfung der Konformität der D.-W.-Datenbestände zu den Unternehmensdaten
- Erfüllen neuer Datenfeldanforderungen durch Informationssysteme
- Kapazitätsplanungen
- Überwachung von Datenbeständen und Prozessen
- Reorganisation und Restrukturierung von Datenbeständen
- Archivierung von Daten
- Erzeugung von verdichteten Datenfeldern
- Sicherstellung des Datenschutzes und der -sicherheit

9.5.3 Einflüsse durch die Unternehmensumgebung

Eine Data-Warehouse-Lösung ist stets unternehmensindividuell. Die Eckwerte eines Unternehmens haben einen direkten Einfluss auf eine Umsetzung und hierdurch entstehende einmalige und laufende Ausgaben. Folgende Faktoren haben Einfluss auf Kosten und deren Budgetierung:

- Größe des Unternehmens
- Zeitdauer, wie lange eingestellte Daten historisiert werden sollen
- Detaillierungsgrad eingestellter Daten
- Zeitpunkt bis Data Warehouse im Unternehmen eingeführt sein soll
- Einsatz einer Kauf- oder einer Eigenlösung
- Datenfeldbedarf der zu versorgenden Informationssysteme
- Umfang verdichteter Daten

Ein weiterer wichtiger Kostenfaktor ist die Entscheidung, ob ein zentrales oder ein verteiltes Data Warehouse eingeführt werden soll. Bei einer zentralisierten entstehen im Gegensatz zu einer dezentralen Lösung speziell für ein Data Warehouse beispielsweise geringere Netzwerk-Kommunikationskosten.

9.5.4 Prozentuale Kostenverteilung eines Unternehmens

Trotz aller Unterschiede von Unternehmen, weisen diese häufig Gemeinsamkeiten auf. Ohne hier ein typisches Unternehmen zunächst wissenschaftlich zu definieren, weist nach Bill Inmon ein durchschnittliches Unternehmen folgende prozentualen Kostenverteilungen für ein nicht verteiltes Data Warehouse auf. Einmalige Ausgaben für Hardware und Software:

Hardware

- Festplattenspeicherbedarf 30%
- Computer-Rechenkapazität 20%
- Netzwerk-Kommunikation 10%

Software

- Datenbankmanagementsysteme 10%
- Zugriffs- und Analyse-Werkzeuge 6%
- System-Management-Tools: Prozesskontrolle 2% und Datenüberprüfung 2%
- Integrations- und Transformations-Schnittstellen 15%
- Metadaten-Erstellung 5%

Die laufenden Kosten gliedern sich auf in:

- Übernahme von Daten aus operationalen Datenbeständen und externen Quellen 55%
- Pflege und Überarbeitung der Data-Warehouse- und Metadaten-Infrastruktur 3%
- Endbenutzer- und Administratoren-Schulungen 6%

Die Data-Warehouse-Administration unterteilt sich bez. laufender Kosten in

- Überprüfung der Konformität der D.-W.-Datenbestände zu den Unternehmensdaten 2%
- Erfüllen neuer Datenfeldanforderungen durch Informationssysteme 21%
- Kapazitätsplanungen 1%
- Überwachung von Datenbeständen und Prozessen 7%
- Reorganisation und Restrukturierung von Datenbeständen 1%
- Archivierung von Daten 1%
- Erzeugen von verdichteten Datenfeldern 2%
- Sicherstellung des Datenschutzes und der -sicherheit 1%

Bei einem stark bez. Datenfeldern und Datensätzen gewachsenen Data Warehouse mit einem gestiegenen Aufwand für Rechenkapazität und Festplattenspeicher sind zusätzliche laufende Kosten für zusätzliche Hardware zu berücksichtigen.

9.6 Fazit

Zur Durchführung eines Data-Warehouse-Projektes ist ein phasenweiser Ablauf zu nutzen, wobei auf ein korrektes Beenden der einzelnen Phasen Wert gelegt werden sollte. Als besonders kritisch ist die Ist-Analyse anzusehen, da hier ermittelt wird, welcher Data-Warehouse-Ansatz für das Unternehmen am sinnvollsten ist. Fehler während der Ist-Analyse können sich rächen, da u. U. ein Data Warehouse entwickelt und eingeführt wird, das die Anforderungen der operationalen und Informationssysteme verfehlt.

Zur organisatorischen Einordnung des Projektteams ist eine Matrixorganisation zu favorisieren. Reibungspunkte sind durch die vielen Schnittstellen eines Data Warehouse zu den verschiedenen Systemen einer Unternehmensanwendungsumgebung unvermeidlich, verlangen jedoch klare Zuständigkeits- und Verantwortlichkeitsregelungen. Bei Konfliktfällen sind ein starker Projektmanager und ein Projektpromotor sehr hilfreich und können den Weiterlauf eines Projektes bei Problemen sicherstellen.

10 Synergien mittels eines Data Warehouse

Können mit Hilfe eines Data Warehouse die Probleme operationaler Datenbestände gelöst werden?

Ein Data Warehouse hat die Aufgabe, Informationssystemen die Unternehmensdaten in vollständig integrierter Form zur Verfügung zu stellen. Quellen für die Inhalte eines Data Warehouse sind in erster Linie die Unternehmensdaten, gespeichert in den operationalen Datenbeständen, aber auch in großem Umfang externe Datenbestände, beispielsweise von Wirtschaftsdiensten wie Reuters.

Im folgenden soll diskutiert werden, ob sich durch den Einsatz eines Data Warehouse Synergien für die operationalen Systeme eines Unternehmens ergeben. Hersteller von Data Warehouse unterstützender Software versprechen teilweise die Lösung aller Probleme mittels Einsatz eines Data Warehouse.

In Unternehmen mit einer komplexen Anwendungslandschaft, hierzu zählt zweifelsohne auch die Finanzwirtschaft, werden Geschäftsvorfälle mit Hilfe von operationalen Systemen abgebildet. Nicht selten haben operationale Systeme ihre Wurzeln in den sechziger oder siebziger Jahren, teilweise sind sie noch auf Lochkarten entstanden. Mit jeder Funktionserweiterung mussten die operationalen Systeme entsprechend erweitert werden. Einzelne operationale Systeme sind teilweise unabhängig voneinander entstanden, und weisen folglich unterschiedliche Schlüsselausprägungen auf. Informationssysteme stehen vor der Aufgabe, Daten einzelner operationaler Systeme und externer Quellen in Auswertungen Nutzern verknüpft zu präsentieren. Steht kein Data Warehouse zur Verfügung, so müssen für jedes Informationssystem abweichende Schlüsselausprägungen vereinheitlicht werden.

Operationale Systeme werden in der Finanzwirtschaft mittels Transaktionssystemen abgebildet. Zwischen Transaktionssystemen und einem Data Warehouse existieren große konzeptionelle Unterschiede (siehe Tabelle 7).

Data Warehouse	Transaktionssysteme (OLTP)
subjektorientiert (subject-oriented), Ausrichtung auf Sach- und Themengebiete	prozess- oder funktionsorientiert
vollständig integriert (integrated), eindeutige Namenskonventionen für gleiche Entitäten etc.	keine Eindeutigkeit unter einzelnen operationalen Systemen in bezug auf gleiche Entitäten
nicht flüchtig (non-volatile), Historisierung von Informationen	nur der aktuelle Stand an Informationen wird vorgehalten
nach Perioden geordnet (time-variant)	

Tabelle 7: Unterschiede zwischen einem Data Warehouse und Transaktionssystemen

Ein Data Warehouse soll Unternehmens- und externe Daten vollständig integriert zur Verfügung stellen. Wie können Data-Warehouse-Bestände für operationale Systeme genutzt werden? Können die Data-Warehouse-Bestände die Aufgaben der operationalen Datenbestände übernehmen?

Für ein Data Warehouse bestehen verschiedene Architekturmöglichkeiten. Denkbar sind Ein-, Zwei- und Drei-Schicht-Modelle. Am effektivsten für komplexe Anwendungsumgebungen ist eine Drei-Schicht Lösung für ein Data Warehouse (vgl. Kapitel 7.3). Die Bereitstellung von Daten für Informationssysteme erfolgt bei der Drei-Schicht-Datenarchitektur in zwei Schritten. In einem ersten Schritt werden die aktuellen Daten vereinheitlicht und anschließend werden sie abgeleitet (siehe Abbildung 50).

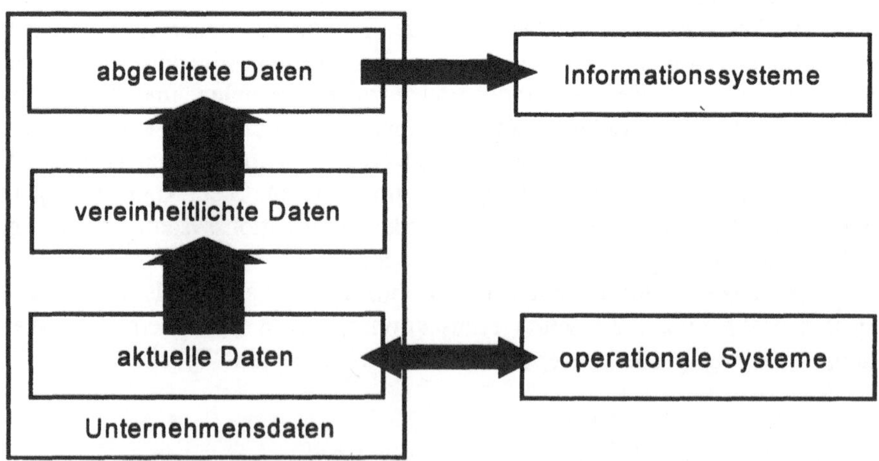

Abbildung 50: Effektive Drei-Schicht-Datenarchitektur eines Data Warehouse

In der Schicht der „aktuellen Daten“ verbergen sich operationale Datenbestände der Transaktionssysteme und Daten externer Quellen. Verschiedene Datenhaltungen, abhängig von den operationalen Systemen und externen

Datenanbietern, bilden die Schicht der „aktuellen Daten“. Sowohl Datenbanken als auch Dateien abweichender technischer Typen sind die Regel, die auf die Anforderungen der einzelnen operationalen Systeme physikalisch und logisch optimiert sind. Weiterhin kommen in den einzelnen Datenhaltungen unterschiedliche Zeitmodalitäten zum Einsatz.

Ein Unternehmensdatenmodell bildet eine Basis für die Schicht der „vereinheitlichten Daten“. Es ist nicht ausreichend, Daten aus der Schicht der „aktuellen Daten“ in die Schicht der „abgeleiteten Daten“ zu kopieren. Alle Unternehmensdaten sollten völlig neu modelliert und vereinheitlicht werden. Einzelne Datenentitäten werden im Unternehmensdatenmodell herausgearbeitet und modelliert. Jedes einzelne System und externe Quellen mit ihren Datenbasen müssen integriert werden, und die Relationen zwischen unterschiedlichen Systemen sind genauestens herauszuarbeiten.

Es ist nicht zwingend erforderlich, dass die Schicht der „vereinheitlichten Daten“ physikalisch ausgebildet wird. Abhängig von der jeweiligen Anwendungslandschaft, Datenvolumina und eingesetzter Data Warehouse unterstützender Software ist zu entscheiden, ob die zweite Schicht an Kosten- und Performancegründen orientiert physikalisch oder nur logisch ausgeprägt wird. Der Schritt zur Bildung von vereinheitlichten Daten hat die Aufgabe die operationalen und externen Daten vollständig zu integrieren. Die Schicht der „abgeleiteten Daten“ ist physikalisch vorzuhalten, um eine Historisierung von Informationen zu ermöglichen.

10.1 Datenbankverwaltungssysteme

Sowohl Anwender als auch Entwickler stellen an Datenbankverwaltungssysteme (database management systems, DBMS), unabhängig ob operationale Systeme, ein Data Warehouse oder Informationssysteme betroffen sind, Anforderungen. Als Kerneigenschaften wird verlangt, dass mit Hilfe von Datenbankverwaltungssystemen Datenbestände nach frei wählbaren Merkmalen auswertbar sind, nur festgelegte Benutzergruppen vollständigen oder eingeschränkten Zugriff auf Datenbestände erhalten und auf Datenbestände online im Mehrfachzugriff zugegriffen werden kann[170].
Im einzelnen werden folgende Anforderungen an DBMS gestellt:

- Datenintegrität: Daten haben die Aufgabe, die Realität, die sie beschreiben, exakt und vollständig wiederzugeben. Hierfür müssen sie vollständig, widerspruchsfrei (konsistent) und korrekt zu jedem Zeitpunkt während des Systembetriebes hinterlegt werden.

---

[170]vgl. Stahlknecht, Peter, Hasenkamp, Ulrich: Einführung in die Wirtschaftsinformatik, 1997, S. 254 f. und
Rechenberg, Peter, Pomberger, Gustav: Informatikhandbuch, 1997, S. 746 f.

- Redundanzfreiheit: Einzelne Datenelemente sollten möglichst nur einmal in einer Datenbank gespeichert werden, auch wenn auf sie aus unterschiedlichen operationalen Systemen zugegriffen wird. Eine Kundenanschrift wird beispielsweise von mehreren operationalen Systemen verarbeitet, sollte jedoch nur in einem Datensatz hinterlegt werden. Werden gleiche Datenelemente mehrmals abgespeichert, sind diese separat zu pflegen. Treten Abweichungen auf, ist die Konsistenz des DBMS verletzt. Redundanzfreie Datenbanken erleichtern die Anforderung der Datenintegrität zu erfüllen.
- Datenunabhängigkeit: Daten sind unabhängig von Anwendungsprogrammen neutral zu speichern. Durch Änderungen in Datenbanken sollen nicht zwangsweise Anwendungsprogramme betroffen werden. Der Inhalt von Datenbanken soll ohne die Kenntnisse des datenerzeugenden Programmes und der darin hinterlegten Datenstruktur auswertbar sein. Eine Entkopplung von DBMS und Anwendungsprogrammen ist eine Grundvorraussetzung, um Modularisierungen von Anwendungen zu ermöglichen. Eine Modularisierung erlaubt ein Ersetzen einzelner operationaler Systeme, ohne das Gesamtanwendungssystem zu verändern. Weiterhin muss eine Unabhängigkeit zwischen logischer und physischer Datenorganisation vorliegen. Ein Nutzer braucht nur die logische Organisation zu kennen, Funktionen beispielsweise zum Lesen, Ändern oder Löschen von Datensätzen sind vom DBMS zur Verfügung zu stellen. Ein DBMS muss einem Nutzer die Aufgabe einer physischen Datenorganisation abnehmen.
- Datenschutz und -sicherheit: Es muss sichergestellt werden, dass Daten nur von genau festgelegten Personengruppen zugreifbar sind. Ein Datenmissbrauch durch Fremde und Nichtautorisierte muss ausgeschlossen werden. Bei den Zugriffsrechten ist zwischen Rechten für Abfragen, Änderungen und Löschungen von Datenelementen zu unterscheiden. Sowohl bei Software- als auch bei Hardware-Fehlern muss garantiert werden, dass das DBMS nach einem Störfall den korrekten, konsistenten Zustand z.B. durch ein anwendungsunabhängiges Checkpoint-Restart-Verfahren wiederherstellt. Eine dauerhafte und persistente Speicherung von Daten wird zwingend verlangt.
- Benutzerfreundlichkeit: Endanwender verlangen von einem DBMS eine Benutzerschnittstelle, die leicht zu erlernen und zu bedienen ist. Daten müssen leicht zu handhaben sein; Datenabfragen müssen flexibel vorgenommen werden können. Eine grafische Benutzeroberfläche erleichtert Endanwendern ein Arbeiten mit einem DBMS. Programmierer von Anwendungen, die auf ein DBMS zugreifen sollen, benötigen eine standardisierte Sprachschnittstelle. Bei relationalen DBMS hat sich beispielsweise die SQL-Sprache (structured query language) durchgesetzt.
- Mehrfachzugriff: Auf gespeicherte Daten muss sehr zeitnah zugegriffen werden können. Sollen parallel mehrere Nutzer quasi gleichzeitig zugreifen können, ist ein Multitasking-Online-Betrieb des DBMS vorzusehen.

Ein DBMS-Betrieb mit mehreren Nutzern verlangt, dass Abfragen an das DBMS mit einer möglichst kurzen Antwortzeit erfüllt werden, da für jede Anfrage nur eine begrenzte Rechenzeitkapazität zur Verfügung steht. Zur gleichen Zeit muss eine Datenbank von mehreren Anwendungen verwendet werden (database sharing), wobei keine Beeinträchtigungen auftreten dürfen.

10.2 Data-Warehouse- und operationale Datenbestände

In komplexen Anwendungslandschaften ist es aufgrund der unterschiedlichen Ausrichtung der Datenbestände eines Data Warehouse und der operationalen Systeme nicht sinnvoll Data-Warehouse-Datenbestände für operationale Systeme zu nutzen. Es existieren große Abweichungen im Zweck, dem Inhalt, der Aktualität, der Modellierung, dem Zustand und der Behandlung von Abfragen und Updates:

Operationale Systeme haben die Aufgabe, Geschäftsprozesse eines Unternehmens EDV-technisch zu unterstützen. Hingegen soll ein Data Warehouse Informationen z.B. für Controlling-Zwecke integriert bereitstellen, um dispositive und strategische Entscheidungen zu erleichtern. Die abweichenden Anforderungen von Informationssystemen und operationalen Systemen erfordern unterschiedliche Ausprägungen der jeweiligen Datenbestände. Die Bestände der operationalen Systeme und des Data Warehouse sind logisch und physikalisch so zu designen, dass die Aufgaben möglichst effektiv durchgeführt werden können. Operationale Datenbestände müssen hierzu aktuelle, detaillierte Geschäftsvorfalldaten vorhalten, diese sind in einem Data Warehouse nicht enthalten. Es enthält verdichtete, historisierte Daten, die in vereinheitlichter Form gespeichert werden (vgl. Kapitel 8.1). Informationssysteme sollen einem Benutzer die Möglichkeit verschaffen, eine Gesamtsicht auf die Daten eines Unternehmens zu erhalten. Detaillierte Geschäftsvorfalldaten werden hierfür nicht benötigt.

Für operationale Systeme ist es unverzichtbar, stets alle hinterlegten aktuellen Daten zur Geschäftsprozessdurchführung im Zugriff zu haben. Durch Benutzer gestartete Transaktionen greifen online auf Datenfelder zu. Die Bestände eines Data Warehouse werden zu festgelegten Zeitpunkten gefüllt, nach einem Zeitintervall werden Daten aus den operationalen Datenbeständen und externen Quellen abgeleitet und in das Data Warehouse gestellt. Da dieser Prozess in bestimmten Intervallen durchgeführt wird, kann ein Data Warehouse nicht die Aktualität operationaler Datenbestände aufweisen. Der Inhalt ist in der Regel älter als ein Tag.

In zentralisiert organisierten Anwendungslandschaften werden Daten auf einem Großrechner vorgehalten. In der Finanzwirtschaft sind teilweise mehr als 30.000 Terminals mit einem Großrechner verbunden. Zur Buchung von Geschäftsvorfällen müssen sehr viele Transaktionen parallel durchgeführt werden. Um in Spitzenzeiten alle aufkommenden Transaktionen online ausführen zu können, ist es erforderlich, dass diese wenig Rechenzeit und wenige Plattenspeicherzugriffe verlangen. Operationale Datenbestände sind funktionsorientiert zu modellieren, d.h., auf aktuelle Geschäftsdaten muss möglichst direkt zugegriffen werden. Hingegen sind Daten eines Data Warehouse sachgebietsorientiert modelliert. Zusammenhänge zwischen Daten einzelner operationaler Systeme und externer Quellen bewirken ein verknüpftes Hinterlegen. Auswertungen mit Informationssystemen verlangen andere Modellierungen als für Transaktionen. Daten werden endbenutzertauglich hinterlegt. Die Performance von Transaktionen ist am größten, wenn für einzelne Transaktionen Daten redundant in unnormalisierter, verschlüsselter Form gespeichert werden. Dieses widerspricht direkt dem Ziel eines Data Warehouse, Daten in integrierter, konsistenter Form Informationssystemen zur Verfügung zu stellen.

Mit Transaktionen werden laufend konkurrierend Abfragen und Updates auf Datenbestände durchgeführt, die strukturiert im Programmcode von Transaktionen hinterlegt sind. Ein Data Warehouse muss für komplexe, wechselnde Fragestellungen Daten bereitstellen. Datenbestände auf bestimmte vorgefertigte Standardauswertungen zu optimieren ist nicht effektiv, da dieses zu Performancenachteilen bei freien Auswertungen führen würde. Die Bestände eines Data Warehouse werden somit integriert in möglichst normalisierter Form gespeichert.

Die unterschiedliche Ausrichtung der Bestände von operationalen Systemen und eines Data Warehouse erlauben nicht die Nutzung der Data-Warehouse-Bestände durch operationale Systeme. In komplexen Anwendungsumgebungen, wie man sie in der Finanzwirtschaft vorfindet, wird eine Nutzung der Data-Warehouse-Datenbestände für operationale Systeme unmöglich sein.

10.3 Korrelationen

Auch wenn die Data-Warehouse-Datenbestände nicht direkt für operationale Systeme nutzbar sind, so können die Erkenntnisse, die bei der Erstellung eines Datenmodells für ein Data Warehouse gewonnen wurden, bei der Überarbeitung der operationalen Datenbestände genutzt werden. Es kann ein Team gebildet werden, das neben der Modellierung eines Data Warehouse beratend bei der Modellierung der operationalen Datenbestände und umgekehrt zur Seite steht. Ein enger Informationsaustausch zwischen den Abteilungen der operationalen Systeme und der Data-Warehouse-Modellierer ist zweckdienlich. Gewonnene Erfahrungen sollten in beiden Richtungen ausgetauscht werden. Sowohl operationale Systeme als auch ein Data Warehouse sind nie endgültig fertiggestellt. Neue Anforderungen verlangen ständig Anpassungen.

Als wenig effektiv hat sich in der Praxis herausgestellt, ein Unternehmensdatenmodell vom Punkt Null an auf der grünen Wiese zu erstellen und dieses anschließend auf die einzelnen operationalen Systeme und ein Data Warehouse zu übertragen. Probleme treten beispielsweise durch neue Anforderungen an operationale Systeme und Informationssysteme auf; die Anforderungen müssen in den bestehenden operationalen Anwendungen und einem Data Warehouse umgesetzt werden und parallel im zu entwickelnden Unternehmensdatenmodell Berücksichtigung finden.

Beim Verfolgen des Zieles, ein umschließendes Unternehmensdatenmodell zu schaffen, dürfen die einzelnen operationalen Systeme und ein Data Warehouse mit ihren Einzelaufgabenstellungen nicht aus den Augen verloren werden. Andererseits sollten nicht Modellierungen bestehender operationaler Systeme um jeden Preis in ein Unternehmensdatenmodell übernommen werden. Mit Mut sollten auch alte Pfade der Modellierung verlassen werden. Ein direktes Umsetzen eines Unternehmensdatenmodells auf operationale Systeme und ein Data Warehouse ist als Gesamtziel zu sehen. Denormalisierungen einzelner Entitäten, erzwungen, um Performancesteigerungen bei stark frequentierten Transaktionen zu erzielen, bedeuten keine Abweichung von einem Unternehmensdatenmodell.

Die Pflege der operationalen Systeme bzw. der Aufbau eines Data Warehouse und die Entwicklung eines Unternehmensdatenmodells sollten somit parallel verlaufen. Designer einzelner operationaler Systeme und eines Data Warehouse müssen bei der Erstellung eines Unternehmensdatenmodells eingebunden werden.

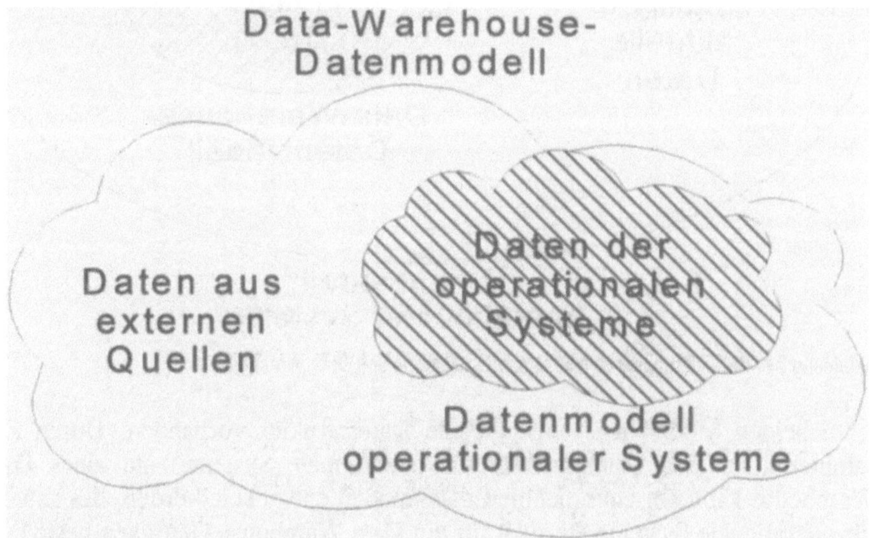

Abbildung 51: Umschlossene Bereiche der Datenmodelle eines Data Warehouse und operationaler Systeme

Die Erfahrungen die bei der Erstellung von Datenmodellen für operationale Systeme und für ein Data Warehouse gemacht worden sind, können direkt für ein Unternehmensdatenmodell genutzt werden. Es gibt eine starke Überschneidung zwischen den Modellen für operationale Systeme und für ein Data Warehouse. Beide Modelle beinhalten bei gleichen Entitäten, jedoch unterschiedliche Datenfelder. Abweichungen ergeben sich durch die unterschiedlichen Ausrichtungen. Ein Unternehmensdatenmodell umschließt jedoch beide Datenmodelle.

Ein Datenmodell für ein Data Warehouse umfasst neben den Bereichen der operationalen Systeme auch Daten externer Quellen (siehe Abbildung 51). Nicht nur der aktuelle Informationsstand ist abzubilden, sondern es ist auch eine Historisierung vorzusehen. Im Gegensatz zu einem Datenmodell für ein Data Warehouse muss ein Datenmodell für operationale Systeme detailliertere Daten umfassen. Da für operationale Systeme in erster Hinsicht nur aktuelle Informationen benötigt werden, ist eine Historisierung von Informationen zu vernachlässigen (siehe Abbildung 52). Informationen externer Quellen brauchen nicht integriert zu werden.

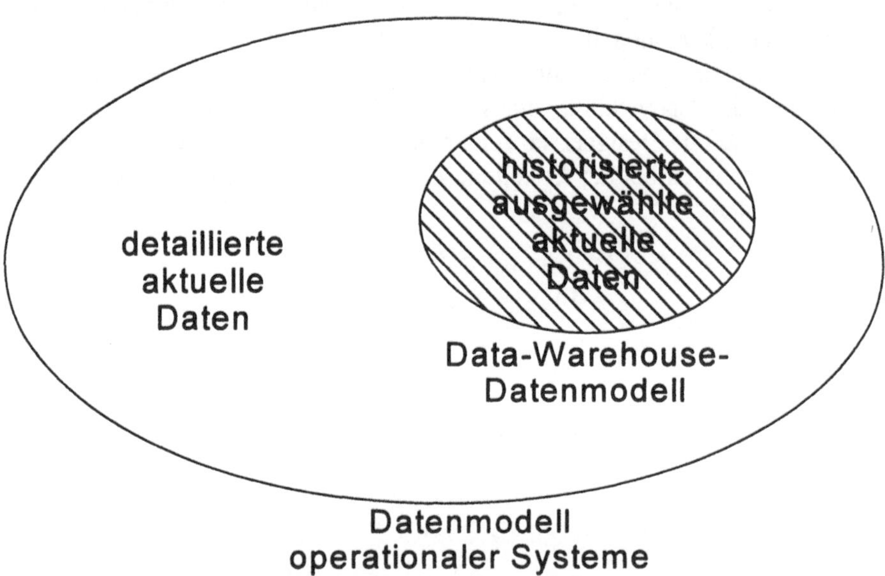

Abbildung 52: Detaillierungsgrad operationaler Systeme und Data Warehouse

In beiden Modellen ist eine gleiche Datenstruktur vorhanden. Durch Zusammenfassen der Datenmodelle für operationale Systeme und eines Data Warehouse kann ein Unternehmensdatenmodell entwickelt werden, das sowohl für operationale Systeme als auch für ein Data Warehouse Gültigkeit besitzt.

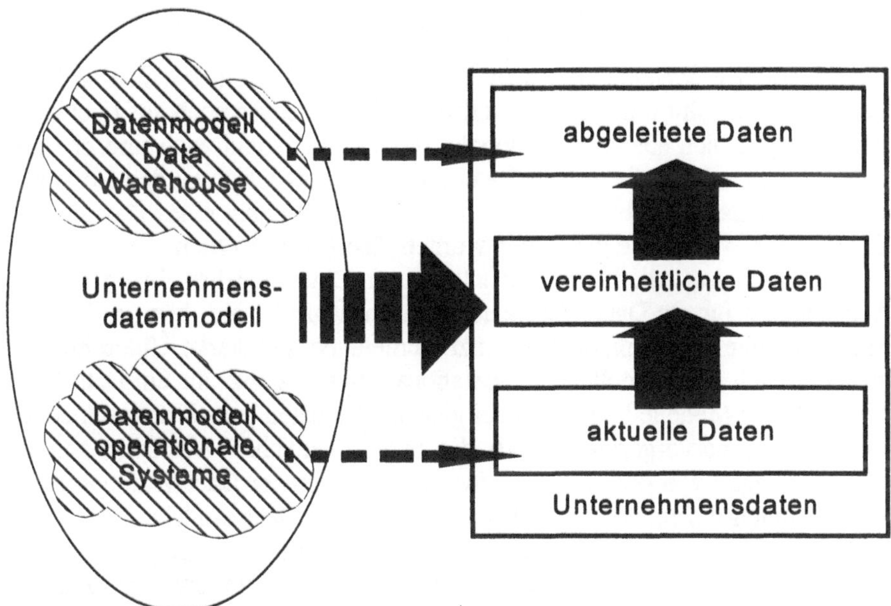

Abbildung 53: Zuordnung von Datenmodellen zur Drei-Schicht-Datenarchitektur

Wird eine Drei-Schicht-Datenarchitektur zugrunde gelegt, ist ein Datenmodell für operationale Systeme der Schicht der aktuellen Daten zuzuordnen, das Modell eines Data Warehouse der Schicht der abgeleiteten Daten (siehe Abbildung 53). In einem Unternehmensdatenmodell sind die Datenstrukturen der drei Schichten aktuelle, vereinheitlichte und abgeleitete Daten dargestellt.

In der reinsten Form ist ein Unternehmensdatenmodell in der Schicht der vereinheitlichten Daten umgesetzt. Denormalisierungen sind hauptsächlich in der Schicht der aktuellen Daten vorzufinden, wobei zu berücksichtigen ist, dass Denormalisierungen nicht einem Unternehmensdatenmodell widersprechen.

10.4 Fazit

Operationale Systeme und ein Data Warehouse haben verschiedene Aufgaben. Operationale Systeme sollen die Geschäftsprozesse eines Unternehmens EDV-technisch unterstützen, hingegen soll ein Data Warehouse Informationssystemen die Unternehmensdaten in vollständig integrierter Form zur Verfügung stellen.

Die unterschiedliche Ausrichtung der Datenbestände eines Data Warehouse und der operationalen Systeme lässt es nicht zu, Data-Warehouse-Datenbestände für operationale Systeme zu nutzen. Es existieren zu große Abweichungen im Zweck, dem Inhalt, der Aktualität, der Modellierung, dem Zustand und der Behandlung von Abfragen und Updates.

Operationale Systeme sind nicht selten in ihrer Urform seit den sechziger oder siebziger Jahren im Einsatz, teilweise sind sie sogar noch auf Lochkarten entstanden. Sollen solche operationale Systeme und somit auch ihre operationalen Datenbestände überarbeitet oder sogar neu entwickelt werden, so können die Erkenntnisse und Erfahrungen, die bei der Erstellung eines Datenmodells für ein Data Warehouse gewonnen wurden, übertragen werden.

Die Ergebnisse, die bei der Erstellung von Datenmodellen für operationale Systeme und für ein Data Warehouse gemacht worden sind, können direkt für ein Unternehmensdatenmodell genutzt werden. Es gibt starke Überschneidungen zwischen den Modellen für operationale Systeme und für ein Data Warehouse. Beide Modelle beinhalten bei gleichen Entitäten jedoch unterschiedliche Datenfelder, hervorgerufen durch die unterschiedlichen Ausrichtungen und Anforderungen von operationalen Systemen und einem Data Warehouse. Ein Unternehmensdatenmodell umschließt jedoch beide Datenmodelle.

Beiden Datenmodellen liegt eine gleiche Datenstruktur zugrunde. Hierdurch kann durch Zusammenfassen der Datenmodelle für operationale Systeme und eines Data Warehouse ein Unternehmensdatenmodell entwickelt werden, welches sowohl für operationale Systeme als auch für ein Data Warehouse Gültigkeit besitzt.

11 Informationssysteme in der Praxis

Auf dem Pfad von der Information zur Entscheidungsfindung kann sich ein Manager leicht im Dickicht von unübersichtlichen Datenmengen verirren. Rettung kann für viele der Einsatz von Informationssystemen sein, die bei der Orientierung in Datenbeständen helfen und so einen Weg zur Entscheidungsfindung weisen.

Frühzeitiges Erkennen von relevanten Trends durch rechtzeitige Informationen bewirkt einen Vorsprung im Agieren gegenüber Mitbewerbern, ein Schlüsselfaktor im Wettbewerb ist die Fähigkeit zügig fundierte Entscheidungen zu fällen und umzusetzen. Durch das Liefern von entscheidungsrelevanten Informationen werden Reaktionszeiten minimiert. Sie ermöglichen dem Management durch zielorientierte Informationsversorgung eine effiziente Steuerung eines Unternehmens.

Zu den in dieser Hinsicht leistungsfähigsten Computeranwendungen gehören FIS/EIS (Führungsinformationssysteme, Executive Information Systems). Mit ihrer Hilfe können Management-Zahlenmengen analysiert und daraus Trends entwickelt werden. Sie unterstützen Manager bei ihrer Entscheidungsfindung, indem der Blick auf unübersichtlich große Datenbestände durch Softwarewerkzeuge erleichtert wird, sie dienen zur Komplexitätsbewältigung. FIS/EIS stellen die Schnittstelle eines Entscheidungsträgers zu den Unternehmensdaten dar. Managern werden relevante Informationen in geeigneter Form rechtzeitig zur Verfügung gestellt. Es existieren für Systeme zur Informationsversorgung neben FIS/EIS andere Bezeichnungen wie beispielsweise Chefinformationssystem (CIS) oder Vorstandsinformationssystem (VIS), deren Entwicklung häufig auf vertriebspolitische Gründe zurückzuführen ist. Aufgaben und Ziele solcher Systeme sind im allgemeinen identisch, im Kern werden gleiche Konzepte umgesetzt. Häufig werden Systeme zur Informationsversorgung in ihrer Kurzform als Informationssysteme bezeichnet. In der einschlägigen Literatur wird gleichermaßen von FIS/EIS bzw. Informationssystemen gesprochen.

Informationssysteme haben folgende Hauptcharakteristiken[171]. Sie sind

[171] vgl. Rechenberg, Peter, Pomberger, Gustav: Informatikhandbuch, 1997, S. 862 f.

- offen: Mit ihrer Umwelt interagieren sie ständig. Informationssysteme stehen im Kontext mit operationalen Systemen, mit einem Data Warehouse und auch mit anderen Informationssystemen.
- dynamisch: Ihre Abläufe sind einem ständigen Änderungsprozess unterworfen, der durch neue Anforderungen bestimmt wird. Neue Anforderungen können sowohl aufgrund gesetzlicher Neufassungen als auch direkt durch einen Auftraggeber für ein Informationssystem entstehen.
- kompliziert und komplex: Die Anzahl ihrer Elemente, deren Unterschiedlichkeit und der Beziehungsreichtum der einzelnen Elemente untereinander ist groß.

In diesem Kapitel wird die Konzeption von FIS/EIS (Führungsinformationssystemen/ Executive Information Systems) aufgezeigt, und anhand von Beispielen werden deren wichtigste Funktionalitäten beschrieben. Im ersten Teil wird die historische Entwicklung von Management Information Systems über Decision Support Systems bis zu aktuellen Informationssystemen dargestellt.

Einen Schwerpunkt erhält die Thematik Datenbereitstellung für Informationssysteme. Es wird diskutiert, ob spezielle Datenbestände erstellt oder ob bestehende Datenbanken von operationalen Systemen und - falls vorhanden - eines Data Warehouse genutzt werden sollten. Weiterhin wird geklärt, ob detaillierte Einzeldaten oder ausschließlich zusammengefasste Daten durch FIS/EIS ausgewertet werden sollten.

11.1 Historische Entwicklung vom MIS zum FIS/EIS

Zur korrekten Entscheidungsfindung sind Informationen zum richtigen Zeitpunkt unverzichtbar. Seit über 25 Jahren werden zur Erfüllung dieser Anforderung EDV-Lösungen für die Entscheidungsunterstützung entwickelt und in Unternehmen eingeführt.

Anfang der siebziger Jahre firmierten derartige Systeme unter dem Kürzel MIS (Management Information Systems), in den siebziger Jahren änderte sich das Akronym in EUS/DSS (Entscheidungsunterstützungssysteme, Decision Support Systems) und seit Ende der achtziger Jahre sind die Buchstabenkombinationen FIS/EIS (Führungsinformationssysteme, Executive Information Systems) in Gebrauch. Hinter allen Kürzeln und Schlagworten steht im Grunde das gleiche Ziel, nämlich Entscheidungsträger mit ausreichend vielen und ausreichend guten Informationen zu bedienen, wobei sich natürlich die Einstellungen aufgrund der gemachten Erfahrungen und der informationstechnologischen Basisentwicklung weiterentwickelten oder zumindest veränderten.

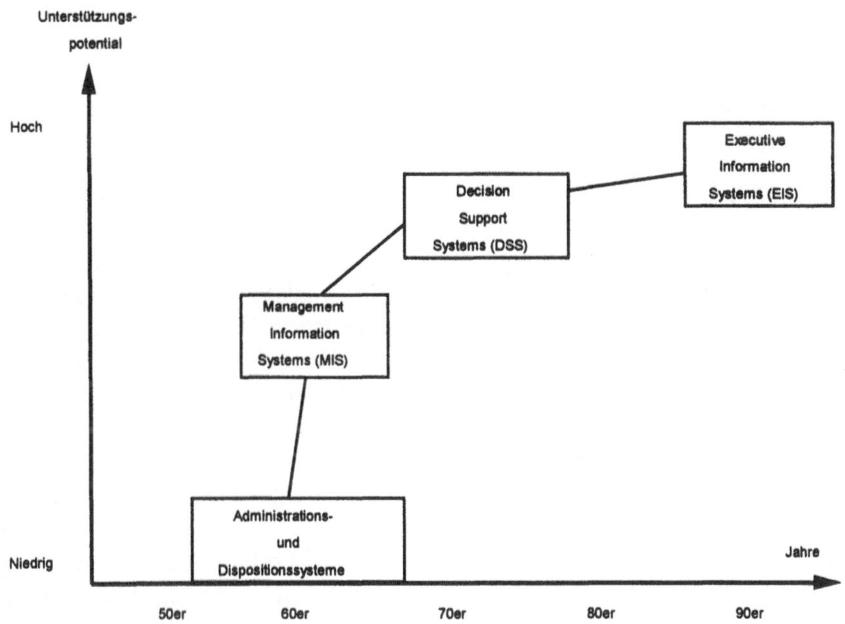

Abbildung 54: Historische Entwicklung computergestützter Systeme zur Informationsversorgung und Entscheidungsunterstützung[172]

Die betriebliche Informationsversorgung war bis in die sechziger Jahre auf das Rechnungswesen beschränkt. Bei der Lösung von Entscheidungssituationen sollten MIS unterstützen[173]. Die in allen Unternehmensbereichen anfallenden Daten sollten aufbereitet und verdichtet werden und so die Unternehmensführung als Entscheidungsgenerator entlasten. Dem MIS-Konzept lagen folgende Ansatzpunkte zugrunde:

- Datenqualität und Entscheidungsqualität korrelieren positiv
- Informationsvollständigkeit ist durch Informations- und Kommunikationstechnik umsetzbar
- der Informationsbedarf von Führungskräften ist im voraus zu bestimmen.

An Management Information Systems wurde die Forderung gestellt, sie müssten als totale Informationssysteme das ganze Unternehmen umfassen. Die meisten Umsetzungsversuche der MIS-Konzepte sind gescheitert wegen:[174]

---

[172]vgl. Bullinger, H.-J., Koll, P.: Chefinformationssysteme (CIS), 1992, S. 52

[173]vgl. Bullinger, H.-J., Fähnrich, K.-P., van Hoof, T., Nostdal, R.: Produktivitätsfaktor Information, 1995, S. 18–21

[174]vgl. Stahlknecht, Peter, Hasenkamp, Ulrich: Einführung in die Wirtschaftsinformatik, 1997, S. 426

- des hohen Entwicklungs- und Pflegeaufwands solcher Systeme
- des Fehlens leistungsfähiger Datenbankverwaltungssysteme und anderer informationstechnischer Voraussetzungen
- der geringen Akzeptanz bei den Führungskräften
- der mangelnden Flexibilität gegenüber dem instabilen Charakter vieler betrieblicher Organisationsstrukturen.

MIS-Projekte hatten oftmals die Einführung von operativen Rechnungswesen, Finanz- und Lohnbuchhaltungen zur Folge, bei denen starre Ansätze und immer wiederkehrende Vorgänge leichte EDV-Umsetzungen erlaubten.

Die Erkenntnis, dass ein Unternehmen nicht ausschließlich mit Informationen aus dem operativen und vergangenheitsorientierten Rechnungswesen gesteuert werden kann, setzte sich Anfang der siebziger Jahre durch. Effektivere Entscheidungen können durch die Beantwortung von What-If-Fragestellungen getroffen werden, EUS/DSS-Ansätze unterstützen solche Analysen EDV-technisch. EUS/DSS sind datenbankorientiert und konzentrieren sich auf das interne Berichtswesen. Durch komplexe Planungs-, Kontroll und Entscheidungsmodelle werden Manager unterstützt.

In der Vergangenheit ist die Akzeptanz von EUS/DSS-Produkten eher gering gewesen, da die meisten Produkte nur durch komplizierte Kommandosprachen gesteuert werden können, starre Modellstrukturen vorliegen und einen hohen Lernaufwand erfordern. EUS/DSS-Investitionen hatten oft zur Folge, dass ausschließlich Papierberge an Listen produziert wurden.

Mittels EUS/DSS-Erfahrungen setzte sich die Erkenntnis durch, dass Hard- und Softwareprodukte keine eigenen Führungskonzepte ersetzen können. Entscheidungsmodelle sind nicht so komplex wie die Realität, so dass durch sie erzeugte Entscheidungsvorschläge nur mit Vorsicht direkt umgesetzt werden können.

Die reine Informationsbereitstellung für Führungskräfte ist so wieder in den Vordergrund gerückt: Entscheidungen sollen unterstützt und vorbereitet, jedoch nicht automatisiert werden. FIS/EIS-Konzepte haben so einen Teil der alten MIS-Ansätze wiederbelebt, wobei Informationen grafisch-orientiert und benutzerfreundlich zur Verfügung gestellt werden sollen.

Führungsinformationssysteme und Entscheidungsunterstützungssysteme können als Managementunterstützungssysteme betrachtet werden. FIS/EIS und EUS/DSS werden unter dem Oberbegriff ESS (Executive Support Systems) zusammengefasst. ESS und Bürowerkzeuge zur Unterstützung des Management bilden gemeinsam MUS/MSS (Managementunterstützungssysteme, Management Support Systems). Zu berücksichtigen ist, dass einzelne Systeme nicht in allen Punkten klar voneinander abgegrenzt werden können, und dass Überschneidungen und fließende Übergänge vorliegen (vgl. Abbildung 55).

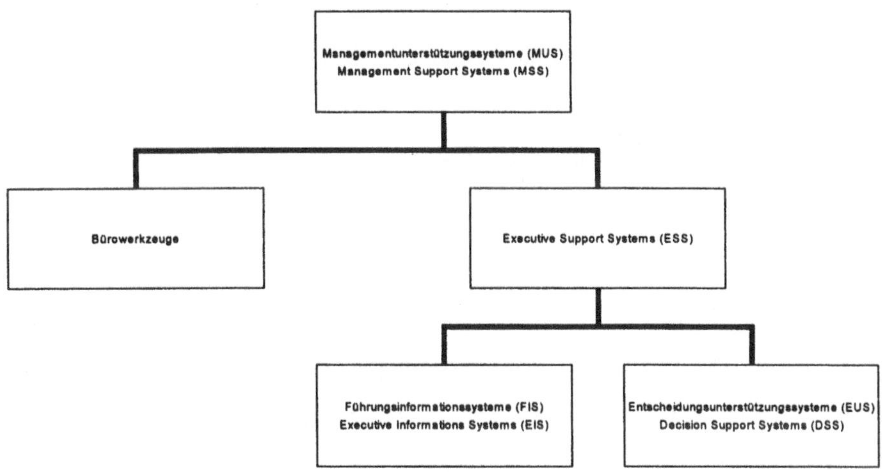

Abbildung 55: Typen von Führungssystemen[175]

FIS/EIS weisen in der Praxis folgende Charakteristiken auf[176]:

- grafische, tabellarische und/oder textliche Darstellung von Daten
- durch Anwenderfreundlichkeit nur minimalen oder keinen Schulungsaufwand
- individuell anpassbar an die Bedürfnisse von Managern
- direkt bedienbar von Managern
- Auswertung von sowohl internen als auch externen Datenbeständen
- Durchführung von Online-Status-Reports, Exception-Reporting, Trend- und Drill-Down-Analysen
- Filterung, Extrahierung, Verdichtung und Aufspürung von kritischen Daten.

11.2 Konzeption eines FIS/EIS

FIS/EIS weisen in der Regel einen ähnlichen Aufbau und entsprechende Komponenten auf. Vom Fraunhofer Institut für Arbeitswirtschaft und Organisation wurde ein Referenzmodell entwickelt (siehe Tabelle 8), welches ein top-down-orientiertes, ganzheitliches Vorgehensmodell darstellt.

---

[175] vgl. Stahlknecht, Peter, Hasenkamp, Ulrich: Einführung in die Wirtschaftsinformatik, 1997, S. 427

[176] vgl. Watson, H.J., Rainer, R.K., Koh, C.E.: Executive Information Systems – A Framework for Development and a Survey of Current Practices, 1991, S. 14

Mentale Manager-Modelle		
Betriebswirtschaftliche Fachkonzeption		
Benutzeroberfläche		
Anwendungen		
Datenhaltungs- und Modellkomponente	Methoden- und Kommunikations-komponente	Entwicklungs-komponente
Systemsoftware / Betriebssysteme		
PC	Client-Server	Mainframe

Tabelle 8: FIS/EIS-Referenz-Architekturmodell[177]

Es besteht aus sieben Schichten, die sich in drei Gruppierungen unterteilen lassen. Bei der Konzeption von FIS/EIS ist ein top-down-orientiertes Modell einem bottom-up-Ansatz vorzuziehen, da bei der Entwicklung eines FIS/EIS das Ziel, einem Manager bei der Entscheidungsfindung mittels gezielter Informationsversorgung zu unterstützen, im Vordergrund stehen soll. Die EDV selbst darf bei einer Umsetzung nicht im Vordergrund stehen, sondern die Erfüllung von Anforderungen und Erwartungen der späteren Nutzer muss erste Priorität haben. Steht die EDV im Vordergrund, so ist die Gefahr groß, dass eine Anwendung entwickelt wird, die nicht die Erwartungen der Anwender erfüllt und daher nicht akzeptiert und genutzt wird. Bei MIS und DSS ist dieses in der Vergangenheit häufig der Fall gewesen.

[177]ähnlich Bullinger, H.-J., Hubert, H., Koll, P.: Chefinformationssysteme (CIS) – Navigationsinstrumente der Unternehmensführung, 1991, S. 14

11.2.1 Mentale Manager-Modelle

Die beiden obersten Schichten bilden eine konzeptionelle Gruppierung im FIS/EIS-Architekturmodell. In mentalen Manager-Modellen der ersten Schicht werden die unterschiedlichen Rollen von Führungskräften beschrieben. Die Auseinandersetzung mit ihnen ist erforderlich für die Konzeption eines FIS/EIS und deren spätere Umsetzung, da ein FIS/EIS einen Manager bei seinen unterschiedlichen Rollen unterstützen soll.

Die Tätigkeiten eines Managers lassen sich in zehn verschiedene Rollen untergliedern (siehe Tabelle 9). Unterteilbar sind sie in interpersonelle, Informations- und entscheidungsorientierte Rollen, welche in unterschiedlichem Maße durch Informationssysteme unterstützt werden können. Grundsätzlich ist jedoch zu beachten, dass einzelne Rollen nicht getrennt, sondern die Gesamtheit aller Rollen betrachtet werden muss.

Nur wenig Unterstützung erfahren die interpersonellen Rollen eines Managers durch FIS/EIS, da bei diesen Rollen weniger Informiertheit im Einzelnen als persönliche Fähigkeiten wie Eloquenz oder Kontaktfreudigkeit entscheidend sind.

Den meisten Nutzen bringen FIS/EIS selbstverständlich bei den Informationsrollen. In der Rolle eines Sammlers kann ein Manager gezielter und zügiger Zugriff auf Informationen erhalten. Er wird unterstützt durch Online-Status-Reports oder durch die Nutzung der Drill-Down-Technologie. Die erhaltenen Informationen kann er anschließend durch die Nutzung von Bürokommunikationssystemen direkt an Organisationsmitglieder weiterleiten und so effektives Arbeiten unterstützen.

Wesentliche Hilfestellungen durch EDV-Systeme sind auch bei der Ausführung von entscheidungsorientierten Rollen möglich. Hier sind EDV-technische Entlastungen bei der Kontrolle von Projekten durch Ampelfunktionen (Traffic Lighting Function), Trendanalysen und durch Exception-Reports sinnvoll möglich. Mit Hilfe der eben genannten Ampelfunktion lassen sich kritische Faktoren eines Unternehmens durch grafische Reports aufbereiten.

Den einzelnen kritischen Werten werden Grenzwerte zugeordnet. Liegen Unternehmenswerte außerhalb des Grenzbereiches, so werden diese in einem Report durch eine abweichende Farbe visualisiert, welche ein leichteres Erkennen bei einer Auswertung erlaubt. Statistische Auswertungen wie Trendanalysen zählen zu den Grundfunktionen von FIS/EIS. Kritische Erfolgsfaktoren können direkt vom System überwacht werden. Treten Abweichungen von definierten Vorgabewerten auf, so wird ein Manager durch automatisch erstellte Exception-Reports (Alarmfunktionen) aufmerksam gemacht.

Interpersonelle Rollen	Repräsentant Führer Kontaktperson
Informationsrollen	Sammler Verteiler Sprecher
Entscheidungsorientierte Rollen	Unternehmer Krisenmanager Ressourcenzuteiler Verhandlungsführer

Tabelle 9: Rollen eines Managers[178]

Die betriebswirtschaftliche Fachkonzeption bildet die zweite Schicht, in der die geforderten Funktionalitäten der Anwendungen eines FIS/EIS beschrieben werden. Es handelt sich um einen fachlichen Anforderungskatolog, der EDV-technisch erfüllt werden soll. Zu der Art und Weise einer möglichen Realisierung wird in einem Fachkonzept nicht Stellung bezogen.

11.2.2 EDV-Komponenten

Die drei folgenden Schichten werden durch EDV-Komponenten gebildet. Für die Akzeptanz eines Systems durch mögliche Anwender ist die Gestaltung der Benutzeroberfläche von immenser Wichtigkeit. Sie ist die Schnittstelle zwischen den FIS/EIS-Anwendungen und dem Benutzer. Eine Benutzeroberfläche muss intuitives Arbeiten ohne vorherige zeitaufwendige Schulungen ermöglichen. Erfahrungen mit MIS und DSS ergaben, dass nur die Funktionen von einem Benutzer tatsächlich genutzt werden, die einfach zu handhaben und zu beherrschen sind. Ist die Anwendung von komplizierten Kommandosprachen zur Nutzung einzelner Funktionen erforderlich, so werden diese Funktionen nur in Ausnahmefällen oder überhaupt nicht angewendet. Unter Umständen ist die Akzeptanz des Gesamtsystems gefährdet. Grafische Oberflächen erleichtern in der Regel das Arbeiten mit Systemen.

In der vierten Schicht sind die einzelnen Anwendungen von FIS/EIS hinterlegt. Es wird beschrieben, welche Eingaben einzelne Anwendungen verlangen und welche Ausgaben sie erzeugen. Darüber hinaus werden mögliche Verknüpfungen einzelner Anwendungen bestimmt, wie z.B. die Durchführung eines Drill Down direkt aus einer Trendanalyse. Einzelne Anwendungen sollten unabhängig von dem Kontext, aus dem sie aufgerufen werden, immer entsprechend gleiche Ein- und Ausgaben verlangen bzw. zurückliefern.

---

[178] vgl. Mintzberg, H.: Management – Führung und Organisation, Mythos und Realität, 1991, S. 28–35

Die Komponenten der fünften Schicht werden zur Durchführung der einzelnen Anwendungen benötigt. Ein modularer Aufbau erlaubt deren Wiederverwendbarkeit durch andere Anwendungen. Die Unterteilung in verschiedene Komponenten ermöglicht ein Ersetzen einer Komponente durch eine andere. Soll z.B. eine Änderung bez. der Datenbasis für FIS/EIS durchgeführt werden, so kann dieses mit einem überschaubaren Aufwand durch eine Veränderung der Datenhaltungs- und Modellkomponente erfolgen.

11.2.3 Betriebssystem und Hardware

Die beiden letzten Schichten beschreiben die grundsätzlich für jedes EDV-System erforderliche System- und Betriebssystemsoftware und Hardware. Auf der untersten Schicht ist die für das jeweilige System gewählte Hardwarebasis aufgeführt, es kann ein PC-System, eine Client-Server-Konstellation oder ein klassisches Großrechner-System gewählt werden. Auf der sechsten Schicht befindet sich die zur Hardwarebasis korrelierende Systemsoftware und das Betriebssystem. Als Betriebssystem wird für ein PC-System in der Regel Windows oder OS/2, für Client-Server-Konstellationen Unix-Derivate und für Großrechner das Betriebssystem MVS/OS/390 gewählt.

11.3 Funktionalitäten von FIS/EIS

Im folgenden werden einige Grundfunktionen von FIS/EIS anhand von Beispielen näher betrachtet und erläutert. FIS/EIS sind für alle Branchen einsetzbar, wobei sie insbesondere im Finanzdienstleistungssektor genutzt werden.

11.3.1 Entdeckung und Analyse von Trends

Jeden Monat werden durch Computerprogramme automatisierte Marketingberichte Entscheidungsträgern zur Verfügung gestellt. Sie enthalten sehr viele unterschiedliche Marketingwerte, bei Kreditinstituten beispielsweise Daten bez. dem Firmenkunden-Neukreditgeschäft bis zu der Anzahl verkaufter Kreditkarten. Trends lassen sich nur entdecken und analysieren, wenn Daten aus vorangegangenen Berichtszeiträumen herangezogen werden. Dieses ist jedoch nicht möglich, wenn Marketingberichte ausschließlich in Listenform präsentiert werden. Daten aus vorangegangenen Berichtszeiträumen können nur ausgewertet werden, wenn diese EDV-technisch verfügbar sind. Sie sollten in Berichtsdatenbanken gespeichert sein. Steht ein Data Warehouse im Unternehmen zur Verfügung, so kann dieses als Basis für FIS/EIS dienen.

Die Abbildung 56 zeigt die Anzahl an Neuverkäufen dreier Kreditkarten über mehrere Monate hinweg. Es stellt einen Ausgangspunkt für weitere Analysen dar.

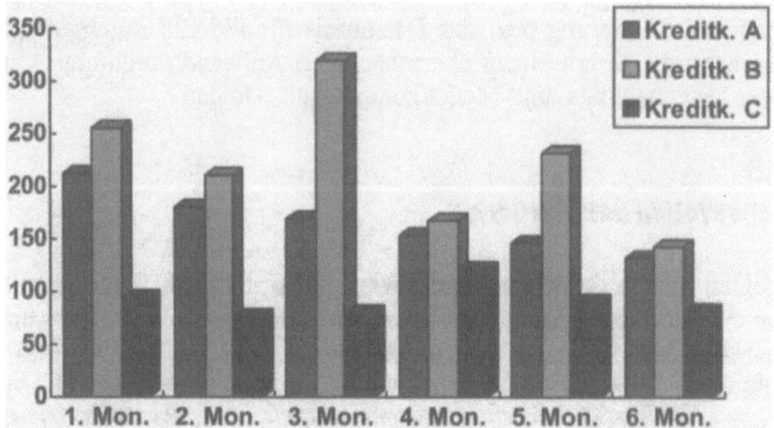

Abbildung 56: Verkaufszahlen der Kreditkarten A, B und C

Auf einen Blick werden dem Manager die Verkaufswerte von Kreditkarten der letzten 6 Monate dargeboten. Durch Einschränkung auf Daten ausschließlich eines Kreditkartentypes kann ein Trend erkannt werden. Die Abbildung 57 stellt die Verkaufswerte der Kreditkarte A grafisch dar.

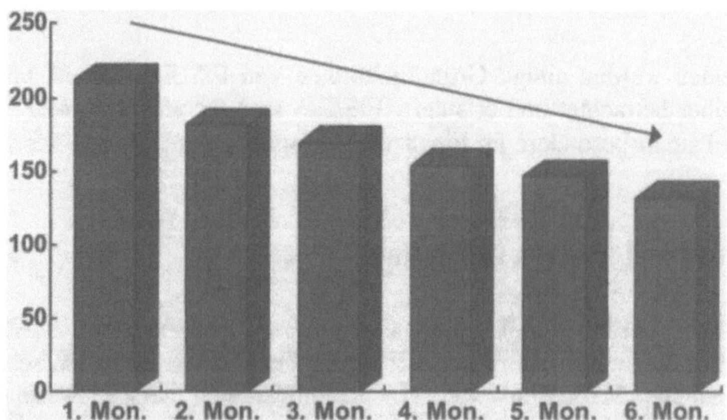

Abbildung 57: Verkaufszahlen der Kreditkarte A

Es wird die Anzahl neu verkaufter Kreditkarten vom Typ A ohne die Typen B und C separat gezeigt. Ein negativer Verkaufstrend ist leicht erkennbar. Ein Entscheidungsträger kann jetzt beginnen herauszuarbeiten, warum die Verkaufszahlen für den Kreditkartentyp A sinken. FIS/EIS ermöglichen es, positive sowie negative Trends herauszuarbeiten. Diese Informationen sind unentbehrlich für Manager, da nur auf Konstellationen reagiert werden kann, die entdeckt und analysiert worden sind. Ein Manager muss wissen, ob die Geschäfte gut, oder schlecht gehen und wie gut oder schlecht sie gehen. Für das Ergreifen von geeigneten Maßnahmen zur Erhöhung von Verkaufszahlen ist es erforderlich, Problemanalyse zu betreiben.

Nicht in allen Fällen sind eindeutige Trends vorhanden, sondern bei der Betrachtung von Vergleichszeiträumen können auch ausreißende Marketingwerte erkannt werden. Die Werte eines Vergleichszeitraumes weisen im Unterschied zu den vorherigen oder den folgenden Zeiträumen ein höheres oder niedrigeres Niveau auf. Abbildung 58 zeigt Verkaufswerte der Kreditkarten vom Typ C.

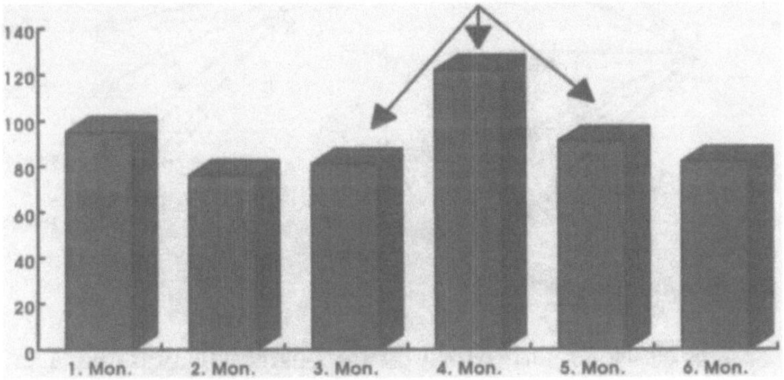

Abbildung 58: Verkaufszahlen der Kreditkarte C

Im 4. Monat liegen die Verkaufswerte deutlich über denen des 3. und 5. Monates. Der Manager kann mit dieser Information versuchen herauszuarbeiten, warum die Verkaufswerte höher lagen.

FIS/EIS ermöglichen es unübersichtliche Managementberichte leichter auszuwerten, indem große Datenmengen in kleinere, leichter zu verarbeitende Einheiten unterteilt werden. Es wird ermöglicht, die Perspektive auf Datenuntermengen zu lenken, um Managementanalysen zielorientiert durchführen zu können.

11.3.2 Drill-Down-Analyse

Eine wirkungsvolle Analyse von Daten kann und muss oft in der Ausblendung bestimmter Details bestehen. Neue Datenfelder werden durch Aggregationen bestehender Datenfelder gebildet.

Übertragen auf unser obiges Beispiel sollten zunächst die akkumulierten Verkaufswerte aller Kreditkartentypen betrachtet werden. Sollen im nächsten Schritt die Verkaufszahlen der Kreditkartentypen separat betrachtet werden, so stellen die Drill-Down-Funktionen der FIS/EIS diese Daten zur Verfügung.

Drill-Down-Funktionen ermöglichen es, den Blick von zusammengefassten auf detailliertere Daten zu lenken.

Um zu analysieren, warum die Verkaufszahlen im 4. Monat höher waren als im vorherigen und im folgenden Monat, kann es nützlich sein, die Verkaufswerte getrennt nach Regionen und im zweiten Schritt unter Umständen nach Filialen zu betrachten.

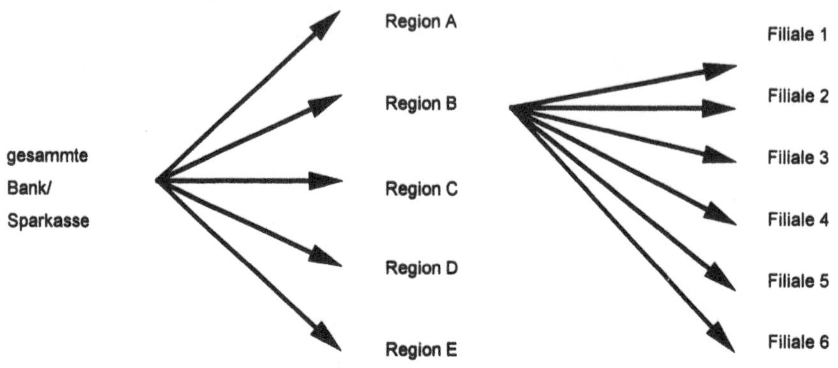

Abbildung 59: Drill-Down-Funktionalität

In Abbildung 59 ist ein Drill-Down-Prozess dargestellt. Ein Manager wertet zunächst akkumulierte Werte für das gesamte Verkaufsgebiet aus, er entscheidet anschließend, die Werte getrennt nach Regionen heranzuziehen. Eine Drill-Down-Funktion liefert die Werte für die Regionen A bis E. Eine weitere Verfeinerung der Datendarstellung kann durch ein Drill Down bezogen auf Region B erfolgen, es werden die Werte der Filialen der Region B bereitgestellt.

Ein Manager beschreitet einen selbstbestimmten Weg von zusammengefassten Daten zu detaillierten Daten. Situationsabhängig können Daten zu Analysezwecken in unterschiedlichen Detaillierungsgraden durch die Drill-Down-Funktionalität der FIS/EIS herangezogen werden. Analysen können beliebig vorgenommen werden, wobei oft ein ähnlicher Analyseweg beschritten wird: Beginnend mit individuell zusammengefassten Daten werden im nächsten Schritt standardmäßig zusammengefasste Daten ausgewertet und schließlich nur leicht zusammengefasste Daten zur Datenwertuntersuchung herangezogen.

Der Erfolg von FIS/EIS ist in erster Linie abhängig von den Datenbeständen, die zur Verfügung gestellt werden. Es können nur Werte z.B. durch Drill-Down-Funktionen zugänglich gemacht werden, die tatsächlich in den Datenbeständen eines FIS/EIS vorhanden sind. Eine grafische Aufarbeitung der zu analysierenden Daten erleichtert deren Auswertung und garantiert effektives Arbeiten mit FIS/EIS.

11.3.3 Vergleichsanalysen mit Hilfe von FIS/EIS

Ziel von Analysen ist es, Managemententscheidungen bestmöglich fällen zu können und alte Entscheidungen zu verifizieren. Hierfür ist es sehr hilfreich, Daten des eigenen Unternehmens mit Daten aus externen Quellen zu vergleichen, um die eigene Unternehmenssituation in der Gesamtmarktsituation wiederzufinden. In der Abbildung 60 werden die Zinssätze für Personalkredite, Realkredite und Sparkassenbriefe mit 5 Jahren Laufzeit einer Sparkasse im Kontext mit der Rendite von Wertpapieren mit 5 Jahren Laufzeit aufgezeigt. Der Manager erkennt hierdurch auf einen Blick, wie seine Zinspolitik im Vergleich zu der Marktsituation einzuordnen ist.

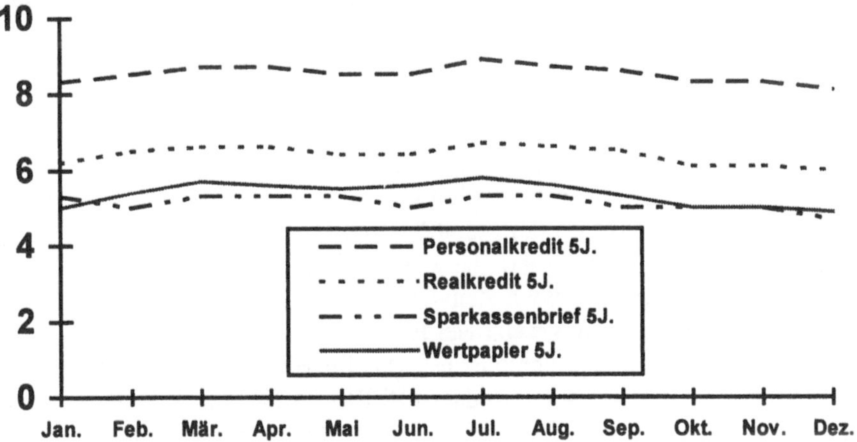

Abbildung 60: Rendite/Zinssätze, 5 Jahre Laufzeit, 1996

Für derartige Vergleichsanalysen ist es erforderlich, dass in die FIS/EIS-Datenbestände Informationen aus externen Quellen eingespielt werden. Die Unternehmensdaten und externen Daten müssen miteinander verknüpft werden. Dazu muss beim zugrundeliegenden Datenmodell berücksichtigt werden, dass alle Daten integriert abgespeichert werden. Dieses ist die Voraussetzung dafür, dass auf Informationen von FIS/EIS mittels eines Schlüssels zugegriffen werden kann. Die Verknüpfung der Daten aus den unterschiedlichen Quellen wird nicht von einem FIS/EIS geleistet, sondern muss durch die gemeinsame und integrierte Abspeicherung von internen und externen Daten in einer Datenbasis erfolgen. Für FIS/EIS ist nicht entscheidend, welcher Quelle Daten entstammen, der technische Ablauf einer Analyse ist jeweils identisch unabhängig von den zu verarbeitenden Werten.

11.4 FIS/EIS-Datenbereitstellung

Bei einer Einführung von FIS/EIS in einem Unternehmen ist die Frage zu klären, ob eine Eigenentwicklung erfolgen oder ein Standardprodukt am Markt erstanden werden soll. Die Kosten für die Eigenentwicklung oder für den Erwerb der jeweiligen FIS/EIS-Software stellen an den Gesamtkosten der Einführung eines FIS/EIS nur einen kleinen Teil dar[179]. Bei einer FIS/EIS-Implementierung liegt der größte Aufwand in der Bereitstellung von auszuwertenden Daten. Mit Hilfe von FIS/EIS können nur Analysen oder Einzelwertbetrachtungen z.B. mittels der Drill-Down-Funktionalität für Datenbestände durchgeführt werden, auf die FIS/EIS zugreifen kann. Es ist somit erforderlich, dass Datenbanken mit entsprechenden Managementwerten gefüllt werden.

Sollen für FIS/EIS eigene spezielle Datenbanken angelegt werden, so müssen diese mit Werten aus den operationalen Geschäften oder externen Quellen gefüllt werden. Laufend neue Anforderungen aus dem Managementbereich bez. der neu zu verarbeitenden Daten verlangen, dass die FIS/EIS-Datenbanken jeweils erweitert werden und Datenbeschaffungsprogramme, die die FIS/EIS-Datenbanken füllen, modifiziert oder neu erstellt werden. Ständig neue Weiterentwicklungen sind die Folge, welche Kosten verursachen und einen nicht zu unterschätzenden Zeitvorlauf erfordern. Anforderungen können nur mit Verzögerungen umgesetzt werden.

Eine Lösung obiger Probleme ist es, dass für FIS/EIS keine eigenen Datenbanken angelegt werden, sondern dass FIS/EIS als Dateninput eine bestehende Datenbasis nutzt, die alle Daten eines Unternehmens im historischen Verlauf enthält. Eine Datenversorgung von Informationssystemen durch ein Data Warehouse kann mittels eines Fremdadaptionssystems erfolgen (vgl. Kapitel 5.4.6). Die kosten- und zeitintensiven Datenbereitstellungen können so entfallen. Ein unternehmensweites Data Warehouse erfüllt diese Vorgaben (siehe Abbildung 61).

Ein Data Warehouse enthält nicht nur große Mengen von entscheidungsrelevanten Informationen aus den operationalen Geschäften oder externen Quellen wie beispielsweise von Reuters, aus Online-Datenbanken oder aus dem Internet, sondern kann auch unternehmensweite Zusammenhänge im historischen Verlauf darstellen. Begriffe werden im Gegensatz zu operativen Systemen einheitlich gebraucht. Ein Data Warehouse wird durch eine eigens bereitgestellte Datenbank gebildet, wobei keine extrem zeitnahe Datenbereitstellung erforderlich ist, sondern es genügt in der Regel eine tägliche, wöchentliche oder monatliche Aktualisierung der Inhalte.

[179] vgl. Inmon, W.H.: Building the Data Warehouse, 1996, S. 249–251

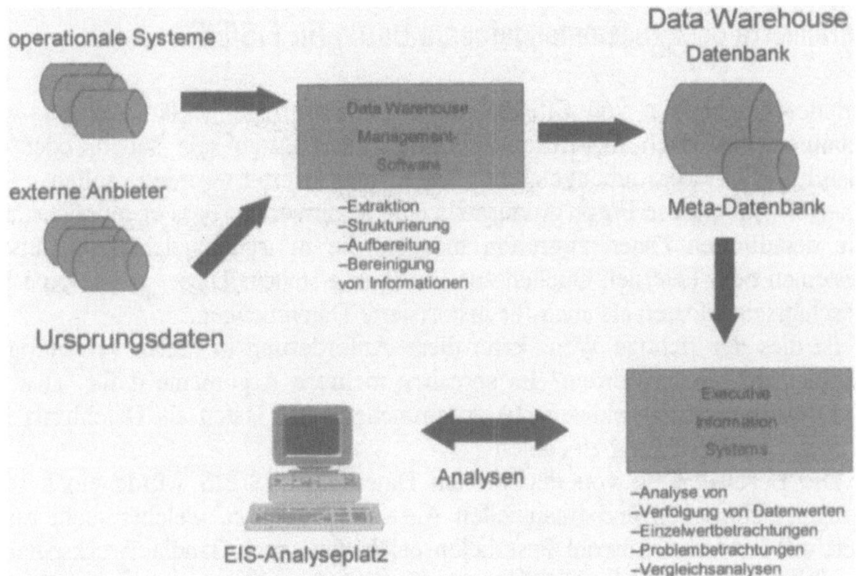

Abbildung 61: FIS/EIS-Datenbereitstellung durch ein Data Warehouse

Die Nutzung eines Data Warehouse als Datenbasis für FIS/EIS bietet folgende Vorteile: Es fällt kein zusätzlicher Bereitstellungsaufwand für Daten an, spezielle Bereitstellungsprogramme zur Füllung von FIS/EIS-Datenbanken brauchen nicht entwickelt werden. Durch das Data Warehouse stehen garantierte, integrierte Daten zur Verfügung. Allen Daten eines Data Warehouse liegt eine gemeinsame Zeitbasis zugrunde. Sowohl detaillierte als auch durch das Data Warehouse erzeugte, zusammengefasste Daten können genutzt werden.

Zur Planung und Durchführung von FIS/EIS-Analysen können direkt die Metadaten des Data Warehouse herangezogen werden. In Metadaten werden alle Informationen über das Data Warehouse abgelegt; es werden die Struktur der Daten, Datenformate und Datentypen hinterlegt, welchen Ursprung einzelne Datenfelder haben, ob sie auf irgendeine Weise verändert werden, wie sie in das Data Warehouse übertragen werden und wie auf sie zugegriffen werden kann. Die Arbeitsabläufe eines Data Warehouse werden beschrieben. Hinterlegt sind Metadaten in der Regel in einem Data Dictionary oder Repository.

Der größte Vorteil liegt jedoch darin, dass durch Nutzung eines Data Warehouse als Datenbasis eine Flexibilität gegenüber Anforderungen besteht. Datenanforderungen verlangen keinen zeitlichen Vorlauf und können direkt umgesetzt werden.

11.5 Detaillierte oder zusammengefasste Daten für FIS/EIS

Bei der Konzeption von FIS/EIS muss die Kernfrage geklärt werden, wie detailliert die durch FIS/EIS zu verarbeitenden Daten sein sollen, oder ob ausschließlich zusammengefasste Daten ausgewertet werden sollen. Ein Analyst würde diese Frage grundsätzlich so beantworten, dass er möglichst auf alle detaillierten Daten zugreifen möchte, die in irgendwelchen operativen Systemen oder externen Quellen zur Verfügung stehen. Dieses gilt sowohl für Geschäftseinzeldaten als auch für historisierte Datenmengen.

Ist dies der richtige Weg, kann diese Anforderung in einem vernünftigen Rahmen umgesetzt werden? Es sprechen mehrere Argumente dafür, anstelle von detaillierten Einzeldaten nur zusammengefasste Daten als Datenbasis für FIS/EIS zur Verfügung zu stellen[180]:

Die Bereitstellung von detaillierten Daten für FIS/EIS würde einen sehr großen technischen und finanziellen Aufwand bedeuten, welcher nicht realisiert werden kann. Sowohl Festplattenspeicher als auch Bandlaufwerkspeicher im Tera-Byte-Größenbereich wären für die Speicherung von Einzeldaten erforderlich. In heutigen Rechenzentren von Kreditinstituten ist es durch technische und finanzielle Restriktionen nur möglich, Einzeldaten auf Festplattenspeichern selbst für operationale Systeme wie z.B. Giro, Spar oder Depot nur wenige Stunden und auf Bandlaufwerken nur wenige Tage vorzuhalten. Sie können nur bis zu ihrer Weiterverarbeitung durch Buchungssysteme EDV-technisch vorgehalten werden, danach erfolgt eine Ablegung auf optische Fiches oder auf CD-ROMs. Historisierte Einzeldaten werden durch operationale Systeme nicht vorgehalten. Es ist somit aus technischen und finanziellen Gründen nicht möglich, detaillierte Einzeldaten für FIS/EIS zur Verfügung zu stellen.

Ein weiterer Grund, keine detaillierten Einzeldaten durch FIS/EIS auszuwerten, liegt darin, dass Analysen nur mit großem Aufwand durchführbar wären. Ein Analyst müsste mit einer unüberschaubaren Menge von Einzeldaten arbeiten und entscheiden, welche Werte er analysieren möchte und welche Werte zusammengefasst werden sollen, um Auswertungen zu vereinfachen. Er würde vor dem Problem stehen, dass er einen großen Zeitaufwand in die Auswahl der aussagekräftigen Einzelwerte investieren müsste, um richtige Ergebnisse bei den Analysen zu erhalten. Auf der anderen Seite ist es EDV-technisch aufwendig, sehr viele Einzelwerte heranzuziehen und diese z.B. durch Akkumulationen zusammenzufassen. Die Antwortzeiten des FIS/EIS wären zu langsam, damit wäre die Akzeptanz eines FIS/EIS gefährdet.

Der dritte Grund für den ausschließlichen Einsatz von zusammengefassten Daten liegt in der Gefahr, dass unterschiedliche Analysen nicht miteinander

[180] vgl. Inmon, W.H.: Building the Data Warehouse, 1996, S. 257–259

vergleichbar sind, da diese u. U. auf verschiedenen Einzeldatenwerten aufsetzen. Nur Analyseergebnisse können miteinander verknüpft werden, wenn diese auf die gleiche Art und Weise mit entsprechenden Datenwerten erzeugt wurden. Es könnten nicht ohne weiteres bestehende Analysen wiederbenutzt werden.

Als Datenbasis für FIS/EIS sollten an Stelle von detaillierten Einzeldaten nur zusammengefasste Daten dienen. Dieses erspart sehr mächtige Speichermedien und hohe Kosten, ermöglicht schnellere Antwortzeiten und erleichtert die Erstellung von vergleichbaren und wiederbenutzbaren Analysen. Hierbei ist die Ebene der Zusammenfassung von Daten mit den Analysten genau zu definieren. Es muss die Balance zwischen detaillierten und zusammengefassten Daten gefunden werden.

Beim Einsatz von zusammengefassten Daten als Datenbasis für FIS/EIS ist zu beachten, dass zusammengefasste Datenwerte immer im Kontext ihrer Bildung zu betrachten sind. Sie werden auf unterschiedliche Art und Weise erzeugt, teilweise durch einfache Akkumulationen, aber auch durch komplexe Berechnungen mit vielen Berechnungsbedingungen. Es liegt ein Prozess zur Erzeugung von zusammengefassten Daten vor, der dem Analyst genau bekannt sein muss. Es können nur aussagefähige Analysen kreiert und korrekt interpretiert werden, wenn die Bedeutung einzelner Datenfelder bekannt ist. Der Einsatz eines Data Dictionary oder Repository zur Hinterlegung von Metadaten ist unverzichtbar. Ist die Bedeutung einzelner Datenfelder einem Analysten nicht bekannt, so können Analysen gebildet werden, die inkorrekt interpretiert werden und als Folge falsche Entscheidungen nach sich ziehen.

11.6 Fazit

DSS-Erfahrungen zeigten, dass Hard- und Softwareprodukte keine eigenen Führungskonzepte ersetzen können. Entscheidungsmodelle sind nicht so komplex wie die Realität, so dass durch sie erzeugte Entscheidungsvorschläge nur mit Vorsicht direkt umgesetzt werden können. In den Vordergrund ist so wieder die reine Informationsbereitstellung für Führungskräfte gerückt, Entscheidungen sollen unterstützt und nicht automatisiert werden. FIS/EIS-Konzepte haben so einen Teil der alten MIS-Ansätze wiederbelebt, wobei Informationen grafisch-orientiert und benutzerfreundlich zur Verfügung gestellt werden sollen.

Bei der Konzeption von FIS/EIS ist ein top-down-orientiertes Modell einem bottom-up-Ansatz vorzuziehen, da bei der Entwicklung eines FIS/EIS das Ziel, einen Manager bei der Entscheidungsfindung mittels gezielter Informationsversorgung zu unterstützen, im Vordergrund stehen soll. Steht die EDV im Vordergrund, so ist die Gefahr groß, dass eine Anwendung entwickelt wird, die nicht die Erwartungen der Anwender erfüllt und daher nicht akzeptiert und genutzt wird.

Durch Nutzung eines Data Warehouse als Datenbasis für FIS/EIS besteht eine Flexibilität gegenüber Datenanforderungen, sie verlangen keinen zeitlichen Vorlauf und können direkt umgesetzt werden. An Stelle von detaillierten Einzeldaten sollten nur zusammengefasste Daten verarbeitet werden. Dieses erspart sehr mächtige Speichermedien und hohe Kosten, ermöglicht schnellere Antwortzeiten und erleichtert die Erstellung von vergleichbaren und wiederbenutzbaren Analysen. Hierbei ist die Ebene der Zusammenfassung von Daten mit den Analysten genau zu definieren. Es muss die Balance zwischen detaillierten und zusammengefassten Daten gefunden werden.

12 Expertensysteme

12.1 Definitionen und Grundlagen

Mit zunehmender Leistungsfähigkeit der Informatiksysteme kam es in den letzten Jahren zu einem starken Entwicklungsschub und zum verstärkten Einsatz von Methoden und Werkzeugen der sogenannten „künstlichen Intelligenz (KI)". Die Grundidee der künstlichen Intelligenz beruht auf der Annahme, die Abläufe intelligenten menschlichen Verhaltens abbilden zu können. Demzufolge orientieren sich auch die Methoden der Wissensrepräsentation[181] und des Inferenzmechanismus[182] ansatzweise an den Strukturen und Modellen des menschlichen Körpers und Verhaltens.[183]

Aber die Praxis hat gezeigt, dass die Anforderung, menschliche Intelligenz abbilden zu können, aufgrund der beschränkten Möglichkeit der Realisierung adäquater intelligenter Systeme noch viel zu hoch angesetzt ist und z. Z. noch nicht erfüllt werden kann. Diese Erkenntnis schuf den Begriff „wissensbasierte Systeme", der sehr viel zutreffender ist, da er die riskante Assoziation zur menschlichen Intelligenz und zu den Fähigkeiten von Experten meidet.

„Ein wissensbasiertes System ist ein EDV-Programm zur Lösung von Aufgaben, bei denen mindestens eine entwickelte Methode der „künstlichen Intelligenz" verwendet wird."[184]

Expertensysteme (ES) sind definiert als:

„Softwaresysteme, die in einem streng abgegrenzten Anwendungsgebiet das Spezialwissen und die speziellen Problemlösungsfähigkeiten eines menschlichen Experten erreichen oder übertreffen".[185]

---

[181]vgl. Baader, Fritz: Logik-basierte Wissensrepräsentation, 1996, S. 9–16

[182]vgl. Scheer, August-Wilhelm: Betriebliche Expertensysteme I, 1988, S. 9–11

[183]vgl. Harmon, P., Kind, D.: Expertensysteme in der Praxis – Perspektiven, Werkzeuge, Erfahrungen, 1986, S. 26 ff.

[184]vgl. Petersen, Jörg: Ein baukastenartiges Expertensystem-Architekturmodell mit fuzzy-fallbasierter Schlußfolgerungskomponente, 1996, S. 24

[185]vgl. Petersen, Jörg: Ein baukastenartiges Expertensystem-Architekturmodell mit fuzzy-fallbasierter Schlußfolgerungskomponente, 1996, S. 24

Der Unterschied von Expertensystemen zu konventionellen Systemen liegt in deren Hauptbestandteil, der Wissensbasis, die häufig in Regeln strukturiert ist, die gekoppelt werden durch einen Problemlösungsmechanismus (Inferenz). Die Erklärungskomponente als weiteres wesentliches Merkmal gibt dem Benutzer Auskunft über die Funktionsweise des Systems und fungiert zusätzlich als Hilfe-System.

Generell müssen nicht alle Komponenten des Systems vorhanden sein, lediglich die Basisstruktur, Definition des Wissens in einem speziellen System und die Verknüpfung dieses Systems mit einer Inferenzmaschine.

Die Möglichkeit, das System in einer konventionellen Programmiersprache zu realisieren (C, COBOL etc.), besteht selbstverständlich, erleichternd ist aber die Umsetzung in eine Sprache der künstlichen Intelligenz (PROLOG, LISP, SMALLTALK usw.).

Flexible Systeme unterstützen Zugriffe auf traditionelle Standardanwendungen[186].

Trotz des hohen Realisierungsaufwandes nimmt der Einsatz von Expertensystemen im gesamten Wirtschaftsbereich zu.

12.2 Die Architektur von Expertensystemen

Die Basiskomponenten eines Expertensystems sind:

- Wissensbasis,
- Inferenzmaschine und
- Benutzeroberfläche mit Dialog- und Erklärungskomponenten.
- Als vierte Komponente, die häufig nicht erwähnt wird, ist die Datenbasis zu nennen.

Die Komponenten eines ES werden im folgenden kurz erklärt.

- *Wissensbasis:*

Die Wissensbasis ist die Zentrale eines ES. Sie enthält das fachspezifische Wissen eines oder mehrerer Experten. Dabei handelt es sich sowohl um exaktes Wissen über Gesetzmäßigkeiten, Fakten und Lehrsätze als auch unscharfes Wissen, wie z.B. Heuristiken, die Erfahrungen (Know-how) und Bewertungen eines Experten.

Eine modellhafte Interpretation, wie Wissen im menschlichen Gehirn repräsentiert wird, sind semantische Netze.[187]

---

[186]vgl. Schmidt, Günter, Lahl, Bernd: Integration von Expertensystemen und konventioneller Software am Beispiel der Aktienportfoliozusammenstellung, 1991, S. 123–130

[187]vgl. Scheer, August-Wilhelm: Betriebliche Expertensysteme I, 1988, S. 8

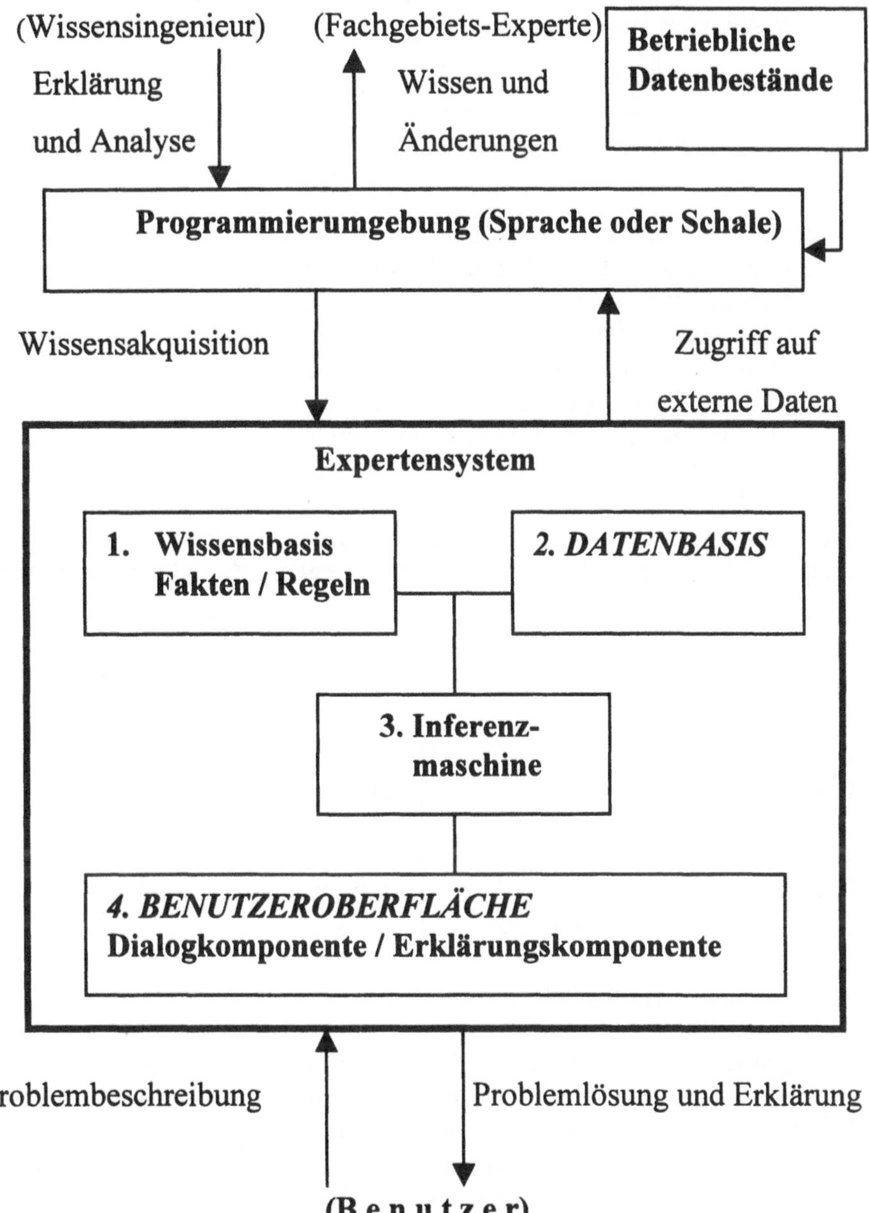

Abbildung 62: Komponenten und Umfeld eines Expertensystems

Dieses Modell ist gleichzeitig eine Darstellungsform von Wissen für Applikationen der künstlichen Intelligenz. Es repräsentiert Wissen in einer statischen Struktur. Regeln, als dynamische Form des Wissens, werden häufig als

„Wenn-dann-Folgerungen" bezeichnet. Nach Scheer sind die wichtigsten Kriterien der Wissensrepräsentation folgende:[188]

- prozedurales Wissen (z.B. Produktionssysteme, regelbasierte Systeme),
- deklaratives Wissen (z.B. semantische Netze, Prädikatenlogik),
- Frames (Rahmen) (Verbindung von deklarativen und prozeduralen Ansätzen).

Regeln bestehen aus einem Bedingungsteil und einem Ausführungsteil (siehe Kapitel 5.6.6). Bei Erfüllung der Bedingung werden ein oder mehrere im Ausführungsteil spezifizierte Aktionen ausgeführt. Regeln repräsentieren einen sehr gebräuchlichen Formalismus zur Darstellung von Erfahrungswissen.[189] Dabei wird zwischen Fallbeispielen (fallbasierte Erfahrung, case-based reasoning) und Regeln (regelbasierte Erfahrung, rule-based reasoning) unterschieden. Fallbeispiele repräsentieren episodisches Erfahrungswissen, dies ist bei Regeln nicht der Fall, sie korrespondieren nicht mit einem realen, singulären Ereignis, sondern werden durch einen abstrahierenden Generalisierungsprozess aus einer Vielzahl von Einzelereignissen gewonnen. So gesehen unterscheiden sich Regeln und Fallbeispiele grundsätzlich auf der kognitiven Ebene.

	Realitätsbezug	Art der Erfahrung	Möglichkeit zur Interpretation
Regeln	abstrakt / generalisiert	explizit	einfach
Fallbeispiele	konkret / instanziiert	implizit	mehrfach

Abbildung 63: Regeln und Fallbeispiele

Semantische Netze erlauben es, Begriffe und Objekte als Knoten eines Grafen darzustellen (siehe Abbildung 64). Die Kanten (Deskriptoren) bilden die Verbindung zwischen den Knoten. Sie weisen den Begriffen (z.B. Pferd) und Objekten (z.B. Max) Eigenschaften (z.B. Farbe) zu oder sie beschreiben hierarchische Beziehungen zwischen den Begriffen und Instanzrelationen zwischen Begriffen und Objekten (Informationssystem-Architektur, IS-A-Kanten). Von Bedeutung ist noch, dass Eigenschaften entlang der IS-A-Kante vererbt werden können.

---

[188]vgl. Scheer, August-Wilhelm: Betriebliche Expertensysteme I, 1988, S. 9

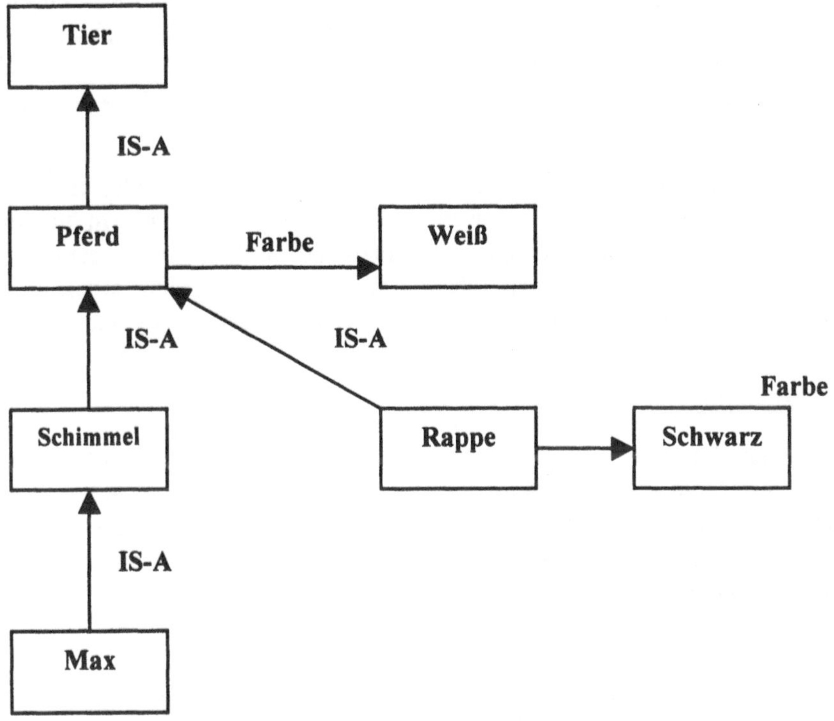

Abbildung 64: Ein semantisches Netz

In dem Beispiel erben Schimmel (auch Max) die Farbe weiß. Oft ist die Vererbung nur eine Default-Option, wenn explizit keine Eigenschaft hinterlegt ist. In diesem Fall erben Rappen die Farbe weiß nicht, da explizit schwarz hinterlegt ist.

Grundelemente der Prädikatenlogik sind Objekte mit Aussagen über diese Objekte, z.B. „... ist ein Mensch". Generell können Aussagen wahr oder falsch sein und durch Konnektoren wie „und", „oder", „nicht", „impliziert", „=" verbunden werden.

Frames bilden eine Verbindung beider erläuterten Methoden der Wissensrepräsentation.

Durch den modularen Aufbau eines ES ist eine klare Abgrenzung zwischen der Wissenskomponenten und der den Programmablauf bestimmenden Ablaufsteuerung gewährleistet. Dadurch wird die Autonomie der Regeln und Fakten von der Anwendung gesichert. Hieraus ergeben sich gewisse Vorteile:

[189]vgl. Schiemann, Ingo, Woltering, Ansgar: Fallbasierte Entscheidungen und Data Mining, 1998, S. 375

- Die Veränderung der Wissensbasis ist unabhängig von der Kenntnis der internen Zugriffs- und Verarbeitungsprozesse möglich (Geheimhaltungsprinzip, Black Box).
- Das Wissen der Wissensbasis kann für unterschiedliche Zwecke genutzt werden.

Ein bestehendes System kann allein durch Veränderung oder Erweiterung der Wissensbasis für andere Anwendungen genutzt werden, indem die vorhandenen Problemlösungsmechanismen eingesetzt werden. Im Extremfall kann mit einer leeren Wissensbasis (shell) operiert werden, indem allein die Wissensbasis ausgetauscht wird. Dies stellt eine Form der Wiederverwendbarkeit dar.

- *Datenbasis*

Sie enthält Daten über den gerade bearbeiteten konkreten Fall wie z.B. Alter, Geschlecht des Patienten in einem medizinischen Diagnosesystem. Dies sind temporäre Daten, die i.d.R. nach Ende der Verarbeitung des spezifischen Falls gelöscht werden oder auf einen externen Speicher ausgelagert werden, häufig in eine sog. Fallbibliothek.

- *Inferenzmaschine*

Die Fähigkeit, aus vorhandenem Wissen mittels geeigneter Regeln neues Wissen zu generieren, wird Inferenz genannt (lernen). Die Inferenzkomponente soll aus dem in der Wissensbasis abgelegtem Wissen und den Regeln die problemlösungsrelevanten heraussuchen und sie so interpretieren, dass in schrittweisen Schlussfolgerungen eine Lösung bzw. eine plausible Interpretation gefunden wird.

Grundsätzlich unterscheidet man zwischen Problemlösungsparadigmen und -strategien.[190]
Einige Problemlösungsparadigmen sind folgende:

- Beschreiben und Vergleichen,
- Zielreduktion,
- Generieren und Testen,
- Regelbasierte Systeme,
- Logik und Theorembauweise.

Sie bestimmen die Art der Problemlösung. Die Realisierung der angeführten Vorgehensweise bestimmt die Problemlösungsstrategie. Die Komponenten der Problemlösungsstrategie sind folgende:

- Umfang der Lösungssuche,
- Steuerung der Lösungssuche,
- Konfliktlösungsmechanismen.

---

[190] vgl. Scheer, August-Wilhelm: Betriebliche Expertensysteme I, 1988, S. 9

Beim Umfang der Lösungssuche unterscheidet man zwischen Tiefen- und Breitensuche. Bei der Tiefensuche wird der Suchvorgang bei der ersten gefundenen, befriedigenden Lösung abgebrochen, während bei der Breitensuche alle Möglichkeiten ausgeführt werden. Als Steuerungsmechanismen der Lösungssuche werden die Verfahren der Vorwärts- oder Rückwärtskettung eingesetzt. Vorwärtskettung bedeutet die Analyse der Bedingungsteile der Regeln und Ausführung der Regel, deren Bedingung erfüllt ist. Rückwärtskettung orientiert sich am Aktionsteil der Regel. Wenn mehrere Regeln ausgewählt wurden, entscheidet ein definierter Algorithmus, der Konfliktmechanismus, darüber, welche Regel ausgeführt wird.

In der Praxis hat es sich als sinnvoll erwiesen, den Lösungsraum durch geeignete Verfahren (z.B. Wahrscheinlichkeiten) zu reduzieren, um akzeptable Antwortzeiten für die Lösungssuche zu erreichen.

Das System setzt die Fragestellung in einen Suchprozess nach Problemlösungsinformationen um. Der Suchprozess beginnt in der Datenbasis und wird bei negativem Ergebnis in der Wissensbasis fortgesetzt.

- *Benutzeroberfläche*

Sie besteht aus zwei Teilen, der Dialogkomponente und der Erklärungskomponente. Die Dialogkomponente enthält eine interaktive Benutzerführung und u. U. ein Hilfesystem. Die Erklärungskomponente gibt dem Benutzer Auskunft über den Problemlösungsweg.

Nach der Beschreibung der Architektur eines Expertensystems sollen im folgenden einige Einsatzmöglichkeiten im Kreditwesen aufgezeigt werden.

Expertensysteme im Front-Office-Bereich:

- Vermögensanlage,
- Baufinanzierung (Kreditportfolio),
- öffentliche Förderung (GENO-Star der Kreditgenossenschaften),
- Investitions- und Finanzberatung,
- Steuerberatung.

Expertensysteme im Back-Office-Bereich:

- Bonitätsanalyse,
- Portfoliomanagement im Kreditgeschäft,
- Unterstützung der Arbeit von Devisen- und Wertpapierhändlern,
- betriebswirtschaftliche Steuerung,
- Feststellung meldepflichtiger Geschäftsvorfälle,
- Kreditkartenautorisierung,
- Unternehmensbewertung,
- Bilanzanalyse.

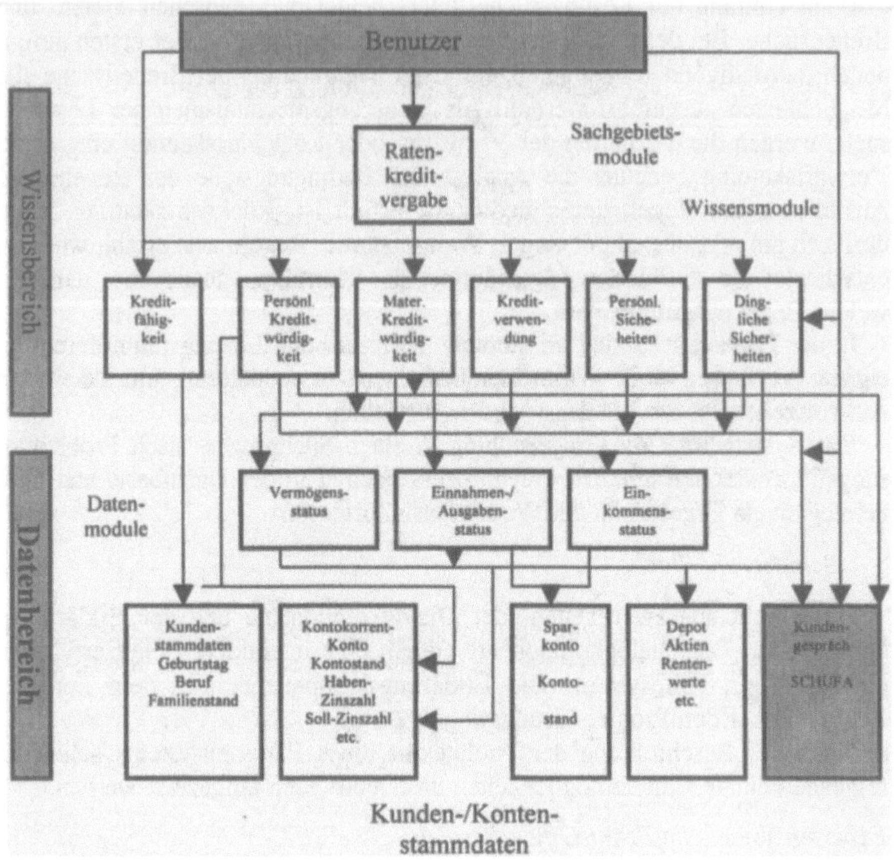

Abbildung 65: Wissensbasierte Systeme in der Praxis, aufgezeigt am Beispiel einer Ratenkreditvergabe (verändert)[191]

Die Arbeitsweise eines Expertensystems am Beispiel der Vergabe eines Ratenkredites zeigt die Abbildung 65.

12.3 Fazit

Die Anzahl von ES im betriebswirtschaftlichen Bereich ist z. Z. noch gering, aber mit einem kontinuierlichen Wachstum,[192] während in anderen Bereichen

---

[191] vgl. Derninger, Friedemann: Bessere Kundenberatung durch EDV-Arbeitsplatzunterstützung, 1990, S. 40

[192] vgl. Hussmann, Heike: Expertensysteme im Marketing für Investitionsgüter, 1988, S. 32 ff.

(z.B. Medizin ES Me Po S)[193] mehrere Systeme erfolgreich implementiert sind.

Der Großteil der betriebswirtschaftlichen Aufgaben scheint zu komplex und schlecht strukturiert zu sein, um von einem Inferenzprozess gelöst zu werden. Dies scheint auch die Historie zu bestätigen. In den achtziger Jahren wurde von einer sogenannten „Krise der Expertensysteme" gesprochen. Viele Entwicklungsprojekte scheiterten. Dieses Scheitern beruhte einerseits auf einer Überschätzung des Potentials der Expertensystemtechnologie, andererseits wurde die Entwicklung stärker vom Wunschdenken als von realen Möglichkeiten geprägt.

Die marktgängigen Systeme konnten die von den Anwendern gestellten Anforderungen nicht oder nur teilweise erfüllen.

Weitere Gründe waren z.B. hoher Entwicklungsaufwand, hohe Entwicklungskosten.

[193] vgl. Petersen, Jörg: Ein baukastenartiges Expertensystem-Architekturmodell mit fuzzy-fallbasierter Schlußfolgerungskomponente, 1996, S. 4 ff.

13 Data Mining: Musterbeschreibung

13.1 Begriffsabgrenzung Data Mining

In diesem Kapitel wird die Beschreibung von Datenmustern mit Hilfe eines genetischen Algorithmus ohne Bezugnahme auf maschinelles Lernen dargestellt. Es werden die Hintergründe von Data-Mining-Systemen und ihrer Komponenten zunächst allgemein aufgezeigt und dann der Aufbau eines Systems mit genetischem Algorithmus im Detail beschrieben. Der Aufbau des Programmes "DAMIN" mit seinen einzelnen Algorithmusbestandteilen wird im einzelnen erklärt. Zur Darstellung einzelner Routinen wird hier PASCAL benutzt, wobei eine Umsetzung auf andere Sprachen wie z.B. C leicht möglich ist. Die Arbeitsweise wird schließlich anhand von Beispielen aufgezeigt und verifiziert.

Heute stehen auf der ganzen Welt mehr Informationen der Menschheit zur Verfügung als jemals zuvor. In der Vergangenheit wurden sie mit Hilfe von Printmedien interessierenden Gruppen zur Verfügung gestellt. Im Zeitalter der elektronischen Datenverarbeitung werden viele Informationen maschinell erfasst und in elektronischen oder optischen Speichermedien abgelegt. Alle 20 Monate verdoppelt sich die Menge der Informationen auf der Welt. Für einen Menschen ist es nicht mehr möglich diese riesigen Datenbestände zu überblicken oder diese sogar auszuwerten. Die Mächtigkeit der in Datenbanken abgelegten Informationen ist zu groß, als dass ohne Unterstützung durch geeignete Computerprogramme eine Aufarbeitung der Datenbestände als Ganzes noch möglich ist. Data-Mining-Ansätze sollen hierbei Probleme bei der Erschließung von unübersichtlichen Datenbeständen beseitigen. Data Mining ist die effiziente Suche nach versteckten, aber potentiell nützlichen Informationen in großen Datenbeständen.

In allen Bereichen sind mittlerweile große Informationsbestände vorhanden: Viele Informationen über eigene Kunden werden im Finanzdienstleistungsbereich gesammelt und in Datenbanken abgelegt. Es liegen genaue Daten über alle getätigten Geschäfte des Kundenbestandes vor.

Im Medizinbereich sind von Universitäten und Krankenhäusern Verläufe von unterschiedlichsten Krankheiten mit ihren jeweiligen Behandlungen hinterlegt. Diese Daten werden mit Hilfe des Internets weltweit zur Verfügung gestellt.

In den letzten Jahren hat eine Verschiebung der Problematik in der Datenverarbeitung stattgefunden. Alte mittlerweile in der Regel erfüllten Anforderungen verlangen, dass Daten von Einzelgeschäften zur Verfügung gestellt werden. Ziel von zukünftigen EDV-Systemen ist es, dass Datenbestände ausgewertet werden und verborgene Informationen herausgearbeitet werden. Muster in den Beständen müssen erkannt werden und anschließend ihre Charakteristika beschrieben werden. Grundvoraussetzung hierfür ist, dass nicht wie in der Vergangenheit ausschließlich Einzeldaten separat betrachtet werden, sondern die Gesamtheit der vorliegenden Datenbestände berücksichtigt wird. Data-Mining-Systeme weisen folgende Leistungsmerkmale auf:

- automatisierte Aufdeckung unbekannter Zusammenhänge in ungeordneten Datenbeständen,
- automatisierte Vorhersage von Trends, Verhalten und Mustern auf Basis hinterlegter Daten,
- Data Mining beinhaltet in Abgrenzung zu SQL-Abfragen, Reportgeneratoren und OLAP-Werkzeugen keine Analysevorgänge, die explizite Informationen erzeugen. Data-Mining-Systeme haben implizite Informationen als Ergebnis.

Data-Mining-Systeme sind eindeutig von Expertensystemen bez. Lernen abzugrenzen. Es ist zwischen zwei grundlegenden Zielen von Lernen zu unterscheiden:

- induktives Lernen: Entdecken neuer Zusammenhänge in großen Datenbeständen
- deduktives Lernen: Gewinnung neuer Erkenntnisse aus logischen Schlussfolgerungen, beispielsweise kann aus den Regeln „Wenn Weihnachten ist, ist es Winter“ und „Heute ist Weihnachten“ gefolgert werden, dass es Winter ist.

Dem induktiven Lernen sind Data-Mining-Systeme zuzuordnen. Hingegen sind Expertensysteme als Teil des deduktiven Lernens außerhalb von Data Mining anzusiedeln. Expertensysteme sollen das Wissen von Experten und Anwendern in maschinenlesbarer Form abbilden und mit Hilfe eines Ableitungsmechanismus neues Wissen herleiten bzw. an das System gestellte Fragen beantworten. Das Wissen von Expertensystemen wird in Wenn-dann Regeln formuliert.

Bezüglich Kreditinstituten finden Data-Mining-Systeme vielfältige Aufgaben vor, wobei hierfür schon teilweise Lösungen im Einsatz sind und brauchbare Ergebnisse produzieren:

- Bonitätsanalyse bei der Kreditvergabe: Risikokriterien für das Kreditgeschäft können Verluste durch notleidende Kredite vermeiden
- Aufdeckung von Kreditkartenmissbräuchen: Einsatz bei Kreditkartenprozessoren und Transaktionsgenehmigungsverfahren
- Devisenkursprognose: Prognosen für den Wertpapier- und Devisenkursbereich
- Kundenabwanderungstendenzen: Im Management der Kundenbindung geht es um die Fragen, wer zeigt Tendenzen zum Abwandern und wer davon ist ein profitabler Kunde, und wie kann man diesen halten? Data Mining gibt Antworten auf die Frage, wie sich ein Kunde verhält, der ein Kreditinstitut verlassen möchte. Sinken zuerst seine Haben- oder seine Solltransaktionen? Führt er seine variabel verzinslichen Kredite zurück oder lässt er sein Termingeld auslaufen?

Für die Versicherungsbranche sind Informationen bezüglich Merkmalen von Kundengruppierungen gewinnbringend, bei denen ein unter- oder überdurchschnittliches Schadensaufkommen auffällig ist.

Im Medizinbereich ist eine ihrer Aufgaben, Behandlungsstrategien für seltene Krankheiten möglichst vollautomatisch unter Berücksichtigung von in Datenbanken hinterlegten Krankheitsverläufen herauszuarbeiten.

Für alle Dienstleistungsbranchen sind Kosteneinsparungen möglich durch die Vermeidung von Streuverlusten durch gezieltes Anschreiben von Kundengruppierungen, die mit einer höheren Wahrscheinlichkeit auf Angebote reagieren werden. Verbesserungen der Response-Scores sind zu erwarten.

Besonders gut geeignet als Datenbasis für Data-Mining-Verfahren ist ein Data Warehouse, da darin Daten aus unterschiedlichsten Systemen in einem einheitlichen technischen System zusammengefasst werden. Als Basis für ein Data Warehouse wird ein einheitliches Datenbanksystem gewählt, wobei in der Regel relationale Ansätze für Datenbanken umgesetzt werden. Zugriffe auf Daten werden so stark vereinfacht, weil nicht auf verschiedene technische Basen wie z.B. sequentielle Sätze, hierarchische Datenbanken oder relationale Datenbanken zugegriffen werden muss.

13.2 Aufbau eines allgemeinen Data-Mining-Systems

Jedes Data-Mining-System setzt sich aus mehreren Komponenten zusammen. Unabhängig von den gewählten Verfahren zur Mustererkennung oder zur Musterbeschreibung sind ähnliche Basisfunktionen in jedem System vorhanden[194]. Zwischen folgenden Komponenten kann unterschieden werden (siehe Abbildung 66):

---

[194]vgl. Bissantz, Nicolas: CLUSMIN – Ein Beitrag zur Analyse von Daten des Ergebniscontrollings mit Datenmustererkennung (Data Mining), 1996, Seite 12 ff.

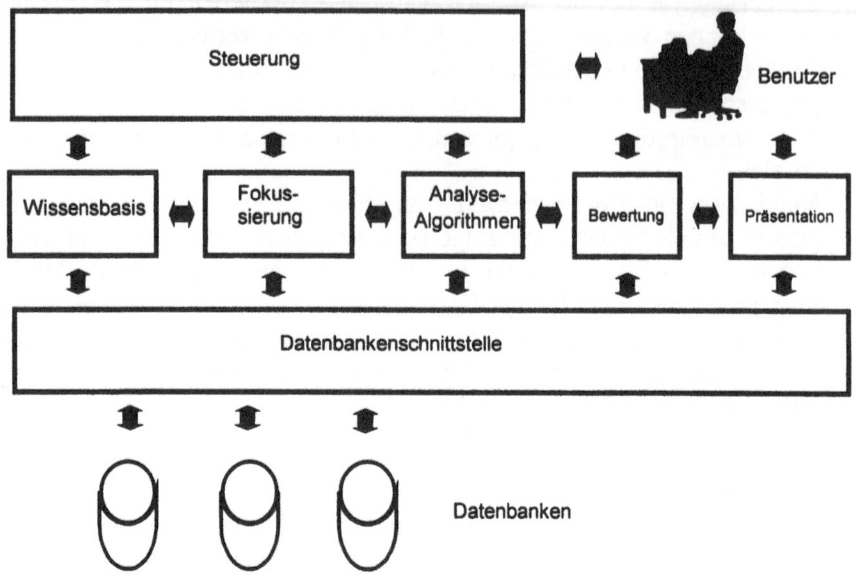

Abbildung 66: Komponenten eines Data-Mining-Systems

Die Steuerung stellt die Ablauforganisation der übrigen Komponenten sicher. Sie muss die Autonomie des Gesamtsystems garantieren: Dies bedeutet, dass das System unabhängig von dem jeweiligen Aufgabenbereich zu konzipieren ist. Einzelne Steuerungsanweisungen werden aus den Benutzereingaben und den in der Wissensbasis abgelegten Informationen gebildet. Es kann zwischen Systemen unterschieden werden, die größtenteils selbständig Steuerungsanweisungen erzeugen und solchen, bei denen ein Benutzer hauptsächlich die Steuerungsaufgaben wahrnimmt. Anweisungen legen eine Fokussierung auf bestimmte Datenobjekte fest.

Die Fokussierung bestimmt, welcher Teil der Daten zu analysieren ist. Für diese Aufgabe ist der Fokussierung die Struktur der Daten genau bekannt. Sie legt die Art der durchzuführenden Datenbankzugriffe fest und ist dadurch direkt mit der Datenbankschnittstelle verzahnt.

Die von einem Data-Mining-System zu analysierenden Datenobjekte sind in Datenbanken hinterlegt. Entweder können für das Data-Mining-System eigene Datenbanken vorhanden sein oder es können allgemein zugängliche Datenbanken genutzt werden. Für die übrigen Komponenten ist die Art und Weise der Hinterlegung der Datenbanken nicht entscheidend, da eine Datenbankschnittstelle den Zugriff auf einzelne Datenobjekte garantieren muss. Eigene Datenbanken haben den Vorteil, dass darin Datenobjekte speziell für das jeweilige System so abgelegt werden können, dass eine möglichst große Performance des Gesamtsystems entsteht. Hingegen haben allgemeine Datenbanken wie z.B. die eines Data Warehouse den Vorteil, dass diese nicht extra erstellt werden müssen und größere Datenbestände dadurch zugänglich sind.

Von einer Wissensbasis werden Data-Dictionary-Funktionalitäten übernommen und Analyseergebnisse abgespeichert. In einem Data Dictionary werden Angaben über Struktur und Inhalt von Daten und deren Beziehungen untereinander hinterlegt. Wurden vom Data-Mining-System durch Analysen neue Zusammenhänge oder Muster innerhalb der Datenstruktur entdeckt, so werden diese in der Wissensbasis abgelegt. Die hinterlegten Informationen sollen die Erzeugung von neuen Mustern beschleunigen. Alle entdeckten Muster müssen überprüft werden und ihre Interessantheit muss beurteilt werden. Die Überprüfung kann vollautomatisch erfolgen, jedoch muss die Beurteilung meistens vom Benutzer durchgeführt werden. Hierfür müssen die entdeckten Ergebnisse in einer brauchbaren Form dem Benutzer präsentiert werden. Hierbei ist eine durch ein grafisches System aufgearbeitete Form der Ausgabe von Listen vorzuziehen.

Kern jedes Data-Mining-Systems sind die Analysealgorithmen, wobei sich die Analyseeinheit immer aus Teilen der Mustererkennung und der Musterbeschreibung zusammensetzt:

Alle Data-Mining-Ansätze haben gemeinsam, dass die zu bearbeitenden Aufgaben durch zwei Schritte gelöst werden müssen. Im ersten Schritt arbeiten Verfahren der Mustererkennung Gruppierungen von Datenobjekten heraus, die sich durch die Attribute ihrer einzuordnenden Objekte unterscheiden. Wurde eine Klassifikation von Objekten erarbeitet oder liegen Hypothesen für Gruppierungen von Objekten vor, so können im zweiten Schritt des Data Mining die Strukturen von Klassen durch Verfahren der Musterbeschreibung genau bestimmt werden.

Bei der Mustererkennung werden große Bestände von Datenobjekten herangezogen, um verborgene Zusammenhänge zwischen einzelnen Datenfeldern zu lokalisieren. Es sollen Muster in der Struktur der betrachteten Datenobjekte erarbeitet werden. Allgemein formuliert ist ein Muster eine Aussage über eine Untermenge von Daten. Solch eine Aussage muss einfacher sein als eine bloße Aufzählung von Feldern einer Datenmenge. Muster können alle Beziehungen und Regelmäßigkeiten zwischen Datensätzen und Datenfeldern umfassen. Die Datenmustererkennung hat zum Ziel, Muster zu erkennen und ihre charakteristischen Datenfelder herauszustellen.

Die Hauptaufgabe der Musterbeschreibung ist es, ein erzeugtes Muster oder eine Hypothese über Zusammenhänge und Regelmäßigkeiten heranzuziehen und mit Hilfe von Algorithmen möglichst genau zu beschreiben. Abhängig vom gewählten Verfahren können Entscheidungsbäume oder Regeln entwickelt werden. Wichtig für Verfahren der Musterbeschreibung ist, dass die zu verarbeitenden Datenobjekte alle einem bestimmten Muster entsprechen, ansonsten würden die Verfahren versagen. D.h., es muss in jedem Fall eine vorherige Aufbereitung der Daten stattgefunden haben, so dass dem Algorithmus nur Daten zur Bearbeitung übergeben werden, die einem Muster oder einer Hypothese zugeordnet werden können.

In diesem Kapitel soll die Musterbeschreibung mit Hilfe eines genetischen Algorithmus ohne Bezugnahme auf maschinelles Lernen näher untersucht werden. Es wird zunächst die Funktionsweise von genetischen Algorithmen allgemein betrachtet. Ein genetischer Algorithmus wird hier benutzt, um im Rahmen von Musterbeschreibungen durch das Programm "DAMIN" Regeln zu erzeugen. Die Wirkungsweise und die Effizienz des Programmes wird anschließend anhand von Beispielen aus der Literatur und durch selbsterstellte Beispiele überprüft und eingeordnet. Bevor jedoch die Musterbeschreibung mit Hilfe eines genetischen Algorithmus ausführlich beschrieben wird, werden andere Ansätze zum Data Mining getrennt nach Mustererkennung und Musterbeschreibung beleuchtet.

13.3 Mustererkennung

Ziel der Mustererkennung ist es, zuvor ungeordnete Datensätze zu klassifizieren und Gruppierungen bez. ihrer Datenstruktur zu erzeugen. Zu den wichtigsten Verfahren der Mustererkennung zählen die Clusteranalyse, das Bayes-Verfahren und die Fuzzy-Datenanalyse, welche im Anschluss näher beschrieben werden.

13.3.1 Clusteranalyse

Die Clusteranalyse unterteilt eine Menge von ungeordneten Objekten in Klassen, deren Objekte ähnlich sind. Zur Unterscheidung von Objekten wird ein Proximitätsmaß benutzt, welches den Abstand einzelner Objekte voneinander als Zahlenwert angibt. Das Proximitätsmaß zwischen Objekten einer Klasse ist null, da alle Mitglieder einer Klasse ähnlich sind. Hingegen ist der Abstand zwischen Objekten unterschiedlicher Klassen größer als null.

Anschaulich ist das Proximitätsmaß im zweidimensionalen Raum, wo der Abstand zwischen zwei Punkten x_1 und x_2 durch die Euklidische Metrik

$$d(x_1, x_2) = \left(\sum_{i=1}^{2} |x_{1i} - x_{2i}|^2 \right)^{\frac{1}{2}} = \sqrt{(x_{11}-x_{21})^2 + (x_{12}-x_{22})^2}$$

mit den Datensätzen $x_1=(x_{11}, x_{12})$ und $x_2=(x_{21}, x_{22})$ bestimmt werden kann. Zwei Objekte liegen im zweidimensionalen Raum in einer gemeinsamen Klasse, wenn sie ein und demselben Punkt zugeordnet werden können. Objekte unterschiedlicher Klassen sind verschiedenen Punkten zugeordnet und die Euklidische Metrik zwischen ihnen ist größer als null.

Für metrischskalierte multidimensionale Vektorräume lässt sich das Proximationsmaß allgemein als Minkowski-Metrik-Distanz

$$d(x_1, x_2) = \left(\sum_{i=1}^{m} |x_{1i}-x_{2i}|^r \right)^{\frac{1}{r}}$$

angeben mit den Datensätzen $x_1=(x_{11}, x_{12}, x_{13}, \ldots, x_{1m})$ und $x_2=(x_{21}, x_{22}, x_{23}, \ldots, x_{2m})$, $m>0$ und dem ganzzahligen Wert $r>0$. Bei $r=1$ liegt eine Manhattan-Metrik vor, im Fall $r=2$ die sogenannte Euklidische Metrik. Je größer der Wert für r ist, desto stärker werden stark abweichende Werte der einzelnen Variablen von Datensätzen berücksichtigt und sensibler ist die Minkowski-Metrik-Distanz für Ausreißer einzelner Werte.

Nur in den wenigsten Fällen kann allerdings der Abstand zwischen Objekten ausschließlich metrisch bestimmt werden. Nichtmetrische Variablen von Objekten können verglichen werden, indem als Ergebnis eines Vergleiches eine binäre Verschlüsselung (1= wahr, 0= falsch) gewählt wird. Bei dem Vergleich von unterschiedlichen physischen Objekten können z.B. folgende Fragen binär beantwortet werden: gleiche Farbe, gleiche Form, gleiche Größe, gleiches Gewicht usw.

Diese binären Ergebniswerte können anstelle eines metrischskalierten Wertes $x_{1i}-x_{2i}$ in die Minkowski-Metrik-Distanz eingefügt werden.

Objekte werden von Variablen beschrieben, die sowohl metrisch- als auch nominalskaliert sind und darüber hinaus verschiedene Maßeinheiten (z.B. m, kg, N, DM, ...) haben können. Für die Proximitätsmaßberechnung sind alle Variablen von Objekten zu normieren.

Zu den wichtigsten Clusteranalysealgorithmen gehören hierarchische, partitionierende und überlappende Verfahren, wobei ihre Hauptunterschiede darin beruhen, wie die einzelnen Klassen von Objekten gebildet werden. Das am weitesten verbreitete hierarchische Verfahren ordnet alle Objekte in einem Baum an, dessen Blätter schließlich die einzelnen Klassen bilden.

Der Vorteil der Clusteranalyse liegt in den geringen Anwendungsvoraussetzungen. Es lassen sich große Anzahlen von Objekten in unterschiedliche Gruppen sehr effektiv aufteilen. Die einzelnen Gruppen werden durch ihre beinhalteten Objekte beschrieben.

13.3.2 Bayes-Verfahren

Beim Bayes-Verfahren werden Objekte in unterschiedliche Klassen gruppiert, wobei nicht wie bei der Clusteranalyse die Ähnlichkeit von Objekten entscheidend ist, sondern es wird für jedes Objekt und jede Klasse eine Zugehörigkeitswahrscheinlichkeit Pz in Abhängigkeit des gesamten Datenbestandes berechnet, die die Wahrscheinlichkeit angibt, dass das Objekt sich in der jeweiligen Klasse befindet. Jedes Objekt wird schließlich der Klasse zugeordnet, für die eine maximale Zugehörigkeitswahrscheinlichkeit berechnet wurde.

Nach dem Theorem von Bayes wird die Zugehörigkeitswahrscheinlichkeit als bedingte Wahrscheinlichkeit

$$P_z = P(k|E) = \frac{P(E|k)*P(k)}{\sum_k P(E|k)*P(k)}$$ berechnet, wobei gilt

P(k|E)	Wahrscheinlichkeit, dass ein Objekt mit den Eigenschaften E aus der Klasse k kommt
P(k)	Wahrscheinlichkeit, dass ein Objekt aus der Klasse k kommt, ohne Berücksichtigung seiner Eigenschaften
P(E|k)	Wahrscheinlichkeit, dass die Eigenschaften E des Objektes in der Klasse k vorkommen

Objekte werden beim Bayes-Verfahren nicht fest zu einer einzigen Klasse gezählt, sondern sie sind mit unterschiedlichen Wahrscheinlichkeiten verschiedenen Klassen zuzuordnen.

Es existieren zwei unterschiedliche Formen für Anwendungen, die nach dem Bayes-Verfahren arbeiten. In einem Fall liegt das gesamte Datenmaterial vollständig vor und ist der Anwendung bekannt, dann können für alle Objekte die Zugehörigkeitswahrscheinlichkeiten berechnet werden und Zuordnungen zu Gruppierungen vorgenommen werden.

Andere Algorithmen beziehen in ihre Berechnungen fortlaufend mehr Datenmaterial ein. Es werden neue Klassen gebildet und Objekte anderen Klassen zugeordnet, da neue Zugehörigkeitswahrscheinlichkeiten immer wieder neu berechnet werden.

Für die Mustererkennung sind Bayes-Verfahren nur bedingt einsetzbar, da die Berechnungen von Wahrscheinlichkeiten für die Zugehörigkeit nur mit viel Aufwand durchzuführen sind und zu zeitaufwendig sind.

13.3.3 Fuzzy-Datenanalyse

Die Fuzzy-Set-Theorie ist ein Ansatz zum Umgang mit Unsicherheiten im Bereich der Datenanalyse. Die Fuzzy-Technik kann im Gegensatz zur Wahrscheinlichkeitstheorie linguistische Unschärfen verarbeiten.

Die Fuzzy-Clusteranalyse erzeugt nicht wie die klassische Clusteranalyse scharfe Abgrenzungen von Klassen und deren Objekten, sondern erlaubt unscharfe Zuordnungen, wobei es in Grenzbereichen zu Überschneidungen von Klassen kommt. Objekte können gleichzeitig zwei nicht klar voneinander getrennten Klassen zugeordnet werden, sie gehören mit unterschiedlichen Zugehörigkeitsgraden zu verschiedenen Klassen.

Bei der Fuzzy-Mustererkennung wird ein Objekt mit seinen verfügbaren Eingangsdaten auf bestimmte Eigenschaften überprüft. Funktionen der Fuzzy-Set-Theorie geben entsprechend der Merkmale eines Objektes an, wie die Zugehörigkeit zu einzelnen beschriebenen Klassen ist. Dieses ermöglicht interaktives Data Mining in verschiedensten Anwendungsgebieten wie z.B. im Ergebniscontrolling oder der Bilderkennung.

13.4 Musterbeschreibung

Alle Verfahren zur Musterbeschreibung setzen voraus, dass dem jeweiligen Algorithmus zur Verarbeitung nur Datenobjekte zur Verfügung gestellt werden, die einem Muster entsprechen. Dieses kann erreicht werden, indem eine Klassifikation von Gruppen entsprechend vorhandener Datensätze mit Hilfe der Mustererkennung zuvor stattgefunden hat, und Objekte, die nicht dem Muster entsprechen, herausgefiltert wurden. Zu den wichtigsten Verfahren der Musterbeschreibung gehören statistische Verfahren und Ansätze des maschinellen Lernens.

13.4.1 Statistische Verfahren

Zu den zwei am häufigsten eingesetzten statistischen Analyseverfahren gehören die Regressions- und die Varianzanalyse:

Mit Hilfe der Regressionsanalyse können lineare Zusammenhänge zwischen abhängigen und unabhängigen Variablen berechnet werden. Hypothesen lassen sich mit der Regressionsanalyse schnell überprüfen. Sollen jedoch ohne vorherige Vorgaben die Abhängigkeiten von mehreren Variablen herausgearbeitet werden, müssen schnell viele unterschiedliche Kombinationen überprüft werden. Bei nur 10 Variablen gibt es schon

$\sum_{i=1}^{10}\binom{10}{i}=1024$ mögliche Kombinationen zwischen den einzelnen Variablen.

Durch Eliminationsverfahren oder durch Verfahren der schrittweisen Regressionsanalyse kann die große Anzahl von Kombinationsmöglichkeiten reduziert werden.

Grundvoraussetzung für die Anwendung von statistischen Analyseverfahren ist, dass allen zu betrachtenden Variablen eine metrische Skaleneinheit zugrunde liegt.

Ergebnis einer Regressionsanalyse kann eine lineare Beziehung zwischen einer abhängigen Variablen Y und unabhängigen Variablen $X_1, \ldots, X_n$ mit Gewichten $b_1, \ldots, b_n$ und einem Fehler F sein:

$$Y = b_1 * X_1 + b_2 * X_2 + b_3 * X_3 + \ldots + b_n * X_n + F$$

Für die Gewichte $b_1, \ldots, b_n$ und F sind Werte so zu bestimmen, dass die Gleichung von allen Datensätzen möglichst erfüllt wird. Dieses ist der Fall, wenn die Fehlerquadratsumme $\sum F^2$ minimal ist.

Leider können zwischen Variablen nicht nur lineare Zusammenhänge vorliegen, sondern z.B. auch quadratische oder kubische Zusammenhänge. Dieses erhöht die Anzahl der Kombinationen auf eine nicht mehr überschaubare Größenordnung.

Die Varianzanalyse ist ähnlich der Regressionsanalyse, jedoch wird der Einfluss von nominalskalierten Variablen (vgl. Kapitel 13.3.1) auf metrischskalierte Variablen überprüft.

Sowohl die Regressionsanalyse als auch die Varianzanalyse sind hypothesentestende Verfahren. Zum Generieren von Hypothesen sind sie weniger geeignet, weil eine Fülle von Kombinationsmöglichkeiten überprüft werden muss. Der Vorteil der statistischen Verfahren liegt darin, dass der Zusammenhang zwischen einzelnen Variablen durch die zu berechnenden Gewichte sehr genau bestimmt wird. Sie benötigen jedoch vom Bediener manuelles Eingreifen in großem Umfang.

13.4.2 Maschinelles Lernen (induktives Lernen)

Neben den statistischen Verfahren werden Verfahren des maschinellen Lernens für Musterbeschreibungen eingesetzt. Häufig wird auch der Begriff des induktiven Lernens für maschinelles Lernen benutzt. Ziel ist es, Regeln aufzustellen, die es erlauben, neue Objekte aufgrund ihrer Attribute in bisherige Klassen einzuordnen. Zur Regelerzeugung werden Objekte (Trainingsset) herangezogen, deren Zuordnung zu Klassen bekannt ist.

Eine Abgrenzung des induktiven Lernens zum deduktiven Lernen ist zu beachten. Data-Mining-Systeme sind ausschließlich dem induktiven Lernen zuzuzählen. Expertensysteme sind als Teil des deduktiven Lernens anzusiedeln.

Algorithmen des maschinellen Lernens arbeiten inkrementell oder nichtinkrementell. Bei nichtinkrementellen Algorithmen liegen alle Trainingsobjekte beim Start vollständig vor. Leistungsfähiger sind inkrementelle Algorithmen, bei denen Objekte einzeln nacheinander betrachtet werden und Regeln aufgestellt, überprüft und verfeinert werden. Top-down-Ansätze erzeugen aus Trainingsobjekten Baumstrukturen, die einem Entscheidungsbaum entsprechen. Klassen bilden die Blätter eines Baumes und Astgabeln werden durch Attribute gebildet, jeder Ast entspricht hierbei einem möglichen Attributwert.

Abhängig von der Anzahl der Attribute der zu betrachtenden Trainingsobjekte mündet jeder Ast in einer weiteren Astgabel oder in einem Blatt. Für jedes einzuordnende Objekt wird immer ein möglicher Weg von der Wurzel des Baumes zu einen Blatt beschritten.

Die Informationen über Objekte und deren Klassen können übersichtlich durch Entscheidungsregeln und den zugehörigen Entscheidungsbaum dargestellt werden.

Anwendung finden heute Entscheidungsbäume schon in vielen Gebieten. Im Banken-/Sparkassenbereich können Entscheidungsbäume zur Klassifikation von Kunden beim Risikomanagement im Kreditgeschäft eingesetzt werden. In der Medizin können mit Hilfe von Entscheidungsbäumen Krankheiten klassifiziert werden und Ärzten Vorschläge für die Behandlung von seltenen Krankheiten gemacht werden.

13.5 Genetische Algorithmen

Im folgenden soll zunächst die Konzeption und der Aufbau eines genetischen Algorithmus allgemein dargestellt werden, hierbei werden die Abläufe und Bestandteile des Algorithmus betrachtet. Im Anschluß wird dessen Nutzung als Algorithmus zur Musterbeschreibung und der Aufbau des Programmes "DAMIN" erläutert. Anhand von Beispielen werden durch das Programm erstellte Entscheidungsregeln verifiziert.

Die Hauptbestandteile eines genetischen Algorithmus sind Chromosomen[195]. Die Chromosomen repräsentieren eine Form, der eine Fitness zugeordnet wird.

Genetische Algorithmen sollen entsprechend dem Entwicklungsprozess in der Biologie ablaufen, d.h. Chromosomen, die eine starke Form vertreten, werden ausgewählt und weiterentwickelt, dagegen werden Chromosomen, die eine schwache Form repräsentieren, nicht ausgewählt. Dieser Vorgang wird Selektion genannt. Die Veränderung und Bildung von neuen Chromosomen bewirken die Funktionen Mutation und Crossover.

Bei der Mutation werden eine oder mehrere Informationsstellen eines Chromosoms verändert. Crossover verändert zwei Chromosomen, indem ab einer zufällig bestimmten Stelle des Chromosoms die Informationsstellen der Chromosomen vertauscht werden. Durch die beiden zufällig gesteuerten Veränderungen der Chromosomenmenge entstehen Formen, die eine höhere oder eine niedrigere Fitness besitzen. Diejenigen mit höherer Fitness werden häufiger ausgewählt und selektiert. Im Gegensatz dazu werden Chromosomen mit niedrigerer Fitness seltener selektiert und sterben folglich aus.

---

[195]vgl. Michalewicz, Zbigniew: Genetic Algorithms + Data Structures = Evolution Programs, 1992, Seite 31 ff.

13.5.1 Wie arbeitet ein genetischer Algorithmus?

Eine Klasse von Chromosomen, Population genannt, mit der Mächtigkeit popsize, soll so verändert werden, dass nach einer Anzahl von Durchläufen des genetischen Algorithmus Chromosomen entstehen, die eine höhere Fitness besitzen.

Bei jedem Durchlauf ist die Fitness jedes Chromosoms v_i einzeln zu berechnen. Die Funktion $eval(v_i)$ liefert zu jedem Chromosom v_i ($i = 1, \ldots, popsize$) die zugehörige Fitness.

Die Fitness der Population ist so zu normieren, dass nur positive Werte auftreten und ein höherer Wert eine größere Fitness bedeutet. Dieses kann erreicht werden, indem die geringste Fitness evalmin der Population ermittelt wird und zu der Fitness aller Chromosomen addiert wird.

$$eval(v_i) = eval(v_i) + evalmin \quad (i = 1, \ldots, popsize)$$

Es sollen die Chromosomen mit größerer Wahrscheinlichkeit selektiert werden, deren Fitness höher ist. Eine neue Population wird aus der alten Population erzeugt. Ein Roulette-Rad mit Slots der Größe entsprechend der Fitness bevorzugt Chromosomen mit größerer Fitness:

1. Zunächst ist die totale Fitness der Population zu berechnen:
$$total\_fitness = \sum_{i=1}^{popsize} eval(v_i)$$
2. Jetzt kann die Wahrscheinlichkeit der Chromosomen v_i ($i = 1, \ldots, popsize$) bezogen auf die totale Fitness berechnet werden: $p_i = eval(v_i) / total\_fitness$
3. Die Häufung wird für jedes Chromosom v_i ($i = 1, \ldots, popsize$) berechnet:
$$q_i = \sum_{j=1}^{i} p_j$$

Der Selektionsprozess basiert auf einem Roulette-Rad, das sich popsizemal dreht. Bei jedem Drehen wird ein Chromosom für die neue Population auf folgende Art gewählt:

Eine Zufallszahl r zwischen 0 und 1 wird generiert. Wenn $r < q_1$ wird das erste Chromosom v_1 selektiert; im anderen Fall wird das i-te Chromosom v_i ($2 \le i \le popsize$) ausgewählt, für das gilt $q_{i-1} < r \le q_i$.

Einige Chromosomen werden häufiger ausgewählt als andere. Die besten Chromosomen, d.h. diejenigen mit höherer Fitness, werden oft kopiert und die schlechten sterben aus.

Die Rekombination Crossover kombiniert zwei Chromosomen der neuen Population. Ein Parameter des genetischen Algorithmus ist die Wahrscheinlichkeit für Crossover p_c (probability of crossover). Diese Wahrscheinlichkeit gibt die Anzahl p_c * popsize an, die bestimmt, wieviel Chromosomen sich der Crossover-Funktion unterziehen müssen. Hierbei ist die Wahrscheinlichkeit, dass ein Chromosom für Crossover ausgewählt wird, für die gesamte Population identisch.

Für jedes Chromosom der neuen Population muss zunächst eine Zufallszahl r zwischen 0 und 1 gebildet werden. Ist $r < p_c$, wird das jeweilige Chromosom für Crossover ausgewählt. Zwei Chromosomen werden für den Crossover-Prozess benötigt. Für jedes zu kombinierende Paar wird eine Zahl pos zwischen 1 und der totalen Länge eines Chromosoms −1 erzeugt. Die Zahl pos spezifiziert den crossing point. Zwei Chromosomen der Länge m haben folgende Struktur:

$(a_1 a_2 a_3 \cdots a_{pos} a_{pos+1} \cdots a_m)$
$(b_1 b_2 b_3 \cdots b_{pos} b_{pos+1} \cdots b_m)$

Sie werden durch Crossover kombiniert. So entstehen zwei neue Chromosomen:

$(a_1 a_2 a_3 \cdots a_{pos} b_{pos+1} \cdots b_m)$
$(b_1 b_2 b_3 \cdots b_{pos} a_{pos+1} \cdots a_m)$

Die zweite Rekombinationsfunktion ist Mutation. Der zweite Parameter des genetischen Algorithmus p_m ist die Wahrscheinlichkeit für Mutation (probability of mutation). Ein Chromosom ist bitweise organisiert. Die erwartete Anzahl zu mutierender Bits ist p_m * m * popsize. Jedes Bit der kompletten Population besitzt die gleiche Chance zur Mutation. Ein ausgewähltes Bit wird bei der Mutation nur gekippt, d.h., sein Wert wechselt von 0 auf 1 oder von 1 auf 0.

Ähnlich Crossover wird jedem Bit eines Chromosoms eine Zufallszahl r zwischen 0 und 1 zugeordnet. Wenn $r < p_m$ ist, wird das Bit mutiert.

Die vier Schritte des genetischen Algorithmus Bewertung der Population, Selektion, Crossover und Mutation können beliebig oft nacheinander angewandt werden. Es entstehen ständig neue Populationen, deren Fitness im Durchschnitt steigt.

13.5.2
Allgemeines Schema einer task-domain-Beschreibung

Mit einem genetischen Algorithmus sollen für unterschiedliche task domains (Aufgabenbereiche) optimale oder zumindest brauchbare Regelmengen ermittelt werden. Für verschiedene task domains dürfen keine unterschiedlichen genetischen Algorithmen und Regelinterpreter benutzt werden, d.h., sie dürfen nicht auf Problemstellungen speziell zugeschnitten werden. Ansonsten kann keine allgemeingültige Antwort auf die Frage gefunden werden, ob die Adaption einer Regelmenge P zur Entscheidungsfindung ohne Bezugnahme auf maschinelles „Lernen" als allgemeine Musterbeschreibungsaufgabe formuliert und mit Hilfe eines genetischen Algorithmus gelöst werden kann.

Der Regelinterpreter **RIAGA** (**R**egelinterpreter zur **A**daption einer Regelmenge mit Hilfe eines genetischen **A**lgorithmus) ist ein in PASCAL formulierter Regelinterpreter, der bezogen auf einen task domain zu einer linken Seite einer Regel die zugehörige rechte Seite der Regel zurückliefert.

Der task domain ist ebenfalls ein in PASCAL formuliertes sequentielles Programm, es wird eine Datenbank simuliert, mit deren Hilfe einzelne Entscheidungsregeln überprüft und bewertet werden. Ziel ist es, eine Regelmenge P zu erzeugen, die durch die Ergebnisse von Datenbankzugriffen erstellt und verifiziert wurde und zu den einzelnen Fragestellungen des Aufgabenbereiches die besten Antworten liefert.

Zwischen genetischem Algorithmus, RIAGA und task domain muss eine genau spezifizierte Schnittstelle festgelegt werden, die es ermöglicht, den genetischen Algorithmus und RIAGA zur Adaption von Regelmengen unterschiedlicher task domain universell zu benutzen. Zum Datenaustausch zwischen genetischem Algorithmus, RIAGA und task domain dienen genau festgelegte Variablen und Prozeduren/Funktionen die mit td beginnen:

- Der Regelinterpreter RIAGA gibt zu jeder linken Seite einer Regel die zugehörige rechte Seite abhängig vom gerade betrachteten Chromosom zurück.
- Für die linke und die rechte Seite der Regeln muss der Wertebereich genau festgelegt werden. Voraussetzung für die Operationen Mutation und Crossover eines genetischen Algorithmus ist, dass aus einer interpretierbaren Regel durch Mutation/Crossover wieder für den task domain interpretierbare Regeln entstehen. Daraus folgt unter Zugrundelegung der Binärdarstellung, dass die Mächtigkeit des Bereiches der rechten Seiten ist 2^x mit $x \in N$.
- Die Prozedur tdinitialisierung definiert folgende Variablen, die den benutzten task domain (Aufgabenbereich) spezifizieren.
  -chromo_laenge: Anzahl unterschiedlicher linker Seiten der Regeln

-td_art:	Typ des task domain
-rechteSeite_bereich:	Wertebereich der rechten Seiten
-mineval, maxeval:	erwarteter Wertebereich der Fitness einzelner Chromosomen für die Grafikausgabe

- Die Funktion tddbzugriff simuliert Datenbankzugriffe, die Ergebnisse erzielen sollen, ob die durch ein Chromosom dargestellten Regeln effektiv oder falsch sind. Es wird ein numerischer Wert zurückgegeben, dessen Höhe von der Effektivität der einzelnen Regel abhängig ist.
- Eine komplette Regelmenge P wird unter Berücksichtigung der Ergebnisse von tddbzugriff durch die Funktion tdbewert insgesamt bewertet. Es wird die Fitness der Regelmenge berechnet, die beim genetischen Algorithmus zur Generierung neuer Regelmengen benutzt wird. Ein höherer Wert wird hierbei einer effektiveren Regelmenge zugeordnet.
- Die Prozedur tdregelndarst übernimmt schließlich die Aufgabe, die durch den genetischen Algorithmus erzeugte effektivste Regelmenge darzustellen. Es werden die Regeln des Chromosoms dargestellt, dem die höchste Fitness zugeordnet worden ist.

13.5.3 Der Regelinterpreter RIAGA

Der Regelinterpreter RIAGA soll zu jeder linken Seite einer Regel die zugehörige rechte Seite abhängig vom gerade betrachteten Chromosom zurückliefern. Hierzu muss in jedem Chromosom zu jeder linken Seite eine entsprechende rechte Seite abgespeichert sein.
Regeln haben folgende Struktur:

linke Seite ---> rechte Seite

Es existieren so viele verschiedene linke Seiten, wie es unterschiedliche Entscheidungsregeln gibt. Zu jeder unterschiedlichen linken Seite können so viele verschiedene rechte Seiten vorhanden sein wie die Mächtigkeit des Wertebereiches der rechten Seiten.

Eine Hauptforderung bei der Adaption von Regelmengen ist, dass gewährleistet sein muss, dass aus im task domain interpretierbare Regeln durch Mutation und Crossover wieder im task domain interpretierbare Regeln entstehen.

Der Kernbestandteil eines genetischen Algorithmus ist, dass in langfristiger Betrachtung, d.h. über mehrere Populationen hinweg, Chromosomen mit höherer Fitness gebildet werden. Chromosomen werden nicht als einzelne Regeln aufgefasst, sondern eine gesamte Regelmenge wird durch ein Chromosom dargestellt. Beim genetischen Algorithmus werden somit unterschiedliche Regelmengen betrachtet, die durch Chromosomen repräsentiert werden.

Im folgenden werden immer Regelmengen behandelt, die entsprechend dem gerade betrachteten task domain immer die gleiche Anzahl verschiedener linker Seiten enthalten. Eine Regelmenge muss für jede linke Seite genau eine rechte Seite angeben.

Eine Regelmenge wird jeweils durch ein Chromosom repräsentiert. Ein Chromosom stellt für jede linke Seite eine rechte Seite zur Verfügung. Unterschiedliche Chromosomen bzw. Regelmengen haben die gleiche Form, d. h., die linken Seiten der Regelmengen sind immer identisch. Unterschiedlich sind nur die rechten Seiten. Bei einem Chromosom genügt es insofern, die rechten Seiten abzuspeichern. In verschiedenen Chromosomen steht die rechte Seite einer Regel immer an der gleichen Stelle. Der Regelinterpreter muss zu einer linken Seite nur die Stelle berechnen, an der die zugehörige rechte Seite sich befindet. Anschließend wird an der berechneten Stelle die Information herausgelesen und mitbenutzt, um einen Datenbankzugriff durchzuführen.

Der Regelinterpreter benötigt keine weiteren Informationen als die Daten, die ihm im allgemeinen Schema für task domains zur Verfügung gestellt werden.

Bevor die Formulierung des Regelinterpreters RIAGA in PASCAL erläutert werden kann, muss zunächst die Darstellung der Chromosomen betrachtet werden.

13.5.3.1 Die PASCAL-Unit „liseq.pas"

Es wird die PASCAL-Unit „liseq.pas" für die Chromosomen-Implementierung benutzt. Folgende neue Datentypen werden definiert:

Zunächst wird der Typ „daten" definiert, von dessen Typ die rechten Seiten der Regeln sind. Hier wird als Wertebereich für den Datentyp „daten" der vordefinierte Typ „word" benutzt, also ein Datenbereich von 0 bis 65535 (Ganzzahl).

Weiterhin wird eine Listenstruktur definiert, von deren Typ die Chromosomen sind. Es handelt sich hierbei um einfach verkettete Elemente vom Typ „daten". Ein Knotenelement vom Typ „knoten" besteht aus einem Informationsteil „links" vom Typ „daten" und einem Verbindungsteil „rechts" vom Typ „zeigknoten". Der Typ „zeigknoten" ist ein Zeigertyp auf den Typ „knoten". Diese gewählte Datenstruktur besitzt den Vorteil der dynamischen Speicherverwaltung, es wird nur soviel Speicherplatz für die Implementierung der Chromosomen benutzt, wie tatsächlich auch benötigt wird. Diesen Vorteil bieten einfachere Datenstrukturen wie z.B. vordefinierte „Arrays" nicht. Die Länge der Chromosomen, die vom zu betrachtenden task domain abhängt, ist variabel.

```
type
   daten= word;
   zeigknoten= ^knoten;
   knoten= record
      links: daten;
```

```
    rechts: zeigknoten;
  end;
```

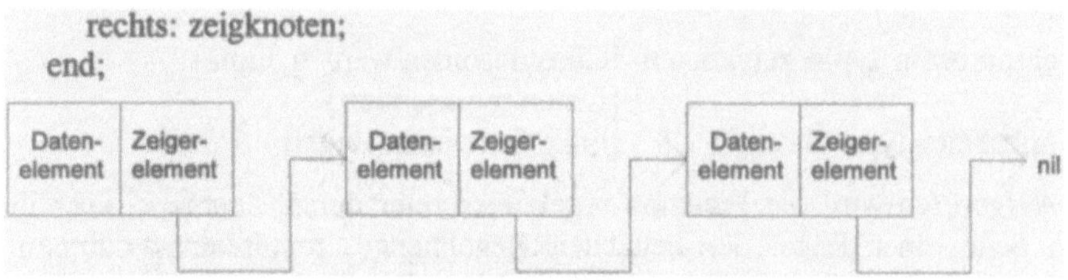

Die Arbeit mit der oben definierten Datenstruktur wird erleichtert durch Dienste, die die Unit „liseq.pas“ zur Verfügung stellt:

- Die Funktion cons ermöglicht den Aufbau von Listen. Ihr erster Parameter ist ein Datenwert. Der zweite Parameter ist ein Zeiger auf das nächste Zeigerelement. Als Ergebnis gibt die Funktion einen Zeiger auf die neu erzeugte Liste zurück.
- Die Funktion car liefert den ersten Datenwert der Liste zurück.
- Die Funktion cdr gibt einen Zeiger auf eine Liste ohne erstes Knotenelement zurück.
- Die Prozedur lidruck druckt die Werte der gesamten Liste hintereinander auf dem Bildschirm aus.
- Die Funktion liausgelem liefert den Datenwert der Liste an der Stelle „stelle“ zurück.
- Die Funktion appendli gibt einen Zeiger auf eine Gesamtliste zurück, die aus zwei Listen erzeugt wurde, deren Zeiger an die Funktion beim Aufruf übergeben worden sind.
- Die Funktion lielemaend ändert den Datenwert an der Stelle „stelle“ in den Datenwert dat um.
- Die Funktion licopy erstellt eine Kopie der übergebenen Liste und liefert einen Zeiger auf die neu erstellte Liste zurück.
- Die Funktion liloesch löscht eine übergebene Liste komplett aus dem Hauptspeicher.

```
function cons( links: daten; rechts: zeigknoten): zeigknoten;
function car( zeigkn: zeigknoten): daten;
function cdr ( zeigkn: zeigknoten): zeigknoten;
procedure lidruck( zeigkn: zeigknoten);
function liausgelem( zeigkn: zeigknoten; stelle: word): daten;
function appendli( zeigknanf, zeigknrest: zeigknoten): zeigknoten;
procedure lielemaend( zeigkn: zeigknoten; dat: daten; stelle: word);
function licopy( zeigknalt: zeigknoten): zeigknoten;
procedure liloesch( zeigkn: zeigknoten);
```

13.5.3.2 Implementation des Regelinterpreters RIAGA

Die Funktion Regelinterpreter gibt zu jeder linken Seite die zugehörige rechte Seite einer Regel entsprechend dem jeweiligen Chromosom zurück.

```
type
  chromosom_typ= zeigknoten; {Chromosomen werden durch}
                             {Listen repräsentiert}
  linkeSeite_typ= daten;     {linke Seite einer Regel}
```

Aufgerufen wird die Funktion regel_interpreter durch Übergabe einer linken Seite einer Regel der benutzten Regelmenge, repräsentiert durch ein Chromosom vom Typ einfach verketteter Liste. Die Funktion regel_interpreter erwartet für den Parameter „liSei" einen Wert zwischen 0 und „Anzahl linke Seiten -1". Die in der Unit „liseq.pas" definierte Listenstruktur inkl. Dienste ist so organisiert, dass das erste Listenelement die Nummer 1 trägt. Somit muss zur Stelle, an der die Dienstefunktion „liausgelem" die Steuerungsinformation aus dem Chromosom herauslesen soll, 1 addiert werden. Die herausgelesene rechte Seite wird schließlich zurückgegeben.

Der beschriebene Regelinterpreter RIAGA benutzt keine weiteren Informationen über den task domain, er ist somit universell einsetzbar.

```
function regel_interpreter( liSei: linkeSeite_typ;
        chromo: chromosom_typ) : daten;
        {Gibt rechte Seite für linke Seite einer Regel}
        {für angegebenes Chromosom zurück}
var stelle      {Stelle der Regelinformation im Chromosom}
  : integer;
begin
  stelle:= liSei +1;
  regel_interpreter:= liausgelem( chromo, stelle);
end;
```

13.5.4 Die Implementierung des genetischen Algorithmus

13.5.4.1 Der Aufbau der Population

Die erste Population, die betrachtet und bewertet werden soll, wird, vom Zufallszahlengenerator gesteuert, beliebig erzeugt. Die Prozedur aufbau_pop übernimmt diese Aufgabe. Sie bekommt, „call by reference", eine Population vom Typ pop_typ übergeben.

```
type
        pop_typ= array[1..popsize] of chromosom_typ;   {Populationstyp}
```

Die Prozedur aufbau_pop benutzt als Hilfsprozedur chromo_init, die popsizemal Chromosomen initialisiert:

```
procedure aufbau_pop( var pop: pop_typ); {Populationsaufbau}
var i: integer; {Laufvariable}
```

```
begin
  for i:=1 to popsize do
  begin
    chromo_init( pop[i]);
  end;
end;
```

Die Prozedur chromo_init erzeugt die als sequentielle Listen dargestellten Chromosomen, benutzt wird hierbei die Dienstfunktion der Unit „liseq.pas" cons. Den einzelnen rechten Seiten zu den unterschiedlichen linken Seiten wird eine ganze Zufallszahl zwischen 0 und „rechteSeite_bereich -1" zugewiesen.

```
procedure chromo_init( var chromo: chromosom_typ);
{Initialisierung von Chromosomen}
var i: integer; {Laufvariable}
begin
  chromo:= cons ( random( rechteSeite_bereich ), nil);
  for i:=2 to chromo_laenge do
    chromo:= cons ( random( rechteSeite_bereich ), chromo);
end;
```

13.5.4.2 Die Bewertung der Population

Die Prozedur pop_bewertung übernimmt die Bewertung der Population. Beim Aufruf wird „call by value" die gesamte Population übergeben. Die Prozedur pop_bewertung ist die eigentliche Schnittstelle des genetischen Algorithmus zum Regelinterpreter RIAGA und zum jeweiligen task domain. Bei Prozeduren und Funktionen, die mit td beginnen, handelt es sich um Funktionen oder Prozeduren des jeweils zu betrachtenden task domain. Über eine „call by reference"-Variable vom Typ eval_typ wird die Bewertung der Chromosomen zurückgegeben.

```
type
  eval_typ= array[1...popsize] of real;
              {eval-Wert d. Chromo. für gen. Alg.}
```

Für jedes Chromosom muss eine Bewertung ermittelt werden. Jede Regelmenge wird durch ein Chromosom repräsentiert und getrennt betrachtet.

Für jede in einem Chromosom hinterlegte Regel wird mit Hilfe eines Datenbankzugriffes dessen Richtigkeit und Effizienz überprüft. Die Funktion tddbzugriff liefert nach einer Überprüfung der in der Testdatenbank hinterlegten Testfälle einen Wert zurück, der um so höher ist, je effektiver und genauer zutreffend eine Regel ist. Hier wird das Suchen nach geeigneten Testfällen jedoch der Übersichtlichkeit wegen durch Funktionen nur simuliert.

Durch die Funktion tdbewert werden die durch Datenbankzugriffe erhaltenen Ergebnisse bewertet und normiert. Es wird somit die Fitness eines Chromosoms durch die Funktionen tddbzugriff und tdbewert ermittelt.

Über eine „call by reference"-Variable gibt pop_bewertung schließlich die berechnete Fitness der aktuellen Population zurück.

```
procedure pop_bewertung( pop: pop_typ;
        var eval: eval_typ); {Populationsbewertung}
var
   i, j                    {Laufvariable}
   : integer;
   bewertung, dbwert       {Bewertung eines Chromosoms}
   : real;
   reSei                   {Steuerung für Datenbankzugriff}
   : daten;
   zugriff                 {Positionierung für DB-Zugriff}
   : integer;
begin
  for i: = 1 to popsize do
  begin
   bewertung: = 0;
   for j: = 0 to chromo_laenge-1 do
   begin
     reSei: = regel_interpreter( j, pop[i]);
     zugriff: = j* rechteSeite_bereich + reSei;
     dbwert: = tddbzugriff( zugriff);
     bewertung: = bewertung + tdbewert ( j, dbwert);
   end;
   eval[i]: = bewertung;
  end;
end;
```

13.5.4.3 Die Selektion

Die Prozedur selection führt die Selektion der Chromosomen durch und bildet eine neue Population. Aus der alten Population werden die Chromosomen in die neue Population aufgrund ihrer Fitness kopiert. Als Parameter bekommt die Prozedur die Häufung für jedes Chromosom übergeben. Die Chromosomen werden in flexiblen Listen gespeichert, die dynamische Speicherverwaltung ermöglichen. Der Speicherplatz der alten Population muss nach der Selektion mit der Dienstefunktion liloesch wieder freigegeben werden.

```
procedure selection( var pop: pop_typ; cumu_chromo: eval_typ);
   {Selektion der neuen Population}
var i, j: integer;
   old_pop: pop_typ;
   zufall: real;
begin
```

```
  old_pop:= pop;
  for i:= 1 to popsize do
  begin
    zufall:= random;    {Zufallswert 0 ≤ random < 1 }
    j:=1;
    while ( ( zufall > cumu_chromo[j]) and (j < popsize)) do j:= j+ 1;
    pop[i]:= licopy( old_pop[j]);
  end;
  for i:=1 to popsize do {freigeben des Speichers}
     liloesch( old_pop[i]);
end;
```

13.5.4.4 Das Crossover

Beim Crossover werden zwei Chromosomen miteinander kombiniert. Die erwartete Anzahl durchzuführender Crossover lässt sich als p_C * popsize / 2 berechnen. Aus Geschwindigkeitsgründen wird die erwartete Anzahl durchzuführender Crossover direkt benutzt, um Chromosomen auszuwählen. Die eigentliche Kombination zweier Chromosomen übernimmt die Prozedur crossover_durchfuehrung.

```
procedure crossover( var pop: pop_typ); {Crossover der Population}
var anzahlcross,          {Anzahl durchzuführender Crossover}
   zufall1, zufall2,      {Zufallswerte für Auswahl von Chromosomen}
   i: integer;            {Laufvariable}
begin
  anzahlcross:= round( pc * popsize / 2);
  for i:=1 to anzahlcross do
  begin
    zufall1:= random( popsize);
    zufall2:= random( popsize);
    crossover_durchfuehrung( pop[zufall1 +1], pop[zufall2 +1]);
  end;
end;
```

In der Prozedur crossover_durchfuehrung wird zunächst der crossing point berechnet und anschließend ab dieser Stelle die Informationsstellen beider Chromosomen miteinander vertauscht.

```
procedure crossover_durchfuehrung( var chromo1,
         chromo2: chromosom_typ);
         {Crossover zweier ausgewählter Chromosomen}
var pos,           {Regel-Position des Crossing-Point}
   i: integer;     {Laufvariable}
   hilf: daten;
begin
```

```
  pos:= random( chromo_laenge) +1;
  for i:= pos to chromo_laenge do
  begin
    hilf:= liausgelem( chromo1, pos);
    lielemaend( chromo1, liausgelem( chromo2, pos), pos);
    lielemaend( chromo2, hilf, pos);
  end;
end;
```

13.5.4.5 Die Mutation

Bei der Mutation eines Chromosoms werden Informationsstellen verändert; an Stellen an denen 0 gespeichert war, wird 1 abgespeichert und umgekehrt. Die erwartete Anzahl zu mutierender Bitstellen ist berechenbar als p_m *chromosom_länge*popsize*bit_größe, wobei bit_größe, abhängig von dem betrachteten task domain, die Anzahl der Bitstellen für die rechte Seite jeder Regel angibt. Ähnlich wie beim Crossover wird die erwartete Anzahl zu mutierender Bitstellen benutzt, um Bitstellen in Chromosomen auszuwählen. Das Verändern von Informationsstellen führt die Prozedur bitdreh durch. Die Prozedur mutation weist die Prozedur bitdreh mittels Parameter an, welches Chromosom und welche rechte Seite mutiert werden soll.

```
procedure mutation( var pop: pop_typ); {Mutation der Population}
var mutation_anzahl,        {Anzahl durchzuführender Mutationen}
    chromoauswahl,          {Nummer des Chromo. das mutiert wird}
    datenauswahl,           {Stelle zu mutieren}
    i: integer;             {Laufvariable}
begin
  mutation_anzahl:= round( pm* popsize* chromo_laenge* bit_groesse);
  for i:=1 to mutation_anzahl do
  begin
    chromoauswahl:= random( popsize) +1;
    datenauswahl:= random( chromo_laenge) +1;
    bitdreh( pop[chromoauswahl], datenauswahl);
  end;
end;
```

In der Prozedur bitdreh werden Informationsstellen mutiert. Es wird ein Bit in einer ausgewählten rechten Seite einer Regel eines Chromosoms mit Hilfe der Bitoperation exklusiv-oder gedreht.

```
procedure bitdreh( var chromo: chromosom_typ; datenauswahl: integer);
                            {Ein Bit im Datenelement wird gedreht}
var bit_auswahl             {Bitstelle an der im Datum gedreht werden muss}
    : byte;
    dat: daten;
```

```
    int1: daten;              {Bitmuster zum Mutieren}
begin
  dat:= liausgelem( chromo, datenauswahl);
  bit_auswahl:= random( bit_groesse) ;
  int1:=1;
  int1:= (int1 shl bit_auswahl);
  dat:= dat XOR int1;
  lielemaend( chromo, dat, datenauswahl);
end;
```

13.5.4.6 Koordination der vier Grundfunktionen des genetischen Algorithmus

Die Prozedur genalg ruft die vier Grundfunktionen des genetischen Algorithmus hintereinander gen_schritt mal auf.
Außerdem fungiert genalg als Schnittstelle zum Grafiksystem; es wird die Grafikausgabe koordiniert.

- Die Funktion ingraf initialisiert das Grafiksystem.
- Prozedur fenster_einrichtung initialisiert die unterschiedlichen Grafikfenster.
- Die Prozeduren grafik_skalierungX und grafik_skalierungY führen eine Skalierung der Achsen durch.
- Die Prozedur grafikpop_fenster1 gibt die komplette Population grafisch im ersten Grafikfenster aus.
- Die Prozedur grafikbest_fenster3 druckt die Extrema der Population im dritten Grafikfenster aus.
- Die Prozedur grafiktext_fenster2 gibt Informationen über den betrachteten task domain in das zweite Grafikfenster aus.
- Die Prozedur grafikbest_fenster2 gibt die Extrema der aktuellen Population in das Textfenster aus.

```
procedure genalg;          {Genetischer Algorithmus}
var pop: pop_typ;          {Populationen}
    i, j, k                {Laufvariablen}
    : integer;
    prob_chromo,           {Wahrscheinlichkeit der Chromosomen}
    eval,                  {Fitness der Chromosomen}
    cumu_chromo            {Häufung der Chromosomen}
    : eval_typ;
    eval_min,              {Kleinster auftretender Eval-Wert}
    total_fitness,         {Totale Fitness}
    besteval,              {Höchster Eval-Wert der Population}
    mitteleval,            {Mittelwert der Eval-Werte der Population}
    schlechteval,          {Niedrigster Eval-Wert der Population}
    absbesteval            {Bester bislang aufgetretener Eval-Wert}
```

```
    : real;
begin
  aufbau_pop( pop);        {Populationsaufbau}
  ingraf(5);               {Grafik-Initialisierung}
  fenster_einrichtung;
  grafiktext_fenster2;
  absbesteval:= -10000;
  for i:=1 to gen_schritt do
  begin
    pop_bewertung( pop, eval);  {Populationsbewertung}
    eval_min:= 100000;
    grafikpop_fenster1( eval);
    grafikbest_fenster3( i, eval, besteval, mitteleval, schlechteval,
                absbesteval);
    grafikbest_fenster2( i, besteval, mitteleval, schlechteval,
       absbesteval);       {Ausgabe der Extrema ins Textfenster}
    for j:=1 to popsize do        {Ermittlung des kleinsten Eval-Wertes}
       if eval[j] < eval_min then
         eval_min:= eval[j];
    for j:=1 to popsize do        {Nur positive Eval-Werte}
       eval[j]:= eval[j] - eval_min;
    total_fitness:= 0;
    for j:=1 to popsize do        {Berechnung der totalen Fitness}
       total_fitness:= total_fitness + eval[j];
    for j:=1 to popsize do {Berechnung der Wahrscheinlichkeit der Chromo.}
       if eval[j] = 0 then prob_chromo[j]:= 0
       else prob_chromo[j]:= eval[j]/ total_fitness;
    for j:=1 to popsize do        {Berechnung der Häufung der Chromo.}
    begin
      cumu_chromo[j]:= 0;
      for k:=1 to j do
         cumu_chromo[j]:= cumu_chromo[j] + prob_chromo[k];
    end;
    selection( pop, cumu_chromo);
    crossover( pop);
    mutation( pop);
  end;
end;
```

13.5.5 Der Einfluss der Wahrscheinlichkeiten pc und pm

Die Wahrscheinlichkeiten p_c für Crossover und p_m für Mutation legen maßgeblich die Arbeitsweise eines genetischen Algorithmus fest[196].

Wenn p_c und p_m beide gleich 0 gesetzt werden, erfolgt weder Crossover noch Mutation. Es werden folglich keine neuen Chromosomen gebildet. Die Selektion bewirkt, dass die vorhandenen Chromosomen mit größerer Fitness häufiger selektiert werden. Nach vielen Generationsschritten wird ein uniformes Bild entstehen. Die Population wird nur noch aus gleichen Chromosomen bestehen. Dasjenige Chromosom wird überleben, das bei den ersten Populationen gegenüber den übrigen Chromosomen eine höhere Fitness besaß.

Um neue Chromosomen zu bilden, muss zumindest für die Wahrscheinlichkeit der Mutation gelten, dass $p_m > 0$ ist. Eine Wahrscheinlichkeit von $p_m > 0$ bewirkt, dass ständig neue Chromosomen erzeugt werden. Die Chromosomen mit überdurchschnittlicher Fitness werden selektiert und die mit unterdurchschnittlicher Fitness sterben aus. Ist p_m sehr klein, so werden nur sehr wenige Informationsstellen verändert; es entstehen zwar Chromosomen mit neuer Fitness, aber die Entwicklung von Maxima dauert sehr lange. Es kann die vorzeitige Konvergenz zu einem lokalen Maximum eintreten.

Ist p_m hingegen zu groß, so wird jedes selektierte Chromosom zufallsabhängig verändert, die Selektion von Chromosomen mit höherer Fitness somit verhindert.

Die Bildung von Chromosomen könnte ausschließlich durch Mutation erreicht werden.

Die Funktion Crossover beschleunigt die Entwicklung von Chromosomen mit optimaler Fitness. Chromosomen mit höherer Fitness besitzen einen Abschnitt, der nahezu optimal ist („building block“), aufgrund ihrer höheren Fitness treten sie überdurchschnittlich oft als Crossover-Partner auf.

Die Kombination mit einem Chromosom, das auch eine höhere Fitness hat, bewirkt die Entwicklung zweier Chromosomen mit ebenfalls größerer Fitness, die selektiert werden. Hingegen bewirkt die Kombination mit einem Chromosom niedriger Fitness, dass Chromosomen gebildet werden, die beide u. U. eine geringere Fitness besitzen und dadurch nicht selektiert werden und schließlich aussterben.

Ist p_c zu gering, so erfolgt fast keine Kombination von Chromosomen. Ist die Wahrscheinlichkeit für Crossover zu groß, werden zu viele Chromosomen miteinander kombiniert. Es besteht die Gefahr, dass eine vorzeitige Konver-

---

[196] vgl. Müller, Dieter: Genetische Algorithmen, 1993

genz zu einem lokalen Maximum eintritt, da durch Mutation entstandene Chromosomen keine Möglichkeit erhalten, sich über mehrere Generationen von Populationen zu entwickeln. Der Vorteil des genetischen Algorithmus, im Gegensatz zu Algorithmen wie z.B. Hillclimbing, ein globales Maximum zufallsgesteuert zu erreichen, kann durch eine zu hohe probability of crossover p_c zunichte gemacht werden.

Allgemein gilt folglich für die Wahrscheinlichkeiten $0 \leq p_c, p_m << 1$. Ein bewährter Mittelweg ist $p_c = 0{,}25$ und $p_m = 0{,}01$[197].

Im folgenden werden die oben beschriebenen Wahrscheinlichkeiten des genetischen Algorithmus benutzt.

13.5.6 Fine Tuning des genetischen Algorithmus

Bei der Erzeugung von Regelmengen durch einen genetischen Algorithmus tritt häufig der Fall auf, dass bei der Entwicklung von Populationen mit Chromosomen höherer Fitness Regelmengen adaptiert werden, die bei späteren Generationen von Populationen nicht mehr auftreten.

Es gibt zwei Hauptgründe für das Verlorengehen von Chromosomen mit höherer Fitness bei späteren Populationen. Die Selektion von Chromosomen einer alten Population zur Bildung einer neuen Population ist einerseits abhängig von der Fitness der einzelnen Chromosomen, jedoch auch stark zufallsabhängig. Es kann daher durchaus der Fall eintreten, dass Chromosomen mit höchster Fitness der Population nicht selektiert werden und somit ihre Informationen nicht übernommen werden.

Weiterhin können Chromosomen mit höchster Fitness verlorengehen, wenn sie nach ihrer Selektion durch Mutation oder Crossover verändert werden und nur Chromosomen mit niedrigerer Fitness entstehen.

Es muss somit gewährleistet werden, dass die Informationen von Chromosomen mit höherer Fitness nicht verlorengehen.

Um dieses zu garantieren, wird das Chromosom mit der höchsten Fitness aller vorherigen Populationen ermittelt. Ein bestimmter Prozentsatz der Chromosomen der neuen Population wird mit dem ermittelten Chromosom belegt. Die Informationen des Chromosoms mit der höchsten Fitness werden somit übernommen.

Es bietet sich an, nicht nur das Chromosom mit höchster Fitness der aktuellen Population zu selektieren, sondern aller vorherigen Generationen, da die

---

[197]vgl. Michalewicz, Zbigniew: Genetic Algorithms + Data Structures = Evolution Programs, 1992, Seite 31 ff.

Informationen durch Mutation und Crossover verändert werden können und somit verlorengehen können[198].

Im Programm DAMIN müssen die Prozeduren selection und genalg verändert werden. In der Prozedur genalg muss das Chromosom mit der höchsten Fitness aller vorherigen Populationen ermittelt werden. Beim Aufruf der Prozedur selection wird es als Parameter übergeben.

```
for j: =1 to popsize do
    begin
      if eval[j] > besteval then begin {Suche nach Chromo. mit höchst. F.}
        liloesch( bestchromo);
        bestchromo: = licopy( pop[j]);
        besteval: = eval[j];
      end;
      if eval[j] < schlechteval then
        schlechteval: = eval[j];
      mitteleval: = mitteleval + eval[j];
    end;
    mitteleval: = mitteleval / popsize;
    if besteval > absbesteval then begin {Chromo. mit höchst. F. aller Pop.}
      absbesteval: = besteval;
      liloesch( absbestchromo);
      absbestchromo: = licopy( bestchromo);
    end;
```

In der Prozedur selection werden höchstens abchr Chromosomen der neuen Population mit dem Chromosom der höchsten Fitness belegt. In der Konstanten abchr ist der Prozentsatz der Chromosomen gespeichert, die bei einer neuen Population durch das Chromosom mit der höchsten Fitness belegt werden. Es wird mindestens immer ein Chromosom der neuen Population mit dem Chromosom der höchsten Fitness besetzt.

Der Prozentsatz abchr ist so zu wählen, dass die Informationen des Chromosoms mit höchster Fitness erhalten bleiben, aber auch die Charakteristik des genetischen Algorithmus nicht verlorengeht. Ist der Prozentsatz zu hoch, so besteht die Gefahr der vorzeitigen Konvergenz gegen ein lokales Maximum. Wie Versuche mit Regelmengen unterschiedlicher Komplexität gezeigt haben, ist ein guter Kompromiss der im folgenden benutzte Prozentwert von 10%.

```
procedure selection( var pop: pop_typ; cumu_chromo: eval_typ;
        absbestchromo :chromosom_typ);
{Selektion der neuen Population}
var i, j: integer;
    old_pop: pop_typ;
```

[198]vgl. Müller, Dieter: Genetische Algorithmen, 1993, elitist model

```
  zufall: real;
begin
  old_pop:= pop;
  {Min. abchr% der Chromo. der n. Pop. werd. d. d. beste C. a. Pop. geb.}
  for i:= 1 to max( 1, trunc( popsize *abchr /100)) do
     pop[i]:= licopy( absbestchromo);
  for i:= max( 1, trunc( popsize *abchr /100)) +1 to popsize do
  begin
    zufall:= random; {Zufallswert 0 ≤ random < 1 }
    j:=1;
    while ((zufall > cumu_chromo[j]) and (j < popsize)) do j:= j+ 1;
    pop[i]:= licopy( old_pop[j]);
  end;
  for i:=1 to popsize do
     liloesch( old_pop[i]);
end;
```

13.6 Beispiele für die Generierung von Entscheidungsregeln

Im folgenden werden für unterschiedliche task domains mit Hilfe des Programmes DAMIN Entscheidungsregeln erzeugt, wobei die Charakteristik der zu betrachtenden Aufgabenbereiche verschieden ist. Alle Beispiel-Aufgabenbereiche kommunizieren mit dem genetischen Algorithmus über die definierte Schnittstelle, sie erfüllen das allgemeine Schema einer task-domain-Beschreibung (vgl. Kapitel 13.5.2).

Es sollen Entscheidungsregeln gebildet werden, die möglichst zutreffend einen Aufgabenbereich beschreiben. Beispielaufgabenbereiche aus der Literatur dienen zum Verifizieren der erhaltenen Ergebnisse.

13.6.1 Verkaufsstand nach Motil

Im Kapitel „Probabilistic systems" des Buches „Digital Systems Fundamentals" hat John Motil einen einfachen Verkaufsstand beschrieben[199]. Entscheidungsregeln sollen vor jeden Verkaufstag angeben, ob zusätzliche Ware für den Verkaufsstand gekauft werden soll oder nicht. An jedem Tag gibt es entweder gutes oder schlechtes Wetter, jedoch keine Zwischenstufen. Eine Gewinnauszahlungsmatrix lässt sich leicht erstellen:

- Ist das Wetter gut, und es wurde zusätzliche Ware eingekauft, wird ein Gewinn von 300 Einheiten erzielt.

[199]vgl. Motil, John M.: Digital Systems Fundamentals, 1972

- Ist das Wetter schlecht, und es wurde zusätzliche Ware eingekauft, entsteht ein Verlust von 200 Einheiten.
- Ist das Wetter gut, und es wurde keine zusätzliche Ware eingekauft, wird ein Gewinn von nur 200 Einheiten erzielt.
- Ist das Wetter schlecht, und es wurde keine zusätzliche Ware eingekauft, entsteht ein Gewinn von 100 Einheiten.

Folgende Tabelle veranschaulicht die Auszahlungsfunktion.

	gutes Wetter	schlechtes Wetter
kaufen	300	-200
nicht kaufen	200	100

Tabelle 10: Auszahlungsvorschrift bez. Einkauf und Wetter

Als Wettervorhersage dient ein Barometer, das angibt, wie die Wettertendenz für den nächsten Tag ist. Es existieren drei Stufen. „fallend", „gleichbleibend" und „steigend". Die Barometertendenz ermöglicht es allerdings nicht, das Wetter des folgenden Tages genau vorherzusagen. Es kann nur eine Wahrscheinlichkeit angegeben werden, die besagt, wie das Wetter des folgenden Tages ist.

- Zeigt das Barometer „fallend", ist die Wahrscheinlichkeit für gutes oder schlechtes Wetter 1:1.
- Zeigt das Barometer „gleichbleibend", ist die Wahrscheinlichkeit für gutes oder schlechtes Wetter 3:2.
- Zeigt das Barometer „steigend", ist am folgenden Tage immer gutes Wetter.

Die Wahrscheinlichkeit für gutes Wetter liegt bei 70% und die Wahrscheinlichkeit für schlechtes Wetter bei 30%. Die Tabelle 11 veranschaulicht den Zusammenhang zwischen Barometertendenz und Wetter. Zu jedem Barometerfall sind tabellarisch die Wahrscheinlichkeiten für gutes und schlechtes Wetter aufgetragen.

	gutes Wetter	schlechtes Wetter
fallend	10%	10%
gleichbleibend	30%	20%
steigend	30%	0%
Σ	70%	30%

Tabelle 11: Korrelation Barometertendenz und Wetter, Wahrscheinlichkeit für gutes und schlechtes Wetter

Es sollen Entscheidungsregeln adaptiert werden, die zu jeder Barometertendenz richtig angeben, ob zusätzliche Ware eingekauft werden soll oder nicht. Hierbei muss die Genauigkeit der Barometertendenz berücksichtigt werden.

Die linken Seiten von Regelmengen werden gebildet durch die Barometertendenz. Die Anweisung normaler Einkauf bzw. zusätzlicher Einkauf an Ware ist auf der rechten Seite der Regeln dargestellt. Bei diesem Beispiel setzt sich eine Regelmenge somit aus nur drei unterschiedlichen Regeln zusammen.

13.6.1.1 Adaption von Entscheidungsregelmengen

Mit dem Programm DAMIN sollen für den task domain Verkaufsstand nach Motil brauchbare Entscheidungsregelmengen erzeugt werden.

Fünf Konstanten legen die Arbeitsweise von DAMIN fest. In der Konstanten popsize wird die Anzahl der Chromosomen bzw. die Größe der Population gespeichert, in gen_schritt die Anzahl der Durchläufe des genetischen Algorithmus, in p_c die probability of crossover, in p_m die probability of mutation und schließlich in abchr der Prozentsatz der Chromosomen, die bei einer neuen Population durch das Chromosom mit der höchsten Fitness belegt werden.

Das Programm DAMIN adaptiert Entscheidungsregelmengen mit Hilfe eines genetischen Algorithmus, es stellt die Ergebnisse der Erzeugung von Regeln grafisch dar.

Im ersten Grafikfenster wird die aktuelle Population dargestellt. Über der x-Achse ist die Population aufgetragen und über der y-Achse die Bewertung der einzelnen Regelmengen repräsentiert durch Chromosomen.

Das 2. Grafikfenster ist das Textfenster, es gibt die Spezifizierungen des task domains wieder. Untereinander stehen Variablen und Konstanten, die den task domain charakterisieren:

- task-domain-Art
- popsize: Mächtigkeit der Population
- strng_bereich: Wertebereich der rechten Seiten
- chromo_laenge: Anzahl unterschiedlicher linker Regelseiten
- genalg_schr.: Anzahl der Durchläufe des genetischen Algorithmus
- pc: probability of crossover
- pm: probability of mutation
- abchr: Prozentsatz „Übernahme Chromosom mit höchster Fitness“
- mineval, maxeval: Wertebereich der y-Achse der Grafikfenster 1 und 3
- Durchlauf: aktueller Durchlauf des genetischen Algorithmus
- absbsteval: bester aufgetretener Bewertungswert eines Chromosoms aller vorherigen Populationen
- besteval: bester Bewertungswert eines Chromosoms der aktuellen Population
- mitteleval: Mittelwert aller Bewertungen der aktuellen Population
- schl.eval: schlechtester Bewertungswert eines Chromosoms der aktuellen Population

Im dritten Grafikfenster ist die Entwicklung der einzelnen Populationen dargestellt. Über die y-Achse ist jeweils der beste, der Mittelwert und der schlechteste Bewertungswert der jeweiligen Population eingetragen, und über die x-Achse die Generationen von Populationen.

Die folgende Bildschirm-Hardcopy zeigt die Entwicklung von brauchbaren Populationen bei einer Populationsmächtigkeit von 25 Chromosomen und 25 Durchläufen des genetischen Algorithmus. Für die Wahrscheinlichkeiten für Crossover und Mutation werden die Standardwerte 0,25 und 0,01 benutzt (vgl. Kapitel 13.5.5).

Das erste Grafikfenster stellt die Bewertung der einzelnen Chromosomen der letzten Population dar. Deren Bewertung liegt, beschrieben im Textfenster, zwischen 170 und 200. Der Durchschnitt der Bewertung der letzten Population liegt bei 198,80.

Am interessantesten ist das untere 3. Grafikfenster. Es zeigt, dass über die Entwicklung mehrerer Populationen der beste, der Mittelwert und der schlechteste Bewertungswert von Population zu Population in der Regel steigend sind.

Im Anschluss an die Grafikausgabe werden die erzeugten Entscheidungsregeln des Chromosoms mit der höchsten Fitness der letzten Population ausgegeben.

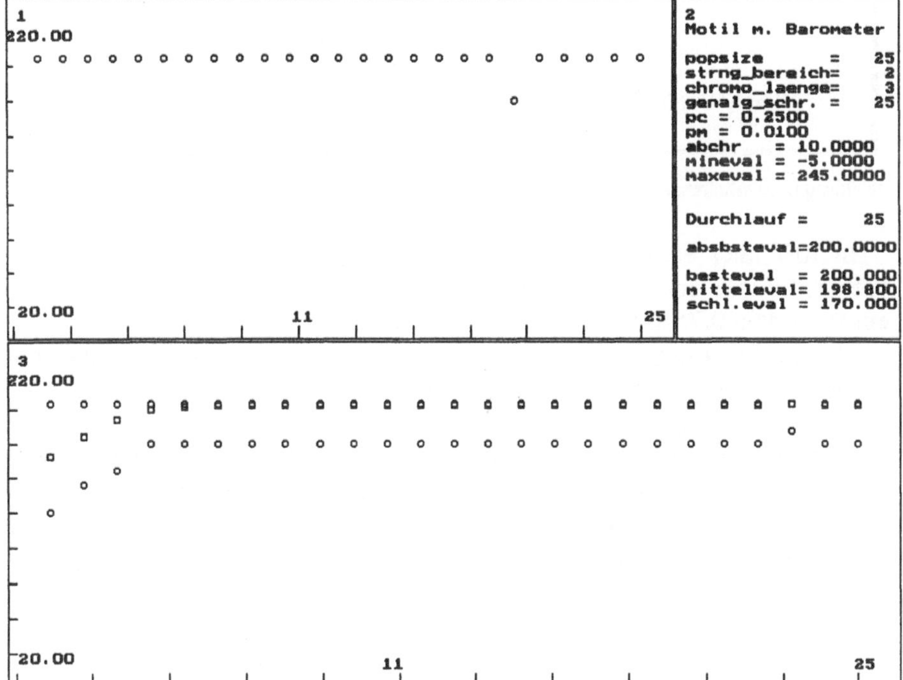

Bei dem task domain Verkaufsstand nach Motil mit Barometer wurde ein Chromosom entwickelt, das eine Fitness von 200.0000 besitzt.
Folgende Regeln wurden erzeugt:

Linke Seite	-->	Rechte Seite
(Barometer)	-->	(Einkauf)
(fallend)	-->	(nicht kaufen)
(gleichbleibend)	-->	(nicht kaufen)
(steigend)	-->	(kaufen)

Durch leichtes Nachrechnen lässt sich obiges Ergebnis schnell bestätigen. Im Durchschnitt entsteht bei jedem Verkaufstag ein maximaler Gewinn von 200 Einheiten. Die adaptierte Regelmenge ist identisch mit den Verhaltensvorschriften, die Motil berechnet hat:

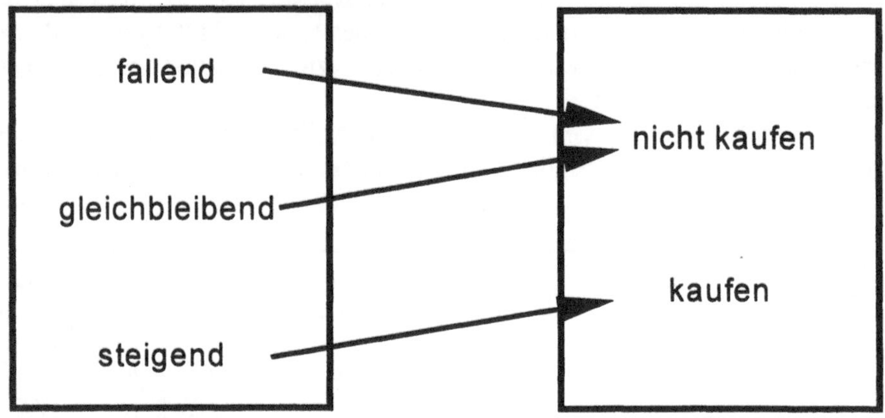

Abbildung 67: Verhaltensvorschrift für Verkaufsstand nach Motil

In 70% aller Fälle liegt gutes Wetter vor, in den übrigen 30% schlechtes Wetter. Würde eine immer zutreffende Wettervorhersage existieren, könnte ein Profit von 0,7*300 + 0,3*100=240 Einheiten erzielt werden.

Um die Präzision der Wettervorhersage zu verbessern, wird zusätzlich eine Fernsehvorhersage berücksichtigt. Es wird entweder gutes oder schlechtes Wetter vorhergesagt.

Dementsprechend existieren nun durch die Verknüpfung von Barometer- und Fernsehvorhersage sechs unterschiedliche Wettervorhersagen. Folgende Tabelle zeigt die verschiedenen Prognosen und mit welcher Wahrscheinlichkeit gutes oder schlechtes Wetter eintritt.

Wettervorhersage		Wahrscheinlichkeit	
Barometer	Fernsehen	gutes Wetter	schlechtes Wetter
fallend	gutes Wetter	0 %	0 %
fallend	schlechtes Wetter	10 %	10 %
gleichbleibend	gutes Wetter	20 %	0 %
gleichbleibend	schlechtes Wetter	10 %	20 %
steigend	gutes Wetter	20 %	0 %
steigend	schlechtes Wetter	10 %	0 %
Σ		70 %	30 %

Tabelle 12: Wahrscheinlichkeiten für gutes und schlechtes Wetter

Es existieren sechs unterschiedliche linke Regelseiten. Zu jeder Kombination aus Barometer- und Fernsehvorhersage gibt eine Regel an, ob zusätzliche Ware gekauft werden soll. Die nächste Hardcopy zeigt die Adaption einer optimalen Regelmenge.

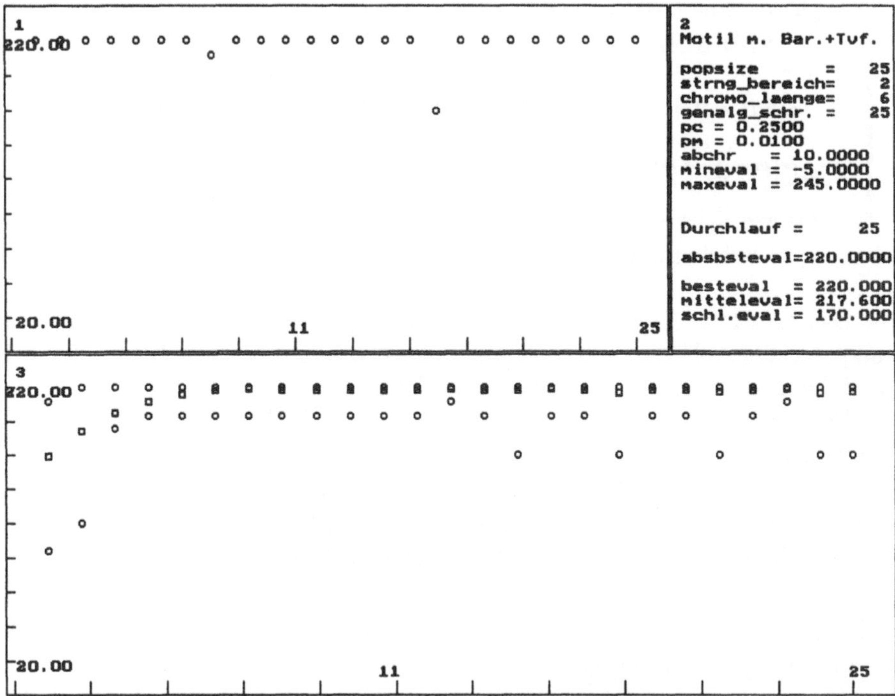

Bei dem task domain Verkaufsstand nach Motil mit Barometer und Fernsehwettervorhersage wurde ein Chromosom entwickelt, das eine Fitness von 220.0000 besitzt.
Folgende Regeln wurden erzeugt:

Linke Seite		-->	Rechte Seite
(Wettervorhersage)	(Barometer)	-->	(Einkauf)
(schlecht)	(fallend)	-->	(nicht kaufen)
(gut)	(fallend)	-->	(kaufen)
(schlecht)	(gleichbleibend)	-->	(nicht kaufen)
(gut)	(gleichbleibend)	-->	(kaufen)
(schlecht)	(steigend)	-->	(kaufen)
(gut)	(steigend)	-->	(kaufen)

Obige Regelmenge erwirtschaftet einen Profit von 220 Einheiten. Dieses deckt sich mit den Ergebnissen von Motil. Er berechnet dieselben optimalen Kaufbefehle. Die Abbildung 68 stellt die optimale Regelmenge grafisch dar.

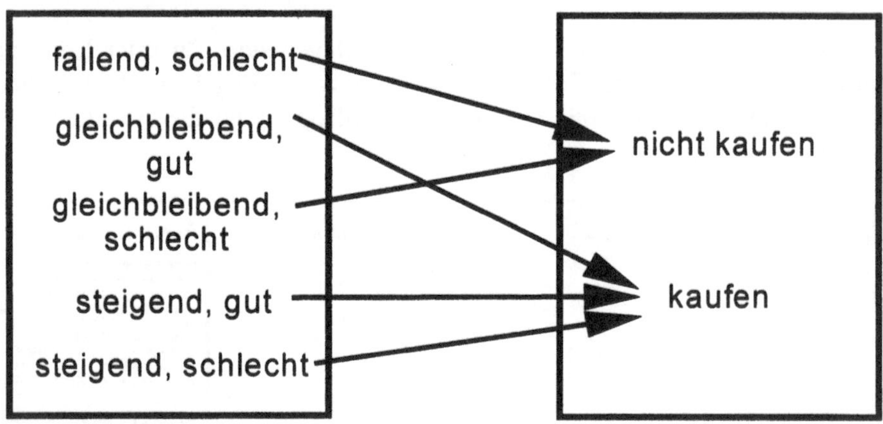

Abbildung 68: Verhaltensvorschrift unter Berücksichtigung der Fernsehwettervorhersage nach Motil

Das erhaltene Ergebnis lässt sich mit den Wahrscheinlichkeiten für gutes und schlechtes Wetter in Tabelle 12, der Auszahlungsvorschrift in Tabelle 10 und der adaptierten Kaufvorschrift berechnen.

Es gilt: 0,2* 150 + 0,2* 300 + 0,3* 133 + 0,2* 300 + 0,1* 300= 220 Einheiten.

Die Bildschirmhardcopys zeigen, dass bei der Wettervorhersage mit Barometer und bei zusätzlicher Fernsehvorhersage nach sehr wenigen Generationen eine optimale Entscheidungsregelmenge adaptiert worden ist.

13.6.2 Produktzusammenhänge

Bei dem nächsten Aufgabenbereich sollen Zusammenhänge zwischen einzelnen Produkten eines Warenhauses ermittelt werden. Es existieren Kausalitäten zwischen der Anordnung von Produkten zueinander und deren Verkaufszahlen. Für die Verkaufszahlen ist es z.B. vorteilhaft, wenn die Brotaufstriche und die Teigwaren nahe beieinander angeordnet sind. In Warenhäusern werden die verkauften Waren elektronisch an den Kassen ermittelt, die erhaltenen Informationen werden für die weitere Bearbeitung in Datenbanken wie z.B. für den Einkauf abgespeichert. Es stehen somit riesige Datenbestände über Verkaufsumsätze zur Verfügung. Werden die Verkaufszahlen und die Anordnung der Produkte zueinander verknüpft, kann ermittelt werden, welche Produktzusammenhänge herrschen.

Dieses Beispiel ist auch auf andere Wirtschaftsbereiche zu übertragen. Im Banken-/Sparkassenbereich oder in der Versicherungsbranche gibt es ebenfalls Zusammenhänge zwischen einzelnen Produkten. Produktbündel werden von Kunden häufig nachgefragt. Diese Kausalitäten zwischen einzelnen Produkten müssen entdeckt werden, und können durch Werbemaßnahmen, die auf spezielle Produktbündel abgestimmt sind, genutzt werden.

Im folgenden soll das Programm DAMIN herausarbeiten, welche Produkte besser gemeinsam plaziert werden sollten und welche besser getrennt voneinander. Es wird eine Datenbank simuliert, in der Testfälle hinterlegt sind. Für alle einzelnen Produktkombinationen sind in der Testdatenbank Fälle abgespeichert. Die Datenbankschnittstelle liefert zurück, ob eine nahe Plazierung von zwei Produkten vorteilhaft ist oder nicht. Um eine möglichst vollständig zutreffende Entscheidungsregelmenge zu erzeugen, werden in Chromosomen Regelmengen abgespeichert, die durch Datenbankzugriffe überprüft werden. Ist eine gemeinsame Anordnung für ein Produktpaar vorteilhaft, und dieses besagt auch eine Regel des jeweiligen Chromosoms, so gibt die Datenbankschnittstelle den Positivwert +20 zurück, im anderen Fall wird 0 zurückgegeben. Ist für ein Produktpaar eine gemeinsame Anordnung nicht vorteilhaft, aber eine Regel des Chromosoms bejaht dieses, so wird der Negativwert -10 von der Datenbankschnittstelle zurückgeliefert, bei richtiger Zuordnung wird 0 zurückgegeben.

Die Anzahl der zu betrachtenden Produktpaare berechnet sich direkt aus der Anzahl der Produkte als $\sum_{i=1}^{\text{Anzahl}-1} i = \frac{\text{Anzahl} * (\text{Anzahl}-1)}{2}$.

Zunächst sollen die Produktzusammenhänge von vier Produkten untersucht werden. Es müssen 6= 4 *3 /2 Produktpaare betrachtet werden. In der Datenbank ist hinterlegt, dass es für eine Maximierung der Verkaufszahlen vorteilhaft ist, wenn die Produktpaare 0, 1, 4, 5 zusammen und die restlichen Paare 2 und 3 getrennt voneinander angeordnet sind. Der genetische Algorithmus hat die Aufgabe, genau dieses herauszuarbeiten. Jedem Produktpaar ist in der Regelmenge eine Regel zugeordnet.

Die folgende Bildschirmhardcopy zeigt die Entwicklung einer zutreffenden Entscheidungsregelmenge bei einer Populationsgröße von 25 Chromosomen und 25 Generationsschritten. Im Anschluss wird die erhaltene Regelmenge mit der höchsten Fitness dargestellt.

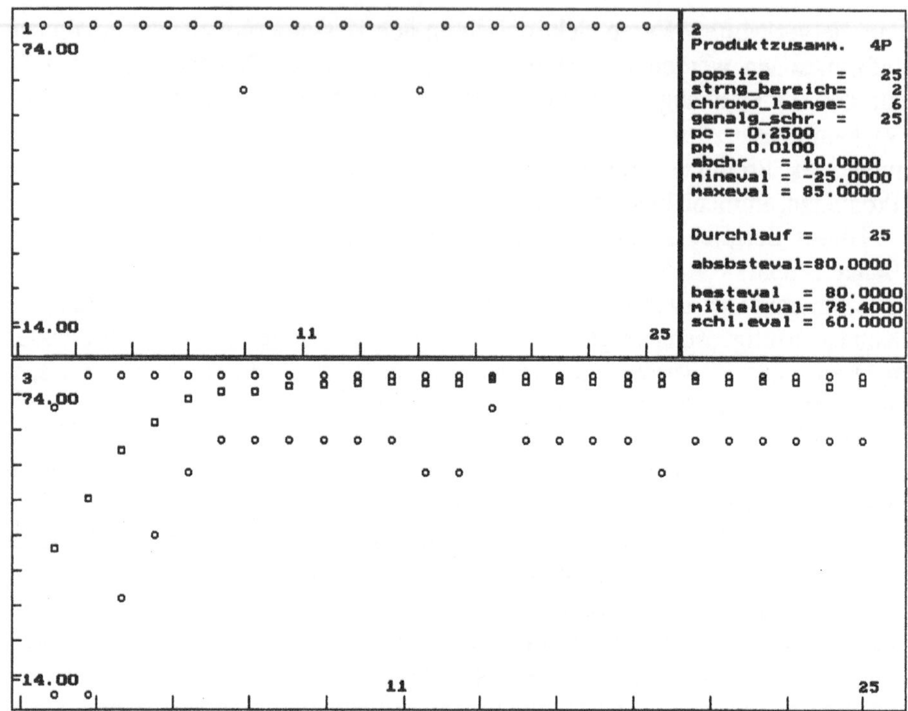

Bei dem task domain Produktzusammenhang von vier Produkten wurde ein Chromosom entwickelt, das eine Fitness von 80.0000 besitzt.
Folgende Regeln wurden erzeugt:

Linke Seite	-->	Rechte Seite
(Produktpaar)	-->	(Anordnung)
(0)	-->	(zusammen)
(1)	-->	(zusammen)
(2)	-->	(getrennt)
(3)	-->	(getrennt)
(4)	-->	(zusammen)
(5)	-->	(zusammen)

Durch den genetischen Algorithmus sind genau die in der Datenbank abgelegten Produktzusammenhänge herausgearbeitet worden. Nur wenige Entwicklungsläufe sind erforderlich, um eine optimale Regelmenge zu erzeugen.

Aufwendiger ist für das Programm das Herausarbeiten der Zusammenhänge von 16 Produkten, es müssen hierzu 120= 16 *15 /2 Produktpaare untersucht werden. In der Datenbank ist hinterlegt, dass die Produktpaare 0–59 zusammen und die Paare 60–119 getrennt voneinander anzuordnen sind.

Zur Generierung einer zutreffenden Regelmenge wird im folgenden eine Populationsgröße von 100 Chromosomen und 100 Entwicklungsschritten gewählt.

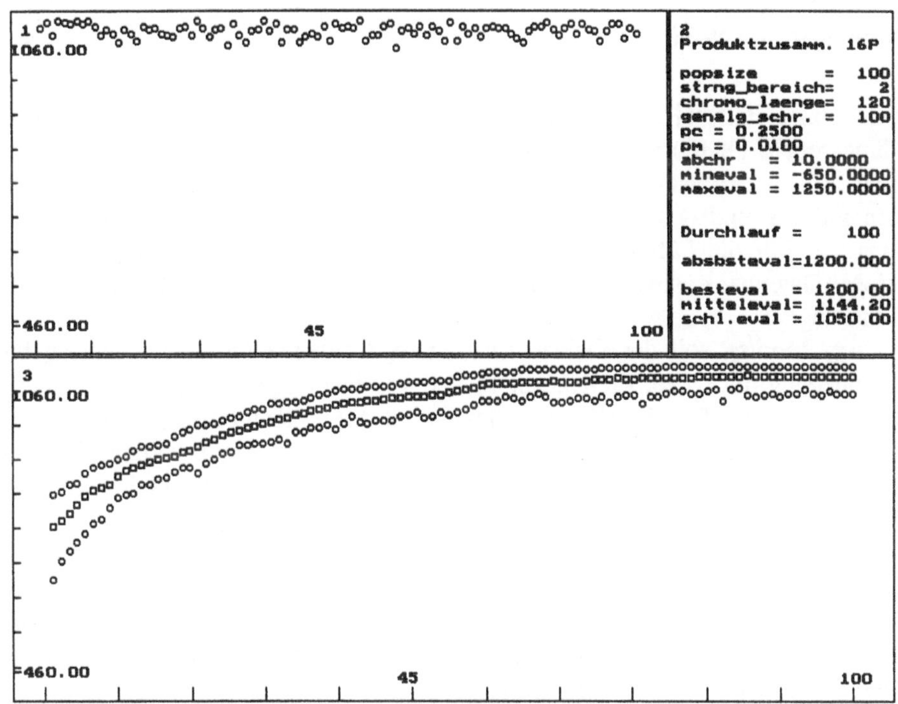

Bei dem task domain Produktzusammenhang von sechzehn Produkten wurde ein Chromosom entwickelt, das eine Fitness von 1200.0000 besitzt.
Folgende Regeln wurden erzeugt:

Linke Seite --> Rechte Seite
(Produktpaar) --> (Anordnung)

0 1 2 3 4 5 6 7 8 9 10 11 12 13 14 15 16 17 18 19 20 21 22
23 24 25 26 27 28 29 30 31 32 33 34 35 36 37 38 39 40 41 42
43 44 45 46 47 48 49 50 51 52 53 54 55 56 57 58 59
--> (zusammen)

60 61 62 63 64 65 66 67 68 69 70 71 72 73 74 75 76 77 78 79
80 81 82 83 84 85 86 87 88 89 90 91 92 93 94 95 96 97 98 99
100 101 102 103 104 105 106 107 108 109 110 111 112 113 114
115 116 117 118 119
--> (getrennt)

Eine zutreffende Entscheidungsregelmenge ist nach ca. 75 Entwicklungsschritten erzeugt worden. Die erhaltenen Ergebnisse lassen darauf schließen, dass, je mehr Produktpaare untersucht werden sollen, desto größer die Populationsgröße sein muss und mehr Entwicklungsschritte erforderlich sind.

13.6.3 Geldautomaten-Füllung

Als letztes Beispiel sollen mit Hilfe eines genetischen Algorithmus Entscheidungsregeln für die Geldautomaten-Füllung entwickelt werden. Ein Geldautomat soll für den nächsten Tag oder das Wochenende abhängig von der aktuellen Füllung und dem Wochentag mit der genau richtigen Geldmenge gefüllt werden. Für die Füllung werden hierfür 16 Geldmengenstufen eingeführt. In einer Datenbank sind Erfahrungswerte für die richtige Automatenfüllung hinterlegt:

Am Montag soll der Geldautomat mit 8 Geldeinheiten, von Dienstag bis Donnerstag mit 6, am Freitag mit 15 und vor Feiertagen mit 13 Geldeinheiten gefüllt werden. Der aktuelle Befüllungsgrad des Geldautomaten muss für die Auffüllung berücksichtigt werden. Es soll genau so aufgefüllt werden, dass der Geldautomat mit genau der richtigen Geldmenge für den folgenden Tag bestückt ist.

Bei einer Überfüllung und einer Unterfüllung um jeweils eine Geldmengenstufe wird genau ein Strafpunkt verhängt. Eine optimale Regelmenge ist so vom Algorithmus erzeugt worden, wenn diese eine Fitness von 0 hat, somit der Geldautomat immer genau die richtige Bestückung hat. Eine Regelmenge besteht aus 64 = 16 *4 einzelnen Regeln.

Die folgende Bildschirmhardcopy zeigt den Entwicklungslauf bei einer Populationsgröße von 100 Chromosomen und 100 Entwicklungsschritten. Im Anschluss werden die Regeln des Chromosoms mit der höchsten Fitness im einzelnen dargestellt.

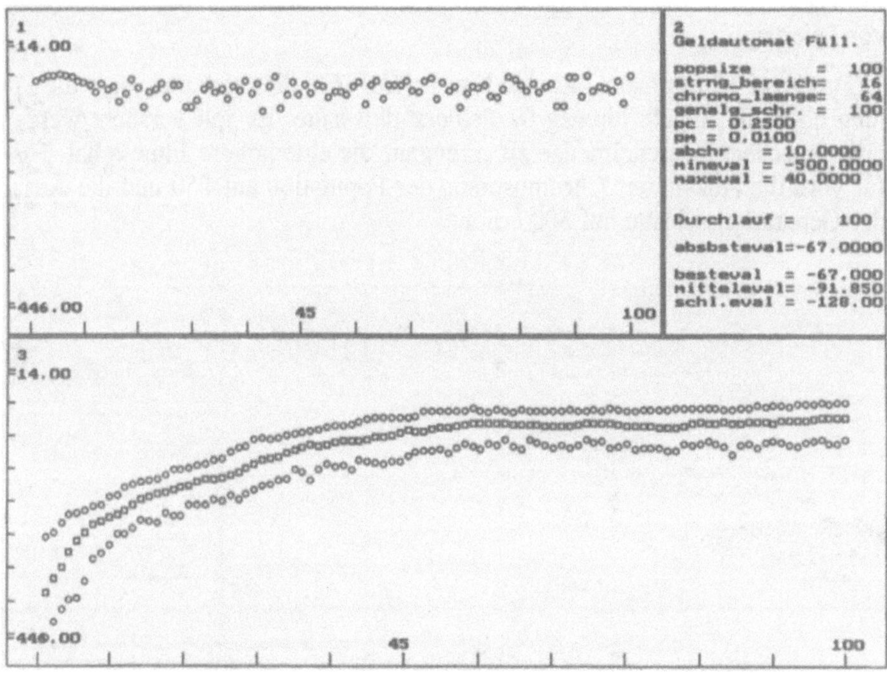

Bei dem task domain Geldautomaten-Füllung wurde ein Chromosom entwickelt, das eine Fitness von –67.0000 besitzt.
Folgende Regeln wurden erzeugt:

Linke Seite	-->	Rechte Seite	
(Wochentag, Bestand)	-->	(Befüllung)	
Montag		0	7
Montag		1	7
Montag		2	8
Montag		3	5
Montag		4	2
Montag		5	4
Montag		6	4
Montag		7	1
Montag		8	0
Montag		9	2
Montag		10	0
Montag		11	0
Montag		12	2
Montag		13	1
Montag		14	0
Montag		15	2
Dienstag–Donnerstag		...	

Freitag ...
vor Feiertag ...

Das beste Chromosom hat eine Fitness von -67, dies bedeutet, dass die Füllung über alle Regeln hinweg 67 Fehlerstufen hatte. Es soll versucht werden, eine Entscheidungsregelmenge zu erzeugen, die eine höhere Fitness hat. Hierfür wird die Anzahl der Chromosomen der Population auf 250 und die Anzahl der Generationsschritte auf 500 erhöht.

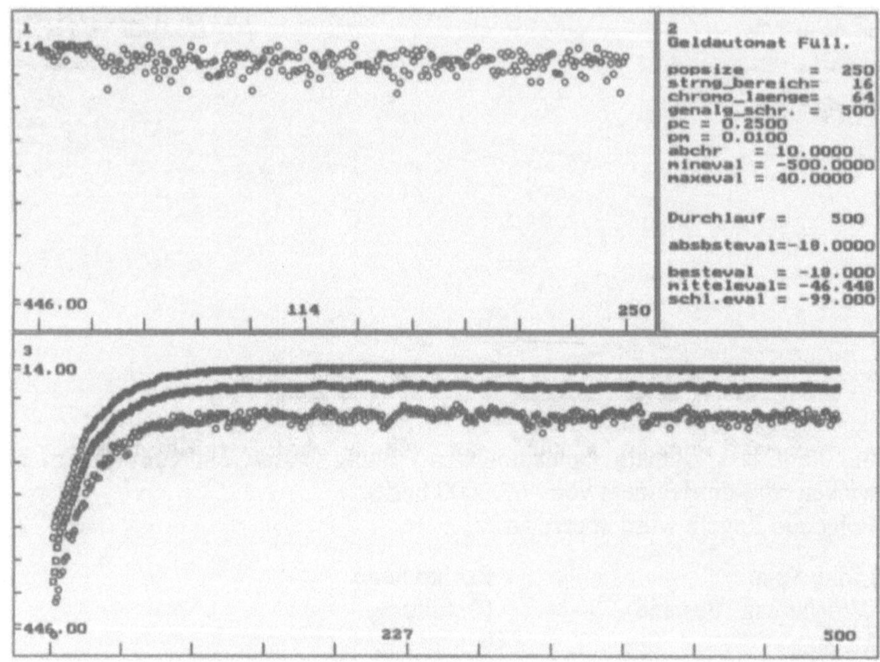

Es ist eine Regelmenge erzeugt worden, deren Fitness –18 ist. Es liegen also immer noch 18 Fehlerstufen bei allen Regeln insgesamt vor. Betrachtet man das dritte Grafikfenster, fällt auf, dass sich die Durchschnittsfitness aller Chromosomen ab der 200. Generation nicht wesentlich verändert. Für den genetischen Algorithmus ist es hier im Gegensatz zu den vorherigen Beispielen nur durch einen großen Zufall möglich, eine genau zutreffende Regelmenge zu erzeugen. Auf der rechten Seite aller Regeln ist abgespeichert, wie groß die zusätzliche Füllung für den Geldautomaten ist. Die Füllung beträgt zwischen $0_{10}=0000_2$ und $15_{10}=1111_2$. Würde die richtige Füllung für eine Regel $7_{10}=0111_2$ betragen, ist jedoch in der rechten Seite der Regel $8_{10}=1000_2$ gespeichert, müssten bei einer Mutation alle 4 Einzelbitstellen von einer Generation zur nächsten verändern werden. Dieses ist sehr unwahrscheinlich. Mutiert hingegen nur eine Informationsstelle, so entsteht ein Chromosom mit einer niedrigeren Fitness und wird u. U. nicht selektiert. Das Heraufsetzen der Konstanten pm, die angibt, wie viele Informationsstellen sich einer Mutation unterziehen müssen, führt nicht an das erwartete Ziel, da, wenn die Wahrscheinlichkeit steigt, dass alle 4 Bitstellen in einem Generationsschritt verändert werden, gleichzeitig im Chromosom auch andere Informationsstellen verändert werden. Hierdurch werden weitere Informationsstellen verändert und richtige Regeln zerstört, somit wird die Fitness des Chromosoms höchstwahrscheinlich wieder herabgesetzt.

Die Ergebnisse für die Geldautomatenfüllung sind jedoch trotz der geringen Fehleranzahl akzeptabel. Die Trefferrate der erzeugten Entscheidungsregeln liegt bei über 95%.

13.7 Datenproblematiken

Ein Hauptproblem aller Verfahren zur Mustererkennung oder zur Musterbeschreibung sind Datenproblematiken. Obwohl oft riesige Datenmengen durch Verfahren verarbeitet werden, können wichtige Informationen unterrepräsentiert sein oder sogar völlig fehlen. Die Eingabedatenmengen sind somit unvollständig. Im Banken-/Sparkassenbereich werden in einigen Geschäftsbereichen 75% aller Geschäftsvolumina von weniger als 5% der Gesamtkunden getätigt. Dieses Kundensegment wäre bei Betrachtung aller Kunden gemäß ihrem geschäftsstrategischen Gewicht weit unterrepräsentiert. Diese Probleme können beseitigt werden, indem der Anteil an besonders ausschlaggebenden Daten erhöht wird und bei teilweise fehlenden Informationen Attribute nachträglich gefüllt werden. Bei allen Aufgabenstellungen muss kritisch überprüft werden, ob die vorliegenden Daten für die Komplexität eines Modells ausreichen.

Oftmals sind in Datenbanken Falschdaten vorhanden, die aus maschinellen Fehlern oder durch inkorrekte Eingaben per Hand resultieren. Hierdurch können auffällige Datenmuster bewirkt werden, die nicht aussagefähig sind. Diese Datenfehler treten hauptsächlich auf, wenn Daten ohne anschließende Konsistenzprüfung erfasst werden. Treten Fehler größtenteils in gleichen Datenfeldern auf, so können diese u. U. durch einen Korrekturlauf behoben werden. Nicht gefüllte Datenfelder sind analog zu behandeln.

Werden keine Konsistenzprüfungen der Eingabebestände für ein Data-Mining-System durchgeführt, können ähnliche Objekte, verursacht durch widersprüchliche Daten, unterschiedlich klassifiziert werden.

Ähnliche Probleme wie Falschdaten können Ausreißer verursachen, Objekte können ungewöhnliche Attributwerte besitzen, die jedoch nicht falsch sein müssen. Ausreißerdaten sollten dennoch behandelt werden wie Falschdaten, da sie brauchbare Ergebnisse verhindern können.

13.8 Fazit

Es ist gezeigt worden, dass es möglich ist, Regelmengen zur Entscheidungsfindung für unterschiedliche task domains mit Hilfe eines genetischen Algorithmus zu adaptieren. Jeder Aufgabenbereich erfüllt das allgemeine Schema für task domains. Zwischen Aufgabenbereich und Regelinterpreter RIAGA und genetischem Algorithmus ist eine genau spezifizierte Schnittstelle festgelegt worden. Keine zusätzlichen Informationen, als die durch das allgemeine Schema zur Verfügung gestellten, wurden durch den Regelinterpreter oder den Algorithmus benutzt.
Ergebnisse aus Motil haben die erarbeiteten Resultate bestätigt.

Der Kernbestandteil eines genetischen Algorithmus ist, dass bei langfristiger Betrachtung, d.h. über mehrere Populationen hinweg, Chromosomen mit höherer Fitness gebildet werden.

Für die Arbeitsweise des Algorithmus ist es unumgänglich, dass von einer Datenbankschnittstelle Werte zurückgeliefert werden, die angeben, wie effektiv einzelne Regeln bzw. Regelmengen sind. Um die Selektion von einzelnen Chromosomen zu ermöglichen, müssen für alle Chromosomen der Population Fitnesswerte berechnet werden. Beim Einsatz von Echtesten würde der größte Entwicklungsaufwand in der Erstellung einer fitnesserzeugenden Funktion bestehen. Der Erfolg und Misserfolg eines genetischen Algorithmus zur Musterbeschreibung ist direkt abhängig von der Qualität der jeweiligen Fitnessfunktion.

14 Gesamtanwendungsarchitektur eines Unternehmens

14.1 Zusammenfassende Bewertung

In den vorherigen Kapiteln dieses Buches wurden Ansätze für unterschiedliche Anwendungsteilsysteme betrachtet. Hierbei wurden im einzelnen spartenübergreifende operative Systeme einschließlich einem Produktmanagementsystem, Data-Warehouse-Lösungen, Informationssysteme, Expertensysteme und Data-Mining-Systeme ausführlich diskutiert. Diese Systeme sind Elemente einer Gesamtkonzeption. In diesem Kapitel werden die einzelnen Elemente zu einem Gesamtkonzept zusammengefasst.

Vor dem Hintergrund der Verkürzung der Lebenszyklen von Dienstleistungsprodukten und der daraus resultierenden Verkürzung der Innovationszyklen entstehen immer differenziertere Produktlandschaften. Die Entwicklung und das Management dieser Produktvielfalt ist mit den bestehenden Systemen nicht möglich. Aus diesen Gründen ist es notwendig, die Entwicklung von Dienstleistungsprodukten informationstechnisch zu unterstützen und in die operativen Systeme zu integrieren. Die theoretische Fundierung für die Integration ist das Konzept der „Strategie der integrierten Produktentwicklung".

Die Entwicklung von Dienstleistungsprodukten orientiert sich nicht mehr an den traditionellen Spartengrenzen. Als Beispiel möge der Finanzdienstleistungssektor dienen, in dem z. Z. viel über „Allfinanzprodukte" diskutiert wird. Die Orientierung an diesen Grenzen ist zugunsten einer spartenübergreifenden Sicht abzulösen. Das Produktmanagementsystem wird entsprechend der Anwendungsteilsystem-Philosophie als neues, autonomes Teilsystem entwickelt. Der Produktentwicklungsprozess wird, durch das Produktmanagementsystem unterstützt, nicht mehr spartenorientiert in den einzelnen Geschäftsarten, sondern zentral und unternehmensweit, durchgeführt. Wesentliche konstitutive Elemente dieses Systems sind die Steuerung über ein Parameter- und Regelwerk.

Ein Data Warehouse hat die Aufgabe, Informationssystemen, Expertensystemen und Data-Mining-Systemen Daten in einheitlicher, vollständig integrierter Form zur Verfügung zu stellen. Quellen für die Inhalte eines Data Warehouse sind in erster Linie die Unternehmensdaten, gespeichert in den operativen Datenbeständen, aber auch in großem Umfang externe Datenbestände, beispielsweise von Wirtschaftsdiensten wie Reuters. Im Unterschied zu transaktionsorientierten operativen Systemen ist ein Data Warehouse subjektorientiert, vollständig integriert, nicht flüchtig, time-variant und non-volatil. Daten sind auf Sach- oder Themengebiete ausgerichtet und nicht wie bei operativen Systemen prozessorientiert oder funktionsorientiert. Für gleiche Entitäten existieren eindeutige Namenskonventionen, Maßeinheiten etc. Historisierte Informationen spiegeln die betriebswirtschaftliche Entwicklung eines Unternehmens wider. Unternehmensübergreifende, vergleichende Analysen werden durch die Integration externer Datenquellen ermöglicht. Eine Periodisierung der Daten erlaubt Zeitreihenanalysen.

Daten eines Data Warehouse sollten nachträglich nur im Ausnahmefall geändert werden.

Mit Hilfe von Informationssystemen (Führungsinformationssysteme, Executive Information Systems, FIS/EIS) können Management-Zahlenmengen analysiert und daraus Trends erkannt werden. Sie unterstützen Manager bei ihrer Entscheidungsfindung und liefern somit Informationen zur Unternehmenssteuerung. Indem der Blick auf unübersichtlich große Datenbestände durch Softwarewerkzeuge erleichtert wird, dienen sie zur Komplexitätsbewältigung.

Informationssysteme sind offen, dynamisch, kompliziert und komplex. Sie stehen im Kontext mit operativen Systemen, mit einem Data Warehouse und auch mit anderen Informationssystemen. Ihre Abläufe sind einem ständigen Änderungsprozess unterworfen, der durch neue Anforderungen, bedingt durch ihr allgemeines dynamisches Umfeld, bestimmt wird. Zu nennen sind Änderungen im wirtschaftlichen Umfeld, Änderungen von Gesetzen und Normen sowie der technische Fortschritt.

Die Anzahl ihrer Elemente, deren Unterschiedlichkeit und der Beziehungsreichtum der einzelnen Elemente untereinander sind groß.

Expertensysteme sind als ein Teil des deduktiven Lernens zu betrachten, aus hinterlegten Erkenntnissen ziehen sie logische Schlussfolgerungen. Expertensysteme sollen das Wissen von Experten und Anwendern in maschinenlesbarer Form abbilden und mit Hilfe eines Ableitungsmechanismus neues Wissen herleiten bzw. an das System gestellte Fragen beantworten. Charakteristisch für Expertensysteme ist, dass sie in einem streng abgegrenzten Aufgabengebiet agieren. Das Wissen von Expertensystemen wird häufig in Wenn-dann Regeln formuliert.

Im Gegensatz zu Expertensystemen sind Data-Mining-Systeme dem induktiven Lernen zuzuordnen. Ihre Zielsetzung ist es, neue unbekannte Zusammenhänge in großen Datenbeständen automatisiert zu entdecken. Sie sagen Trends,

Verhalten und Muster auf Basis hinterlegter Daten vorher. Data Mining beinhaltet in Abgrenzung zu SQL-Abfragen, Reportgeneratoren und OLAP-Werkzeugen keine Analysevorgänge, die explizite Informationen erzeugen. Data-Mining-Systeme haben implizite Informationen als Ergebnis.

Eine Anwendungsarchitektur beschreibt das unternehmensspezifische Geschäft auf der Basis fachlicher Elemente für die Anwendungsentwicklung. Sie stellt insofern einen „Gesamtbebauungsplan“ dar. Abbildung 69 zeigt einen solchen „Gesamtbebauungsplan“, wie er aufgrund der in diesem Buch diskutierten konstitutiven Elemente sinnvoll erscheint. Den integrierten Geschäftsprozess Produktentwicklung übernimmt das Produktmanagementsystem. Die Datenbereitstellung für die Informations-, Expertensysteme und die Data-Mining-Systeme werden zentral dem Data Warehouse zugewiesen. Das dargestellte Gesamtkonzept berücksichtigt einerseits die konkreten Ergebnisse der in diesem Buch entwickelten Systeme, andererseits ist es offen für zukünftige Entwicklungen. Der generische Rahmen für diese Entwicklungen wird in den Kapiteln 5.4.2 ff. definiert.

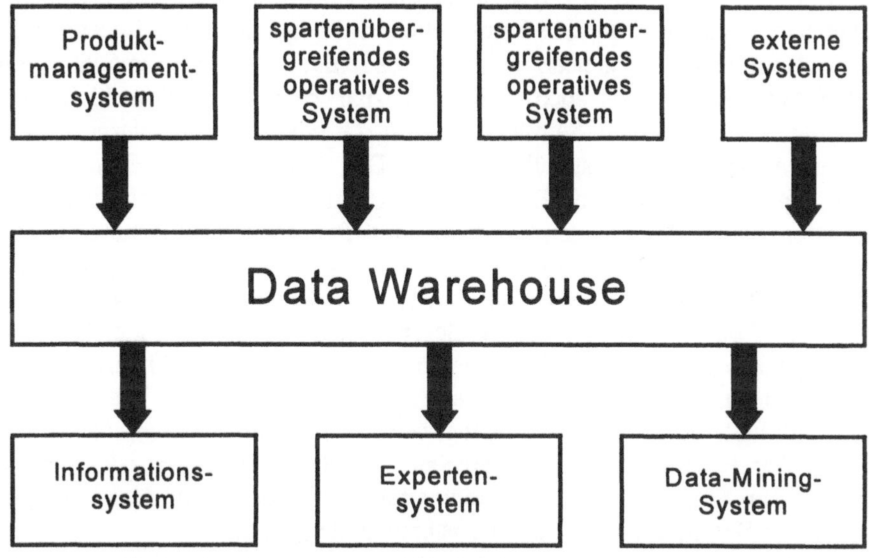

Abbildung 69: Gesamtanwendungsarchitektur eines Unternehmens

14.2 Ausblick

Wie sieht die Zukunft der besprochenen Anwendungsteilsysteme aus?

Grundsätzlich wird der technische Fortschritt dazu führen, dass die Leistungsfähigkeit aller Informatikkomponenten weiter zunimmt. Dieser durch diese Entwicklung entstehende Ressourcenzuwachs wird allerdings durch immer mächtiger werdende Softwarepakete wenigstens teilweise konterkariert werden.

An operative Systeme wird in Zukunft verstärkt die Anforderung gestellt werden, dass diese direkt in Arbeitsläufe integriert werden können. Beispielhaft sei hier die fallabschließende Bearbeitung von Arbeitsschritten, Darstellung von Geschäftprozessen usw. genannt. Ziel zukünftiger Systeme ist es, Backofficebereiche noch stärker zu entlasten. Ein effizientes Workflow-Management erfordert eine Verknüpfung der operativen Systeme. Ein ständiger Wechsel zwischen verschiedenen Systemen wird in Zukunft nicht mehr durch Anwender akzeptiert werden.

Ziel ist es, einen zeitoptimierten, unterbrechungsfreien Durchlauf aller Arbeitsschritte eines Geschäftsprozesses zu gewährleisten. So darf z.B. ein Fehlen von Information nicht zur Unterbrechung der Arbeit führen. Das oben definierte Ziel deckt sich mit der Grundaufgabe der Informatik: Informationen am gewünschten Ort, zur gewünschten Zeit in brauchbarer Form zur Verfügung zu stellen.

Weiterhin sind operative Systeme so zu gestalten, dass Kundenselbstbedienung leicht integriert werden kann. Wiederverwendbare Ablaufschritte (Pattern) ermöglichen es, gleiche Teile von operativen Systemen sowohl Unternehmensmitarbeitern als auch Kunden nutzbar zu machen. Sowohl in einer Geschäftsstelle, an einem Selbstbedienungsgerät oder über das Internet können gleiche Ablaufschritte ausgeführt werden. Der Vorteil eines solchen Szenariums liegt u. a. in geringeren Entwicklungskosten, da für die Bereitstellung von Funktionalitäten der Kundenselbstbedienung Synergieeffekte genutzt werden können. Durch das wiederholte Nutzen von wiederkehrenden Ablaufschritten wird ein Beraten von Kunden in Punkten der Kundenselbstbedienung stark erleichtert, da Kunden bei einem Geschäftsstellenbesuch die gleiche EDV-Lösung vorfinden wie am Selbstbedienungsgerät oder über das Internet. In der Kreditwirtschaft können beispielsweise ein Berater und ein Kunde in der Geschäftsstelle zusammen Kundenüberweisungen so oft am Computer tätigen, bis der Kunde bereit ist, dieses alleine am Selbstbedienungsgerät oder über das Internet durchzuführen. In der Kreditwirtschaft wird in diesem Zusammenhang häufig der Begriff der Finanzdienstleistungsfiliale genutzt.

Zur Zeit werden in einem Data Warehouse überwiegend Daten in formatierter Form, wie Zeichen oder Ziffern, gespeichert. Durch Bereitstellen von mehr Speicherkapazität, aber auch durch die Digitalisierung, intelligente Komprimierungsverfahren und schnelle Datenleitungen, wird es möglich sein, verstärkt unformatierte Daten, wie Bilddateien, Video- oder Filmdaten usw., aus internen als auch externen Quellen in einem Data Warehouse bereitzustellen und zu verarbeiten. Schnellere Rechner mit größeren Kapazitäten werden dazu führen, dass die Datenbereitstellungszyklen für ein Data Warehouse entscheidend verkürzt werden.

Dadurch werden die Anwendungsmöglichkeiten für Informations- und Expertensysteme wie auch für Data-Mining-Systeme weiter vergrößert. Zu nennen sind z.B. das Bearbeien von Dokumenten, Authentifikation von Kunden über Bilddateien usw.

Die Nutzbarkeit und Akzeptanz von Informationssystemen korreliert in erster Linie mit der Qualität und der Aktualität der zur Verfügung stehenden Informationen. Bei Einsatz eines Data Warehouse profitiert ein Informationssystem direkt von dessen Leistungsfähigkeit.

Expertensysteme und Data-Mining-Systeme haben durch eine Steigerung der Leistungsfähigkeit von EDV-Systemen große Vorteile. Zur Herleitung von neuen Zusammenhängen müssen Expertensysteme und Data-Mining-Systeme sehr viele Datensätze verarbeiten und benötigen hierfür viel Rechenkapazitäten. Durch Bereitstellen von mehr Rechenkapazitäten entstehen zusätzliche Arbeitsfelder für diese Systeme. Heutige Systeme benötigen für Auswertungen teilweise mehrere Stunden. Dieses schließt heute einen Einsatz in zeitkritischen Anwendungsgebieten aus. Sie sind also für das Tagesgeschäft z. Z. noch nicht geeignet.

Teil III

Nutzen der Informatik für die Wirtschaft

15 Der Einfluss der Informatik auf Marktstrukturen und Wettbewerbsstrategien

15.1 Einleitung

Dienstleistungsunternehmen, speziell Finanzdienstleister, haben in den letzten Jahren wesentlich an volkswirtschaftlicher Bedeutung gewonnen[200]. Der auf europäischer Ebene erfolgende Deregulierungsprozess führt zu weiteren Ausweitungen der Märkte. Des weiteren drängen ausländische Anbieter in heimische Märkte. Traditionelle, starre Branchengrenzen z.B. zwischen Kreditinstituten und Versicherungen verlieren zusehends an Bedeutung. Diese Entwicklungen verursachen u.a. eine Steigerung der Wettbewerbsintensität, wobei die Informatik zusehends an wettbewerbspolitischer Bedeutung gewinnt. Informationen werden u.a. zur Schaffung neuer Produkte und zur Eröffnung neuer Märkte herangezogen. Die Geschäftsprozesse der Unternehmen unterliegen einem permanenten Rationalisierungsdruck, der einerseits den Einsatz qualitativ hochwertiger Endbenutzersysteme fordert, andererseits müssen diese Systeme in die bewährten, hostorientierten, oft proprietären[201] Systeme integriert werden.

Der ökonomische Erfolg unternehmerischen Handelns zeigt sich i.d.R. an den unternehmensindividuell festzulegenden Maßstäben, wie dem Formalziel Gewinn. Im Mittelpunkt des Interesses steht dabei die Disposition über knappe Mittel unter dem Prinzip der Wirtschaftlichkeit wobei Wirtschaftlichkeit die Relation von Mitteleinsatz (Kosten) und Ergebnis (Ertrag) determiniert. Korrespondierende Variationen des Gewinns finden ihren Niederschlag in der Rentabilität und haben ihren Ursprung in der Wirtschaftlichkeit. Unter diesem Aspekt ergeben sich zwei generische, strategische Stoßrichtungen, die eine Effizienzsteigerung bewirken, kosten- sowie ertragsseitige Strategien.

---

[200]vgl. König, Wolfgang: Informationsverarbeitung in Finanzdienstleistungsunternehmen, 1994, S. 3–40

[201]vgl. Miller, Christine, Weiland, Roland: Der Übergang von proprietären zu offenen Systemen, 1995, S. 205–208

In einer von vielen, speziellen, modellhaften Betrachtungsweisen der „klassischen“ Mikroökonomik wird diese Situation durch das Konstrukt des perfekten Wettbewerbs ausgeschlossen, da alle Unternehmen die gleiche Kostenstruktur aufweisen und zudem über keinerlei Marktmacht verfügen. Gewinne sind damit ausgeschlossen, da die Preise lediglich die Kosten decken.

Die volks- und betriebswirtschaftliche Realität zeigt aber, dass Unternehmen sehr wohl in der Lage sind, ihre Wettbewerbsposition entscheidend zu verbessern.

Das offene ökonomische System Unternehmen steht in vielfältigen Beziehungen zu seinem Umsystem. Das strategische Verhalten eines Unternehmens wird stark von den Strukturen der für diese relevanten Märkte geprägt.

Wenn man die Wettbewerbsposition eines Unternehmens als Resultat seiner Strategie interpretiert, und nur diese Interpretation macht Sinn, ergeben sich zwangsläufig Interdependenzen zwischen Marktstrukturen und Wettbewerbsposition.

Ebene der Analyse	Organisationstyp
Mittelbar relevanter Analysebereich	
Makroökonomische Ebene	Volkswirtschaft
Mikroökonomische Ebene	Markt, Industrie
Unternehmensstrategische Ebene	Komplexe Unternehmung
Wettbewerbs- bzw. geschäftsstrategische Ebene	Geschäftseinheit
Unmittelbar relevanter Analysebereich	
"Gruppenstrategische" Ebene	Gruppe
"Individualstrategische" Ebene	Individuum

Abbildung 70: Relevante Analyseebenen[202]

Die Essenz dieser Überlegungen ergibt eine zweifache strategische Bedeutung der Informatik:

[202]vgl. Hanker, Jens: Die strategische Bedeutung der Informatik für die Organisation, 1990, S. 18

- Als Basistechnologie beeinflusst sie vielfältige Strukturparameter des Marktes und zwingt damit die Unternehmen zur Anpassung ihrer Strategie. Die Informatik wird von den Unternehmen als passives Element interpretiert.
- Als aktives Element können die Unternehmen sie zur Durchsetzung ihrer Wettbewerbsstrategie einsetzen.

Diese beiden Elementarfunktionen der Informatik werden in den folgenden Abschnitten weiterverfolgt.

Es kann selbstverständlich in diesem Buch nicht das Ziel verfolgt werden, Handlungsempfehlungen für gesamtwirtschaftliche Entscheidungen zu geben. Allerdings ist nicht wegzudiskutieren, dass die gesamtwirtschaftliche und institutionelle Bedeutung der Informatik als „Schlüsseltechnologie" den Rahmen für mikroökonomische und somit für wettbewerbs- und unternehmensstrategische Analysen bildet. Abbildung 70 zeigt die Ebenen und Organisationstypen, auf denen die Untersuchungen stattfinden können.

15.2 Strategische Stoßrichtungen der Informatik

Das folgende Schaubild zeigt 20 mögliche strategische Stoßrichtungen der Informatik.

Die u.E. wichtigsten und marketingrelevantesten sollen in aller Kürze dargestellt werden.

Produktinnovation

Die Produktinnovation ist ein wichtiges Instrument zur Erhaltung der langfristigen Wettbewerbskraft eines Unternehmens in einer dynamischen Umwelt. Die wesentlichen Ziele sind folgende:

- Schaffung neuer Märkte
- Förderung des Marktwachstums
- Effizienz- und Ertragssteigerung (durch eine Monopol- oder monopolähnliche Stellung)
- Ausnutzen technologischer Entwicklungsschübe, z.B. Einsatz einer neuen Anwendungssoftware, wie das Produktmanagementsystem.

Produktdifferenzierung

Produktdifferenzierung ist die Strategie eines Wettbewerbers, der den Margendruck in einem reifen, sehr wettbewerbsintensiven Markt mindern will. Als quasi-monopolistischer Anbieter stellt er Produkte her, die sich von den Standardprodukten unterscheiden.

Schwerpunkt	Ausrichtung eher extern	Ausrichtung eher intern
Unternehmens-strategie	(1) Kooperation (2) elektronischer Markt (3) vertikale Integration / Desintegration (4) Diversifikation	(5) interner elektronischer Markt (6) komplexe, dynamische Hierarchien
Zuverlässigkeit Wettbewerbs-strategie	(7) Produktinnovation (8) Produktdifferenzierung (9) Marktmacht (10) Marktschranken (11) Kundenbindung (12) Preisdiskriminierung (13) Kollusion	(14) Präzision & Zuverlässigkeit (15) Schnelligkeit (16) Flexibilität (17) Integration (18) Größenersparnisse & Erfahrungseffekte (19) Kapitaleffizienz (20) Personal

Abbildung 71: Zwanzig strategische Stoßrichtungen der Informatik (verändert)[203]

Erfolgversprechend und in der Realität oft praktiziert ist das Besetzen von Marktnischen. Die Unterstützung der „sekundären“ Produktmerkmale, wie z.B. Service, Beratung usw., ist besonders bei hoher Elastizität der „primären“ Produktmerkmale, wie z.B. Preis, erfolgreich.

Marktmacht

Erhöhung der Marktmacht bzw. Ausbau oder Erreichen der Marktführerschaft durch weitere Erhöhung des Marktanteils z.B. durch Monopolisierung des Marktes.

Marktschranken

Die Errichtung von Barrieren soll vor den Konkurrenten Schutz bieten. Im Prinzip läuft diese Strategie auf die Abschöpfung von Monopolgewinnen heraus. Das Errichten von Standards, wie es z.B. IBM und Microsoft exerzieren, ist ein probates Mittel. Die Individualität eines Softwarepaketes ist nicht nur ein exzellenter Imitationsschutz, sondern das in dieser Software steckende Know-how gewährt oft einen exklusiven Zugriff auf Ressourcen und erschwert den Marktzutritt für die Konkurrenz erheblich.

Kundenbindung

Der strategische Nutzen der Kundenbindung, die für die Bankenwelt von hervorragender Bedeutung ist, liegt in der Stärkung der Verhandlungsmacht.

---

[203] vgl. Hanker, Jens: Die strategische Bedeutung der Informatik für die Organisation, 1990, S. 386

Dieser Effekt ist nicht unmittelbar, sondern mittelbar z.B. über das schon diskutierte Instrument Produktdifferenzierung zu erreichen. Durch spezielle Informationssysteme ist eine Erhöhung des Kundennutzens möglich, z.B. durch Senkung der Tansaktionskosten.

Qualität

Eine Qualitätsstrategie wirkt sich nicht allein auf die Produkte, sondern vor allem auch auf den internen Wertschöpfungsprozess aus.

Schnelligkeit

Diese Stoßrichtung folgt dem bewährten Grundsatz, dass derjenige einen Wettbewerbsvorteil erreicht, der schneller ist als seine Konkurrenz. Im Prinzip läuft diese Stoßrichtung auf eine Verkürzung der Innovationszyklen hinaus. Weitere Ziele sind:

- Verkürzung der Reaktionszeit auf Änderungen des allgemeinen bzw. des marktlichen Umfeldes des Unternehmens
- Optimierung der Durchlaufzeit bei der Produktion
- Optimierung der Produktentwicklung z.B. durch ein integriertes Produktmanagementsystem

Flexibilität

Vorrangiges Ziel einer Flexibilitätsstrategie ist die Erhöhung der Anpassungsfähigkeit an ein dynamisches Umfeld. Langfristig ist dies überwiegend mit einer hohen Innovationsfähigkeit bzw. einer hohen Produktdifferenzierungsrate gleichzusetzen.

15.3 Produktbeschaffenheit

Die Determinanten der Nachfrage nach einem Produkt sind alle Produkteigenschaften, die der Kunde als „wertvoll" einstuft. Da die Wertesysteme der Kunden sehr stark von subjektiven Faktoren bestimmt werden, kann das Spektrum der Qualitätsmerkmale eines Produktes nahezu unbegrenzt weit definiert werden.

Eine pragmatische Aufgliederung der Produkteigenschaften in „primäre", wie z.B. Preis, sowie „sekundäre", wie z.B. Service, Zeit, unterstützen diese Sichtweise.

Bezogen auf Bankprodukte wäre eine primäre Produkteigenschaft die Ausprägung einer Kondition, wie z.B. die Höhe des Zinssatzes bei der Kreditvergabe, der im Prinzip den Preis des Kredites repräsentiert, die Schnelligkeit der Kreditgewährung wäre eine sekundäre Produkteigenschaft. Die Schnelligkeit allgemein ist eine strategische Stoßrichtung der Informatik (siehe Kapitel 15.2). Diese kann von der Informatik sehr wohl aktiv beeinflusst werden.

Durch den Einsatz neuer Fertigungstechnologien haben sich die vom Markt geforderten Merkmalsvektoren der Produkte erheblich verschoben.

Die schon erwähnten „primären" Produktmerkmale, wie z.B. der Preis, sind zwar immer noch wichtige Erfolgsfaktoren für das Unternehmen, die „sekundären" aber entscheiden immer mehr über die Wettbewerbsfähigkeit eines Unternehmens. Dieses Phänomen zeigt sich nicht nur in der Fertigungsindustrie, sondern verstärkt auch im Dienstleistungssektor, speziell im Finanzdienstleistungsbereich.

Allein das Ausmaß, in dem der einzelne Anbieter sämtliche relevanten Leistungsmerkmale zu befriedigen weiß, entscheidet über seine Wettbewerbsfähigkeit.

15.3.1 Qualitäts- und Preiswettbewerb

In vielen Branchen ist eine Wandlung der Märkte vom Verkäufer- zum Käufermarkt festzustellen. Die daraus resultierende zunehmende Dominanz der Nachfrage induziert u. a. eine Verschiebung der relevanten Merkmalsvektoren der Produkte.

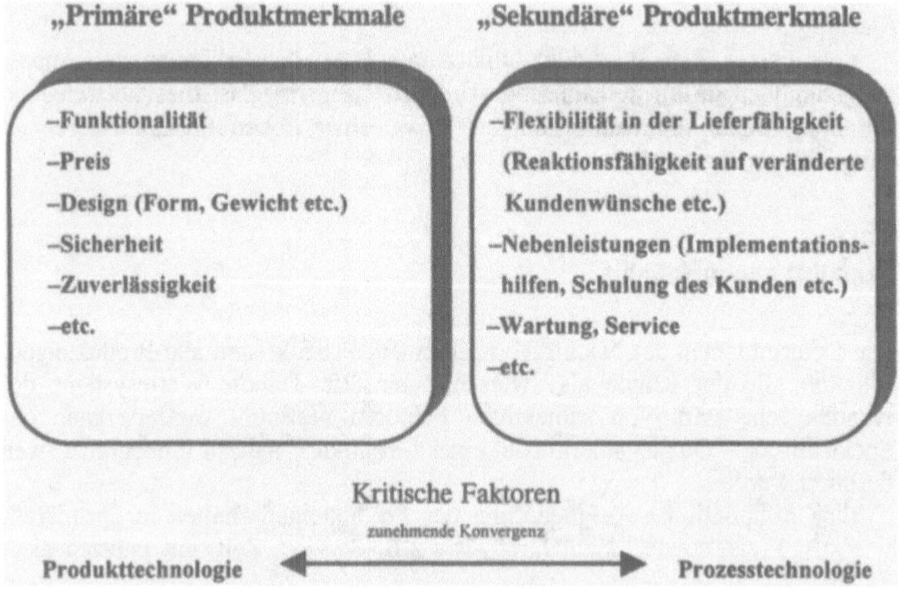

Abbildung 72: Zunehmende Konvergenz von Produkt- und Prozesstechnologie (verändert)[204]

Strategische, kritische Erfolgsfaktoren wie der Preis eines Gutes als sogenanntes „hartes, primäres" Produktmerkmal haben zwar nach wie vor eine

[204] vgl. Hanker, Jens: Die strategische Bedeutung der Informatik für die Organisation, 1990, S. 239

hohe wettbewerbspolitische Bedeutung für die Anbieter, die sogenannten „weichen, sekundären“ Produktmerkmale aber entscheiden zunehmend über das Wettbewerbsprofil eines Unternehmens.

Als parallel wahrnehmbarer Sekundäreffekt, der aus der zunehmenden Bedeutung der „sekundären“ Produktmerkmale resultiert, ergibt sich, dass nicht nur die Produkttechnologie, sondern zunehmend die Prozesstechnologie die Kriterien an einen kritischen Erfolgsfaktor erfüllt. Die Beziehung zwischen Unternehmen und Kunden muss deswegen inhaltlich neu definiert werden.

In einigen Branchen, besonders im informationsintensiven Dienstleistungssektor, ist durch diesen Prozess der Konvergenz eine Differenzierung der beiden Faktoren kaum noch möglich.

Dazu ein Beispiel aus dem Finanzsektor. Durch die Automatisierung des Mengengeschäftes und die Schaffung elektronischer Vertriebswege ist eine weitgehende örtliche Gebundenheit des Finanzdienstleistungsspektrums zumindest aus technischen Gründen zunehmend bedeutungslos[205]. Des weiteren ist die ehemals vorhandene und von den Kreditinstituten und den Kunden gewünschte geschäftspolitische enge Bindung u. a. durch Veränderung der kognitiven Einstellungen der Kunden keine allein tragfähige Basis der Geschäftsbeziehung mehr. Die Kunden sind eher bereit, das Kreditinstitut zu wechseln.

Die Kunden verlangen neben Geld und Zinsen vor allem eine kompetente Beratung, flexible Produktgestaltung, sowie Zuverlässigkeit und Schnelligkeit bei der Ausführung von Aufträgen.

Der Bankensektor hat dies erkannt und wettbewerbspolitisch akzentuiert, erinnert sei an den Werbeslogan, der in fast allen Medien publiziert wurde:
„Wir bieten mehr als Geld und Zinsen.“

Der Charakter der Bankdienstleistungen sowohl im Retailbanking als auch in den anderen Segmenten hat sich grundlegend gewandelt.

Dabei ist das „unbeliebte“ Mengengeschäft der Kreditinstitute immer noch, meines Erachtens mehr denn je, von großer Bedeutung, da dieses Geschäft die primäre Quelle der Passivgeldbeschaffung ist.

Dabei reicht es nicht mehr aus, in diesem Geschäftszweig unattraktive, weil weitestgehend standardisierte Dienstleistungen, anzubieten, denn es ist unstrittig, dass der Markt sowohl ein gewisses Niveau an Standardisierung als auch ein gewisses Maß an Individualisierung fordert. Die strategische Alternative Qualitäts- oder Preiswettbewerb bzw. Produktdifferenzierung oder Kostenführerschaft stellt sich aufgrund der angeführten Problematik nicht mehr.

Das im II. Teil vorgestellte Produktmanagementsystem bietet als operatives System eine weitgehend standardisierte Abwicklung des „Tagesgeschäfts“, wodurch sich gewaltige „Economies of Scale“ erzielen lassen, als auch im Sinne eines beratungsunterstützenden Systems ein adäquates Maß an Individualisierung, z.B. bei der Konditionsgestaltung. Mit Hilfe dieses Systems

---

[205]vgl. Wurmbach, Jürgen: Elektronische Vertriebswege bei Kreditinstituten – Maßstab für die Zukunft?, 1997, S. 35 ff.

lassen sich gänzlich neue Perspektiven und Möglichkeiten in der Wettbewerbspolitik (Marketing) erzielen.

Generell kann festgehalten werden, dass der Einfluss der Informatik nicht überbewertet werden darf. Allerdings kann das „Customizing“ vieler Produkte auch ohne Computer erfolgreich durchgeführt werden, interessant und profitabel ist der Einsatz aber auch dort, wo es darum geht, kundenindividuelle Marktleistungen in einem Massenmarkt zu erbringen, wie es beispielsweise im Markt für Finanzdienstleistungen angezeigt ist.

15.3.2 Produkthomogenität und -differenzierung

Eine elementare Voraussetzung für das Entstehen von Massenmärkten ist nach der klassischen Lehre die Homogenität des Produktangebotes. Größenersparnisse (Economies of Scale) sind die Folge. Das Gesetz von Angebot und Nachfrage generiert bei einer akzeptablen Preiselastizität eine Erhöhung des Marktvolumens, initiiert durch Stückkostendegression und Preisreduktion.
Die ökonomische Kausalitätskette ist folgende:
(a) Produkthomogenität → (b) Produkttechnologie und → (c) Kostendegression

Diese Kausalität hat eine gewisse empirische Relevanz, wie z.B. die Diffusion der japanischen Konsumelektronikindustrie auf den europäischen Märkten zeigt, die z.T. auf einer konsequenten Umsetzung dieser „Gesetzmäßigkeiten“ beruhte.

Mit Hilfe der Informatik ist es möglich, die Zusammenhänge zwischen (a) und (b) und damit auch zwischen (a) und (c) zu relativieren.

Produktionsvielfalt, im Extrem sogar vollständige Individualisierung, sind allerdings keine Gewähr dafür, dass der Anbieter sich von den Rigiditäten des Preiswettbewerbs entfernen und sich in die ruhigeren und lukrativeren Gefilde der monopolistischen Wettbewerbsumgebung absetzen kann.

Auch die Einzelfertigung ist kein Indiz mehr für eine unelastische Nachfrage!

Es ist zu erkennen, dass der Markt einen gewissen Level an Differenzierungspotential fordert. Im Finanzdienstleistungssektor ist dieses Phänomen im Zahlungsverkehrsmarkt im weitesten Sinne sichtbar. Standardisierung trotz Individualisierung ist kein Paradoxon mehr.

Der Einsatz der Informatik führt zu einer inhaltlichen Umdefinition des Begriffes Produkthomogenität. Die Standardisierung einzelner markanter Produktmerkmale scheint für die Entstehung von Größenvorteilen auf der Nachfrageseite des Marktes auszureichen. Bei den übrigen Merkmalen ist der Differenzierungsspielraum nahezu unbegrenzt.

Die wettbewerbsstrategische Herausforderung für den Anbieter liegt darin, herauszufinden, wo die einzelnen Standardisierungsanforderungen liegen und wie sie u. U. mit einem informationstechnischen System abgedeckt werden können. Der Markt für das Massengeschäft im Finanzdienstleistungsbereich ist durch ein gewisses Maß an standardisierten Produkten mit einem gewissen Individualisierungsstandard gekennzeichnet.

15.4 Einfluss auf Produktinnovationen

Schierenbeck definiert Produktinnovation für den Bankensektor folgendermaßen: „Eine Produktinnovation liegt vor, wenn ein Bankprodukt für das jeweilige Kreditinstitut ein Novum darstellt und mit keinem anderen Leistungsangebot der Bank identisch ist."[206]

Diese Definition hat den Nachteil, dass sie die Nachfrageseite völlig unbeachtet lässt. Eine „echte" Neuheit liegt vor, wenn sie vom Markt als Neuheit aufgefasst wird.

Diese Definition deckt sich mit Hankers[207] Aussage: „Echte" Produktinnovationen erzeugen im Akzeptanzfall neue Nachfrageströme und etablieren neue Märkte. Aufgrund dieser Fakten haben sie eine eminente gesamtwirtschaftliche Bedeutung, weil eine Kumulation von Innovationen einen langanhaltenden Wachstumszyklus einer Volkswirtschaft initiieren kann, wie wir es z. Z. in der Informationstechnologie erleben. Ein theoretisch befriedigender Erklärungsansatz für die Bedeutung von Innovationen liegt z. Z. noch nicht vor. Die Realität aber zeigt, dass insbesondere die Informatik als Basistechnologie immense Potentiale zur Schaffung neuer Produkte und Märkte bereitstellt. So hätten diverse Produkte und Dienstleistungen, die vom Bankensektor als größtem Informatiknutzer angeboten werden, ohne die Informatik überhaupt nicht entstehen können.

Zu nennen sind u. a. das gesamte Spektrum der Kundenselbstbedienung, wie BTX, Kontoauszugdrucker und Geldausgabeautomaten und der Anschluss an das Internet.

---

[206]vgl. Schierenbeck, Henner: Ertragsorientiertes Bankmanagement, 1994, S. 431

[207]vgl. Hanker, Jens: Die strategische Bedeutung der Informatik für die Organisation, 1990, S. 203

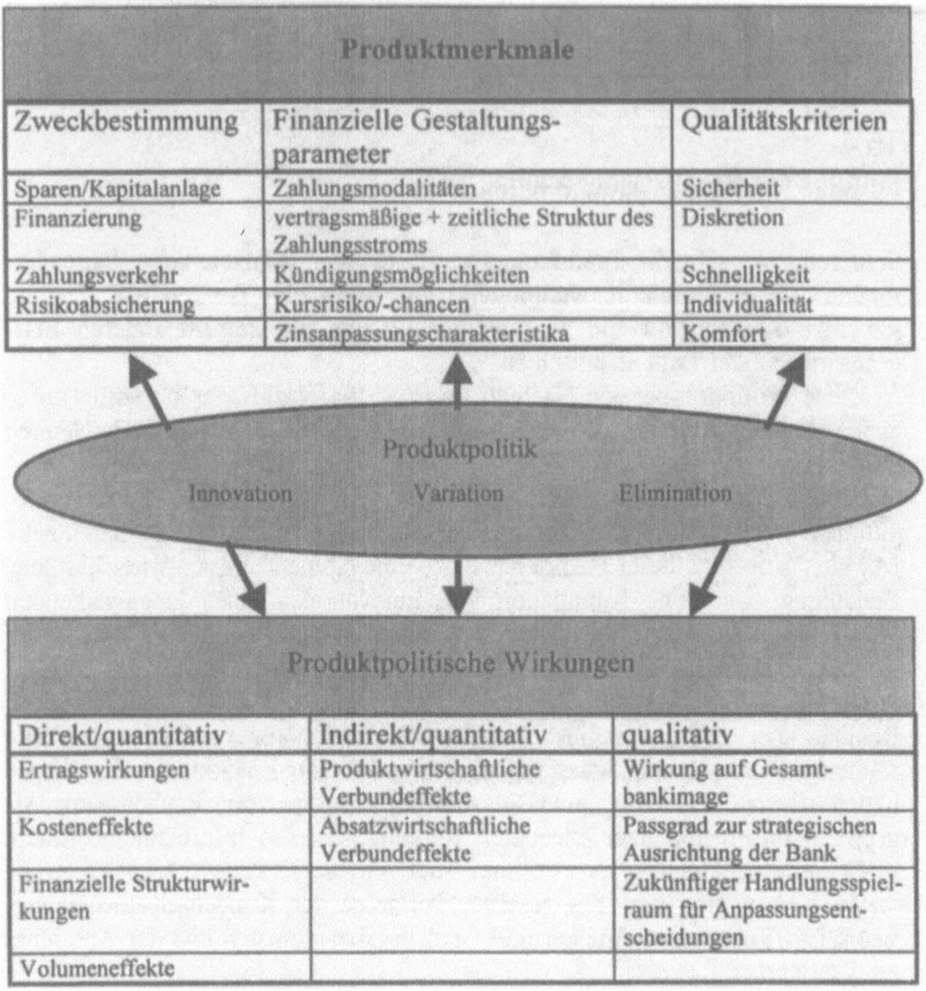

Produktmerkmale		
Zweckbestimmung	Finanzielle Gestaltungsparameter	Qualitätskriterien
Sparen/Kapitalanlage	Zahlungsmodalitäten	Sicherheit
Finanzierung	vertragsmäßige + zeitliche Struktur des Zahlungsstroms	Diskretion
Zahlungsverkehr	Kündigungsmöglichkeiten	Schnelligkeit
Risikoabsicherung	Kursrisiko/-chancen	Individualität
	Zinsanpassungscharakteristika	Komfort

Produktpolitik

Innovation Variation Elimination

Produktpolitische Wirkungen		
Direkt/quantitativ	Indirekt/quantitativ	qualitativ
Ertragswirkungen	Produktwirtschaftliche Verbundeffekte	Wirkung auf Gesamtbankimage
Kosteneffekte	Absatzwirtschaftliche Verbundeffekte	Passgrad zur strategischen Ausrichtung der Bank
Finanzielle Strukturwirkungen		Zukünftiger Handlungsspielraum für Anpassungsentscheidungen
Volumeneffekte		

Abbildung 73: Das produktpolitische Entscheidungsfeld (leicht verändert)[208]

Wie schon mehrfach erwähnt, haben neue, computergestützte Techniken der Produktentwicklung wesentlich zur Verkürzung der Verweildauer diverser Produkte am Markt beigetragen. Daraus ergeben sich diverse wettbewerbsrelevante Implikationen sowie Risiken, aber auch Chancen:

1. Die Entwicklungszeit komplexer Produkte übertrifft häufig deren Marktpräsenz.
2. Die Zeit bis zur tatsächlichen Markteinführung eines Produktes wird zur kritischen Phase. Der Vorsprung vor der Konkurrenz liegt nicht mehr nur in der frühzeitigen Marktpräsenz begründet, sondern wird noch von ande-

[208] vgl. Schierenbeck, Henner: Ertragsorientiertes Bankmanagement, 1994, S. 436

ren Faktoren determiniert, wie z.B. frühzeitige Abschätzung der Marktbedürfnisse, Abwägung von Opportunitätskosten, strikte Vorgabe von Kosten- und Qualitätszielen usw.
3. Die Aufgabe der Informatik, besonders beim Einsatz von Standardsoftware, besteht häufig in der Reduktion der Planungskomplexität.
4. Lange Amortisationszeiten für die getätigten Investitionen sind nicht mehr vorhanden. Das Pionierunternehmen schöpft den „Rahm" des Marktes ab, für die „followers" bleiben, wenn überhaupt, geringe Restgeschäfte.
5. Dezidierte Entwicklungs- und Fertigungstechnologien sind i.d.R. nur noch bei hohen Marktvolumina vertretbar.
6. Das entwicklungstechnologische Know-how überragt in seiner Bedeutung als kritischer und strategischer Erfolgsfaktor des Wettbewerbs die eigentlichen Produktinnovationen. Unter Umständen können dadurch neue Marktbarrieren errichtet werden.

Ein weiteres Phänomen ist zu erkennen, der Einsatz der Informationstechnologie in Kombination mit anderen Technologien verschiebt den Wettbewerb auf eine „Metaebene". Von der Wettbewerbsebene Produkt hat sich der Wettbewerb auf die Ebene der Prozesstechnologie verlagert. Dieses Phänomen wird durch folgende Aussage untermauert:

„Die langfristige, dynamische Effizienz eines Unternehmens (...) hängt weniger von der Innovation per se, sondern zunehmend von der Beherrschung des Innovationsprozesses ab."[209]

Die größten Informatikanwender im Dienstleistungsbereich, die Kreditinstitute, haben aufgrund der Charakteristika ihrer Geschäftstätigkeit geringere Innovationsraten als die Konsum- bzw. Investitionsgüterindustrie.

Traditionell wurde die Informatik zur Rationalisierung der Arbeitsabläufe im „Back-Office-Bereich" eingesetzt. Der Trend zum Einsatz der Informatik als Mittel zur Produktdifferenzierung ist unverkennbar, aber mit der z.Z. im Einsatz befindlichen Generation der Informatikanwendungen nicht zu leisten.

Die zunehmende strategische Bedeutung des Produktentwicklungsprozesses und seine Unterstützung durch eine informationstechnologische Anwendungsstruktur ist ein zentrales Thema dieses Buches.

15.5 Produktionstechnologie und Wettbewerb

Durch die Verbreitung der Informatik wird die Produktionstechnologie in Unternehmen verändert. Als Produktionstechnologie wird hier nicht nur die industrielle Fertigungstechnologie verstanden, sondern der gesamte Wert-

[209] vgl. Hanker, Jens: Die strategische Bedeutung der Informatik für die Organisation, 1990, S. 245

schöpfungsprozess, also auch der Produkterstellungsprozess im Dienstleistungsbereich, hier speziell im Finanzdienstleistungssektor.

Durch die Redundanz von Informationsverarbeitungskapazitäten erreicht man bei kritischer Anwendung eine hohe Verfügbarkeit.

Unter Redundanz wird hier verstanden, dass die Fertigungskapazität mehrfach, i.d.R. zweifach, vorhanden ist, wobei die Subkapazität die Funktion einer „Stand-by-Technologie" übernimmt. Diese Form der Absicherung wird in extremer Form in der Raumfahrt praktiziert.

Im Bankenbereich verkörpert die Informatiktechnologie den Lebensnerv der Organisation. Aus diesem Grunde ist es notwendig, eine Systemverfügbarkeit von 100 % anzustreben, d.h. unterbrechungsfreie Systemlaufzeiten an 365 Tagen im Jahr und damit einen permanenten Online-Betrieb ohne Wartungsfenster. Dieses Anforderungsprofil definiert einen gänzlich neuen Anforderungskomplex in bezug auf die Ressourcen, sowohl Personal, wie z.B. Bereitschaftsdienst, Task Forces etc., als auch an die Hard- und Software, wie z.B. Qualität, Wartung, Fehlertoleranz etc.

15.5.1 Zeit und Volumen

Die Fähigkeit der Informationstechnologien, große Datenvolumina in immer kürzeren Zeitintervallen zu verarbeiten, verändert den Wertschöpfungsprozess in zwei Komponenten.

- Die Verkürzung des Produkterstellungsprozesses ist die eine Komponente; sie führt zur Verkürzung der Durchlaufzeit.
- Die Verarbeitungskapazitäten wachsen durch den technischen Fortschritt, das bewirkt degressive Stückkosten.

Diese beiden Faktoren - Zeit und Volumen - sind zwei wichtige Wettbewerbsfaktoren speziell im Finanzdienstleistungssektor.

15.5.2 Informatik und der Wettbewerbsfaktor Zeit

„Der Schnelle schlägt den Langsamen"[210], dieser Ausspruch kennzeichnet die Bedeutung des Faktors Zeit als Wettbewerbsfaktor.

Die „klassische" Produktionstheorie betrachtet die Zeit als exogenen Parameter, der einer Technologie aufgrund ihrer technischen Konstruktion mitgegeben wird. Die Bedeutung des Faktors Zeit beschränkt sich daher in seiner inhaltlichen Ausprägung auf die Funktion einer „Messkonstanten" zur Errech-

[210] vgl. Bullinger, H.-J. (Hrsg.): Data Warehouse und seine Anwendungen, 1995, S. 101

nung von dynamischen, weil von der vorgegebenen Zeit abhängigen Kennziffern, wie Produktivitäts- und Wachstumskennziffern.

Erst der Einsatz der Informatik in vielen Produktionsprozessen im weitesten Sinne hat wesentlich dazu beigetragen, die Zeit als einen dominierenden Wettbewerbsfaktor zu etablieren. Gerade im Kreditgewerbe als besonders informationsintensivem Wirtschaftssektor, ist die wettbewerbspolitische Bedeutung des Faktors Zeit gar nicht hoch genug anzusiedeln.

Die beeinflussende Wirkung der Informatik auf den Innovationsprozess wurde bereits in Kapitel 15.4 diskutiert. Besonders relevant ist die Verkürzung von Produktentwicklungszyklen, denn daraus resultieren die entscheidenden Wettbewerbsvorteile, welche die „Abschöpfung" des Monopolgewinns für das innovierende Unternehmen sichern.

Hier beeinflusst die Informatik die Produktivität, indem sie unmittelbar die Leistungsfähigkeit einzelner Komponenten des Innovationsprozesses steigert. Des weiteren ermöglicht sie durch ihre Integrationsfähigkeit die Ausschöpfung potentieller Synergien zwischen den einzelnen Funktionen.

Ein weiterer Aspekt ist die Flexibilität moderner Informationstechnologien. Sehr oft ist es möglich, flexibel ausgelegte Kapazitäten ohne größeren materiellen oder zeitlichen Aufwand z.B. an veränderte Marktbedingungen anzupassen, indem „einfach" eine neue Software installiert wird. Die Produktentwicklung besteht in diesem Fall in der Entwicklung und Installation der benötigten Software. Da die Verarbeitungskapazitäten zeitgleich mit dem neuen Produkt eingerichtet werden, fallen in diesem Fall Produkt- und Prozessinnovation zeitgleich zusammen.

Ein weiterer Teilzyklus, der mit Hilfe der Informatik verkürzt werden kann, ist die Durchlaufzeit. Entsprechende Optimierungspotentiale fallen immer dort an, wo der Produktionsprozess aus irgendwelchen Gründen unterbrochen wird[211].

Der häufigste Grund dafür besteht im Fehlen von für die Weiterverarbeitung benötigten materiellen, aber auch immateriellen Gütern.

Untersuchungen haben gezeigt, dass oftmals weniger als 10 % der Gesamtdurchlaufzeit eines Auftrages auf den eigentlichen Wertschöpfungsprozess entfällt, die restliche Zeit besteht aus mehr oder weniger geplanten „Ruhezeiten".[212]

Im informationsintensiven Kreditgewerbe wird die Auftragsbearbeitung häufig wegen des Fehlens benötigter Informationen unterbrochen.

Eine originäre Aufgabe der Informatik besteht darin, die benötigten Informationen quantitativ und qualitativ zum geforderten Zeitpunkt zur Verfügung zu stellen.

[211]vgl. Raufer, Heinz, Morschheuser, Stefan, Enders, Wolfgang: Ein Werkzeug zur Analyse und Modellierung von Geschäftsprozessen als Voraussetzung für ein effizientes Workflow-Management, 1995, S. 467–479

[212]vgl. Hanker, Jens: Die strategische Bedeutung der Informatik für die Organisation, 1990, S. 250

Die zügige Bearbeitung eines Kreditantrages z.B. hängt zumindest bei „normalen“ Krediten im Privatkundengeschäft nicht primär von den Refinanzierungsmöglichkeiten ab, sondern u. a. von der Bonität des Antragstellers.

Um die Bonität eines Kunden schnell und sicher beurteilen zu können, wird ein gewisses Spektrum von Informationen benötigt. Fehlen diese Informationen oder dauert der Beschaffungsvorgang zu lange - der Kunde will, dass über seinen Kreditwunsch sofort entschieden wird - besteht die Gefahr des Kundenverlustes.

An diesem - oft strapazierten - aber bei der Bedeutung des Kreditgeschäfts für das Kreditgewerbe prägnanten Beispiel wird die Bedeutung des Wettbewerbsfaktors „Zeit“ allgemein und für das Tagesgeschäft speziell deutlich.

Erhöhung des Flexibilitätsniveaus des Leistungserstellungsprozesses bedingt zunehmende Probleme im Terminoptimierungsprozess und vice versa.

Daraus resultiert eine weitere herausfordernde Anforderung an die Informatik: Erarbeitung flexibler, interaktiver Planungs- und Zeitmanagement-Systeme.

Der technische Fortschritt in der Informationsverarbeitung zeigt sich u. a. in der zeitlichen Verkürzung des Produktentwicklungsprozesses und des Produktionsprozesses.

Erstaunlicherweise zeigt sich ein weiteres Optimierungskalkül: Immer größere Datenvolumen können in immer kürzerer Zeit verarbeitet werden. Die Parallelität dieser beiden Phänomene erfordert neben dem Faktor Zeit zudem eine Betrachtung von Informationsverarbeitungskapazität und -volumen.

Hanker bemerkt richtigerweise, dass kaum eine Technologie existiert, mit der sich so gewaltige technische Economies of Scale erzielen lassen wie mit der Informatik.[213]

Dieser Aspekt ist besonders relevant für die Massendatenverarbeitung und damit für das Kreditgewerbe, da ein Großteil des Bankengeschäfts in der Verarbeitung von Massendaten besteht. Die Realität zeigt, dass das lernbedingte Rationalisierungspotential bei der Massendatenverarbeitung nahezu ausgeschöpft ist.

Daraus ist zu schließen, dass Massenverarbeitungssysteme, im Kreditgeschäft Spar, Giro usw., kaum noch wettbewerbsstrategische Bedeutung haben.

Diese Aussage setzt allerdings Stabilität der eingesetzten Technologie innerhalb einer Branche voraus. In der Tat ist es so, dass im Kreditgewerbe für die Massendatenverarbeitung der operativen Geschäfte zumindest sich stark ähnelnde Technologien eingesetzt werden, wie datenbankorientierte Mainframes mit individueller Anwendungssoftware.

Diese Tatsache ist allerdings kein Indiz dafür, dass für gleiche Verarbeitungsvorgänge nicht heterogene Technologien parallel eingesetzt werden können. Ein diskontinuierlicher Technologiewechsel bewirkt eine dynamische Steigerung der Effizienz.

---

[213]vgl. Hanker, Jens: Die strategische Bedeutung der Informatik für die Organisation, 1990, S. 250

Wenn es gelänge, die Kosten des traditionell defizitären Zahlungsverkehrsgeschäftes auf die Kunden abzuwälzen, was, obwohl von den Bankvertretern immer wieder angekündigt, aufgrund der Wettbewerbssituation nicht gelingt, wäre das strategische Ziel „Kostensenkung" zumindest auf diesem Gebiet zu erreichen.

Die strategische Ausrichtung der Informatik zur Erreichung dieses Ziels besteht z.Z. eher in einer Differenzierungsstrategie, die auf weitgehende Automatisierung und Rationalisierung der bestehenden Systeme setzt.

Im Finanzdienstleistungsbereich ist ein weiteres Phänomen zu beobachten. Um ihre teuren Infrastrukturen rationeller auszulasten, verschieben die Kreditinstitute den Wettbewerb auf eine andere Ebene. Kundenselbstbedienung, wie z.B. Home Banking, sind hier zu nennen. Diese Strategie enthält nicht nur Rationalisierungspotentiale, sondern verändert auch die Risikostruktur der Kreditinstitute, indem ein Teil des Geschäftsrisikos auf die Kunden übertragen wird.

Die Haftung der Kreditinstitute beschränkt sich i.d.R. auf das Scheckgeschäft, während technische Fehler der Selbstbedienungskomponenten der Haftung entzogen werden. Diese Problematik ist den Kunden oft nicht bewusst und wird von den Banken aus wettbewerbspolitischen Gründen auch nicht publiziert. Aus diesem Grund kommt es immer wieder zu Rechtsstreitigkeiten.

15.5.3
Flexibilität, Integration und Effizienz

Alle drei Begriffe wurden schon diskutiert, deshalb wird im folgenden eine auf die wesentlichsten Kriterien beschränkte Kurzdarstellung gewählt.

Die Flexibilisierung des Wertschöpfungsprozesses ist – neben der Rationalisierung repetitiver Informationsverarbeitungsprozesse – ein wesentlicher Vorteil des Informatikeinsatzes.

Wenn diese Potentiale gesamtwirtschaftlich genutzt werden, können erhebliche Veränderungen der Marktstrukturen auftreten.

Aus Unternehmenssicht wird Flexibilität als Fähigkeit des Unternehmens, sich an veränderte Umsystemkomponenten anzupassen, interpretiert. Flexibilität und Marktorientierung sind interdependente Faktoren, auch die Umkehrung ist möglich. Zur Gewinnung und Auswertung von internen und externen Informationen können Informationssysteme eingesetzt werden.

Im Finanzdienstleistungssektor sind marketingrelevante Informationen, wie komplexe Informationen über die Kunden, in hohem Ausmaß vorhanden. Die Zusammenfassung, Auswertung und Interpretation dieser Informationen kann durch die Einführung eines Data Warehouse unterstützt werden.

Eine hohe Flexibilität des Produktionsprozesses kann nur über eine Integration des Wertschöpfungsprozesses erreicht werden.
Ausnutzung von Synergien bzw. Breitenersparnisse sind die Folge.
Flexibilität und Integration erhöhen den Koordinationsaufwand.

Die Steigerung der Effizienz erstreckt sich primär auf den Produkterstellungsprozess und wurde bereits ausführlich diskutiert.

15.6 Marktschranken

Als Marktschranken werden im allgemeinen jene Faktoren bezeichnet, die ein etabliertes Unternehmen in die Lage versetzen, auf dem Gesamtmarkt bzw. auf einigen Teilmärkten über die Lebensdauer des investierten Kapitals eine „übernormale" ökonomische Rendite zu erzielen. Dabei ergeben sich keinerlei profitablen Marktzutrittsmöglichkeiten für gleichzeitige parallele Wettbewerber sowie keinerlei profitablen Expansionsmöglichkeiten für kleinere, schon etablierte Wettbewerber.[214]

Marktzutrittsbeschränkende Faktoren sind einmal Kostenasymmetrien, die sich aufgrund der verschlechterten Zutrittsbedingungen später in den Markt eintretender Anbieter ergeben. Des weiteren ergeben sich strategische Vorteile etablierter Marktteilnehmer, die darauf beruhen, dass die Verteidigung einer Monopol- bzw. Oligopolrente einen höheren Ertrag erwarten lässt als ein Angriff auf diese Rente. Allerdings wird in der modelltheoretischen Konzeption der Volkswirtschaftslehre (Mikroökonomik) durch das Konstrukt des vollkommenen Marktes die Existenz von Marktschranken ausgeschlossen. Ein Markt gilt als vollkommen, wenn die folgenden Merkmale erfüllt sind, ist nur eines nicht erfüllt, gilt der Markt als unvollkommen[215].

- Alle Anpassungen an Veränderungen des Umsystems erfolgen ohne timelag.
- Es bestehen weder räumliche noch zeitliche, noch persönliche oder sachliche Präferenzen.
- Es herrscht völlige Markttransparenz.
- Es bestehen keinerlei Marktschranken, weder Markteintritts- noch Marktaustrittsbarrieren sind vorhanden.

Diese Situation kennzeichnet das Konstrukt der sog. „bestreitbaren" Märkte („Contestable Markets"). Die „Contestable-Markets-Theorie" [216] wird im folgenden bei der Behandlung der Größenersparnisse mit in die Überlegungen einbezogen.

Die Möglichkeit, Marktpositionen mit legitimen Mitteln zu verteidigen, muss zweifellos auch Großunternehmen zugebilligt werden. Bedenken gegen ein solches Verhalten erheben sich jedoch dann, wenn die Instrumente des

---

[214] vgl. Stumpf, Ulrich: Marktschranken und Ertragskontrollen im Arzneimittelmarkt, 1986, S. 1–2

[215] vgl. Nieschlag, Robert, Dichtl, Erwin, Hörschgen, Hans: Marketing, 1997, S. 36

[216] vgl. Baumol, W.J., Panzer, J.C., Willig, R.A.: Contestable Markets and the Theory of Industry Structure, 1982, S. 1 ff.

Marketings oder der Informatik zum Zweck der Marktausschließung verwendet werden, d.h. wenn gewissermaßen künstlich und bewusst Barrieren errichtet werden - und zwar mit nicht marktkonformen Mitteln, wie z.B. Preisdumping - um „Newcomers" den Zugang zum Markt über Gebühr zu erschweren.

Die Errichtung von Eintrittsbarrieren ist besonders für etablierte Unternehmen von Bedeutung, da so unliebsame, potentielle Wettbewerber auf Distanz gehalten werden können. Die Informatik eignet sich hervorragend quasi als „Offensiv-", aber auch als „Defensiv-Waffe", um ihr Potential zur Erhöhung als auch zum Abbau der Marktzutrittsschranken einzusetzen. Auf der anderen Seite ist sie in der Lage, Austrittsbarrieren zu senken.

15.6.1 Informatik zur Errichtung von Eintrittsbarrieren

Die Praxis zeigt, dass Eintrittsbarrieren primär aufgrund von Größenersparnissen, absoluten Kostenvorteilen oder Aktivitäten der Produktdifferenzierung entstehen. Aus Sicht der Informatik sind u. a. folgende Faktoren dominierend:

Produktdifferenzierung

Die Informationstechnologie kann zweifach dazu beitragen, dass Produktdifferenzierung eine Eintrittsbarriere darstellt. Die Erhöhung des Kundennutzens durch „Wertsteigerung" der gesamten Produkteigenschaften etabliert eine Präferenzstruktur und schafft feste Kundenbindungen. Ein etablierter Anbieter, besonders der Marktführer, ist in der Lage, mittels der Informatik eine vom Markt geforderte Produktvielfalt vorzuhalten. Gute Voraussetzungen sind umfangreiche Markt- und Kundendaten sowie eine computergestützte Produktentwicklung, wie z.B. das Produktmanagementsystem.

Das schon ausgiebig diskutierte Know-how verkörpert - richtig eingesetzt - eine schwer zu überwindende Eintrittsbarriere, besonders dann, wenn das Wissen nicht frei zugänglich ist.

Absolute Kostenvorteile

Der Marktführer als etablierter Marktteilnehmer hat i.d.R. einen Erfahrungsvorsprung gegenüber schon im Markt befindlichen Mitbewerbern und noch mehr gegenüber Neuanbietern. Dieser Vorsprung schlägt sich häufig - unabhängig von der Fertigungstechnologie - in absoluten Kostenvorteilen nieder. Für Anwendungssoftware gilt, dass ein hoher Individualisierungsgrad ein probater Imitationsschutz ist. Je individueller eine Software auf die eigene Organisation zugeschnitten ist, desto geringer ist die Möglichkeit der widerrechtlichen Nutzung durch Konkurrenten. Die Bankenanwendungssoftware z.B. ist hoch spezialisiert und zudem hoch integriert, eine widerrechtliche Nutzung ist daher nahezu ausgeschlossen. Vor dem Hintergrund der hohen Anforderungen durch die Informatik, ist als weiteres Kriterium ein hohes Qualifikationsniveau des Personals zu nennen.

Größenersparnisse (Economies of Scale)

Informatikspezifische Größen- bzw. Breitenersparnisse stellen hohe Eintrittsbarrieren dar, wenn sie verhindern, dass Neuanbieter unter einer optimalen Informatik-Kapazitätsgrenze dieselben Durchschnittskosten erreichen wie etablierte Anbieter.

In der Theorie der „bestreitbaren" Märkte allerdings wird gezeigt, dass Economies of Scale nicht zu Marktschranken führen können, wenn die potentiellen Wettbewerber bei einem Marktzutritt erst nach einer zeitlichen Verzögerung mit einer preispolitischen Reaktion der etablierten Marktteilnehmer rechnen müssen und wenn die Neuanbieter zum Reaktionszeitpunkt ohne Verlust aus dem Markt austreten können. Je kürzer die erwartete Reaktionszeit der etablierten Anbieter ausfällt, um so schneller müssen anfänglich vorhandene versunkene Kosten[217] abgebaut werden können. Unter diesen idealen Marktzutrittsbedingungen können die etablierten Unternehmen ihre Preise nicht über die Grenze der Kostendeckung hinaus anheben, da bei einem höheren Preis Neuanbieter in den Markt drängen, die durch Preisunterbietung die gesamte Nachfrage an sich ziehen. Bei einer preispolitischen Reaktion der etablierten Unternehmen treten die Neuanbieter wieder aus dem Markt aus. Sie nehmen den Gewinn ungeschmälert mit, da keine Austrittskosten anfallen.

Der Kreditsektor ist z. Z. durch Überkapazitäten und für die Filialbanken zudem von nahezu irreversiblen Investitionen in die Filialstruktur gekennzeichnet. Die Marktattraktivität hat durch den verschärften Wettbewerb stark nachgelassen. Geschlossene Standards der Informatik tragen ebenso zur Erhöhung der Eintrittsbarrieren bei. Marktmacht ist in der Informatik oft gleichbedeutend mit der Fähigkeit, neue Hardware- oder Softwarestandards zu etablieren (IBM).

Austrittsbarrieren in Form nicht oder schwer rückgängig zu machender Investitionen sind zugleich Eintrittsbarrieren. Risikominimierer scheuen Investitionen, die hohe Ressourcen binden. Die flexible Informationstechnologie kann das Risiko senken.

15.6.2 Informatik zur Überwindung von Eintrittsbarrieren

Ebenso wie die Informatik Marktstrukturen völlig verändern kann, ist sie in der Lage, bestehende Zugangsbeschränkungen in Form von Produktdifferenzierungen und Kostenpräferenzen etablierter Anbieter überwinden zu helfen.

So kann sie traditionelle Vertriebswege wie z.B. Filialen durch elektronische ersetzen[218]. Im „Extremfall" können „elektronische Märkte" entstehen,

---

[217] vgl. Schmid, Ingo, Engelke, Heinz: Marktzutrittsschranken und potentieller Wettbewerb, 1989, S. 400

[218] vgl. Wurmbach, Jürgen: Elektronische Vertriebswege bei Kreditinstituten – Maßstab für die Zukunft?, 1997, S. 35 ff.

in denen die Koordination der Marktteilnehmer durch ein integriertes Informationssystem bewältigt wird, wie z.B. der weltweite Wertpapierhandel.

Fachspezifische Kenntnisse und Know-how können durch spezifische Kenntnisse und den Einsatz der Informatik kompensiert werden. So ist es z.B. im Bankensektor Realität, dass Nichtbanken in der Lage sind, mittels Informationstechnik in das angestammte Bankengeschäft einzudringen. So verliert z.B. ein dichtes Filialnetz zusehends seine Bedeutung als Eintrittsbarriere in den Zahlungsverkehrsmarkt.

15.7 Fazit

Die wettbewerbsstrategische Bedeutung der Informatik manifestiert sich primär an ihrem Einfluss auf die Marktstrukturen. Ausgehend von einer gesamtwirtschaftlichen Betrachtungsweise wird besonders der Einfluss der Informatik auf den Wertschöpfungsprozess im allgemeinen und den Produkterstellungsprozess und Produktentwicklungsprozess im besonderen analysiert.

Zwei strategische Wettbewerbsfaktoren, die für den Finanzsektor von besonderer Relevanz sind, wurden dabei intensiver betrachtet.

Das ist zum einen der Einfluss der Informatik auf die Innovationen bzw. den Innovationsprozess, zum anderen der Einfluss auf den Wettbewerbsfaktor Zeit.

Die Informatik ist in der Lage, die Innovationszyklen entscheidend zu verkürzen, das gilt auch für den Innovationsprozess. In der Dienstleistungsbranche allgemein und im Finanzdienstleistungssektor speziell ist die Zeit, die für den Prozess der Leistungserstellung benötigt wird, als kritischer Wettbewerbsfaktor anzusehen. Hier liegt primär die wettbewerbspolitische Bedeutung des in dieser Arbeit vorgestellten Produktmanagementsystems.

Dieses System ist in der Lage, den Leistungserstellungsprozess dramatisch zu verkürzen und dadurch den entscheidenden Wettbewerbsvorteil zu erzielen.

Der Produktentwicklungsprozess ist integraler Bestandteil des gesamten Leistungserstellungsprozesses. In diesem System fallen der Produktentwicklungsprozess und der Leistungserstellungsprozess nahezu zeitgleich zusammen.

Für Analysezwecke und zur Vorbereitung von Entscheidungen des Managements können Informationssysteme, Expertensysteme und Data-Mining-Systeme eingesetzt werden. Eine Anbindung dieser Systeme an ein Data Warehouse zur Datenversorgung kann, wie im II. Teil dargelegt, mittels eines Fremdadaptionssystems erfolgen.

Abkürzungen

ADV	Allgemeine Datenverarbeitung
AG	Aktiengesellschaft
Anm.	Anmerkung
API	Application Programming Interface
ARB	Agent Request Broker
ATS	Anwendungsteilsystem
BIP	Bruttoinlandsprodukt
BSM	Bilanzstruktur-Management
BTX	Bildschirmtext
CAB	Computer Aided Banking
CASE	Computer Aided Software Engineering
CIM	Computer Integrated Manufacturing
CIS	Chefinformationssystem
CORBA	Common Object Request Broker Architecture
CPU	Central Processing Unit
CSB	Computerunterstützte Sachbearbeitung
CUA	Common User Access
DB	Data Base
DBMS	Data Base Management System
DB2	Data-Base-2, relationales DBMS der IBM
DC	Data Communication
DCE	Distributed Computing Environment
DDL	Data Definition Language
DSS	Decision Support System
ECA	Event Condition Action
EDV	Elektronische Datenverarbeitung
EIS	Executive Information System
ES	Experten System
ESS	Executive Support System
ESA	Enterprise System Architecture

EUS	Entscheidungsunterstützungssystem
EVA	Eingabe Verarbeitung Ausgabe
FIS	Führungsinformationssystem
GUI	Graphical USER Interface
HBCI	Home Banking Computing Interface
HDR	High-Available-Data-Replication
IBM	International Business Machines
IDV	Individuelle Datenverarbeitung
IMS	Information Management System
IOS	Inter-Organizational-System
IP	Internet Protocol
IPE	Integrierte Produktentwicklung
ISAM	Index sequential access method
KI	Künstliche Intelligenz
KK	Kontokorrent
KWG	Kreditwesengesetz
MIS	Management Information System
MUS	Managementunterstützungssystem
MSS	Management Support System
MVS	Multiple Virtual Storage
ODBC	Open Database Connectivity
ODL	Object Definition Language
OECD	Organisation for Economic Co-Operation and Development
OLAP	Online Analytical Processing
OLTP	Online Transaction Processing
OMG	Object Management Group
ORB	Object Request Broker
OSF	Open Software Foundation
OOP	Objektorientierte Programmiersprache
o.V.	ohne Verfasser
PC	Personal Computer
POS	Point of sale
QoS	Quality of Service
QSAM	Queued Sequential Access Method

ROI	Return on Investment
RPS	Ressourcen-Planungs-System
RZ	Rechenzentrum
SE	System Engineering
SEE	Software Engineering Environment
sog.	sogenannt
SPE	sequentielle Produktentwicklung
SQL	Structured Query Language
SWIFT	Society for Worldwide International Financial Telecommunications
VIS	Vorstandsinformationssystem
VF	Verkaufsförderung
VSAM	Virtual Storage Access Method
WWW	World Wide Web

Glossar

Abstraktion	gedanklicher Vorgang, um aus Hervorhebung von Wesentlichem und Vernachlässigung von Unwesentlichem ein Abbild der Realität (Modell) zu gewinnen
Allfinanzangebot	Verbreiterung der Produktpalette über den angestammten Tätigkeitsbereich hinaus
Aggregation	Form einer Zusammenfassung, neue Datenfelder werden entsprechend einer festgelegten Vorschrift aus bestehenden Feldern gebildet
Back Office	Tätigkeitsbereich, in dem vorwiegend Aktivitäten abgewickelt werden, die nicht vor dem Kunden stattfinden können. Gründe hierfür sind häufig fehlende Informationen
Bankprodukt	kleinste am Markt absetzbare Geschäftsart einer Bank
Barwert	das Anfangskapital, das auf Zinseszinsen angelegt, in einer Reihe von Jahren eine bestimmte Höhe erreicht
bestreitbare Märkte	diese Theorie beschreibt eine Marktform, in der ideale Marktzutritts- und Marktaustrittsbedingungen bestehen
Betriebsart	Bezeichnung für die Art und Weise, in der eine Rechenanlage Aufträge bearbeitet, z.B. Stapelbetrieb, Dialogbetrieb
Bonitätsprüfung	Überprüfung der Güte oder Qualität eines Schuldners oder Emittenten. Sie ergibt sich aus der persönlichen und sachlichen Kreditwürdigkeit
bottom-up-Ansatz	Ansatz der schrittweisen Verallgemeinerung, zur Erreichung eines Zieles werden Teilsysteme gebildet, die nach ihrer Fertigstellung zu einem Ganzen zusammengesetzt werden
C	weit verbreitete Programmiersprache der dritten Generation, die von Kernigham und Ritchie entwickelt wurde
C^{++}	Objektorientierte Variante der Programmiersprache C
Checkpoint / Restart	Verfahren, um bei einem Systemabbruch einen kon-

	trollierten Wiederanlauf zu managen, Checkpoint-/ Restart-Verfahren sind i. d. R. Bestandteil des DBMS
Chefinformations-system	Synonym für Führungsinformationssystem
CIM	Computer Integrated Manufacturing, computerintegrierte Fertigung, vollautomatische Fabrik
Compiler	ein Compiler (Übersetzer) erzeugt aus dem symbolischen Programmcode Maschinencode
Contestable Markets	siehe bestreitbare Märkte
Cooperative Processing	Kooperative Abwicklung von Arbeiten auf verschiedenen Systemen, z.B. einem zentralen und einem dezentralen System
Cross Memory	spezieller Adressraum eines Rechners
Cross-Selling	jeder Kunde soll möglichst viele bankeigenen Dienstleistungen abnehmen
Customizing	Produkte auf den Kunden ausrichten
Data Dictionary	in einem Data Dictionary sind Daten und Datenstrukturen beschrieben. In einem Katalog werden von allen Datenelementen Namen, Strukturen und Informationen über ihren Gebrauch hinterlegt. Metadaten können in einem Data Dictionary hinterlegt werden
Data Mall	Verknüpfung mehrerer Data Marts
Data Mart	Teilimplementierung eines Data Warehouse, welches beschränkt ist auf ein bestimmtes Sachgebiet. Als Quelle fungieren Datenbestände verschiedener operationaler Systeme. Ein Data Mart stellt Informationssystemen Daten zur Lösung eines betriebswirtschaftlichen Regelkreises zur Verfügung
Data Mining	Entdeckung von verwertbaren Zusammenhängen und Strukturen in sehr großen Datenbeständen, Zuordnung zum induktiven Lernen
Data Repository	zentrale Ablage von beschreibenden Metainformationen einer Organisation, in der Softwareentwicklung Zentralbibliothek von Programmen, Dateien und Masken, Einsatz um Redundanzen und Mehrfachentwicklungen zu vermeiden
Data Warehouse	Sammlung von integrierten, subjektorientierten, nichtvolatilen und zeitbasierten Daten zur Informationsversorgung von Managern
Datenbank-verwaltungssystem	Database Management System, DBMS soll Zugriff auf Datenbestände für festgelegte Benutzergruppen ermöglichen, es muss Datenintegrität, Redundanzfreiheit, Datenunabhängigkeit, Datenschutz und Datensicher-

	heit, Benutzerfreundlichkeit und Mehrfachzugriffe ermöglichen
Datenintegrität	Daten sollen die Realität, die sie beschreiben, exakt und vollständig wiedergeben, hierzu müssen sie vollständig, widerspruchsfrei (konsistent) und korrekt zu jedem Zeitpunkt hinterlegt werden
Datenmodell	Datenmodelle werden eingesetzt zur formalen Beschreibung aller in einer Datenbank enthaltenen Daten und ihrer Beziehungen untereinander
Decision Support System	englischer Begriff für Entscheidungsunterstützungssystem
Deckungsbeitrag	Differenz zwischen Erlösen und den nach dem Verursachungsprinzip zurechenbaren Kosten (variable Kosten)
deduktives Lernen	ein grundlegendes Ziel von Lernen, Gewinnung neuer Erkenntnisse aus logischen Erkenntnissen, Grundlage für Expertensysteme, Abgrenzung zum induktiven Lernen
degressive Stückkosten	in Abhängigkeit von der Beschäftigung fallende Stückkosten
Drill-Down-Funktion	Funktion von Informationssystemen, die den zu verarbeitenden Datenanalysebereich von zusammengefassten auf detailliertere Daten lenkt
Editor	Programm zur Textverarbeitung
Elementarfaktoren	alle diejenigen Produktionsfaktoren, die nicht zum dispositiven Faktor gehören, wie menschliche Arbeit, Betriebsmittel und Werkstoffe
Entity-Relationship	Computerunabhängiges Datenmodell. Es besteht aus Exemplaren (entities) und deren Beziehungen (relationships) untereinander
Entscheidungsunterstützungssystem	EUS unterstützt Manager bei ihren Planungs-, Entscheidungs- und Kontrollprozessen mittels Modellen und Methoden.
ereignisorientierte Prozessketten	Folgen von Prozessen, die durch ein spezielles Ereignis (Bedingung) ausgelöst werden
Executive Information System	englischer Begriff für Führungsinformationssystem
Executive Support System	Oberbegriff für Führungsinformationssysteme und Entscheidungsunterstützungssysteme
Expertensystem	basierend auf deduktivem Lernen: System zur Gewinnung neuer Erkenntnisse aus logischen Schlussfolgerungen

fallabschließende Verfahren	Ziel eines fallabschließenden Verfahrens ist es, Arbeitsabläufe so zu gestalten, dass ein Vorgang ohne Unterbrechung endgültig abgeschlossen werden kann
Fernwirkung	Änderungen in einem System oder Elementen desselben reflektieren ungewollt auf Elemente desselben Systems, ein anderes System oder Elemente desselben
Fremdadaptionssystem	Kommunikationssystem zur Anbindung von Fremdanwendungen
Fristentransformation	die Umwandlung kurzfristiger Einlagen in langfristige Kredite. Die Fristentransformation liegt zwar im Wesen eines Kreditinstitutes, widerspricht aber der sog. „Goldenen Bankregel", die in ihrer strengsten Form fordert, dass die von einer Bank gewährten Kredite sowohl in ihrem Umfang als auch ihrer Fälligkeit genau den der Bank zur Verfügung gestellten Krediten entsprechen sollen
Front Office	Tätigkeitsbereich, in dem das Tages- oder Kundengeschäft abgewickelt wird, oft im Beisein des Kunden
Führungsinformationssystem	FIS sollen Führungskräften für die Erfüllung deren Aufgaben relevante Informationen sowohl aus internen als auch aus externen Quellen rechtzeitig in geeigneter Form zur Verfügung stellen
Geschäftsdaten	Daten über Personen, Plätze, Sachgegenstände, Wirtschaftsregeln und Ereignisse, welche genutzt werden, um Geschäfte zu tätigen. Geschäftsdaten (Business Data) sind keine Metadaten, die Geschäftsdaten definieren und beschreiben
Geschäftsfeld	abgrenzbares produkt- und marktbezogener Geschäftsbereich, für den sich, unabhängig von anderen Geschäftsbereichen, eigene Marktstrategien planen und durchführen lassen
Homonym	identische Bezeichnung für ein Objekt, aber unterschiedliche Bedeutung, z.B. der, das Gehalt
indexsequentieller Zugriff	Form der Dateiorganisation, die sowohl seriellen als auch direkten Zugriff auf Daten erlaubt (ISAM)
induktives Lernen	ein grundlegendes Ziel von Lernen, Entdecken neuer Zusammenhänge aus großen Datenbeständen, Grundlage für Data-Mining-Systeme, Abgrenzung zum deduktiven Lernen
Informationssystem	Kurzform für Führungsinformationssystem
Insellösungen	Informatikanwendungen, die nicht aus einem Gesamt-

	konzept entstanden sind und demzufolge kaum oder schwer zu integrieren sind
Knowledge discovery in databases	Datenmustersuche in großen Datenbeständen (KDD)
Kompetenzcenter	Zentrales Beratungszentrum
Konditionsbeitrag	der Konditionsbeitrag stellt die Änderung des Zinsergebnisses dar, wenn ein bestimmtes Kundengeschäft anstelle eines alternativ möglichen laufzeit- bzw. zinsbindungsäquivalenten Geld- und Kapitalmarktengagements getätigt wird
kritische Erfolgsfaktoren	Faktoren, die das Gewinn- oder Wachstumspotential eines Unternehmens entscheidend beeinflussen
Kundenkalkulation	Stufe der Bankkostenrechnung. Ziel ist es, eine Aussage über den Beitrag eines Kunden zum Gesamterfolg einer Bank zu machen
Kundensystem	System, in dem Daten über Kunden gespeichert werden
Laufzeitkomponente	Informatikanwendung oder Teile einer solchen, z.B. Programm
Management Information System	Software-System, welches Entscheidern Informationen zum richtigen Zeitpunkt in aufgearbeiteter Form zur Verfügung stellt. (Vorläufer von Führungsinformationssystem)
Management Support System	englischer Begriff für Managementunterstützungssystem
Managementunterstützungssystem	Oberbegriff für alle Systeme und Werkzeuge zur Unterstützung des Managements
Marge	die Marge von Kreditgeschäften ist die Differenz zwischen dem effektiven Ertragszins (Sollzins) und dem kalkulatorischen Kostenzins. Bei Einlagegeschäften ist es genau umgekehrt. Dort ist die Marge die Differenz zwischen kalkulatorischem Ertragszins und effektivem Kostenzins (Habenzins)
Marktzinsmethode	die Marktzinsmethode basiert auf der Grundüberlegung, dass jedes einzelne Geschäft das Ergebnis einer Bank irgendwie beeinflusst. Aktiv- und Passivgeschäfte werden nicht mit Durchschnittszinssätzen der gegenüberliegenden Bilanzseite sondern gemäß dem Opportunitätsprinzip mit grenznutzenorientierten Bewertungsmaßstäben der gleichen Bilanzseite bewertet. Der Nutzen eines Geschäftes besteht darin, mehr zu erwirtschaften als ein vergleichbares Alternativgeschäft am

	Geld- und Kapitalmarkt
Metadaten	Daten über in Datenbanken enthaltene Daten, sie können in Data Dictionary bzw. Data Repository hinterlegt werden, Metadaten haben darüber hinaus für operationale Systeme, Informationssysteme, Expertensysteme etc. eine Dokumentationsaufgabe
Minimalkosten-kombination	diejenige Kombination der Produktionsfaktoren, deren Einsatz für einen bestimmten Ertrag die geringsten Kosten verursacht
Open Database Connectivity	Schnittstellenstandard für relationale DBMS für Microsoft Windows
operationale Systeme	operative Systeme, EDV-technisches System zur Unterstützung und Abwicklung von Geschäftsprozessen, sie benötigen und verarbeiten detaillierte, aktuelle nicht historisierte Geschäftsvorfalldaten
Paradigma	Muster, Ansicht, Sichtweise
perfekter Wettbewerb	Marktform, bei der die Zahl der auf einem vollkommenen Markt konkurrierenden Anbieter und Nachfrager so groß ist und ihre Marktanteile so klein sind, dass der Preis als gegebene Größe akzeptiert werden muss
Preisdumping	spezielle Form des Dumpings (ruinöser Wettbewerb) Güter werden preislich unter den Herstellkosten angeboten
Preiselastizität	die relative Änderung der Angebots- bzw. Nachfrage-Mengen gegenüber einer relativen Preisänderung
Preiswettbewerb	eine Art des Wettbewerbs, bei der das Schwergewicht auf der Preisgestaltung liegt
Produktivität	Verhältnis zwischen Output und einem oder mehreren Inputs, die an der Erstellung des Outputs beteiligt sind
Produktpolitik	zur Produktpolitik zählen alle Entscheidungen und Aktivitäten, die in unmittelbarem Zusammenhang mit dem Produkt stehen. Im besonderen sind dies die Entwicklung von neuen Produkten und die Veränderung und Eliminierung von alten Produkten. Die Produktpolitik gilt als wichtigstes Element des Marketings
proprietäre Systeme	herstellerabhängige Systeme
Rentabilität	Verhältnis zwischen Gewinn einer Periode und eingesetztem Kapital
Risikomanagement	Risikomanagement ist die Identifikation, das Steuern und die Kontrolle der risikobehafteten unterneh-

	merischen Tätigkeit. Sie ist Aufgabe der Geschäftsführung und muss in die Unternehmenspolitik integriert werden
Schufa	Schutzgemeinschaft für allgemeine Kreditsicherung
Strukturbeitrag	der Erfolg einer Bank, der sich aus der Fristentransformation ergibt
Structured Query Language	Standardsprache für den Zugriff auf relationale Datenbanken
Synonym	sinnverwandt, das gleiche Objekt wird unterschiedlich bezeichnet, z.B. Frühling, Lenz
Tagfertigkeit	dieses Postulat fordert, dass alle bilanzwirksamen Aktivitäten einer Bank jeden Werktag zeitpunktgenau abgeschlossen werden müssen. So ist es möglich, als Momentaufnahme eine Tagesbilanz zu erstellen
time to market	Zeit von der Idee bis zur Markteinführung eines Produktes
top-down-Ansatz	Ansatz der schrittweisen Verfeinerung, Gesamtfunktionen werden in Teilfunktionen untergliedert, jede erhaltene Teilfunktion wird wieder in weitere Teilfunktionen verfeinert bis keine weitere sinnvolle Unterteilung möglich ist
Unternehmensdatenmodell	Datenmodell für alle in einem Unternehmen eingesetzten EDV-Systeme, es umschließt alle Daten und Entitäten der im Unternehmen eingesetzten operationalen Systeme, Informationssysteme, Expertensysteme etc., alle eingesetzten Systeme sind bei der Erstellung eines Unternehmensdatenmodells zu integrieren und Inkonsistenzen einzelner Systeme untereinander sind zu entfernen
Verkaufsförderung	Instrument des Marketings, Verkaufsförderung unterstützt die Kommunikationsmittel, z.B. Werbung, mit dem Ziel, den Verkauf der Produkte zu erleichtern oder zu beschleunigen. Verkaufsförderung wird i.d.R. am Verkaufsort (Point of sale) eingesetzt
vollkommener Markt	Unterscheidung des Marktes nach den qualitativen Merkmalen vollkommen / unvollkommen. Ein Markt gilt als vollkommen, wenn ein homogenes Gut vorliegt und vollständige Markttransparenz herrscht
Vorstandsinformationssystem	Synonym für Führungsinformationssystem

Literatur

Aarts, E.H.L., Korst, J.: Simulated Annealing and Boltzmann Machines. John Wiley & Sons, Chichester, 1989

Albach, Horst: Europäischer Binnenmarkt 1993 und Wettbewerbsfähigkeit des europäischen Unternehmers. In: Zeitschrift für Betriebswirtschaft (ZfB), Heft 2, 1992, S. 123–136

Baader, Fritz: Logik-basierte Wissensrepräsentation. In: Künstliche Intelligenz KI, Heft 3, 1996

Bauer, F.: Kryptologie. Springer-Verlag, Berlin, Heidelberg, New York, 1994

Baumol, W.J., Panzer, J.C., Willig, R.A.: Contestable Markets and the Theory of Industry Structure. MIT Press, New York, 1982

Bertsekas, D.P.: Dynamic Programming - Deterministic and Stochastic Models. Prentice Hall, Englewood Cliffs N.J., 1987

Bissantz, Nicolas: CLUSMIN - Ein Beitrag zur Analyse von Daten des Ergebniscontrollings mit Datenmustererkennung (Data Mining). Institut für Mathematische Maschinen und Datenverarbeitung (Informatik), Erlangen, Mai 1996

Bode, Jürgen: Der Informationsbegriff in der Betriebswirtschaftslehre. In: Zeitschrift für betriebswirtschaftliche Forschung (ZfbF), Heft 5, 1997, S. 449–468

Booker, L.B.: Intelligent Behavior as an Adaptation to the Task Environment, Doctoral Dissertation. University of Michigan Press, Michigan, 1982

Buchholz, Wolfgang, Werner, Hartmut: Strategien und Instrumente zur Verkürzung der Produktentwicklung. In: Die Betriebswirtschaft (DBW), Heft 5, 1997, S. 694–709

Büschgen, Hans E.: Bankbetriebslehre. 5. Aufl., Gabler Verlag, Wiesbaden, 1994

Büschgen, Hans E.: Bankmarketing. Econ Verlag, Düsseldorf, Frankfurt a.M., 1995

Büschgen, Hans E.: Stichwörter zum Bankmarketing. Econ Verlag, Düsseldorf, Frankfurt a.M., 1980

Buhl, Hans Ulrich, Hasenkamp, Ulrich, Müller-Wünsch, Michael, Roßbach, Peter, Sandbiller, Klaus: Wettbewerbsorientierte IT-Unterstützung in der Finanzberatung. In: Wirtschaftsinformatik, Heft 3, 1993, S. 262–279

Buhl, Hans Ulrich: Informationssysteme in der Finanzwirtschaft, neue Organisationsformen und ihre Unterstützung durch IV. In: Wirtschaftsinformatik, Heft 3, 1996

Buhl, Hans Ulrich, Roemer, Mark, Sandbiller, Klaus: Verteiltes Suchen und Erkennen zur Erstellung von Finanzdienstleistungen. In: Künstliche Intelligenz KI, Heft 4, 1996, S. 17–25

Bullinger, H.-J., Hubert, H., Koll, P.: Chefinformationssysteme (CIS) - Navigationsinstrumente der Unternehmensführung. In: OM (1991), Nr. 3, S. 6–20

Bullinger, H.-J., Koll, P.: Chefinformationssysteme (CIS). In: Krallmann, H., Papke, J., Rieger, B. (Hrsg.): Rechnergestützte Werkzeuge für das Management - Grundlagen, Methoden, Anwendungen. Springer-Verlag, Berlin, Heidelberg, New York, 1992, S. 49–72

Bullinger, H.-J. (Hrsg.): Data Warehouse und seine Anwendungen, Fraunhofer Institut für Arbeitswirtschaft und Organisation (IAO), IAO-Forum mit Anwendungsberichten. IRB Verlag, Stuttgart, 1995

Bullinger, H.-J., Fähnrich, K.-P., van Hoof, T., Nostdal, R.: Produktivitätsfaktor Information: Data Warehouse, Data Mining und Führungsinformationssysteme im betrieblichen Einsatz. In: Bullinger, H.-J. (Hrsg.): Fraunhofer Institut für Arbeitswirtschaft und Organisation (IAO), IAO-Forum mit Anwendungsberichten. IRB Verlag, Stuttgart, 1995, S. 11–30

Bullinger, H.-J., Wißler, K.F.: Rapid Product Development - Entwicklung und Erprobung Innovativer Produkte. In: Wirtschaftsinformatik, Heft 2, 1996, S. 103–107

Christmann, Alfred: Das Strategische Informationssystem SIS - Die DATA-WAREHOUSE-Lösung der Stadt Köln. In: Bullinger, H.-J. (Hrsg.): Fraunhofer Institut für Arbeitswirtschaft und Organisation (IAO), IAO-Forum mit Anwendungsberichten. IRB Verlag, Stuttgart, 1995, S. 333–388

Cordewener, Karl-Friederich: Kundenbediente Datenstation als marktpolitische Instrumente des Bankbetriebs. Uni Taschenbücher Verlag, Göttingen, 1982

Dadam, Peter: Verteilte Datenbanken und Client/Server-Systeme. Springer-Verlag, Berlin, Heidelberg, New York, 1996

Daily, Kevin: Quality Management for Software. International Thomson Publishing Group, Oxford, 1992

Derninger, Friedemann: Bessere Kundenberatung durch EDV-Arbeitsplatzunterstützung. In: Bankkaufmann, Heft 9, 1990, S. 40

Devlin, Barry: Data Warehouse - from Architecture to Implementation. Addison-Wesley Longman, Reading Massachusetts, 1997

Drosdowski, Günther, Müller, Wolfgang, Scholze-Stubenrecht, Werner, Wermke, Matthias: Duden, Rechtschreibung der deutschen Sprache. 21. Aufl., Duden Verlag, Mannheim, Leipzig, Wien, Zürich, 1996

Dworatscheck, Sebastian: Grundlagen der Datenverarbeitung. 8. durchges. Aufl., Walter de Gruyter & Co, Berlin, 1989

Eilenberger, Guido: Bankbetriebswirtschaftslehre. 6. Aufl., R. Oldenbourg Verlag, München, Wien, 1996

Engels, Eric J.: OLAP - Grundlagen und Datenmodellierung. In: DATENBANK FOKUS, Höhenkirchen, Heft 7, 1996, S. 14–24

Engesser, Hermann (Hrsg.): Duden, Informatik. 2. Aufl., Duden Verlag, Mannheim, Leipzig, Wien, Zürich, 1993

Fandel, Günter: Produktion I. Springer-Verlag, Berlin, Heidelberg, New York, 1991

Fasching, Franz: Verfahren für die Bereitstellung von Informationen für ein Data Warehouse. In: Bullinger, H.-J. (Hrsg.): Fraunhofer Institut für Arbeitswirtschaft und Organisation (IAO), IAO-Forum mit Anwendungsberichten. IRB Verlag, Stuttgart, 1995, S. 243–282

Fischer, Joachim: Aktive Datenbankmanagementsysteme. In: Wirtschaftsinformatik, Heft 2, 1996, S. 435–438

Franz, Joachim: Planung von Softwareentwicklung und Qualitätssicherung mit Hilfe von Vorgehensmodellen. In: Görke, Winfried, Rininsland, Hermann, Syrbe, Max (Hrsg.): Hauptvortrag auf dem 22. Jahrestag der Gesellschaft für Informatik. Karlsruhe, 28.9.1992–2.10.1992

Goldberg, D.E.: Genetic Algorithms in Search – Optimization and Machine Learning. Addison-Wesley Longman, Reading Massachusetts, 1989

Gutenberg, Erich: Grundlagen der Betriebswirtschaftslehre, Erster Band Die Produktion. 23. unveränderte Aufl., Springer-Verlag, Berlin, Heidelberg, New York, 1979

Haas, Rolf, Ziegelbauer, Holger: Sicherheit bei Intranet-Internet Kommunikationsbindungen. In: Handbuch der modernen Datenverarbeitung (HMD), Heft 196, 1997, S. 51–65

Hagenmüller, Karl, Diepen, Gerhard: Der Bankbetrieb. 14. Aufl., Gabler Verlag, Wiesbaden, 1996

Hanker, Jens: Die strategische Bedeutung der Informatik für die Organisation. B.G. Teubner Verlag, Stuttgart, 1990

Hannig, Uwe, Schwab, Wolfgang, Findeisen, Dirk: Entwicklung eines Managementinformationssystems. Schäffer-Poeschel Verlag, Stuttgart, 1998

Hansen, Ursula: Absatz- und Beschaffungsmarketing des Einzelhandels. 2. Aufl., Uni Taschenbücher Verlag, Göttingen, 1990

Hansen, Wolf Rüdiger: Das Data Warehouse – Lösung zur Selbstbedienung der Anwender. In: Bullinger, H.-J. (Hrsg.): Fraunhofer Institut für Arbeitswirtschaft und Organisation (IAO), IAO-Forum mit Anwendungsberichten. IRB Verlag, Stuttgart, 1995, S. 33–48

Harmon, P., Kind, D.: Expertensysteme in der Praxis – Perspektiven, Werkzeuge, Erfahrungen. Carl Hanser Verlag, München, Wien, 1986

Heinen, Edmund: Industriebetriebslehre. 19. Aufl., Gabler Verlag, Wiesbaden, 1997

Heinrich, Lutz J.: Wirtschaftsinformatik. R. Oldenbourg Verlag, München, Wien, 1993

Herbst, Holger, Knolmayer, Gerhard: Ansätze zur Klassifikation von Geschäftsregeln. In: Wirtschaftsinformatik, Heft 2, 1995, S. 149–159

Heuser, Ansgar: Kryptographie - der Schlüssel zu mehr Datensicherheit. In: Handbuch der modernen Datenverarbeitung (HMD), Heft 190, 1996, S. 8–14

Himmler, Ulrich: Die Überwindung der Spartengrenzen im Aktiv-/ Passivgeschäft. In: bank und markt (bum), Heft 4, 1992, S. 32–34

Hussmann, Heike: Expertensysteme im Marketing für Investitionsgüter. Econ Verlag, Düsseldorf, Frankfurt a.M., 1988

Huxold, Stephan: Marketingforschung und strategische Planung von Produktinnovationen. Erich Schmidt Verlag, Bielefeld, 1990

IBM: Information Warehouse Architecture I. IBM Corporation, 1993

Inmon, W.H.: Building the Data Warehouse. second edition, John Wiley & Sons, Chichester, 1996

Jamin, Klaus W.: Das Software-Lexikon. expert Verlag, Stuttgart, 1988

Jucken, Herbert: Expertensysteme zur Analyse strategischer Marketingprobleme. B.G. Teubner Verlag, Stuttgart, 1990

Kammel, Andreas: Lean Production. In: Die Betriebswirtschaft (DBW), Heft 4, 1992, 571–574

Keen, P.G.W.: Shaping the Future. Harvard Business School Press, Boston, 1991

Kodratoff, Y., Michalski, R.: Machine Learning - an Artifical Intelligence Approach. Morgan Kaufmann Publishers, Los Altos CA, 1990

König, Wolfgang: Informationsverarbeitung in Finanzdienstleistungsunternehmen. In: Wirtschaftsinformatik, Heft 1, 1994, S. 3–40

Koza, J.R.: Genetic Programming. MIT Press, New York, 1991

Krcmar, Helmut: Bedeutung und Ziele von Informationssystem-Architekturen. In: Wirtschaftsinformatik, Heft 5, 1990, 395–402

Kühl, Henry: Das marktpolitische Instrumentarium der Bank unter besonderer Berücksichtigung der Werbung. Uni Taschenbücher Verlag, Göttingen, 1967

Lange, Anja, Seitz, Juergen, Stickel, Eberhard: Ein regelbasierter Ansatz zur Unterstützung der Produktentwicklung in Kreditinstituten. In: Information Management, Heft 2, 1994

Langendörfer, Horst, Schnor, Bettina: Verteilte Systeme. Carl Hanser Verlag, München, Wien, 1994

Lehner, Franz: Informatik Strategien. Carl Hanser Verlag, München, Wien, 1993

Lehner, Franz, Hildebrand, Kurt, Maier, Ronald: Wirtschaftsinformatik. Carl Hanser Verlag, München, Wien, 1995

Leichsenring, Hansjörg: Führungsinformationssysteme in Banken - Notwendigkeit, Konzeption und strategische Bedeutung. Gabler Verlag, Wiesbaden, 1990

Litke, Hans-Dieter: Projektmanagement: Methoden, Techniken, Verhaltensweisen. Carl Hanser Verlag, München, Wien, 1995

Meffert, Heribert: Marketing - Grundlagen der Absatzpolitik. Gabler Verlag, Wiesbaden, 1991

Mehrmann, Elisabeth: Workstation und PC von A–Z. Econ Verlag, Düsseldorf, Frankfurt a.M., 1991

Mertens, Peter, Bodendorf, Freimut, König, Wolfgang, Picot, Arnold, Schumann, Matthias: Grundzüge der Wirtschaftsinformatik. 3. Aufl., Springer-Verlag, Berlin, Heidelberg, New York, 1990

Mertens, Peter: Data Warehouse - Chancen und Gefahren. In: Betriebswirtschaftliche Blätter, Stuttgart, Heft 9, 1997, S. 440–444

Mertens, Peter: Analyse mit genetischen Algorithmen - Fitness-Regeln für Datenbeziehungen. In: DATENBANK FOKUS, Höhenkirchen, Heft 9, 1997, S. 39–56

Mertens, Peter: Managementinformationssysteme - Deutlich mehr Fragen als Antworten. In: DATENBANK FOKUS, Höhenkirchen, Heft 11, 1997, S. 52-61

Mertens, Peter: Konzeptionen für ein Data Warehouse - Unternehmensdatenmodell als Basis. In: DATENBANK FOKUS, Höhenkirchen, Heft 1, 1998, S. 54-63

Mertens, Peter: Intranet - Zukunft oder nur Episode der EDV. In: Betriebswirtschaftliche Blätter, Stuttgart, Heft 3, 1998, S. 101-106

Mertens, Peter: Das Data Warehouse und seine Inhalte - Die Gefahr der Terabyte-Schrotthalden. In: DATENBANK FOKUS, Höhenkirchen, Heft 5, 1998, S. 55-72

Mertens, Peter: Fallen und Chancen für die IT-Anwendungsumgebung - Projektierung eines Data Warehouse. In: it FOKUS, Höhenkirchen, Heft 1, 1999, S. 13-69

Mertens, Peter: Hilfe durch das Data Warehouse - Synergien für operationale Systeme. In: it FOKUS, Höhenkirchen, Heft 6, 1999, S. 76-80

Meyer zu Selnhausen, Herman: Strategisches Informationsmanagement. In: Die Bank, 30. Jg., Heft 3, 1990, S. 163

Michalewicz, Zbigniew: Genetic Algorithms + Data Structures = Evolution Programs. Springer-Verlag, Berlin, Heidelberg, New York, 1992

Miller, Christine, Weiland, Roland: Der Übergang von proprietären zu offenen Systemen. In: Wirtschaftswissenschaftliches Studium (WiSt), Heft 4, 1995, S. 205-208

Mintzberg, H.: Management - Führung und Organisation, Mythos und Realität. Gabler Verlag, Wiesbaden, 1991

Motil, John M.: Digital Systems Fundamentals. McGraw-Hill Book Company, 1972

Müller, Dieter: Genetische Algorithmen. Vorlesung gehalten an der Universität Hannover, Herbst 1993

Mütze, Manfred: Firewalls. In: Wirtschaftsinformatik, Heft 6, 1996, S. 625-628

Nefiodow, L. A.: Der fünfte Kondratieff. Rhein-Sieg-Verlag, Frankfurt, Wiesbaden, 1990

Neubert, Hedda: Lösungen für die Web-Integration von Software AG. In: IBM Businesspower, Frühjahr, 1997, S. 5

Nieschlag, Robert, Dichtl, Erwin, Hörschgen, Hans: Marketing. 18. Aufl., Duncker&Humblot Verlag, Berlin, 1997

Ottmann, T., Widmayer, P.: Algorithmen und Datenstrukturen. BI Wissenschaftsverlag, Mannheim, 1990

Petersen, Jörg: Ein baukastenartiges Expertensystem-Architekturmodell mit fuzzy-fallbasierter Schlussfolgerungskomponente (Diss.). Econ Verlag, Düsseldorf, Frankfurt a.M., 1996

Petrovic, Otto: Lean Management und informationstechnologische Potentialfaktoren. In: Wirtschaftsinformatik, Heft 6, 1994, S. 580–590

Picot, Arnold: Der Produktionsfaktor Information in der Unternehmensführung. In: Information Management, 5. Jg., Heft 1, 1990, S. 7

PLATINUM technology: Lösungen für Data Warehouse. In: Bullinger, H.-J. (Hrsg.): Fraunhofer Institut für Arbeitswirtschaft und Organisation (IAO), IAO-Forum mit Anwendungsberichten. IRB Verlag, Stuttgart, 1995, S. 653–662

Pomberger, Gustav, Blaschek, Günter: Software Engineering. Carl Hanser Verlag, München, Wien, 1997

Pulter, Roland, Schmid, Urs: Der objektorientierte Weg (OOW). B.G. Teubner Verlag, Stuttgart, 1994

Rau, Karl-Heinz, Stickel, Eberhard: Software Engineering. Gabler Verlag, Wiesbaden, 1991

Raufer, Heinz, Morschheuser, Stefan, Enders, Wolfgang: Ein Werkzeug zur Analyse und Modellierung von Geschäftsprozessen als Voraussetzung für ein effizientes Workflow-Management. In: Wirtschaftsinformatik, Heft 5, 1995, S. 467–479

Rechenberg, Peter, Pomberger, Gustav: Informatikhandbuch. Carl Hanser Verlag, München, Wien, 1997

Reutner, Friedrich: Die Strategie-Tagung. Gabler Verlag, Wiesbaden, 1992

Roemer, Mark: IV-Unterstützung zur Erstellung wettbewerbsorientierter Allfinanzangebote - Konzepte und prototypische Realisierungen. In: Wirtschaftsinformatik, Heft 1, 1994, S. 15-24

Roemer, Mark, Buhl, Hans-Ulrich: Das World Wide Web als Alternative zur Bankfiliale - Gestaltung innovativer IKS für das Direktbanking. In: Wirtschaftsinformatik, Heft 6, 1996

Roithmayr, Friedrich, Wendner, Jürgen: Ergebnisse einer empirischen Studie über den Zusammenhang zwischen Unternehmensstrategie und Informationssystemstrategie. In: Wirtschaftsinformatik, Heft 5, 1992, S. 472-489

Sauer, Manfred: Firewalls - Die 5. Generation. In: it Management, Heft 4, 1998

Saynisch, M., Schelle, H., Schub, A.: Projektmanagement - Konzepte, Verfahren, Anwendungen. Springer-Verlag, Berlin, Heidelberg, New York, 1979

Schach, Stephen R.: Software Engineering. Second Edition, Richard Irwin, Burr Ridge, Boston, Sydney, 1993

Scheer, August-Wilhelm: Betriebliche Expertensysteme I. Gabler Verlag, Wiesbaden, 1988

Scheer, August-Wilhelm: EDV-orientierte Betriebswirtschaftslehre. 4. Aufl., Springer-Verlag, Berlin, Heidelberg, New York, 1990

Scheer, August-Wilhelm: Wirtschaftsinformatik - Referenzmodelle für industrielle Geschäftsprozesse. 6. Aufl., Springer-Verlag, Berlin, Heidelberg, New York, 1995

Schiemann, Ingo, Woltering, Ansgar: Fallbasierte Entscheidungen und Data Mining. In: Chamoni, Peter, Gluchowski, Peter (Hrsg.), Analytische Informationssysteme. Springer-Verlag, Berlin, Heidelberg, New York, 1998

Schierenbeck, Henner: Ertragsorientiertes Bankmanagement, 4. Aufl., Gabler Verlag, Wiesbaden, 1994

Schmid, Ingo, Engelke, Heinz: Marktzutrittsschranken und potentieller Wettbewerb. In: Wirtschaftswissenschaftliches Studium (WiSt), Heft 9, 1989, S. 400

Schmid, Ute: Programmieren durch analoges Schließen. In: Kognitionswissenschaft, Heft 6, 1997

Schmidt, Günter, Lahl, Bernd: Integration von Expertensystemen und konventioneller Software am Beispiel der Aktienportfoliozusammenstellung. In: Wirtschaftsinformatik, Heft 2, 1991, S. 123–130

Schober, Franz: Interdependenzen von Unternehmensstrategien und Informations- und Kommunikationsstrategien. In: Zeitschrift für Betriebswirtschaft (ZfB), Heft 1, 1996

Schuller, Peter, Wally, Thomas, Hackfort, Wolfgang: Ziel ist ein integriertes Steuerungssystem. In: Betriebswirtschaftliche Blätter, Stuttgart, 9/1997, S. 433–439

Schwaninger, Markus: Komplexitätsbewältigung durch Führungsinformationssysteme. In: Bullinger, H.-J. (Hrsg.): Fraunhofer Institut für Arbeitswirtschaft und Organisation (IAO), IAO-Forum mit Anwendungsberichten. IRB Verlag, Stuttgart, 1995, S. 147–178

Seibold, Gerhard: Dimensionales Design für massiv parallele Decision Support Systeme (DSS). In: Bullinger, H.-J. (Hrsg.): Fraunhofer Institut für Arbeitswirtschaft und Organisation (IAO), IAO-Forum mit Anwendungsberichten. IRB Verlag, Stuttgart, 1995, S. 95–143

Soeffky, Manfred: Vom Firmendatenmodell zum DW. In: DATENBANK FOKUS, Höhenkirchen, Heft 10, 1997, S. 30–41

Sokolovsky, Zybnek, Kraemer, Wolfgang: Controlling der Informationsverarbeitung. In: Information Management, 5. Jg., Heft 3, 1990, S. 17

Stahlknecht, Peter, Hasenkamp, Ulrich: Einführung in die Wirtschaftsinformatik. 8. Aufl., Springer-Verlag, Berlin, Heidelberg, New York, 1997

Steinmetz, Oliver: Die Strategie der integrierten Produktentwicklung. Gabler Verlag, Wiesbaden, 1993

Stevenson, Horst: Elektronische Datenverarbeitung in Kreditinstituten. 2. Aufl., Econ Verlag, Düsseldorf, Frankfurt a.M., 1991

Stickel, Eberhard: Datenbank Design. Gabler Verlag, Wiesbaden, 1991

Stickel, Eberhard: Eine Erweiterung des hedonistischen Verfahrens zur Ermittlung der Wirtschaftlichkeit des Einsatzes von Informationstechnik. In: Zeitschrift für Betriebswirtschaft (ZfB), Heft 7, 1992

Stickel, Eberhard: Wettbewerbsorientierte Informationssysteme und Produktivitätsparadoxon. In: Wirtschaftsinformatik, Heft 5, 1995, S. 548-557

Stumpf, Ulrich: Marktschranken und Ertragskontrollen im Arzneimittelmarkt (Diss.). Uni Taschenbücher Verlag, Göttingen, 1986

Süchting, Joachim: Bankmanagement. Schäffer-Poeschel Verlag, Stuttgart, 1992

Svirezhev, Yu.M., Passekov, V.P.: Fundamentals of Mathematical Evolutionary Genetics. Kluwer Academic Publishers, London, 1989

Syslo M.M., Deo, N., Kowalik, J.S.: Discrete Optimization Algorithms. Prentice Hall, Englewood Cliffs N.J., 1983

Vetter, Max: Aufbau betrieblicher Informationssysteme. B.G. Teubner Verlag, Stuttgart, 1982

Vögtle, Marcus, Schober, Franz: Ergebnisse einer empirischen Studie über die strategische Bedeutung intelligenter Informationssysteme für das Bankgeschäft. In: Wirtschaftsinformatik, Heft 5, 1996

Wallmüller, Ernest: Software-Qualitätssicherung in der Praxis. Carl Hanser Verlag, München, Wien, 1990

Waltz, David L.: Die Perspektiven für den Bau wirklich intelligenter Maschinen. In: Graubard, Stephen R. (Hrsg.): Probleme der künstlichen Intelligenz. Springer-Verlag, Berlin, Heidelberg, New York, 1996

Watson, H.J., Rainer, R.K., Koh, C.E.: Executive Information Systems - A Framework for Development and a Survey of Current Practices. In: MISQ 15 (1991) Nr. 1, S. 12-30

Weidemann, Klaus: Informationsmanagement - Herausforderung für Banken. In: Die Bank, 27. Jg., Heft 8, 1987

Weinhard, Christof, Kirn, Stefan, Gomber, Peter: KI-Methoden in der Finanzwirtschaft - grundlegende Fragen, Stand der Forschung, Einsatzpotentiale. In: Künstliche Intelligenz KI, Heft 4, 1996

Weiß, Dietmar, Krcmar, Helmut: Workflow-Management: Herkunft und Klassifikation. In: Wirtschaftsinformatik, Heft 5, 1996, S. 503–513

Weule, H.: Information als Produktionsfaktor. In: Görke, Winfried, Rininsland, Hermann, Syrbe, Max (Hrsg.): Hauptvortrag auf dem 22. Jahrestag der Gesellschaft für Informatik. Karlsruhe, 28.9.1992-2.10.1992

Wicke, Guntram, Huhn, Michaela, Pfitzmann, Andreas, Stahlknecht, Peter: Kryptoregulierung. In: Wirtschaftsinformatik, Heft 3, 1997

Wieczorrek, Hans Wilhelm: Systemmarketing im integrierten Produktlebenszyklus. In: Betriebswirtschaftliche Blätter, Stuttgart, Heft 1, 1996

Wieczorrek, Hans Wilhelm: Das Scoring-Modell für die Standortplanung von Geschäftsstellen. In: Sparkasse, Stuttgart, Heft 2, 1996

Wieczorrek, Hans Wilhelm: Neue Bankdienste erweitern Software-Anforderungen, in: it Management, Höhenkirchen, Heft 1, 1998, S. 80–85

Wilke, Wolfgang, Bergmann, Ralph, Althoft, Klaus-Dieter: Fallbasiertes Schließen zur Kreditwürdigkeitsprüfung. In: Künstliche Intelligenz KI, Heft 4, 1996

Wirth, N.: Algorithms + Data Structures = Programs. Prentice Hall, Englewood Cliffs N.J., 1976

Wöhe, Günter: Einführung in die Allgemeine Betriebswirtschaftslehre. 19. Aufl., Vahlen Verlag, Berlin, 1996

Wölfing, Dirk: Vom Konto zum Kunden. In: Information Management, Heft 3, 1995

Wohland, G., Popp, V., Schmidt-Weinmar, G.: Zeitdynamische Simulation für Design und Management von schlanker Produktion, Hauptvortrag auf der 22. Jahrestagung der Gesellschaft für Informatik. Karlsruhe, 28.9.1992–2.10.1992

Wurmbach, Jürgen: Elektronische Vertriebswege bei Kreditinstituten - Maßstab für die Zukunft?. In: Bank Information, Heft 2, 1997

Zahn, Erich: Informationstechnologie als Wettbewerbsfaktor. In: Wirtschaftsinformatik, Heft 6, 1990

Zerr, Konrad: Systemmarketing. Gabler Verlag, Wiesbaden, 1994

Zügel, Werner: Datenmanagement und Information Warehouse. In: Bullinger, H.-J. (Hrsg.): Fraunhofer Institut für Arbeitswirtschaft und Organisation (IAO), IAO-Forum mit Anwendungsberichten. IRB Verlag, Stuttgart, 1995, S. 317–332

Abbildungen

Tabellen

Index

A

B

C

D

E

F

G

S

T

U

V

W

Z